불교교육론

프라즈냐 총서
41

불교교육론

| 초기불교와 남방 테라바다불교의 교육이론 |

이송곤 著

운주사

책을 펴내며

출간을 앞두고 지난 과정을 돌이켜보니, 40대 후반의 늦은 나이에 박사과정에 입학하여 '불교교육학' 공부를 하면서 노력했던 시간들이 주마등처럼 지나간다. 필자는 동국대 학부에서는 교육학을 전공하였고, 동국대 대학원 석사과정에서는 불교학을 전공하였다. 대학원을 졸업한 뒤에는 줄곧 직장생활(불교방송)을 하다가, 2009년 동국대 대학원 불교학과 박사과정에 입학하여 다시 공부에 매진하였다.

물론 졸업한 지 꽤나 오래되어 다시 공부하기가 쉽지는 않았다. 퇴근 후 저녁시간과 주말에 공부에 전념하였으나 아무래도 공부하는 시간이 부족하여 항상 아쉬움으로 다가왔다. 그러나 석사 졸업 후 다시 박사과정에 입학하기까지 오랜 세월 동안 필자는 '불교교육학'에 어떻게 접근하고 어떻게 공부해야 할 것인가에 관해 늘 화두처럼 생각해 왔고, 진학을 하면 학문적으로 어떤 주제를 가지고 어떤 논문을 쓸 것인가에 관해 이미 계획을 세워 놓았기 때문에, 공부 시간의 확보가 아쉬움으로 남기는 했어도 공부과정에서 큰 어려움은 없었다.

필자와 '불교교육학'이라는 학문과의 인연은 학부 교육학과의 박선영 교수님을 만나면서부터 시작되었다. 필자가 교육학과 1학년에 입학했을 때 교수님은 이미 '불교와 교육'에 관한 저서를 펴낸 상태였는데, 어렸을 때부터 필자의 집안이 불교를 믿고 있었고, 불교는 상당한 사상을 담지하고 있다는 사실을 어렴풋이나마 알고 있었던 터라 자연스럽게 도서관에서 여러 불교서적을 빌려서 보는 데 익숙했고, 그 가운데 특히 '불교와 교육'은 그 내용이 신선한 주제로 다가왔다. 그리고 무엇보다, 서양 교육학의 이론이 있지만 불교의 가르침보다 뛰어난 교육이론은 없다는 확신이 있었다. 이러한 확신은 '불교사상'과 '교육이론'을 접목하여 연구하고 싶은 생각으로 이어졌다. 그래서 학부 졸업 후에는 '불교교육학'을 전문적으로 연구하기 위해 그 바탕이 되는 불교학을 심층적이고 체계적으로 연구하고자 '교육학과'가 아니라 '불교학과' 대학원으로 진학을 하였다. 그러나 당시 대학원 석사과정에는 현재 활발히 연구되고 있는 응용불교학 분야가 개설되어 있지 않았을 뿐만 아니라 응용불교학에 대해 이해하는 분위기가 거의 없었기 때문에 '불교교육학'의 어떤 한 주제를 가지고 연구하여 논문을 준비하기란 매우 힘들었다. 다행히 90년대에 불교학계에도 응용불교학에 대한 관심과 연구열이 활발해졌고 대학원에 '불교교육학' 강좌가 개설되어 지금까지 연구가 이루어지고 있다.

필자는 이상과 같이 '불교교육학'에 관한 관심을 바탕으로 박사과정에 진학하여 '불교학'과 '교육학'을 접목한 연구를 하면서, '수행과정' 시 어떤 과정을 거쳐 어떤 모습의 인간으로 형성되고 있는가, 달리 말하면 '불교의 인간형성'에 대해 큰 관심을 기울였다. 그래서 필자는 평소 관심을 지니고 있었던 『청정도론淸淨道論』을 연구 텍스트로 하여 칠청정의 수행체계, 즉 7가지 수행과정을 점교적 수행과정인 동시에 점교적 교육과정으로 봄으로써 출가 수행자가 단계별로 어떤 과정을 거쳐 어떤 모습의 인간으로 형성되어 모든 번뇌에서 벗어나 깨달음에 도달하게 되는가에 연구의 초점을 두게 되었다.

그 결과 완전한 인격인 깨달음에 이르는 불교의 수행체계에서도 얼마든지 교육이론을 도출해 낼 수 있다는 확신이 있게 되었고, 이로써 필자는 점진적인 수행과정을 거쳐 위빠사나의 수행단계에 이르러 무상·고·무아에 대한 철저한 자각의 바탕 위에 깨달은 인간으로 인간형성이 이루어진다는 점을 교육과정의 이론으로서 규명하게 되었다.

그러나 학위논문에서 빠지고 다루지 못했던 점들이 있어서 못내 아쉬워하던 차에, 이번에 책을 출간하게 됨에 따라 이것들을 보충하여 선보이게 되었다.

그런데 여기서 밝혀둘 것이 있다. 이 책은 초기불교와 남방불교에 관한 불교교육이론이다. 정확히 표현하면 응용불교학에 속하는 불교교육학의 이론서이다. 그러므로 이 책은 서양교육학 이론이 주가 되지 않는다. 이와 같은 입장에서 필자는 '불교교육학' 연구의 자리매김을 하고, 그 정초定礎를 이루고자 하는 것이다.

이 책을 펴내면서 고마움을 표할 분들이 있다. 직장생활을 하며 공부하는 필자를 독려하고, 본격적인 불교교육학의 연구를 위해 어떻게 공부해야 하는지, 불교해석학의 연구를 어떻게 접근해서 공부해야 하는지 등에 대해 가르쳐주신 김용표 지도교수님, 부처님의 원초적인 가르침을 담고 있는 초기불교와 그 전통의 맥을 잇고 있는 남방불교 등에서 불교교육 원리를 규명하고자 하는 필자에게 초기불교와 남방불교에 대해 자상하고 깊이 있는 조언과 설명을 해주신 능인불교대학원대학교 김재성 교수님, 오랜 세월 동안 인생 선배로서, 그리고 불교사상에 대해 폭넓은 대화를 나누면서 논의를 해주신 대학원 선배 심장섭님 등에게 감사의 마음을 전하고 싶다. 끝으로 이 책이 출간되도록 해주신 운주사 김시열 대표님과 편집진에게도 감사의 마음을 전한다.

2018년 8월

서재에서 이송곤 합장

약어표

1. 원전

– ***AN*** *Aṅguttara Nikāya*	– ***Pm*** *Paramatthamañjūsā-Visuddhimagga Mahāṭīkā*
– ***DN*** *Dīgha Nikāya*	– ***PTS*** *Pāli Text Society*
– ***MN*** *Majjhima Nikāya*	– ***Vibh*** *Vibhaṅga*
– ***SN*** *Saṁyutta Nikāya*	– ***T*** 대정신수대장경
– ***SA*** *Saṁyutta Nikāya Aṭṭhakatha*	

2. 저서

1) 국외

- **PVis** Bhadantācariya Buddhaghosa, *The Path of Purification Visuddhi Magga*, trans. by Bhikkhu Ñānamolli(Singapore: Buddhist Meditation Center, 1956).
- **Vis** C. A. F. Rhys Davids, The Visuddhi-Magga of BuddhaGhosa (London: The Pāli Text Society, 1975).
- **Vim & Vis** P. V. BAPAT, *Vimuttimagga and Visuddhimagga – A Comparative Study*(India: Poona, 1937).
- **Vim** The Arahant Upatissa, *The Path of Freedom; Vimuttimagga* (Sri Lanka: Buddhist Publication Society, 1995).
- **Vibh** Rhys Davids, The Vibhaṅga(London: The Pāli Text Society, 1978).

2) 국내

- 『위빠사나 수행방법론』 1, 2　　마하시 사야도 지음·비구 일창 담마간다 옮김, 『위빠사나 수행방법론』 1, 2(이솔출판, 2013).
- 『아비담마 길라잡이』(상, 하)　　대림·각묵 공동번역 및 주해, 『아비담마 길라잡이』(상, 하)(초기불전연구원, 2002).
- 『청정도론清淨道論』 1, 2, 3　　붓다고사스님 지음·대림 옮김, 『청정도론』 1, 2, 3(초기불전연구원, 2009).

책을 펴내며 • 5

약어표 • 9

1장 서론 15

1. 『청정도론』 수행체계의 특성과 인간형성으로서의 교육적 의의 • 21

2. 『청정도론』의 선행연구 및 불교교육연구 • 33

3. 불교교육학의 학문적 성립 및 불교교육 연구방법; 보편성과 특수성 • 37

4. 범위 및 자료 • 44

2장 붓다고사와 『청정도론』 47

1. 붓다고사의 생애 • 47

2. 『청정도론』의 체계와 내용 • 53

3. 시대적 배경 • 56

4. 『청정도론』의 문헌학적 의의 • 60

3장 초기불교의 점교적 교육체계 65

1. 불교의 교육원리 • 66

1) 불교교육의 3요소 • 66

2) 불교교육의 정의 • 70

3)「범천권청梵天勸請」에 나타난 교육계획의 원리 • 73
4) 붓다의 교육방법 • 79
2. 점교적 교육체계 • 98
1) 초기불교의 돈교성 여부 • 98
2) 교설의 점교적 특성 • 103
3) 삼학三學의 수행구조 • 114
3. 교육과정으로서의 특성 • 132

4장 『청정도론』의 점교적 교육원리 137

1. 『청정도론』의 청정(visuddhi)의 개념 • 138
2. 칠청정七淸淨의 유래와 성립 • 139
3. 칠청정의 구조 • 145
1) 계 • 정 • 혜의 구조 • 145
2) 차제적 수행체계 • 148
(1) 사마타, 위빠사나 순順의 수행차제 • 148
(2) 수행과정의 차제성(縱的 特性) • 150
3) 비차제적非次第的 수행체계 • 150
(1) 위빠사나, 사마타 순順의 비차제적 수행체계 • 150
(2) 수행과정의 비차제성(橫的 特性) • 154
4. 『청정도론』 수행체계에 대한 교육적 이해 • 156
1) 불교(불교학)와 교육(교육학)의 인간에 대한 상이相異한 이해 • 156
2) 수행과 교학의 특성에 대한 이해 • 158
5. 칠청정七淸淨 • 162
1) 계청정(戒淸淨: sīlavisuddhi) • 163

(1) 계목의 단속에 관한 계 • 176
(2) 감각기관의 단속에 관한 계 • 183
(3) 생계의 청정에 관한 계 • 190
(4) 필수품에 관한 계 • 191
2) 사마타 수행의 전개:
마음청정(心淸淨: cittavisuddhiniddeso) • 197
(1) 사마타; 삼매의 정의와 분류 • 197
(2) 사마타 수행의 인간형성과 교육과정 이론으로서의 성격 • 305
3) 위빠사나 수행의 전개 • 315
(1) 들숨날숨의 수행, 사념처 수행, 통찰지 수행의 차제 • 315
(2) 통찰지의 토양 • 321
(3) 통찰지의 몸통 • 347
4) 위빠사나 수행의 인간형성과 교육과정 이론으로서의 성격 • 445

5장 『청정도론』의 점교적 수행체계의 현대교육학적 의의 457

1. 교육과정 이론으로서의 불교교육 • 457
2. 차세석 섬교성의 교육원리 • 466
3. 점교적 수행체계의 체험적 교육과정 • 468
1) 점교적 수행체계의 의식의 지향성과 교육적 의의 • 468
2) 점교적 교육과정과 학습자 중심의 교육체험 • 481

1장 서론

이 책을 내게 된 동기는 한국불교의 특색과도 무관하지 않다. 한국불교는 간화선을 종풍으로 하고 있으면서 통불교를 지향하고 있다. 우선 간화선의 종풍은 전래 이후 현재에 이르기까지 수행뿐만 아니라 교육 등 한국불교 전반에 끼치는 영향이 매우 크다. 즉 간화선의 수행방법과 교육방법 등이 한국불교계의 대표격으로서 현실적으로 주류를 형성하고 있다. 그런데 역사를 거슬러 올라가면 우리는 석가모니 부처님의 수행방법을 만나게 되는데, 그것이 후대에 이루어진 간화선 수행방법의 원류라는 것은 자명하다. 왜냐하면 석가모니 부처님은 불교교학이나 수행(수행방법)의 원천이기 때문이다. 이것은 학문적으로도 밝혀진 사실[1]이고 부인하기 어렵다.

1 대한불교조계종 불학연구소·진국신원수좌회, 『간화선』(조계종출판사, 2008), p.132. 서산선사는 『선가귀감』에서 '선과 교의 근원은 부처님(禪敎之源者世尊也)'이라고 말하고 있다.

필자는 이 책에서 양자의 차이와 그 원인을 규명함으로써 어느 것이 옳고 어느 것이 그르다고 언급하지 않는다. 그러나 불교 수행방법의 차이에 따라 파생되는 문제가 발생할 경우에는 간과할 수 없는 부분이 있다. 그것은 어떤 수행방법을 택하느냐에 따라 교육방법과 교육내용 또한 달라지는 문제가 있기 때문이다. 통불교를 특색으로 하는 한국불교에서 어느 곳에서는 초기불교 경전의 내용을 말하고, 또 어느 곳에서는 대승불교 경전인 『법화경』을 말하고, 또 어느 곳에서는 선禪에 관해 말함으로써 그 교육방법과 교육내용이 서로 각기 다르게 나타나는 경우가 있다. 달리 표현하면 어떤 수행방법이든 교육목표는 '깨달음'이라는 점에서 동일하지만, 종파宗派에 따라 교육방법과 교육내용이 다르게 나타남으로써 이와 같은 교육실천의 현장에 참여하여 가르치는 사람들도 힘들고, 학습하거나 법문을 듣는 사람들의 경우에도 종종 어렵게 여겨지거나 헷갈리는 문제가 발생할 수 있다는 것이다.

교육목표는 가르치는 교사와 배우는 학습자가 지향해야 할 목표를 제시한다는 점에서 중요하다. 교육목표는 일종의 지도 또는 나침반과 자동차의 내비게이션 등에 나타나 있는 도달하고자 하는 최종 목적지와 같다고 볼 수 있다.

불교수행에서 교육목표는 수행목표와 따로 떼어내어 생각할 수 없는 특성을 가지고 있는데, 이것은 수행자가 올바른 수행의 길을 가도록 제시하는 이정표와 같은 역할을 한다. 다만 이르고자 하는 교육목표는 같지만 간화선이냐, 위빠사나의 마음챙김 수행법이냐, 또는 대승불교 사상이냐에 따라 각각 교육방법과 교육내용이 다르게 나타난다. 즉 돈오를 강조하는 간화선과 점수를 강조하는 위빠사나와 대승불교 등은 그 교육방법과 교육내용이 각기 다르게 나타난다는 말이다. 이와 같이 수행방법에 따라 다르게 나타나는 교육방법과 교육내용에 대해 그럴 수도 있다고 생각하고 그냥 넘어갈 수도 있다. 물론 그런다고 누가 뭐라고 할 사람은 없다. 그리고 누가 뭐라고 할 수도 없다. 그러나 이에 대해 관심 있는 사람이라면 한번쯤 생각해 볼 필요가 있다. 그것은 간화선이든, 위빠사나든, 대승불교든 그 어느 것이든지 간에 각기 소중한 교육방법과 수행방법을 지니고 있지만, 부처님이 고구정녕히 강조하고 말씀하셨던 핵심적인 수행체계와 교육방법은 무엇인가를 생각해 볼 필요가 있다는 것이다.

이 책은 이와 같은 문제의식에서 출발하였다. 그래서 부처님이 초기경전에서 점진적 차제를 강조하신 점에 중점을 두고, 초기불교를 비롯하여 원천인 초기불교의 교학 전통을 그대로 이어받았다고 전하는 『청정도론』의 수행체계에서 점진적 교육과정이 어떤 모습으로 전개하고 있는지, 그리고 그 교육적 특색은 어땠는지 살펴봄으로써 이러한 작업이 오늘의 시점에서 불교교육의 체계를 세우는 일에 도움을 주고자 한다.

이 책의 내용구성을 밝히면 다음과 같다.

2장에서는 붓다고사가 부처님이 입멸한 후 오랜 세월이 지난 시기, 즉 대승불교가 사상적 주류였던 시기인 기원후 5세기경에 무엇 때문에 『청정도론』을 찬술하였는가에 관한 의문을 가지고 그가 살아온 생애와 시대적 배경, 그리고 문헌학적 의의 등에 대해 살펴보았다.

3장에서는 『청정도론』의 수행체계에 나타나는 점교적 교육으로서의 특성이 초기불교의 점교적 교육체계에서 비롯했다고 보고, 그 이론적 근거로서 우선 초기불교의 내용 가운데 불교교육의 기본적 토대가 되는 불교교육의 3요소, 불교교육의 정의, 붓다의 교육계획 및 교육방법등을 살펴보았으며, 이와 함께 부처님이 설한 점교의 내용 및 그 의미에 대하여, 그리고 계·정·혜로 전개되는 교육과정도 살펴보았다.

4장부터는 이 글의 본론에 해당한다. 여기에서는 『청정도론』의 점교적 교육체계에 대해 본격적으로 다루기에 앞서 『청정도론』의 수행체계인 칠청정이 어떻게 구성되어 있으며, 그 연원은 어떤 시대적 배경에 어디에서 비롯되었는지 각각 살펴보았다. 그리고 이들 수행체계의 수행방법인 사마타와 위빠사나 수행이 지니고 있는 차제적 또는 비차제적 수행방법의 특성에 대해서, 또한 이들이 비록 수행체계이지만 인간형성으로서의 의의가 있다는 점에서 이에 대해서도 살펴보았다.

여기서 우리는 '수행에 과연 교육에서 말하는 인간형성의 의의가 있을 수 있는가'라는 의문을 가질 수 있다. 즉 일반적으로 생각할 때 '세속을 떠난 불교의 수행에서 어떻게 주로 학교교육에서 언급하고 있는 인간형성으로서의 교육적 의의를 찾을 수 있는가'라고 부정적으로 볼 수 있는 측면이 있기 때문이다. 이에 대해서 필자는 수행과 교육은 따로 생각할 수 있는 문제가 아니라 서로 맞물려 있는 것이라고 보았다. 왜냐하면 불교에서는 수행방법이 곧 교육방법이기 때문이다. 다시 말하면 석가모니 부처님은 제자들을 깨닫도록 '교육내용'을 가르쳤고, 제자들은 부처님으로부터 들은 대로 수행을 했기 때문에 불교에서의 수행방법은 바로 '교육방법'이 되는 것이다.

그리고 『청정도론』과 교육이 각각 바라보는 인간에 대한 이해가 어떻게 서로 다른가에 관해 다룸으로써 이 장에서 다루는 사마타와 위빠사나의 수행체계의 교육적 이해에 도움을 주고자 하였다. 그것은 『청정도론』은 불교사상이고, 교육학은 서양의 교육사상이기 때문에 각기 인간에 관한 이해가 다를 수밖에 없으므로 이들이 각각 인간에 대해 어떻게 이해하고 있는가를 살펴볼 필요가 있기 때문이다. 그리고 이와 같은 이해의 바탕에서 일곱 가지 단계별 수행과정에서 인간형성이 어떻게 되어 가는지 기술적記述的인 방법으로 논의를 전개하였다. 심청정의 사마타 수행에서는 명상수행과정에서 제자들을 지도하는 스승의 역할과 의의, 그리고 사마타 수행의 인간형성에 대해 살펴보았고, 견청정의 위빠사나 수행에서는 점교적인 수행과정을 통해 마지막 '지와 견에 의한 청정'의 단계에서 족쇄 등 '버려야 할 법들'이 수다원, 사다함, 아나함, 아라한의 단계별 수행을 통해서 소멸되기까지의 과정 등에 대해 살펴보았으며, 또한 위빠사나 수행의 인간형성의 의의를 밝혔다. 이와 같이 사마타와 위빠사나 수행과정의 결과 '버려야 할 법들'을 버림으로써 범부로부터 성자로 변화가 있기 때문에 교육학적으로 인간형성의 의의가 있다고 보는 것이다.

5장에서는 불교교육은 교육목적과 교육목표, 그리고 교육내용으로서 구성되어 있는 교육과정이 된다는 점에서 『청정도론』의 수행체계도 교육과정으로서 두 가지 측면의 현대교육학적 의의를 가지고 있다고 보았다.

첫째, 수행비구(니)가 계청정을 거쳐 사마타와 위빠사나 수행을 하는 과정에서의 체험은 오문인식과정五門認識過程과 의문인식과정意門認識過程 등의 형태로 나타난다는 점에서 의식의 지향적 특성을 나타내고 있다. 즉 비구는 사마타 수행과정에 들어가면 근접삼매와 본삼매에서 오문인식과정과 의문인식과정을 거치게 되고, 위빠사나 수행과정에서는 모든 것을 꿰뚫어 아는 통찰지의 인식작용에 의해 오온五蘊, 사대四大, 십팔계十八界 등 존재와 상카라에 대해 무상·고·무아로 파악함으로써 범부의 상태에서 벗어나 성자종성聖者種姓의 단계에 들어가 '버려야 할 법들'을 버리고 닙빠나를 이루게 된다. 이 과정에서도 사마타 수행에서와 마찬가지로 오문과 의문의 인식과정을 거치게 된다. 통찰지 수행은 이와 같은 인식과정을 통해 범부로부터 성자의 단계에 들어가 닙빠나라고 하는 최상의 인격을 갖춘다는 점에서 인간형성의 의미가 있고, 뿐만 아니라 학습자인 비구의 수행과정은 자주적으로 이루어진다는 점에서 교육적 의의도 있다고 할 수 있다.

둘째, 칠청정七淸淨의 수행과정은 현대교육학의 4단계의 '꾸레레(Currere)'의 교육과정 이론과 비교할 때 자아중심自我中心의 교육적 체험이 아니라 자아를 뛰어넘어 무아無我를 체득하는 학습자 중심의 교육적 특색을 띤다. 우리는 칠청정의 수행과정을 통해 무상·고·무아를 체득하게 된다. 다시 말해 칠청정의 수행과정을 살펴볼 때 비구는 사마타의 수행과정을 거쳐 통찰지에 의한 위빠사나 수행과정에 이르러 '지와 견에 의한 청정'의 단계에서 범부의 상태에서 벗어나 성자의 단계인 사향사과의 단계에 들어간다. 이때 비구는 철저히 무상·고·무아의 수행체험을 함으로써 족쇄 등 '버려야 할 법들'을 버리고 닙빠나에 이르게 된다. 이와 같이 닙빠나에 이르는 인간형성은 지식교육 위주인 학교교육에서는 이룰 수 없고, 지혜교육의 특성을 띠는 위빠사나 중심의 『청정도론』의 수행체험을 통해서만 가능하며, 그것이 차지하는 위치는 크다는 점을 밝히고자 한다. 그러므로 『청정도론』의 수행체계에 나타난 인간형성은 자생적 교육이론으로서 정립하는 것이 가능하며, 이에 그 의의를 두고자 하는 것이다.

1. 『청정도론』 수행체계의 특성과 인간형성으로서의 교육적 의의

부처님은 현재 한국불교의 수행전통인 간화선에서 스승인 선사가 제자들을 가르치는 방식으로 제자들을 가르치지 않으셨다. 부처님은 제자들을 상대로 가르침을 펼 때 단계별로 점진적으로 전개하셨는데, 이때 점진적인 방법은 점수라고 할 수 있으며, 선종에서 말하는 돈오와는 다르다.

여기서 점수는 깨달음에 점차적으로 나아가는 과정을 중점에 두고 있다는 점에서 교육과정이나 교육방법을 중요하게 여긴다. 이에 반하여 돈오는 수행을 통해 한 번에 깨달음을 얻는 것에 중점을 두고 있으므로 단계별로 이루어지는 교육과정이나 교육방법을 중요하게 여기거나 큰 의미를 두지 않는다.

점수와 돈오 중 어느 것에 비중을 두느냐에 따라 교육과정(Curriculum)이 서로 다르게 전개된다. 민주주의냐 사회주의냐에 따라 국가의 정책과 국민의 삶이 서로 다르게 전개되듯이, 점수와 돈오 가운데 어느 것에 비중을 두느냐에 따라 수행방법도 교육과정도 달라지는 것이다. 아직까지도 학계에서는 돈오와 점수 논쟁이 전개되고 있다. 그만큼 어느 것에 정통성이 있느냐에 따라 파급력이 크기 때문이다.

필자는 점수가 옳고 돈오는 틀리다고 말하지 않는다. 반대로 점수가 틀리고 돈오가 옳다고 말하지도 않는다. 다만 부처님이 초기경전에서 설한 말씀이나 남방 테라바다 문헌에서 전하는 내용을 근저根底로 해서 독자들에게 제시할 뿐이다. 판단의 몫은 독자들에게 달려 있다.

이와 관련하여 등산로의 비유로서 말해 보겠다. 산의 등산로는 여러 갈래가 있다. A코스, B코스, C코스 등등. 이들 코스의 어떤 코스를 선택해 등반하더라도 결국에는 산의 정상에 오른다. 이때 A코스는 초기불교, B코스는 대승불교, C코스는 선불교라고 비유해서 말할 수 있다.

어떤 수행법을 선택해서 수행할 것인가는 수행자 각자의 몫이지만 이것은 매우 중요한 의미를 지닌다고 하겠다. 왜 그럴까? 각기 다른 수행방법에 따라 교육방법과 교육내용 등이 다르게 나타날 수 있기 때문이다.

그러면 부처님 교설敎說의 특성부터 살펴보도록 하자. 부처님 교설의 특성으로부터 우리는 교육방법과 그 특색을 알 수 있기 때문이다.

부처님이 설한 말씀, 즉 교설은 점진적인 특성을 띠고 있는데, 그 까닭은 성도成道 후 부처님은 사람들의 소질이나 능력(根機)을 고려하여 점차적으로 교화했기 때문이다. 즉 재세 시에 부처님은 소질과 성장배경이 각기 다른 제자들을 깨달음으로 인도하기 위해 이들 각자의 성격이나 소질과 성장배경 등을 고려하여 기본적으로 쉬운 교설로부터 시작하여 최상의 어려운 교설에 이르기까지 점진적인 방법으로 교육을 하였다. 현재까지 전해오는 수많은 경전의 말씀들에는 부처님이 점진적인 방법으로 설한 내용이 반영되어 있다.

『맛지마 니까야』에 보면, 부처님은 비구들에게 단번에 완성된 지식(여기에서의 의미는 깨달음이다)을 획득할 수 없으며, 오직 점진적인 학습과 점진적인 실천과 점진적인 방법에 의해 완성된 지식, 즉 깨달음이 획득되는 것이라고 설하였다. 이처럼 부처님은 자신의 교설이 점진적인 특성을 지니고 있다고 분명히 말씀하고 있는데, 이때 우리가 간과해서는 안 될 것은 교설의 '점진적' 특성은 반드시 따라야 할 기준이고 원칙이었다.[2]

교설의 점진성은 부처님의 입멸 후 오랜 시간이 지난 뒤인 기원후 5세기에 이르면 붓다고사라는 비구 스님에 의해 정형화된다. 붓다고사는 교설의 정통성에 근거를 두고 경장經藏에 관한 주석서인 『청정도론』을 세상에 펴내었는데, 계·정·혜의 차례에 따른 점진적 특성으로 나타나고 있다.[3]

---

2 그러나 초기경전인 『쌍경雙經』을 보면 초선初禪에서도, 제2선禪에서도, 제3선禪에서도, 제4선禪에서도 각기 아라한이 된다고 설說하고 있다는 점에서 붓다의 교설이 항상 점진적 특성을 지닌 것만은 아니라고 할 수 있다. 즉 그의 교설은 차제적次第的인 특성을 띠기도 하고, 차제적이 아닌(非次第的) 특성을 띠기도 하였다고 할 수 있다.

3 Edited, Donald S, Lopez, *Buddhist Hermeneutics*(London. The Kuroda Institute for the Study of Buddhism and Human Values Studies in East Asian Buddhism, 1988), p.29; George D. Bond는, "*The Gradual Path as a Hermeneutical Approach to the Dharma*" 논문에서 로페즈는 점진적 실의 개념이 『*Visuddhimagga*』와 같은 테라바다의 전통에서 전형적인 측면으로 나타났다고 설명하고 있다. 이러한 현상은 마하위하라(Mahāvihāra; 大寺)를 중심으로 전해 내려온 붓다의 전통을

그러면 여기서 『청정도론』에 나타난 수행체계의 모습이 구체적으로 어떤 모습인가에 대해 살펴보기로 한다.

『청정도론』의 전체적인 구조는 계 → 정 → 혜의 차례로 구성되어 있기 때문에 차제적次第的이라고 표현할 수 있다. 이것은 『청정도론』이 불교교리를 전반적으로 계戒·정定·혜慧의 구조로 이해하고 분류하고 있는 것이라고 하겠다.

그런데 우리가 눈여겨봐야 할 것이 있다. 순서와 상관없이 『청정도론』에서 수행이 전개되는 모습이 있기 때문이다. 『청정도론』이 이와 같이 전개되는 모습을 두고 매우 자유분방하게 계·정·혜의 정체를 나타내고 있다고 보는 견해[4]도 있다. 이것의 예를 들면, 『청정도론』 가운데 계청정 서두의 게송[5]을 보면, 통찰지를 갖춘 사람은 계에 굳건히 머물러서 마음과 통찰지를 닦는다고 하는 데 나타난다. 그리고 삼명三明[6]을 계戒에, 육지증통六智證通을 정定에 포함시키고 있는 것[7]도 붓다

그대로 잇고자 하는 테라바다의 전통에서는 당연하다고 할 수 있다. 그러나 한편으로는 점진적인 차례에 의한 모습으로 나타나지 않기도 한다. 『청정도론』을 보면 그 구조가 초기불교와 마찬가지로 전체적으로는 계戒·정定·혜慧의 차례로 구성되어 있지만, 그렇다고 해서 반드시 차제적次第的인 모습으로만 전개된 것은 아니다. 즉 『청정도론』의 칠청정의 수행체계는 비록 그 구조가 계·정·혜의 차례로 되어 있으나 수행과정에서 전개되어 나타난 모습은 사람들의 근기와 맥락에 따라 낮은 수준에서 높은 수준으로 나아가는 차제적 형태의 특성을 띠기도 하고, 이와는 반대로 순서와 상관없이 어느 한순간에 깨닫는 형태로 나타나고 있다.

4 최봉수, 「清淨道論 연구의 발단」, 『가산학보』 Vol.3(가산불교문화진흥원, 1994), p.342.

5 『청정도론』 1, p.121. 제1장. 戒. 집필동기(nidānādikathā)의 상응부 경전 (SN.i.13)

가 설한 내용의 순서와 맞지 않는 것이라고 말할 수 있다. 왜냐하면 『소나난다경(*Soṇadaṇḍa sutta*)』을 보면 부처님은 삼명을 지혜(慧)에 포함시키고 있고, 또한 육지증통도 지혜(慧)에 포함시키고 있기 때문이다.[8]

『청정도론』의 구조와 특성이 이와 같다는 점에서, 수행이 전개되는 모습도 차제적이거나 차제적이지 않은 모습으로 전개되는 형태를 띤다.

차제적 수행의 모습이란 계를 지킴으로써 여섯 가지 감각기관을 방호防護한 다음에 사마타를 닦은 후 위빠사나를 닦는 형태로 나타나고 있다. 이 경우는 아래 단계로부터 하나씩 위의 단계로 차례를 밟아 올라가는 경우를 의미한다. 이것은 계를 지키고 감각적 욕망이 제거된 후에 초선의 상태에 이르고, 그리고 계속해서 제2선, 제3선, 제4선의 순서로 수행이 전개되고, 계속해서 사마타 수행의 바탕 위에 위빠사나 통찰지 수행을 닦는 경우이다. 초기불교에서 행한 수행과정도 같다고 하셨다.

그런데 차제적이지 않은 모습이란 순서와 상관없이 수행이 전개되는

6 한글대장경: http://abc.dongguk.edu/ebti/, 삼명三明은 원어인 산스크리트어로는 tisro vidyāḥ, 팔리어로는 tevijjā이다. 깨달은 아라한이 지니게 되는 능력으로 숙명명宿命明·천안명天眼明·누진명漏盡明의 세 가지가 그것이다.

7 최봉수, 「淸淨道論 연구의 발단」, 앞의 글, 재인용함. "三明의 근인(近因; upanissaya)은 오직 계이며, 六智證通(cha-abhiññā)의 근인은 오직 정이며…"

8 최봉수, 『부파불교원전의 이해』(불교원전번역연구소 출판부, 1997), p.107. DN I *Soṇadaṇḍa sutta*.

모습으로 나타나기도 한다. 『청정도론』에서 그 예를 든다면, '견청정' 이하 '지와 견에 의한 청정'에 이르기까지 위빠사나 수행을 중심으로 하면서[9] 사마타 수행도 병행하는 방법으로, 수행이 깊어지는 형태로 전개되는 경우의 혼합형으로 나타나고 있다.

그렇지만 일반적으로 『청정도론』은 계－정－혜의 차례로 수행이 전개되고, 교육적으로 볼 때 인간형성의 과정도 이러한 차례로 진행된다고 할 수 있다.

이 책에서 필자는 『청정도론』의 칠청정의 수행체계를 단계별로 밟아 수행하는 비구가 깨달음에 이르기까지 어떻게 마음을 형성해 가며, 그 형성과정은 어떤 교육적 의의를 갖고 있는지 등에 대해 밝히는 데 중점을 두고자 한다.

『청정도론』의 수행체계에서 눈여겨봐야 하고 중요하게 생각해야 하는 것은 비구가 일곱 가지 수행을 단계별로 닦음으로써 점차적으로 변화해 가는 내적인 마음과 외현적인 행동이다. 우리는 이와 같이 변화의 모습을 나타내고 있는 내적인 마음과 외현적인 행동을 가리켜 '인간형성(formation of human)'이 되었다고 말할 수 있다. 이에 대해 구체적으로 살펴보면, 비구가 눈(眼)·귀(耳)·코(鼻)·혀(舌)·몸(身)·마음(意)의 여섯 가지 감각기관이 색깔(色)·소리(聲)·냄새(香)·맛(味)·촉감(觸)·법法의 여섯 가지 대상경계(六境)를 상대로 할 때 몸(身)과 말(口)과 마음(意)의 세 가지로 바르지 못한 행위를 하지 않음으

9 이와 같은 형태는 『청정도론』의 전체구조를 보면 '혜慧', 즉 통찰지洞察智를 바탕으로 하는 위빠사나 수행을 중심으로 14장부터 23장까지에 걸쳐 전개되고 있는 데서 파악할 수 있다.

로써 계율을 지키고, 이를 바탕으로 계속해서 사마타와 위빠사나 수행과정을 통해 마음의 집중과 의식의 전변轉變, 즉 깨달음을 향한 행동이나 의식의 흐름의 변화를 경험하게 되는데, 이것이 바로 교육에서 항상 강조하고 중요하게 보는 인간형성의 과정이고, 여기에 교육적 의미가 있는 것이다. 왜냐하면 일곱 가지 수행단계를 지도하고 가르치는 스승 비구의 인도로 계율을 지키지 못하는 상태에 있던 제자 비구는 계율을 지키게 되고, 이어서 산란한 마음의 상태에 있다가 초선初禪으로부터 4선에 이르는 사마타(Samatha) 수행과정으로 욕계欲界 마음, 색계色界 마음, 무색계無色界 마음으로부터 벗어나게 되고, 나아가 위빠사나 수행과정에서는 번뇌煩惱, 폭류暴流 등의 불선법不善法을 버리게 됨으로써, 이제까지 범부의 상태(凡夫種姓)에 있다가 성자(聖者種姓; 성인을 의미한다)의 흐름 속에 들어가게 되고, 더 나아가 닙빠나라고 하는 최상의 인간으로 형성되어 가는 모습을 나타내고 있기 때문이다.

『청정도론』의 수행체계가 인간형성人間形成의 과정으로서 교육적 의미를 갖고 있다고 보는 이론적 근거로서는 다음과 같은 세 가지 견해를 들 수 있다.

첫째, 불교의 입장에서 교육을 보는 견해이다. 즉 비구들이 붓다로부터 교육을 받은 후에 교육받기 이전보다 눈(眼, cakkhu)이 육안肉眼에서 천안天眼, 혜안慧眼, 법안法眼, 그리고 불안佛眼 등으로 바뀌어졌다고 하면서, 눈의 바뀜을 인식방식이나 인식구조의 전환이라고 주장하는 견해이다.[10] 이러한 관점은 수행을 통해 눈이 변해 가는 점에 중점을 두고 눈이 변한 것은 인식방식이나 인식구조가 전환된 것이며, 그렇기 때문에 교육 받기 전과 달라졌다는 주장이다. 이 주장은 다음과 같이 해석할 수 있다. 눈이 바뀌었다는 것은 붓다로부터 교육을 받기 전과 달리 붓다로부터 교육을 받은 후 세상과 사물을 보는 관점이 달라졌다는 것을 의미한다. 그리고 세상과 사물을 보는 관점이 달라졌다는 것은 이상과 같이 인식방식과 인식구조의 전환에 의해 가능한 것이기 때문에, 이처럼 인식방법과 인식구조가 전환되면 이에 따라 인간형성 과정에서도 변화가 이루어진다는 점을 말하고 있는 것이다. 이와 같은 주장은 타당성이 있으나 비구들이 사성제四聖諦 등의 교설을 붓다로부터 학습한 후 이것을 닦아나감으로써 인식방식이나 인식구조, 행동 등이 교육받기 이전보다 교육받은 후에 달라지는 과정을 구체적으로 다루지 않은 점이 아쉽다. 그러나 비구들이 붓다로부터 가르침을 받은 후 교육받기 이전과 비교해 달라졌다고 주장하고 있다는 점에서, 이 주장은 불교가 교육적으로 인간형성의 기능을 분명히 하고 있음을 뒷받침하고 있다.

자크 데리다는 루소의 『에밀』의 "식물은 재배를 통해 길러지고 인간은 교육을 통해 만들어진다. … 우리는 유년기를 못마땅하게 생각한다. 그리고 다음 사실을 까맣게 잊어버린다. 유년기를 거치지 않았더라면 인류는 벌써 멸종했을 것이라는 사실을 말이다."[11]라는 구절을 언급하면서, 유년기 아동이 제멋대로 행동하는 것을 비록

---

10 최봉수, 『원시불교연구Ⅲ, 원시불교와 형이상학』(경서원, 1991), p.252.

11 Jacques Derrida, 『*De la grammatologie*』; 자크 데리다, 김성도 옮김, 『그라마톨로지』(민음사, 2018), p.366. 재인용함.

자연에 대한 대리 보충인 교육을 통해서 방지한다고 할지라도 〔이와 같이 교육은〕 인류의 행운이며, 또한 구원이라는 것[12]이다. 즉 유년기에는 보충을 요구하는 결함이 나타나므로 대리 보충을 해 줘야 한다는 것이다. 루소의 『에밀』을 보자.

"자연이 그들에게 요구하는 모든 것에 대해서 아이들에게는 여분의 힘은커녕 최소한의 충분한 힘조차 없다. 따라서 자연이 허락하는 모든 것을 사용하도록 해야 하며, 그래도 아이들은 그것을 남용하지는 않을 것이다. 이것이 첫 번째 격률이다. 아이들을 도와야 하며, 그들의 지능 또는 체력, 즉 물리적 욕구에 속하는 모든 것 속에서 부족한 것은 대리 보충해 주어야 한다. 이것이 두 번째 격률이다."

그러기에 교육학에서는 대리 보충의 역설이 있게 되는 것이다. 이것을 보더라도 교육은, 유년기 아동의 예에서 알 수 있듯이, 미숙했던 인간이 성숙한 인간이 되도록 하는 기능과 함께 장점으로 작용한다. 그러므로 출가 전 깨닫지 못한 범부의 상태에 있다가 출가 후 수행과정을 통해 성자聖者의 흐름에 들어가 붓다처럼 깨달음에 도달하는 것도 교육을 통해 가능한 것이고, 이것을 우리는 불교의 인간형성이라고 말하는 것이다.

둘째, '인간행동의 계획적인 변화'[13]라고 하는 교육의 정의에서 볼

---

12 같은 책. 데리다는 대리 보충을 위험천만한 것으로 보고 있다.

13 정범모, 『교육과 교육학』(배영사, 1993), pp.16~25; 교육학에서 보는 '人間行動'은 지식·사고·가치관·동기체제·성격특성·자아개념 등 내면적이고 눈으로 볼 수

때, 『청정도론』의 수행체계는 수행을 하기 이전에 비해 수행을 한 후 인간의 행동을 보다 발전된 방향으로 변화시킨다는 점에서 인간형성의 작용을 한다고 볼 수 있다.

그 근거를 들어보면, 교육학의 '행동주의(behaviorism)'에서 언급하는 인간의 '행동'과 비교할 때 불교에서는 이와 같은 행동의 개념이 몸(身)과 말(口)과 마음(心)으로 하는 행위(kamma, 業)로 표현된다. 불교에서의 업은 표현하는 말은 같으나 그 개념이 지니고 있는 사상적 배경과 그 쓰임새가 서로 완전히 다른 것이다.

불교에서의 행위는 'kamma'로, '행위하다'라는 동사 'kṛi'에서 파생한 말이다. 불교에서 인간의 행위는 계戒·정定·혜慧를 닦음으로써 미성숙한 상태로부터 성숙한 상태로 변화하는 것이 가능하다. 이것을 구체적으로 설명하면, 인간은 깨닫지 못한 일반 범부의 경우에는 오취온五取蘊에 제약되어 있다. 즉 색色·수受·상想·행行·식識 등 다섯 가지에 대해 번뇌에 의한 집착의 상태에 있게 된다. 김재성은 이처럼 오취온에 대해 번뇌에 집착되어 있는 상태를 제약되어 있는 인간이라고 표현[14]하고 있는데, 타당한 견해이다. 필자는 이와 같이 오취온에 대해 번뇌에 의해 집착되어 있는 상태를 미성숙한 상태라고 표현하고자 한다. 이와 같이 미성숙한 상태에서 계戒를 지키는 것은 눈·귀·코·

없는 행동이나 특성을 가리킨다. 또한 '변화'란 인간행동이 육성·조성·함양·계발·교정·개선·성숙·발달 등의 상태를 이루는 포괄적인 개념이다. '계획적'이란 인간행동을 어떤 계획과 의도에 의해 변화시키는 것을 가리킨다.

14 김재성, 『초기불교에 있어서의 인간이해 - 五蘊說과 十二緣起說을 중심으로 -』(서울대학교대학원, 1988), p.27.

혀·몸·마음의 여섯 가지를 방호함으로써 불선不善한 행위를 하지 않는 것을 말한다.

그런데 계를 지킴에는 중요한 의의를 둘 수 있는데, 그것은 앞으로 계속해서 사마타와 위바싸나를 닦을 수 있는 도덕적으로 바른 인간형성을 위한 토대가 되기 때문이다. 그리고 계를 지킨 바탕 위에 삼매를 닦아 마음을 흐트러뜨리지 않고 하나로 모으는 것(止)과 그 다음 위빠사나의 지혜로 법을 관찰(觀)하여 청정한 닙빠나에 도달하는 것, 즉 이와 같은 사마타와 위빠사나의 수행과정을 통해 위없는 바른 깨달음인 무상정등정각無上正等正覺의 상태로 인간형성이 이루어지는 것이다. 이 과정은 외부의 힘에 의해 인위적이고 강제적으로 인간의 행위를 변화시키는 모습으로 나타나지 않는다. 즉 이때 비구는 점교적(漸敎的, 점차적)으로 서서히 인간의 행위를 변화시켜 깨닫기 위한 노력을 기울이게 되는 것이다.

요약하면, 『청정도론』의 일곱 가지 수행체계는 계를 철저히 지킨 상태(戒)에서 사마타(定)와 위빠사나(慧) 수행을 통해 오염된 마음을 청성한 마음으로 점차적으로 변화시켜 범부로부터 성자로 변화해 가는 인간형성의 과정을 보여주고 있는 것이다.

셋째, 종교학적 관점에서 보면, 종교에는 바람직한 인간형성을 하는 기능이 있는데, 프레드릭 스트렝(F. Streng)은 이러한 기능을 '궁극적 변화의 수단(a means toward ultimate transformation)'이라고 정의하고 있다. 그에 의하면 종교는 인간이란 무엇인가라는 실존의 원천과 연결됨으로써 지각을 변화시키는 힘을 형성시키며, 또한 종교가 표현하는 것들은 인간의 삶에 변화를 있도록 하는 실제적인 기술이다.[15] 이와 같이 프레드릭 스트렝이 언급하는 종교의 인간형성의 기능을 보더라도 불교가 인간을 궁극적으로 변화시키는 수단이 되며, 또한 인간을 변화시키는 인간형성의 기능을 하고 있음을 알 수 있다. 그런 점에서 『청정도론』의 수행체계도 인간을 궁극적으로 변화시키는 인간형성의 기능을 한다고 볼 수 있는 것이다. 이상과 같이 『청정도론』의 수행체계는 불교적, 교육학적, 종교학적 인간형성의 기능을 나타내고 있다.

교육학이란 "인간형성의 이론을 구축하기 위해 교육현실의 여러 사항을 체계적으로 탐구하는 학문"[16]이라는 정의에 나타나듯이, 『청정도론』의 수행체계는 이상의 논의에서 볼 때 인간형성의 이론체계로서 인간형성의 이론으로 성립하는 것이 가능하다고 하겠다.

『청정도론』의 수행체계가 단순히 인간형성만을 말하는 것이 아니라 인간형성 이론으로 성립하는 까닭은 일곱 단계의 수행에 관한 지식과 함께 수행을 해 나갈 신념이 합쳐진 총체가 되며, 또한 인간형성의 모습이 과거와 현재와 미래에 있어서 변화의 상태를 나타낸다는 점에서 "지식과 신념의 통체로서 어떤 사건의 상태를 설명하는 시도가 되는 이론"[17]의 의미를 지니고 있기 때문이다. 그것도 사마타와 위빠사나의 수행과정을 통해 정신적·신체적으로 행동과 태도 등을 변화시킨다는 점에서, "행동과 태도를 변화시키는 실제적 이론[18]으로서 앞으로

---

15 김용표, 『불교와 종교철학』(동국대학교출판부, 2002), p.300.

16 같은 글.

17 T. W. 모아 저, 박종삼·박재문·서영현·이재신 역, 『교육이론서설』(문음사, 1996), p.21.

우리가 무엇을 어떻게 해야 하는가를 알려주는 처방적이고 권고적인 기능을 갖는 교육이론"[19]이 된다고 할 수 있다.

2. 『청정도론』의 선행연구 및 불교교육연구

『청정도론』에 관한 선행연구로는 우선 원전原典과 번역서, 그리고 주석서를 들 수 있다. 여기서는 대표적인 예들만 들기로 한다. 원전은 리즈 데이비드(C. A. F. Rhys Davids)의 「*The Visuddhi-Magga of BuddhaGhosa*」[20]가 있고, 영역英譯은 냐나몰리(Ñānamolli)의 「*The Path of Purification*」[21]이 있으며, 우리말 번역은 대림의 『청정도론』[22]이 있고, 일역日譯으로는 남전대장경南傳大藏經에 수록되어 있는 『清淨道論(3)』[23]이 있다. 그 밖의 『청정도론』의 주석서로는 담마빨라의 『빠라마타만주사(*Paramatthamañjūsā, Visuddhimagga Mahāṭīkā*)』[24]가

18 T. W. 모아 저, 박종삼·박재문·서영현·이재신 역, 『교육이론서설』, 위의 책, p.25. 재인용. "행동과 태도를 변화시키는 실제적 이론으로서 앞으로 우리가 무엇을 어떻게 해야 하는가를 알려주는 처방적이고 권고적인 기능을 갖는다."

19 T. W. 모아 저, 박종삼·박재문·서영현·이재신 역, 위의 책, p.25.

20 C. A. F. Rhys Davids, *The Visuddhi-Magga of Buddhaghosa* (London: The Pāli Text Society, 1975).

21 Bhadantācariya Buddhaghosa, *The Path of Purification Visuddhi Magga*, trans. by Bhikkhu Ñānamolli(Singapore: Buddhist Meditation Center, 1956).

22 『청정도론』 1; 『청정도론』 2; 『청정도론』 3(약어표기에 따른다).

23 南傳大藏經 64, 『清淨道論(3)』(昭和 12년).

24 http://dsal.uchicago.edu(출처)

있다.

그리고 『청정도론』을 연구한 학계의 논문으로는 김재성의 「『清淨道論』における刹那定; 까니까 사마디(Khaṅika-samadhi) *in the Visuddhimagga*」[25]와 「*Mindfulness (sati) in the Visuddhimagga*」[26], 古田. 彦太郎의 「*Visuddhimagga*における *samadhi*について」[27]가 있다.

참고로 불교의 측면에서 자체의 불교교육을 다루고자 하는 이 책의 성격에 맞는 관련 논문을 살펴보고자 한다.

-「불교적 인격교육의 이념과 방법」[28]

-「한국의 전통 가정교육과 불교」[29]

-「불교에서 본 죽음과 종교교육」[30]

-「불교오계의 지구윤리적 지평과 종교교육」[31]

-「불교계 종립학교와 종교교재 — 불교교육과 보편적 종교교육과

---

25 KIM Jae-sung, 「清淨道論における刹那定 / *Khaṅika-samadhi in the Visuddhimagga*」, 『印度學佛教學研究』 44(1995).

26 KIM Jae-sung, 「*Mindfulness (sati) in the Visuddhimagga*」, 『印度學佛教學研究』 45(1997).

27 古田. 彦太郎, 「*Visuddhimagga*における *samadhi*について」, 『印度學佛教學研究』 36(1987).

28 김용표, 「불교적 인격교육의 이념과 방법」, 『종교교육학연구』 2(1996).

29 김용표, 「한국의 전통 가정교육과 불교」, 『종교교육학연구』 10(2000).

30 김용표, 「불교에서 본 죽음과 종교교육」, 『종교교육학연구』 19(2004).

31 김용표, 「불교오계의 지구윤리적 지평과 종교교육」, 『종교교육학연구』 20(2005).

의 순환적 교육과정 구상」[32]

-「붓다의 교육원리와 수기적隨機的 교수법 - 진리와 방편의 역동적 연관성을 중심으로 -」[33]

-「근본불교의 교육론 – 문聞, 사思, 수修 삼혜三慧를 중심으로」[34]

-「티베트 불교의 사원 교육제도」[35]

-「불교에 있어서 여성에 대한 사회교육적 기능」[36]

-「원시불교 교육의 방법론적 이념으로서의 점교성漸敎性에 대한 연구」[37]

이 가운데 이 책의 주제와 관련된 연구논문을 중심으로 살펴보고자 한다. 먼저「붓다의 교육원리와 수기적 교수법 – 진리와 방편의 역동적 연관성을 중심으로」이다. 이 논문은 붓다의 교육방식이 철저히 개인의 능력과 성향을 연구하고 이에 대응하여 적절한 가르침을 베풀

32 김용표,「불교계 종립학교와 종교교재–불교교육과 보편적 종교교육과의 순환적 교육과정 구상」,『종교교육학연구』 22(2006).

33 김용표,「붓다의 교육원리와 수기적隨機的 교수법 - 진리와 방편의 역동적 연관성을 중심으로 -」,『종교교육학연구』 25(2007).

34 심종택,「근본불교의 교육론–문聞, 사思, 수修 삼혜三慧를 중심으로」,『한국불교학』 46(2006).

35 안병남,「티베트 불교의 사원 교육제도」,『인도철학』 18(2005).

36 이창숙,「불교에 있어서 여성에 대한 사회교육적 機能」,『종교교육학연구』 4(1997).

37 최봉수,「원시불교 교육의 방법론적 이념으로서의 점교성漸敎性에 대한 연구」,『종교교육학연구』 1(1995).

어주는 '개별화의 원리'에 따르고 있었다고 하면서, 교육방법의 다양한 사례를 들고 있다. 이러한 다양한 사례들 가운데 '단계적 교육이 필요한 사람들'의 경우는 『산수목건련경』이 나타내고 있는 '붓다의 가르침의 맥락적이고 수기적인 특성'과 점교적인 측면에 의한 교육원리를 나타내고 있으므로 주목된다. 그것은 당시 인도 사람들의 능력과 개인차를 고려한 수기적 측면 등이 교화 시 점교적 교육방법의 형태로 나타나고 있기 때문이다.

다음으로 「원시불교 교육의 방법론적 이념으로서의 점교성에 대한 연구」이다. 이 논문은 붓다의 가르침을 신信·해解·행行·증證으로 나누어 그 점교성을 고찰하고 있다. 이 글은 붓다의 가르침을 법문이라고 하는 점이 특이하다고 하겠다. 필자는 이 논문에서 점교성의 원칙이 붓다의 교육방법이라고 주장한 점에 동의한다. 이 논문은 초기불교의 교육방법론적 이념으로서의 점교성을 최초로 다루었다는 점에서 선행적 연구라고 할 수 있다.

이상 두 연구는 붓다의 교육원리와 수기적 교수법, 그리고 초기불교의 점교적 교육방법론을 각각 다루고 있다는 점에서 본 논문의 주제와 맞는 선행연구라고 하겠다. 그러나 이상의 두 연구와 그 밖의 선행연구에도 나타나 있듯이, 『청정도론』의 칠청정 수행체계의 점진적 인간형성과정을 교육과정 중심적(教育課程中心的, Curriculum Centered)으로 살펴본 연구는 지금까지 없었다. 그런 점에서 이 책의 의의가 있다고 하겠다.

3. 불교교육학의 학문적 성립 및 불교교육 연구방법: 보편성과 특수성

불교교육의 연구방법을 논하기에 앞서 짚고 넘어가야 할 것이 있다. 그것은 첫째, 불교교육이 '불교교육학'이라는 학문으로 성립하는 것이 가능한가 하는 것이다. 하버마스(J. Habermas; 1929~)에 의하면 학문으로 규정하는 것은 어떤 지식을 추구하는가 하는 것과 지식획득을 위해 사용하는 연구방법에 의해서라고[38] 한다. 또한 학문으로 성립하기 위해서는 그 전제로서 '인간의 특정행위로서의 차원'과 그러한 '행위의 결과로 획득하게 되는 지식의 차원'이 필요한데, 그 가운데 전자인 '인간의 특정행위'는 '인간의 체계적인 탐구행위'를 가리키며, '탐구행위'란 '무엇'에 대해 알고자 하는 것이고, 이때 '무엇'은 연구대상을 의미한다.[39] 그런데 학문으로 성립하기 위해서는 이것들만 있어서는 곤란하다. 즉 논리에 의해 타당하고 정당화할 수 있는 '패러다임'이 필요하다. 그것도 패러다임 안에 구성요인을 비롯하여 양상, 문제, 해결기준 등이 반영되어 있어야만 한다.[40] 그리고 탐구행위의 결과로 있게 되는 '지식의 차원'에서의 '학'이란 단편적으로 이루어진 지식이 아니라 일정 기준이나 원리에 바탕을 두고 상호 유기적이고 긴밀하게 구성되어 있는 것[41]을 가리킨다.

---

38 정기섭, 『교육현실과 교육학 - 교육학의 학문적 정체성 탐구 - 』(문음사, 2002), p.98.

39 박신영, 「불교교육학의 학문적 성격」, 『종교교육학연구』 Vol.1, 한국종교교육학회, 1995. pp.36~37.

40 박선영, 「불교교육학의 학문적 성격」, 위의 글, p.37.

이상의 논의에서 우리는 학문성립을 위해 필요한 요소들을 '불교'와 '교육'이 각기 구비하고 있는 것을 알 수 있다. '불교'의 경우에는 오온으로서 '인간의 특정행위', 즉 인간이란 무엇을 가리키는 것인가를 설명하고 있으며, 또한 우주와 세계의 본질에 대해 '탐구행위'로서 설명하고[42] 있다. 또한 논리가 뒷받침되는 패러다임으로는 초기불교 경전에 나타난 붓다 설법의 치밀한 논리성, 부파불교의 아비달마 논사들의 각종 논서에 나타난 논리성, 대승불교의 『중론中論』과 『유가사지론瑜伽師地論』 등에 나타난 매우 치밀한 논리(공空, 가假, 중中의 논리) 등을 그 예로서 들 수 있으며, 또한 일정한 원리나 기준에 바탕을 두고 상호 유기적이고 긴밀하게 구성되어 있는 지식'으로는 불교학 전체가 이에 해당한다고 할 수 있는데, 초기불교 교학인 '삼법인'·'사성제', 대승불교 교학인 '중관학'·'유식학'·'천태학'·'화엄학' 등이 그것이다.

그리고 '교육'의 경우에는 학문성립의 조건으로서 인간형성을 본질적으로 다룬다는 점에서 교육현장에서 전개되는 인간에 관한 문제에 중점을 둔다. 이것이 교육에서의 인간의 특정행위이다. 그리고 어떤 사람으로 형성시킬 것인가와 관련하여 서양철학, 심리학 등이 인간을 탐구하는 탐구행위로서 필요하다. 또한 논리에 바탕을 둔 패러다임으로는 서양 교육철학의 저변에 깔려 있는 '아리스토텔레스'의 논리학에 의해 현재에 이르기까지 서양철학사에 형성되어 온 패러다임이 있다. 그리고 일정한 기준이나 원리에 의해 상호 유기적이고 긴밀하게 구성

41 박선영, 「불교교육학의 학문적 성격」, 같은 글.

42 초기불교에서는 '삼법인'과 '사성제'로, 대승불교에서는 반야의 '공空'이나 유식의 '만법유식萬法唯識'으로 우주와 세계의 본질에 대해 탐구행위로서 설명하고 있다.

되어 있는 지식으로는 교육철학, 교육심리학, 교육사회학 등에 나타나 있는 교육이론이 이에 속한다.

나아가 '교육'이 '교육학'으로 성립하기 위해서는 어떤 지식생산을 목적으로 하는 것인가라는 점이 분명해야 하고, 실천적 교육활동을 통해 달성하고자 하는 교육목표에 기여할 수 있는 것이어야 하므로, 교육을 통하여 추구하는 목표가 교육학의 규범적 토대가 된다는 것[43]이라는 점에서 교육목표가 필요하고, 그리고 '교육의 여러 사항'과 '교육의 여러 문제'가 연구대상으로 필요하며, 이러한 '교육의 여러 사항'과 '교육의 여러 문제'가 반영되어 있는 '교육현실' 또한 필요하다[44]고 하겠다.

그러므로 이와 같은 논의에 의해 '불교'와 '교육'은 각기 학문으로 성립한다고 하겠다. 학문으로서 '불교학'은 "불교의 조직과 사상·의식 등을 연구하는 학문"[45], 또는 "불교는 인간과 세계에 대하여 고민하고 그에 대한 해답을 찾아나가는 학문 … 인간의 심연과 세계의 본질에 대해 탐구하는 불교학은 인접학문과의 교류 및 불교 교리와 수행의 현실적용을 통해 현대사회의 여러 문제에 대한 정답을 제시하는 세계적인 학문"[46]이 되고, 교육학은 교육현실의 여러 사항을 체계적으로 탐구한 결과 얻게 되는 지식에 대한 이론, 즉 인간형성에 관한 이론[47]이

43 정기섭, 『교육현실과 교육학 - 교육학의 학문적 정체성 탐구 -』, 같은 책.

44 박선영, 「불교교육학의 학문적 성격」, 앞의 글, p.37.

45 두산백과 두피디아: http://www.doopedia.co.kr

46 동국대학교 불교학과 소개: https://buddhist.dongguk.edu/

47 박선영, 「불교교육학의 학문적 성격」, 위의 글, p.38.

된다.

이와 같은 학문의 성격규정과 불교학·교육학의 학문적 성격규정, 그리고 불교학·교육학의 의미규정 등에 비추어 볼 때, 불교교육학은 '불교학'과 '교육학'의 '통약성通約性'에 준準해 스승 비구〔교사〕와 제자 비구〔학생〕 사이에 전개되는 실천적 교육활동에 의해 계청정 수행의 완성과 사마타〔삼매〕 수행을 비롯한 위빠사나 수행의 완성 등 교육목표가 달성되므로 학문으로서 성립한다.

둘째, 불교교육학이 학문적으로 볼 때 불교학에 속하는 학문인지, 아니면 교육학에 속하는 학문인지 하는 것이다. 이에 대해 필자는 질 들뢰즈가 저서인 『차이와 반복』에서 언급하는 '개념적 차이: 가장 크고 가장 완전한 차이'에 의해서 살펴보고자 한다. 질 들뢰즈는 가장 큰 차이란 항상 대립이라고 설명하고 있는데,[48] 불교학과 교육학은 학문적으로 볼 때 개념이나 이론의 측면에서 서로 대립되는 상반성이 있으므로 가장 크고 가장 완전한 차이가 있다고 하겠다. 즉 불교학과 교육학은 학문적로 볼 때 '이종異種'으로서 그 개념이나 사상적 배경 등에 있어서 서로 가장 크고 가장 완전한 차이가 있기 때문에 불교교육학은 '불교에 있어서 교육이론을 다루는 학문'으로서 교육학에 속하는 학문이 아니라 불교학에 속하는 학문이라고 하겠다.

그런데 이와는 다른 주장이 있어 살펴볼 필요가 있다. 그것은 "불교교육학이 불교의 세계관에 기초한 인간형성이론의 문제이기 때문에 불교교육학은 불교학과 밀접한 관계에 있다 하겠다. 불교학에서 구명

---

48 질 들뢰즈; 김상환 옮김, 『차이와 반복』(서울; 민음사, 2017), p.90.

되어진 불교의 세계관은 불교교육학의 이론구축에 있어서 기초가 되기 때문이다. 그러나 그것은 불교학에서 구명究明된 내용 그대로가 아니라 교육학의 관점에서 재검토·재음미·재해석되어 교육학의 언어로 번역 또는 창조되어서 인간형성의 이론체계 속에 녹아들어 다시 구축되어야 한다. 불교교육학은 어디까지나 하나의 교육학이기 때문이다."[49]라고 함으로써 불교교육학은 교육학이라는 것이다. 또한 〈교육학의 학문구조표〉를 열거하면서 "불교교육학의 학문영역을 교육사실학과 교육실천학, 그리고 교육학도구론을 포함하는 교육방법론의 세 가지로 나누고자 한다."[50]라고 주장하고 있다.

그러나 불교교육학은 불교의 세계관에 기초한 인간형성이론의 바탕이 되는 불교의 개념과 논리에 의해 성립하는 학문이므로, 교육학의 관점에서 재검토·재음미·재해석되어 서양교육학의 언어로 번역 또는 창조되어서 인간형성의 이론체계로 구축되는 것이 아니라, 오히려 불교학의 관점에서 재검토·재음미·재해석되어 불교학의 언어와 교육학의 언어가 통약적으로 만나 성립하는 불교학에 속하는 인간형성의 이론이라고 하겠다. 또한 불교교육학의 학문영역이 〈교육학의 학문구조표〉[51]에 나타나 있는 교육사실학과 교육실천학, 그리고 교육학도구론을 포함하는 교육방법론의 세 가지로 나누어진다고 주장하고 있으나 〈교육학의 학문구조표〉를 사세히 살펴보면 이것은 교육학의 학문구조표라는 것을 알 수 있다. 오히려 불교교육학의 학문영역은 종교학과

49 박선영, 「불교교육학의 학문적 성격」, 앞의 글, p.42.

50 박선영, 「불교교육학의 학문적 성격」, 위의 글, pp.42~43.

51 같은 글.

불교학 각각의 〈학문구조표〉뿐만 아니라 교육학의 학문영역에 해당한다고 볼 수 있는 〈교육학의 학문구조표〉를 참고하여 분류되어야 마땅하다고 하겠다. 그러므로 불교교육학은 교육학이 아니라 불교학의 학문영역에 속한다고 하겠다.

이와 같이 불교교육학은 불교학에 속하는 학문이지만 불교교육을 연구하는 방법론으로서 우리는 '교육학'을 원용援用해서 사용할 수밖에 없다. 물론 불교학 자체의 교육이론을 세울 수 있겠으나 자칫 잘못하면 교육이론의 알맹이가 없는 '동어반복'이 될 위험이 있다. 그래서 서양교육학자의 교육이론을 원용하여 불교교육학의 연구방법을 세울 수밖에 없는 실정이다. 이와 같은 논의에 의해 우리는 불교교육의 연구방법론으로 두 가지를 들 수 있다. 하나는 교육의 개념과 교육이론 등 교육에 관한 전반적인 이해와 논리의 틀 속에서 불교를 대상으로 불교교육을 논하고 있는 것, 즉 불교교육학을 불교의 특수성을 기반으로 하면서도 교육학의 학문적 보편성을 기반으로 하는 경우[52]로서, 전반적으로 교육학 이론의 입장에서 불교교육을 논하는 특성을 띤다. 또 하나는 불교의 논리와 불교사상 등 불교의 입장에서 불교교육을 논하는 것, 즉 불교학의 학문적 보편성을 기반으로 하고 있으면서도 교육학의 특수성을 기반으로 하는 것으로서[53] 불교의 학문적 견지에서

52 고진호, 「불교교육학 연구의 과제와 전망」, 『종교교육학연구』 22(2006), p.3; 그는 교육학을 보편성으로 보고, 불교를 특수성으로 보는 측면에서 불교교육학의 성격 규정을 하고 있다. 교육학자의 입장에서 교육학을 보편성으로 보고, 불교를 특수성으로 보는 것은 일리가 있으나 이것은 교육학의 학문적 견지에서 볼 때의 견해이다.

의 불교교육의 특성을 띤다.

이 책은 일반 교육학에서 말하는 서양 교육학 이론의 측면에서 불교의 '교육'에 관해 논하는 것이 아니다. 오히려 이 책은 '불교'의 측면(불교의 바탕에 흐르고 있는 개념과 사상의 측면을 말함)에서 불교의 '교육'을 논하고자 하는 것이다. 불교교육학의 연구방법의 우열愚劣을 논할 필요는 없지만, 혹시라도 서양 교육학 이론의 측면에서 불교의 '교육'을 논할 때 서양교육학 이론이 '주'가 되고 '불교학'이 '종'이 되는 우려가 있을 수도 있다는 점에서 '불교'의 측면(불교의 바탕에 흐르고 있는 개념과 사상의 측면)에서 불교의 '교육'을 논하고자 하는 것이다. 여기에 불교교육 연구의 정통성正統性과 중요한 의의가 있다.

그러므로 '불교'의 측면에서 불교의 '교육'을 논하는 연구방법을 바탕으로 이 책은 『청정도론』에 나타난 점교적 교육원리를 살펴보기 위해 초기불교 경전을 비롯한 테라바다 전통의 관련 문헌을 서로 대조하는 문헌학적 방법을 중심으로 하여, 일곱 단계 수행과정에서의 경험 속에 인간형성의 측면에서 어떤 교육과정의 모습을 전개하였는지, 그리고 어떤 교육적 가치와 의미가 있는지 등에 대해서 밝히고자 한다. 필자는 이 책의 전체적인 내용을 초기불교와 남방불교의 교육과정(Curriculum in Early Buddhism and Theravāda Buddhism)에 나타난 교육원리라고 부르고자 한다.

53 이 경우에는 철저하게 불교의 학문적 논리와 사상체계, 즉 불교의 인간관, 세계관, 존재론, 인식론 등을 바탕으로 한 상태에서 교육학 이론을 부분적으로 응용함으로써 불교에서의 교육을 다루는 것을 말한다.

4. 범위 및 자료

연구범위로는 『청정도론』의 칠청정 가운데 사마타와 위빠사나를 양대 중핵中核으로 보고 이들을 중심으로 논하였다. 즉 '계청정戒淸淨', '심청정心淸淨', '견청정見淸淨', '의심疑心을 극복함에 의한 청정淸淨', '도道와 도道 아님에 대한 지知와 견見에 의한 청정', '도道 닦음에 대한 지知와 견見에 의한 청정', 지知와 견見에 의한 청정 등에 이르기까지 살펴보되 사마타와 위빠사나가 중심이라는 말이다.

연구자료로는 『청정도론』의 Pāli 텍스트인 리즈 데이비드(C. A. F. Rhys Davids)의 『*The Visuddhi-Magga of BuddhaGhosa*』, 『청정도론』의 주석서, 즉 『*Pm*』으로 알려져 있는 담마빨라의 『*Paramattha-mañjūsā; Visuddhimagga Mahāṭīkā*』, 냐냐몰리의 『*The Path of Purification Visuddhi Magga*』, 그리고 대림이 우리말로 번역한 『청정도론』을 참고하였다. 부가적으로 임승택이 번역한 『무애해도역주無碍解道譯註; *Translation and Annotation of paṭisambhidāmagga*』도 참고하였다. 그리고 『아비담마상가하(*Abhidhammasangha*)』와 『해탈도론解脫道論』도 참고하였다. 『아비담마상가하』는 비록 『청정도론』이 지어진 연대와 대략적으로 700년이나 차이가 나는 C.E 10세기나 11세기쯤 아누룻다(Anuruddha) 스님이 펴낸 것이지만, 아비담마의 축약판이고, 또한 방대한 분량이면서도 정교한 아비담마의 체계적인 내용을 다루고 있으며, 더욱이 『청정도론』에서 아비담마가 흩어져 나타남으로써 있게 되는 비체계성非體系性을 매우 정교한 체제로 통일된 모습으로 다루고 있는 등의 이유[54] 때문에 문헌적 의미를 두고 부차자료로

택하였다. 『무애해도無碍解道(*paṭisambhidā magga*)』는 『청정도론』에서 52회나 인용되고 있다는 점에서, 『해탈도론』은 『청정도론』의 주석서인 『*Pm*』에 나타날 뿐만 아니라 계戒·정定·혜慧 삼학三學의 체계로 논해지고 있고, 특히 '정품定品'은 『청정도론』과 비슷한 형태를 지니고 있다는 점에서 부차자료로 택하였다.

---

54 『청정도론』 1, pp.59~60.

2장 붓다고사와 『청정도론』

1. 붓다고사의 생애

『청정도론』은 붓다고사가 편찬한 책이다. 붓다고사는 스리랑카, 미얀마 등 남방불교권에서는 붓다 교학敎學의 정통성을 이어받아 『청정도론』에서 체계화시킨 대표적 학승으로 널리 알려져 있다. 그러므로 그의 생애에 대한 고찰은 그의 이와 같은 면모를 살펴보는 것이므로 의미 있는 일이 될 것이다. 이와 함께 교육학에서 생애사生涯史가 한 인물의 교육사상을 파악하는 데 도움이 된다는 측면에서도 그 의의가 있다고 하겠다.

그의 생애를 전하는 문헌은 『위숫디마가(*Visuddhimagga*)』를 비롯한 저서[55]와 스리랑카의 역사서인 『왐사(*vaṃsa*)』 계통의 『쭐라왐사

---

55 森 祖道, 「パーリ 佛教註釋文獻の研究」, 제1장 ブッダゴーサの生涯(東京: 山喜房佛書林, 昭和 59年), pp.469~470. 14종의 저서가 전해진다. ① *Visuddhimagga*

(*Cūḷavaṃsa*)』와 위대한 붓다고사의 인연을 말하는 『붓다고수빠티(*Buddhaghosuppatti; Mahābuddhaghossa Nidānavatthu*)』와 불교연대기인 『싸담상가(*Saddhammasaṅgaha*)』와 빨리어 문헌사文獻史인 『간다왐사(*Gandhavaṃsa*)』, 그리고 그 밖의 미얀마에서 전하는 다음과 같은 7종[56]의 자료가 있다.

①1830년 흐마난 궁전에서 새롭게 편찬된 정통사료王統史料인 『흐마난 야자윈(*Hmannan-yāzawin*)』,

②1832년 학승인 쉬리마하난다(Sīrimahānanda)가 저술한 미얀마 불교사佛教史인 『타타나랑카라(*Thāthanālaṅkāra*)』,

③1823년 지나랑카라다자(Jinālaṅkāradhaja)가 저술한 일종의 불교사인 『왐사디빠니(*Vaṃsadīpani*)』,

④타타나랑카라(Thāthanālaṅkāra)를 기초로 해서 민돈 왕(Mindon-min, 1852~1877)의 왕사王師였던 빠나싸미(Paññasāmi) 장로가 1861년에 저술한 『싸사나왐사(*Sāsanavaṃsa*)』,

⑤라마냐국(Rāmañña國)의 담마체티(Dhammaceti) 왕(1472~1492)이 1477년(혹은 1479년)에 수도首都인 페구(Pegu)의 교외에 건립했던

(Vis), ② *Samantapāsādikā*(VA), ③ *Kaṅkhāvitaraṇī*(Kṅkh), ④ *Sumaṅgalavilāsinī*(DA), ⑤ *Papañcasūdanī*(MA), ⑥ *Sāratthappakāsinī*(SA), ⑦ *Manorathapūraṇī*(AA), ⑧ *Paramatthajotikā*(KhpA & SnA), ⑨ *Dhammapadaṭṭhakathā*(DhpA), ⑩ *Jātakaṭṭhakathā*(JA), ⑪ *Visuddhajanavilāsinī*(ApA), ⑫ *Atthasālinī*(DhsA), ⑬ *Sammohsvinodanī*(VibhA), ⑭ *Pañcapakaraṇaṭṭhakathā*(DhkA, PugA, KvA, YA, PA).

56 森 祖道, 「パーリ 佛教註釋文獻の研究」, ibid., pp.469~474.

비문인 「카루야니 비문碑文」,

⑥ 19세기 후반에 활약했던 타톤(Thaton)에 머물렀던 미얀마 학자 Stephen M 'Kertich가 타레잉(Talaing, 연대기)에 기초해 저술한 『타타나 아씨나세크(*Thāthanā-asinasek*)』, Mahālaṅkāra Vatthu라고 하는 책의 영역본英譯本,

⑦ 원전原典이 산실散失되어 전하지 않는 『*P. Bigandet: The Life or Legend of Gaudama*』.

이상 문헌들 가운데 『쭐라왐사』는 그 가운데 37장의 한 부분이 붓다고사의 생애를 포함하고 있다고 한다. 그런데 이 37장 가운데 붓다고사를 다루고 있는 글은 13세기 중엽 빠라카마바후 2세(Parakkamabāhu Ⅱ, 1236~1270) 때 탐바라타(Tamba-raṭṭha) 출신인 담마끼티(Dhammakitti) 장로가 저술하였는데, 붓다고사 시대인 5세기 전반보다 무려 800년 후의 일이다.[57]

『붓다고수빠티(*Buddhaghosuppatti*)』는 붓다고사의 생애를 다루고 있는 다른 전적에 비해 비교적 붓다고사의 생애에 관해 상세히 묘사하고 있다. 그러나 그 내용이 전설화된 것으로 되어 있으므로 사실이라고 인정하기 어렵다고 보이며, 이 저술서의 저자나 성립에 대해서도 학자들 간에 다음과 같은 여러 가지 의견이 있다.[58]

우선 이 저술서의 교정자이며 영역자인 그레이(J. Gray)는 저자인 Mahāmaṅgala가 13세기경 스리랑카인으로서 Vedeha의 스승이었던

57 森 祖道, loc.cit.

58 ibid., p.472.

Maṅgala였다고 보고 있다. 그리고 가이거(W. Geiger)에 의하면, 저자인 Mahāmaṅgala가 만약 문법가 Maṅgala였다면 14세기경 사람이었다고 추정하고 있다. 그리고 로우(B.C. Law)는 자신의 저서인 『*A History of Pāli Literature*』에서, 『붓다고수빠티(*Buddhaghosuppatti*)』에 대해서 그 명칭을 언급하고 있기는 하나, 이 책의 저자나 제작 연대에 대해서는 어떤 것도 설명하지 않고 있다. 그리고 붓다닷타(A.P. Buddhadatta)는 이 책이 제작된 연대와 장소는 명확하지 않지만 당시 사용한 언어나 문체에서 스리랑카가 아닌 외국의 특징이 나타나며, 저자인 Mahāmaṅgala는 스리랑카의 풍습이나 사정에 어두웠다는 점 등을 지적하며 그가 미안마의 비구였다고 보고 있다.

『싸담상가(*Saddhammasaṅgaha*)』는 불교연대기로서 붓다고사에 관한 내용은 6장에 나타난다.

이제까지 붓다고사의 생애를 다루고 있는 문헌들을 살펴보았으나, 후대로 갈수록 붓다고사의 생애에 관한 기술이 자료의 부족과 전설 등 때문에 매우 신뢰도가 떨어진다.

그렇기는 하나 『왐사』 계통인 『쭐라왐사』와 붓다고사의 인연을 말하고 있는 『*buddhaghosuppatti*』와 불교연대기인 『싸담상가』와 Pāli어 문헌사文獻史인 『간다왐사』가 비교적 붓다고사의 생애에 관해 신뢰가 가는 내용을 전하고 있다고 볼 수 있다.

그러면 이제 붓다고사의 출신배경을 살펴보기로 한다. 그것과 관련하여 미안마에서 전해 내려오는 이야기에 의하면, 붓다고사가 미안마 출신이라고도 하고, 또한 그가 북인도 부다가야 근처의 바라문 출신이라고도 한다. 그러나 근래에 이르러 그가 북인도가 아니라 남인도

출신이고, 출신계급도 바라문 출신이 아니라는 학설이 있다.[59]

코산비는 HOS판版 『*Visuddhimagga*』의 서문에서 붓다고사의 출신지가 북인도가 아니라는 점을 세 가지 이유를 들어 말하고 있다.[60]

이처럼 몇 가지 이유를 들어 붓다고사가 북인도의 부다가야 출신이 아니라고 말하고 있다. 이러한 이야기들 가운데 필자는 붓다고사가 스리랑카로 건너오기 전에 인도 남부의 한 상좌부 사찰에 머물렀다는 설說에 주목하고자 한다. 붓다고사가 남인도의 상좌부 사찰에 머물렀다는 설은 어느 정도 가능성이 높다고 볼 수 있는데, 그것은 붓다고사 재세 시 대승과 소승이 혼재해 있었던 사상적 배경 속에서[61] 남인도는 지리적으로 스리랑카와 가까우므로 스리랑카와의 교류를 통해 상좌부

---

59 ibid., p.488.

60 ibid., pp.489~490.

61 『高僧法顯傳』 一卷(T.51); 法顯은 저서인 『高僧法顯傳』에서 당시 사찰은 小乘寺剎, 大乘寺剎, 소승과 대승이 같이 있었던 사찰 등이 있었다고 전하고 있다. 대승사찰은 p.857c. "在道一月五日得到于闐. 其國豐樂人民殷盛. 盡皆奉法. 以法樂相娛. 衆僧乃數萬人. 多大乘學. 法顯等進向子合國. 在道二十五日. 便到其國.國王精進有千餘僧. 多大乘學."라고 기술하고 있고, 소승사찰은 p.864a. "其精舍名瞿師羅園. 佛昔住處. 今故有衆僧. 多小乘學.", pp.857a-c. "復西北行十五日到烏夷國. 僧亦有四千餘人. 皆小乘學. … 度嶺已到北天竺. 始入其境. 有一小國名陀歷. 亦有衆僧皆小乘學."라고 기술하고 있다.
소승과 대승이 같이 있었던 사찰은 pp.859a-860a. "復自力前得過嶺南到羅夷國. 近有三千僧兼大小乘學. … 過河有國名毘荼. 佛法興盛兼大小乘學. … 自度新頭河至南天竺. 迄于南海四五萬里. 海平坦無大山川. 正有河水耳. 從此東南行十八由延. 有國名僧迦施. … 此處僧及尼可有千人. 皆同衆食. 雜大小乘學."라고 기술하고 있다.

의 교설敎說을 전해 받았다고 추정할 수 있고, 그런 점에서 그가 당시 인도에서 상좌부의 사상을 스리랑카에 오기 전에 이미 숙지熟知하고 있었으며, 그 결과 그의 저서인 『앗따살리니』 등의 논서論書에 그러한 사상이 반영되어 있었을 개연성이 충분히 있기 때문이다.

그러나 붓다고사가 남인도 출신이 아니라 북인도 출신이라는 내용이 『마하왐사』에 "보리수가 있는 곳(인도 보드가야) 근처에 바라문 학도가 있었다."[62]고 기술되어 있다.

그리고 붓다고사의 출신배경과 관련하여 뜻밖의 주장도 있다. 동명이인同名異人의 붓다고사가 실존했다고 보는 설[63]이 그것이다.

이와 같이 출신배경이 남인도, 북인도라는 이설異說과 동명이인이라는 설이 있는 붓다고사는 『마하왐사』에 의하면,[64] 성장하면서 모든 학문과 지식과 베다에 통달하였으며, 그가 배운 것에 정통했고, 정확하게 그 구절을 외웠다고 한다.

또한 그는 레와따 장로를 만나 출가한 후 삼장을 다 배우고, 계속해서 『냐노다야』라는 논서와 『담마상가니』의 주석서인 『앗따살리니』 등을 지었고, 그 다음에 『빠릿따』에 대한 주석서도 지었다고 한다. 그런

---

62 『청정도론』 1, 앞의 책, p.37.

63 김경래, 「붓다고사의 행적에 대한 연대기의 서술과 의도」, 「한국불교학』 63(2012), p.435; 김경래는 스리랑카에서 실제적으로 '마하위하라'파보다 '아바야기리'파가 우세했다고 주장하면서, 그 이유로 같은 방면에서 활약하여 유사한 업적을 이룬 同名異人을 지칭하는 용법으로서 앞서 활동한 사람을 '마하', 후대에 활동한 사람을 '쭐라'라고 부른다는 모리의 학설을 근거로 들어 동명이인의 붓다고사가 있었던 것으로 추정하고 있다.

64 『청정도론』 1, 앞의 책, pp.38~39.

그를 보고 레와따 장로는 순수한 싱할리 주석서가 보존되어 있는 스리랑카로 건너갈 것을 권유했다고 한다. 이후 그는 스리랑카로 건너가 대사大寺에 머무르면서 『청정도론』을 주석하면서 삼장도 요약하였으며, 『청정도론』을 주석하는 임무를 마친 후 인도로 돌아갔다고 전한다.

2. 『청정도론』의 체계와 내용

『청정도론』은 붓다 교설의 체계처럼 계戒·정定·혜慧의 세 가지 체계로 구성되어 있고, 전체 23장으로 구성되어 있다. 전체 23장은 일곱 단계로 분류되는데, 즉 1장과 2장은 계청정(戒品)에 해당되고, 3장부터 13장까지는 심청정(定品)에 해당되며, 14장부터 23장까지는 견청정(慧品)으로 견청정, 의심을 극복함에 의한 청정, 도와 도 아님에 의한 청정, 도 닦음에 의한 지와 견에 의한 청정, 지와 견에 의한 청정이 이에 해당된다.[65]

『청정도론』의 일곱 단계로 분류되는 청정의 형태는 이미 『맛지마 니까야』의 『*Rathavinīta suttaṃ*』에는 칠청정七淸淨의 형태로, 『디가 니까야』의 『십상경十上經』에서는 '통찰지洞察智에 의한 청정'과 '해탈에 의한 청정'이 추가되어 9청정의 형태로 각각 나타나고 있다.

성립연대가 빠른 『디가 니까야』의 『십상경』에서는 아홉 단계의 청정의 모습으로 나타나다가 『맛지마 니까야』의 『*Rathavinīta sutta-*

---

65 『청정도론』 1, 위의 책, p.75.

ma』에 이르러 '통찰지洞察智에 의한 청정'과 '해탈에 의한 청정'이 빠지고 일곱 단계로 분류되는 청정의 모습으로 나타나고 있는데, '통찰지에 의한 청정'은 견청정見淸淨에, '해탈에 의한 청정'은 지知와 견見에 의한 청정에 각각 흡수시킨 것으로 여겨진다.

각 수행체계에 대해 설명하면[66], 계청정戒淸淨은 수많은 종류로 계戒를 분류하고 있으나, 계목戒目의 단속, 감각기능의 단속, 생계生計의 청정, 필수품에 관한 계 등 네 가지 계로 집약적으로 설명하는 것이 가능하다. 계청정의 이름으로 일곱 단계로 분류되는 청정의 맨 앞에 두고 있는 것은 그만큼 이 수행과정에서 계를 철저히 지키는 일이 매우 중요하며, 불교수행의 첫걸음이 계를 지키는 데에서 출발함을 보여주는 것이기 때문이다.

심청정心淸淨은 삼매三昧의 의미와 종류 등에 대해 설명하고 있으나, 삼매를 어떻게 닦아야 할 것인가 하는 것이 이 수행단계의 핵심이라고 하겠다. 이 품은 주로 40가지 명상주제를 어떻게 닦을 것인가에 중점을 두고 있는데, 명상주제에 관해서는 3장이, 까시나 수행을 비롯해 근접삼매近接三昧와 본삼매本三昧, 그리고 초선初禪으로부터 4선禪에 이르기까지의 삼매증득의 과정의 경우에는 4장이 각각 설명하고 있다. 이에 반해 8장은 몸에 관한 마음챙김과 들숨날숨에 대한 마음챙김에 관해 자세히 설명하고 있다. 그런데 특히 4장이 매우 중요하다. 그것은 땅의 까시나 등 까시나 수행을 통해 근접삼매와 본삼매를 증득하는 과정을 설명하고 있을 뿐만 아니라 초선부터 4선까지 선禪의 구성요소

---

66 『청정도론』 1, 위의 책, pp.76~79.

를 중심으로 설명하고 있기 때문이다.

견청정見淸淨은 혜慧, 즉 통찰지洞察智를 어떻게 닦을 것인가에 관해 중점을 두고 설명하고 있다. 전체 14장부터 23장 가운데 14장부터 22장까지가 통찰지를 어떻게 닦을 것인가에 해당된다.

여기서 우리가 눈여겨봐야 하고 주목해야 할 것은 14장부터 22장까지 여러 장을 할애하여 통찰지를 바탕으로 한 위빠사나 수행을 논하고 있다는 점이다. 즉 뒤에서도 밝히고 있지만 계청정과 심청정은 통찰지의 뿌리이고, 나머지 견청정을 비롯한 지와 견에 의한 청정 등 다섯 가지 청정까지는 통찰지의 몸통이라고 설명함으로써, 통찰지의 수행을 통해 비구는 도道와 과果와 열반涅槃을 증득하는 것이라고 설명하고 있다. 그만큼 『청정도론』에서 통찰지가 차지하는 몫이 매우 크고 그 의미 또한 중요하다는 점을 반증하는 것이다. 이것을 보더라도 『청정도론』의 일곱 단계의 수행체계는 사마타의 집중에 의한 수행이 아니라 위빠사나 수행 중심이라는 것을 알 수 있는 것이다.

그러나 『청정도론』은 남방불교권에서 핵심적인 위치를 차지하고 있는데도 불구하고 붓다고사 자신의 견해가 그 내용에 반영되어 있지 않음으로써 독창성이 결여되어 있다는 비판도 있다.[67] 그것은 뒤에 나오는 문헌학적 의의에서도 논하고 있듯이, 『무애해도無碍解道』를 비롯한 아비담마의 교학을 반영하고 있기 때문이다. 그리고 초기불교 경전에 나타나지 않는 찰나삼매刹那三昧를 논하고 있다는 점 또한 아비담마의 교학적 배경에서 다루고 있으므로 이것을 두고 독창적이라

---

67 Bhadantācariya Buddhaghosa, *The Path of Purification Visuddhi Magga*, trans. by Bhikkhu Ñānamolli (Singapore: Buddhist Meditation Center, 1956), p. xix.

고 말할 수는 없다고 하겠다.

3. 시대적 배경

『청정도론』이 저술되기까지의 시대적 배경과 그 문헌학적 배경을 논해야만 붓다고사가 불멸후 오래된 세월이 흐른 C.E 5세기에 『청정도론』을 저술한 이유를 알 수 있을 것이다. 왜냐하면 『청정도론』의 내용 가운데에는 당시 전해 내려온 『무애해도』의 내용이 52회나 반영되어 있으며, 시대적으로는 대승과 소승이 혼재되어 있던 당시 사원의 모습 등이 나타나 있다고 볼 수 있는 부분이 있기 때문이다.

『마하왐사』라고 하는 연대기에 의하면,[68] 붓다고사가 활동하던 당시 시대 이전인 C.E 1세기 무렵에는 인도에 싼스크리트 기반인 소승과 대승의 불교가 빠르게 성장하는 모습을 나타내어 해외에 전파되어 있었다. 그러므로 이러한 시기에 스리랑카에서 무외산파(無畏山派; Abhayagiri Monastery)는 자연스럽게 사회적으로 비중 있고 발전하고 있는 사상을 연구하고 옹호하는 데 치중하였던 것이다. 반면에 대사파(大寺派; Mahāvihāra Monastery)는 오직 붓다의 정통성을 고수하려고 하였으므로 새로운 사상을 접할 수가 없었다.

아쇼카왕의 아들 마힌다 장로가 스리랑카에 붓다 정통의 상좌부 불교를 전래한 이후 정통인 대사파大寺派와 정통이 아닌 무외산파無畏山派의 대립이 왕이 바뀔 때마다 계속적으로 발생하게 되는 상황이

---

68 ibid., pp.x~xiii.

전개되었다.

무외산파는 왓지뿟따까(Vajjiputtaka; 犢子部)의 『담마루찌 니까야(*Dhammaruci Nikāya*)』를 그들의 소의경전所依經典으로 삼았을 뿐만 아니라 『방등부(*Vetuya Pitaka*)』 또한 받아들였다고 전한다.[69]

『담마루찌 니까야』는 『마하왐사』에 의하면[70] 띳사(Tissa)의 추방 이후 담마루찌(Dhammaruci)라고 하는 인도인 스승의 사상들에 집착하는 적은 규모의 승려들이 스리랑카에 도착하였는데, 이러한 사상들은 독자부[71]의 이론異論에서 유래하였다고 전한다.

담마루찌가 속했던 파派는 왓지뿌트라(독자부)라고 알려졌고, 담마루찌 승려들은 아바야기리(Abhayagiri) 절에 머물렀다.

독자부에 속하는 담마루찌 승려들은 죽은 후에도 지속하는 개인적 실체로서의 영혼이 있다고 주장하였다. 또한 그들은 아라한도 완전한 깨달음의 지혜로부터 멀어질 수 있다고 주장하였다. 이러한 주장들은 붓다 교설의 정통을 이어받은 대사파의 교리체계에 전적으로 반대되는 것이었다. 대사파의 승려들은 이러한 주장들을 붓다가 설한 견해와는 거리가 먼 매우 위험한 것으로 간주하였다.

'죽은 후에 계속하는 것, 즉 지속하는 개인적 실체인 영혼이 있다'고

---

69 『청정도론』 1, 앞의 책, p.45.

70 Thera Mahanama-sthavira; Douglas Bullis, *The Mahavamsa; The Great Chronicle of Sri Lanka* (The United States of America: Asian Humanities Press, 1998), p.324.

71 『部執異論』 一卷(T.49) p.20a. "… 於此第三百年中. 從說一切有部. 又出一部. 名可住子弟子部 …." 『部執異論』에서 犢子部는 '可住子弟子部'라고 불리기도 하였다.

하는 담마루찌 승려들의 주장은 『이부종륜론異部宗輪論』에서 말하는 '보특가라비즉온리온補特伽羅非卽蘊離蘊〔보특가라비즉비리온補特伽羅非卽非離蘊이라고도 불려진다〕'[72]에 해당하며, 이것은 붓다가 설한 '무아설無我說'에 배치된다. 이것은 구체적으로 말하면, '비유위비무위非有爲非無爲'의 불가설적不可說的인 불멸不滅의 나라고 하는 존재가 있다(我體로서 존재하는)고 보는 것, 즉 이와 같은 존재가 현재에도 생명을 지속적으로 유지하고 미래에도 영원히 존속하는 상태에 있게 되는 것을 의미한다.[73] 이 이론은 윤회와 업보의 문제를 해결해보려는 시도로서, 이후에 대승불교의 아뢰야식(阿賴耶識, ālayavijnāna)사상으로 이어지게 된다.

그러므로 대사파는 조금이라도 인도에서 새로운 사상이 유입하는 것을 극도로 꺼렸으며, 이질적異質的인 것으로 간주하였음을 알 수 있다.

『마하밤사』에서는 이것을 다음과 같이 말하고 있다. "아바야기리는 인도에서 유입하는 새로운 사상들을 가지고 오는 방문객들을 환영하였다. 반면에 대사파는 외부로부터 도입하는 어떤 새로운 것도 반대하였다."[74] 그러므로 붓다로부터 전해 내려오는 가르침을 스리랑카에 전한

---

72 異部宗輪論(T.49) p.16c. "… 有犢子部本宗同義. 謂補特伽羅非卽蘊離蘊. 依蘊處界假施設名. 諸行有暫住. 亦有刹那滅. 諸法若離補特伽羅. 無從前世轉至後世. 依補特伽羅可說有移轉."

73 高井觀海, 『小乘佛教槪論』(東京: 山喜房佛書林, 昭和 五十三年), p.104.

74 Thera Mahanama-sthavira; Douglas Bullis, *The Mahavamsa; The Great Chronicle of Sri Lanka*, op.cit., p.325.

마힌다 장로에 의해 세워진 교단에게 새로운 사상들을 가지고 인도로부터 도래하는 새로운 방문객들은 비정통성이었고, 이러한 비정통성은 이단異端과 동등한 의미를 지닌 것이었다고 하겠다.[75]

이와 같은 시대적 분위기를 전하는 문헌으로는 C.E 399년에 중국에서 인도로 구법求法하러 떠난 법현法顯이 저술한 『법현전法顯傳』에 나타난다. 즉 『법현전』은 당시 인도에는 소승小乘을 학습하는 절과 대승大乘을 학습하는 절, 그리고 소승과 대승을 함께 학습하는 절이 있었다고 전한다.[76]

붓다고사는 이처럼 소승과 대승이 혼재한 시대적 분위기에서 붓다의 정통성을 세우고자 생각하고 있었는지도 모른다. 그래서 아마 니까야에 대한 주석서도 이때 저술하였던 것이 아닌가 추측된다. 그러나 어느 정도 확실한 근거로 들 수 있는 것은 당시 스리랑카의 대사파의 요청에 의해, 또는 붓다고사의 자청自請에 의해 스리랑카로 건너가서 『청정도론』을 저술하였다고 할 수 있다.

그런데 이와 관련하여 다른 설이 전해지고 있다. 『마하밤사』에는 "… 레와따 장로長老가 그것을 보고 '여기는 단지 『성전聖典(*Pāli*)』만 남아 있을 뿐이고 『주석서註釋書(*Aṭṭhakathā*)』는 남아 있지 않으며, 스승들의 학설도 조각나버리고 더 이상 전해오지 않는다네. 그러나 (섞이지 않은) 순수한 싱할리 주석서가 아직 보존되어 있다네. 그것은 붓다가 가르치셨고 사리뿟따 등이 합송合誦한 그대로 3차 결집結集에 의해 전승된 것이라네. 그것은 지혜가 구족하신 마힌다 장로가 바르게

---

75 loc.cit.

76 Thera Mahanama-sthavira, ibid., p.147.

주석하는 방법에 따라 싱할리어로 옮긴 것이라네. 그곳(스리랑카)으로 건너가게. 가서 그것을 배우고 마가다어로 다시 옮기게. 그러면 온 세상에 큰 이로움이 될 것일세.'"[77]라고 하여, 스리랑카의 대사파의 요청에 의해 붓다고사가 스리랑카로 건너간 것이 아니라 레와따 장로의 권유에 의해 스리랑카로 건너간 것이라고 전하고 있다.

그런데 한편으로는 붓다고사가 스리랑카로 건너가기 이전에 남인도 마유라루파(Mayūrarūpa)라고 하는 항구나 간치푸라(Kañcīpura)의 대사파 절에서 장로들과 함께 머무르면서 학문적 교류가 있었다는 설도 전해지고 있다.[78] 마유라루파는 남방 상좌부가 성행했었던 곳이라는 설이 있으므로[79] 붓다고사가 상좌부 절에 머물렀다는 사실을 뒷받침해 준다. 이러한 시대적 배경에 의해 『청정도론』이 저술되었던 것이다.

4. 『청정도론』의 문헌학적 의의

남방불교의 상좌부(上座部; Theravāda)는 부처님의 직계제자들인 장로長老 스님들이 전승해 온 부처님의 가르침을 말한다. 이러한 상좌부불교에서 붓다고사가 C.E 5세기에 저술한 『청정도론』이 차지하는 위치는 매우 각별하며 중요한 의미를 갖는다고 할 수 있다. 왜냐하면 『청정도론』은 스리랑카에 아쇼카왕의 아들 마힌다 장로가 불교를 처음으로 전한 후 내려오는 붓다의 정통성을 고수한 상좌부불교의

---

77 『청정도론』 1, 앞의 책, p.38.

78 森 祖道, op.cit., p.508.

79 loc.cit.

특색을 근간으로 하면서도, 『무애해도』의 교학 가운데 실천수행에 관한 내용을 거의 그대로 계승하고 있기 때문이다.

뿐만 아니라 『청정도론』이 집필됨으로써 비로소 『무애해도』에서 기술하고 있는 수행체계는 보완된 형태로 나타난다. 그것은 『청정도론』에서 기술하고 있는 '16가지의 지혜' 가운데 두 번째 단계인 '연緣을 받아들이는 지혜(智慧; paccayapariggа-ñāṇa)'로부터 여섯 번째 단계인 '두려움에 대한 지혜(bhayatupaṭṭha-ñāṇa)'에 이르기까지는 『무애해도』의 논모論母에 나오는 것을 그대로 따르고 있으며,[80] 그리고 『무애해도』의 수행의 과정은 26단계의 형식을 취하거나 혹은 37단계 혹은 41단계로 설명되기도 하였는데, 이 가운데 41단계가 가장 온전한 수행단계로 볼 수 있으나,[81] 『청정도론』에서는 41단계 가운데 첫 번째 단락에서의 15단계는 장애법障碍法을 일시적으로 중지시키는 '소제단消除斷(vikkhambhana-pahāna)'[82]의 범위에 속하고 두 번째 단락에 나오는 18수관隨觀은 유루범부有漏凡夫의 결택분정〔決擇分定; 결택決擇에 의한 삼매〕에 해당하는 것으로 '결정단〔決定斷; 결정決定에 의한 끊음(tadaṅga-pahāna)〕'에 속하며, 마지막 여덟의 과정은 결박結縛 등의 모든 번뇌가 완전히 제거된 출세간의 단단〔斷斷; 단절에 의한

80 임승택, 『*Paṭisambhidāmagga*(無碍解道)의 수행관 연구』, 박사학위논문(동국대학교 대학원, 2000), p.33

81 임승택, 『무애해도 성립의 의의』, 「가산논집」 제4집, 2010. p.31.

82 임승택, 『無碍解道 성립의 의의』, 위의 책, p.34. 각주 59 재인용함. "소제단消除斷이란 그러저러한 세간의 선정에 의해 오개五蓋 등의 장애법障碍法이 일시적으로 멈추는 그것을 소제단消除斷이라고 한다."

끊음(samuccheda-pahāna)」'에 해당하게 된다.[83]

이것을 보더라도 『청정도론』은 『무애해도』를 계승, 발전시키고 있는 것이 분명하다. 앞에서 말했듯이, 『청정도론』이 『무애해도』를 52회나 인용하고 있다는 점이 단적인 예가 된다. 그러나 『무애해도』에는 무엇을 가리키는 것인지 명확하지 않은 부분이 나타나는 결점이 있다. 그것은 이상 술어가 41단계 가운데 어느 부분을 포섭하는 것인지 알기 힘든 점이 있기 때문이다.[84]

이러한 결점은 『청정도론』에서 해소된다. 각각의 수행단계에서 대치번뇌對治煩惱로 체계적인 분류를 하고 있기[85] 때문이다.

그 밖의 『청정도론』의 계戒·정定·혜慧의 수행체계는 『해탈도론解脫道論』에서도 마찬가지로 계·정·혜의 수행체계로 정형화된다. 그러므로 『청정도론』은 『무애해도』와 『해탈도론』을 잇는 가교역할을 했다고 볼 수 있는 것이다.

『청정도론』의 성격은 기본적으로 경장經藏인 4부 니까야(Nikāya)에 대한 주석서이다. 그런 점에서 『청정도론』이 아비담마적인 방법으로 계·정·혜를 설명한다고 하더라도 이것은 논서가 아니라 경장의 주석서라는 점에 주목해야 할 것이다.[86]

그러므로 『장부長部』, 『중부中部』, 『상응부相應部』, 『증지부增支部』, 『율장律藏』 등 각각 주석서의 서문에서 붓다고사가 말하고 있는

---

83 임승택, 『無碍解道 성립의 의의』, 같은 글.

84 임승택, 『無碍解道 성립의 의의』, 위의 글, p.35.

85 임승택, 『無碍解道 성립의 의의』, 같은 글.

86 『청정도론』 1, 앞의 책, p.29.

다음과 같은 내용은 시사하는 바가 크다고 하겠다.

> 모든 초월지들과 통찰지洞察智(慧)의 정의를 내리는 것과 무더기(蘊), 요소(界), 감각장소(處), 기능(根)과 네 가지 성스러운 진리(四聖諦)와 여러 조건(緣起)의 가르침과 극히 청정하고 능숙한 방법과 경전을 벗어나지 않는 도道와 위빠사나 수행 등 이 모든 것은 내가 지은 『청정도론』에서 아주 청정하게 설명되었다. 그러므로 거기서 설한 것은 다시 여기서 고찰하지 않을 것이다. 『청정도론』은 네 가지 전승된 가르침(四阿含)들의 중앙에 서서 거기서 말씀하신 뜻을 드러내기 때문이다.[87]

붓다고사는 위 인용에 나타나 있듯이, "네 가지 전승된 가르침(四阿含)들의 중앙에 서서 거기서 말씀하신 뜻을 드러내기 때문이다."라고 기술하고 있다는 점에서, 그는 붓다로부터 전승된 대사파大寺派의 정통성을 이어받아 『청정도론』을 찬술했던 것이다.

---

87 같은 책.

3장 초기불교의 점교적 교육체계

『청정도론』에서 교육적 의의를 찾기 위해서는 그 이전에 이론적으로 초기불교의 교육원리가 어떤 형태를 띠고 있는가 살펴보는 것이 순서이다. 왜냐하면 붓다 교설의 정통성이 고스란히 남아 있는 곳이 초기불교이고, 이러한 초기불교의 교설 가운데 네 가지 아함 등 경장의 정통성에 기반을 둔 교설을 이어받았다고 주장하고 있는 것이 『청정도론』이기 때문이다. 그러므로 이 장에서 붓다의 교육원리, 즉 붓다의 교육방법 등 교육체계를 살펴봄으로써 초기불교의 교육체계가 점교적 교육체계이며, 이후 『청정도론』이 점교적 교육체계의 원류임을 규명하고자 한다.

1. 불교의 교육원리

1) 불교교육의 3요소

불교교육의 세 가지 요소를 논하기에 앞서서 먼저 분명히 밝혀두어야 할 것이 있다. 그것은 학교교육에서만 교육의 3요소를 논하는 것이 가능하고, 불교에서는 교육의 3요소를 논하는 것이 불가능하다고 하는 주장이 있을 수 있기 때문이다. 전자와 같은 주장이 있는 까닭은 공식적인 교육기관인 학교를 중심으로 교사, 학생, 교육내용의 세 가지 요소의 형태로 교육이 이루어져 왔다는 점에서 교육의 3요소는 학교에서의 교육에서만 성립하는 것이 가능하다고 보기 때문이고, 후자와 같은 주장이 있는 까닭은 불교는 외양적外樣的 모습으로 봐도 학교라고 하는 교육기관에서 교사, 학생, 교육내용의 세 가지 요소의 형태에 의해 교육이 이루어진 것이 아니므로 불교에서는 교육의 3요소가 성립할 수 없다고 보기 때문이다.

우선 필자의 견해를 피력한다면, 만약 전자와 같은 주장이 주변에 존재한다면 과연 그렇게 볼 수 있는가 하는 점이다. 쟁점이 될 만한 이 문제와 관련하여 필자는 해석학解釋學의 이론에 의해서 규명하는 것이 가능하다고 본다. 필자는 해석학 이론 가운데 딜타이(Wilhelm Dilthey)의 역사해석에 따라 불교도 교육의 3요소를 논할 수 있다고 주장하고자 한다. 즉 딜타이는 교육의 의미와 목적은 우리가 지금까지 살아온 삶의 역사를 통해서 인식되며, 교육이 물어야 할 목적과 가치와 의미는 역사 속에서 찾을 수 있다고 보고 있기 때문이다.[88]

그러므로 불교는 역사적으로 볼 때 붓다의 가르침(교육내용)을 전하는 출가승(스승)에 의해 수많은 제자의 인격이 도덕적으로 성숙한 형태로 변화하고(인간형성을 이루었다) 종국에 가서는 깨달음에 이르렀다는 것, 다시 말해 붓다 이후 지금에 이르기까지 이러한 교육적 행위로서 그 기능을 해왔다고 볼 수 있기 때문에 불교교육의 3요소는 얼마든지 성립 가능한 것이라고 보는 것이며, 이에 지금부터 본격적인 논의를 하고자 하는 것이다.

현대교육에서 교육이 성립하기 위해 기본적으로 반드시 있어야만 하는 3요소로 말하고 있는 것은 교사, 학생, 교육내용 등 세 가지이다. 이 세 가지는 붓다 당시에도 가르침을 주는 붓다와 가르침을 받는 비구·비구니(우바새, 우바이 포함), 그리고 가르침의 내용 등이 있었으므로 존재했다고 볼 수 있다.

우선 교육실천의 주체[89]인 교사로서의 붓다이다. 붓다는 깨달은 후 그의 제자뿐만 아니라 여러 사람들에게 가르침을 줌으로써 깨달음의 길을 제시하고 인도하였다는 점에서 위대한 교사[90]라고 할 수 있다.

붓다가 초기 교화 때 행한 전법선언에는 위대한 교육자로서의 교육

---

88 이상오, 『교육해석학』(학지사, 2008), p.54.

89 허영부, 『교육학의 이해』(홍익출판사, 2005), p.36. 실천적인 특성을 띠는 교육행위를 한다는 점에서 교육의 주체(The Subject of Education)이다.

90 테라바다(Theravāda) 경전에서는 고오타마 붓다에게 스승을 의미하는 'satthā' (teacher, master)라는 용어를 사용하고 있다. 교사를 의미하는 'ācariya' 또는 'upajjhāya'라는 용어는 일반적으로 수행자들의 스승이라는 말로 사용되었다. 붓다의 경우는 'ganacariya'(the teacher of group)로 호칭되었다. 김용표, 「붓다의 교육원리와 수기적隨機的 교수법 - 진리와 방편의 역동적 연관성을 중심으로 -」, 앞의 글, p.2 참조.

정신이 다음과 같이 나타나 있다.[91]

—교육자의 자격

"비구들이여, 나는 하늘과 인간의 모든 구속으로부터 벗어났다. 비구들이여, 너희들도 또한 하늘과 인간의 모든 구속으로부터 벗어났다."

—교육의 목적과 교육애

"비구들이여, 많은 사람들의 이익과 행복을 위하여, 세간을 불쌍히 여기고, 인간과 하늘의 행복을 위하여 유행하라. 하나의 길을 둘이서 함께 가지 말라."

—교수법의 제시

"비구들이여, 처음도 아름답고, 중간도 아름답고, 마지막도 아름답게, 내용의 의미와 표현법을 갖춘 법을 말하며, 모두 원만하고 청정한 범행梵行을 말하라."

—교육의 가능성에 대한 믿음

"태어나면서부터 더러움이 적더라도 법을 듣지 못함에 의해 그냥 죽게 되는 중생도 있다. 그들은 법을 잘 이해할 수 있는 자들이다."

—스승으로서의 모범

91 김용표, 위의 글, p.3.

"비구들이여, 나도 또한 법을 설하기 위하여 우루벨라의 장군촌으로 가리라."

그 다음 교육의 주체와 객체의 매개체인 교육내용(교육재료; Educational materials)[92]으로서의 붓다의 가르침이다. 이것에는 많은 사람들로 하여금 번뇌의 오염원汚染源을 끊고 닙빠나로 이끄는 데 도움이 되는 근본교설을 비롯하여 다양한 비유담과 우화 등의 내용이 있다. 물론 이것은 어디까지나 초기불교의 교육내용이다. 초기불교 시대 이후 전개된 부파불교, 대승불교, 선불교 등도 교육내용에 해당한다.

그리고 끝으로 교육실천의 대상인 학생(The Object of Education)[93]이다. 학생은 붓다의 가르침을 익히고 그것을 실천함으로써 닙빠나를 향해 나아가는 출가 비구·비구니와 재가신자인 우바새·우바이 등 제자를 가리킨다.

이와 같이 가르침을 주는 붓다(교사), 그가 설한 법문내용(내용), 그리고 가르침을 받는 대상인 비구·비구니, 우바새·우바이(학생) 등 세 가지가 있으므로 불교교육의 3요소가 성립한다.

불교교육은 이처럼 세 가지 요소로서 성립하지만, 그렇다고 이 세 가지가 존재하는 것만으로 교육이 이루어지는 것이 아니다. 교육은 가르침을 주는 교사, 교육내용, 학생 등 세 가지 요소 사이에 유기적으로 상호작용이 활발하게 일어나야 한다. 교사만 있고 교육내용과

---

92 허영부, 『교육학의 이해』, 앞의 책, p.36.

93 같은 책.

학생이 없어서도 안 되고, 교육내용만 있고 교사와 학생이 없어서도 안 된다. 그리고 학생만 있고 교사와 교육내용이 없어서도 안 되기 때문이다.

붓다는 부다가야에서 깨달으신 후 그곳으로부터 멀리 떨어져 있는 녹야원으로 전법傳法의 길을 떠나셨다. 붓다는 녹야원에 이르러 꼰다냐 등 다섯 비구에게 최초로 사성제四聖諦의 가르침을 폄으로써 꼰다냐 등 다섯 비구는 법안法眼을 얻었다. 이것이 붓다의 최초 설법인 초전법륜初傳法輪이다. 이와 같은 초전법륜은 교육적인 측면에서 해석하면 매우 큰 의의를 지닌다고 할 수 있다. 붓다(교사)가 사성제(교육내용)의 진리를 꼰다냐를 비롯한 다섯 비구(학생)에게 가르침으로써 다섯 비구가 법안을 얻었다는 것은 표면적인 의의이다. 보다 큰 의의는 이와 같이 붓다가 사성제의 가르침을 다섯 비구에게 폄으로써 불교는 교육의 3요소가 성립하였고, 이로써 이 땅에서 불교의 교육이 처음으로 시작된 효시라는 데에 있다.

2) 불교교육의 정의

불교에서 교육의 개념은 학교교육에서 말하는 교육의 개념과 다르다. 왜냐하면 기본적으로 '교육'과 '불교'는 '세속'과 '종교'라는 측면에서 서로 다르며, 본질적으로 학문의 분류상 상위개념인 종교교육에 포함되는 불교교육은 불교적 가치관과 세계관 등에 따라야만 불교의 교육을 논하는 것이 가능하기 때문이다. 이러한 점이 불교의 교육이 갖는 특색이라고 할 수 있다.[94]

불교교육의 독특한 특색은 불교교육에 관한 정의에서도 나타난다.

불교에서의 교육에 해당하는 개념은 초기불교의 언어인 빨리어에서 찾아볼 수 있다. 빨리어에는 '교육'이라는 말이 여러 가지가 있다. 첫째, '위나야나(vinayana)'이다. '위나야나'는 '위(vi)'+'니(ni)'(naya)로서 누군가에게 무엇인가를 훈육시킨다는 의미를 갖는다.[95] 이것은 교육을 훈육의 행위로서 이해하는 데 그 의미가 매우 가깝다. 둘째, '빠리야띠(pariyatti)'이다. 이 말은 법(dhamma)에 대한 연구(study)의 의미를 갖는다.[96] 셋째, '아즈하아빠나(ajjhāpana)'(sk. adhyāpana)는 가르침(teaching)과 교육(education)의 의미를 갖는다.[97]

초기불교의 교육에 관한 사전적 정의가 이와 같다면, 불교의 교육에 관한 정의는 어떻게 내릴 수 있는가? 박선영의 불교교육에 관한 성격규정이 있는데, 이것을 토대로 살펴보기로 하자.

'불교교육'에 대해서는 듀이(John Dewey)가 예로 든 '종교'(a religion)와 '종교적'(the religious)이라는 말에 의해서 '불교의 교육'(Education of Buddhism)과 '불교적 교육'(Buddhist Education)으로 구별하여 그 성격이 논해지고 있다.[98] 즉 '불교의 교육'은 "불교의 가르침을 믿고 이해하며 실천하도록 하게 하기 위한 교육으로서 승려교육이나 재가의

---

94 불교교육은 종교교육에 속하므로 제도권 교육인 학교교육의 측면에서 볼 때 교육의 비형식적 유형에 해당한다. 그러므로 이에 걸맞는 교육성향과 특색이 있게 마련이다.

95 T.W. Rhys Davids, *The Pāli Text Society's Pāli - English - Dictionary* (London: The Pāli Text Society, 1986), p.623.

96 ibid., p.432.

97 ibid., p.11.

98 박선영, 「불교교육학의 학문적 성격」, 『종교교육학연구』, 앞의 글, p.39.

불자교육 또는 불교의 포교차원에서의 교육에서 그 전형적인 형태를 찾을 수 있는 형태의 교육"이며, 반면에 '불교적 교육'은 "바람직한 인간형성에 있어서 불교에서 가르치고 있는 정신세계나 실천적 삶의 방식 등이 매우 귀하고 중한 가치라고 판단하고 이를 교육의 가치로 도입한 교육"이라고[99] 그 성격을 규정하고 있다.

그런데 이와 같은 주장에는 일반적인 교육에 관한 조작적操作的 정의인 '인간행동의 계획적 변화'라고 하는 정의와 불교의 교육에 관한 빨리어 어원이 나타내는 사전적 정의 등이 상호간에 통약적通約的으로 감안된 상태에서 '불교교육'의 성격에 관한 논의가 이루어질 필요가 있는데 그것이 빠져 있다. 그러므로 불교교육에 관한 새로운 정의가 필요하다고 할 수 있다.

통약적으로 볼 때 불교는 인간을 훈육하고, 가르치며, 형성시키는 의미를 담고 있어 교육의 기능을 하고 있다. 그것은 인간형성의 측면에서 볼 때, 비구(비구니도 포함되는데 편의상 비구로 표기함)는 출가 후 계戒를 받고 계로서 몸(身)과 입(口)과 마음(意)을 잘 단속하여[100] 점차적으로 들숨날숨의 호흡에 의해 선정수행, 즉 마음을 하나로 집중하는 사마타 수행을 함으로써 마음을 흔들리지 않게 굳건히 하고,

---

99 위의 글, pp.39~40.

100 출가자가 戒를 지키는 과정은 분명히 재가불자가 五戒를 지키는 과정과 다르다. 그렇기는 하지만 우리는 오계의 이념이 인간의 정신적 성장과 전인적 인격형성에 기여할 수 있는 기초적 윤리덕목인 점에서 교육적 의미가 있다는 점에 유념할 필요가 있다. 김용표 엮음, 『초월과 보편의 경계에서』(동국대학교출판부, 2008), p.238. 그런 점에서 우리는 출가자가 계로서 몸과 입과 마음을 단속하는 하는 데에서 불교의 교육개념과 교육적 의의를 찾아볼 수 있다.

이로써 지혜를 완성해 가는 수행과정을 밟고, 결국 이러한 과정을 통해 인격적으로 완성된 닙빠나(nibbāna)에 도달한다는 점에서 알 수 있다. 그런 점에서 교육은 '닙빠나를 이루기 위한 인간행위의 점교적 漸敎的 변화'[101]라고 정의할 수 있다.

3) 「범천권청梵天勸請」에 나타난 교육계획의 원리

교사나 교육을 담당하는 사람은 실제적으로 교육을 하기 전에 미리 교육을 위한 교육과정을 계획한다. 그것은 정규적인 교육이 이루어지는 학교에서 뿐만 아니라 비정규적인 교육의 형태로 교육이 이루어지는 곳에서도 교육계획을 하게 된다. 그러므로 이와 같은 교육계획은 불교에서도 이루어졌다고 볼 수 있다. 붓다의 교육계획은 『증일아함경』 「권청품」에 보면 붓다가 대중들에게 가르침을 펼까 말까 고뇌하는 모습으로 나타난다.

『증일아함경』 「권청품」은 이에 대해 다음과 같이 설한다.

> 그때 세존께서는 성도成道를 한 지 오래되지 않아 이렇게 생각했다. '지금 나의 매우 심오한 법은 깨닫기 어렵고, 알기도 어려우며, 사유할 수 없다. … 가령 내가 사람들에게 미묘한 법을 설한다고

101 불교에서의 인간행위는 인간의 의지가 身, 口, 意의 세 가지 업(業; kamma)의 형태로서 나타난다는 점에서, 인간행위는 이러한 業(kamma)의 행위적인 측면이다. 박선영, 『불교의 교육사상』(동화출판공사, 1981), p.181. 박선영이 불교적 교육의 본질은 닙빠나(깨달음)에 그 핵심이 있다고 보았듯이, 불교의 교육에 관한 정의를 내릴 때 닙빠나에 도달하는 것을 교육의 구심점으로 볼 수밖에 없는 것이다.

할지라도 사람들은 믿고 받아들이지 못하며, 역시 받들어 행하지도 못한다. 노력한다고 하더라도 손해만 있을 뿐이다. 지금 나는 마땅히 침묵하리라. 어찌 법을 설하겠는가?'[102]

붓다는 자신이 깨달은 법은 매우 심오하여 사람들에게 설한다고 하더라도 사람들이 이것을 깨닫지 못하는 것은 말할 것도 없고, 알기도 어려우며, 생각할 수도 없으므로 설법하지 않겠다는 의중을 나타낸다.

붓다는 비록 자신의 법이 깨닫기 어렵고, 알기도 어려우며, 사유할 수 없음을 생각을 통해 나타내며 대중들을 대상으로 설법하지 않겠다고 말씀하고 계시지만, 사실은 이때 이미 앞으로 전개될 교육과정을 선정삼매의 상태에서 계획하고 계셨던 것이다.

그때 범천은 붓다에게 법을 설하지 않게 되면 염부제, 즉 이 세상이 허물어진다고 하면서, 다음과 같이 간곡하게 법을 설할 것을 간청한다.

그때 범천이 멀리에서나마 여래께서 생각하시는 바를 알고, 힘센 장사가 잠깐 몸을 굽혔다가 펴는 것처럼 범천 위에서 몸이 사라져 모습을 나타내지 않다가 세존의 처소로 이르러 머리를 부처님께 조아려 예배드리고 한쪽으로 물러나 있었다. 그때 범천이 세존께 사뢰어 말씀드리기를, "이 염부제는 반드시 허물어져 무너지고, 삼계는 눈을 잃을 것입니다. 여래·지진至眞·등정각께서 세상에

102 『增壹阿含經』 卷第十 「勸請品」 第十九(T.2) p.593a-b. "爾時. 世尊得道未久. 便生是念. 我今甚深之法難曉難了. 難可覺知. 不可思惟. … 設吾與人說妙法者. 人不信受. 亦不奉行者. 唐有其勞. 則有所損. 我今宜可默然. 何須說法."

출현하시어 마땅히 법(法寶)을 연설하셔야 합니다. 그런데 지금 다시 법의 묘미를 펴지 않겠다고 하시므로, 오직 원하오니 여래께서는 널리 중생을 위해 깊은 법을 설하시기를 바랍니다."[103]

그러면서 범천은 다음과 같은 이유를 들어, 붓다가 사람들에게 법을 반드시 설해야 하는 당위성을 설명한다.

"또한 이 중생은 근원적으로 제도하기 쉽습니다. 만약 (법을) 듣지 않는다면 영원히 법의 눈을 잃고 이 사람들은 법에서 버려진 자식이 됩니다. 마치 우발련화優鉢蓮華, 구모두화拘牟頭華, 분타리화分陀利華 등 연꽃이 비록 땅 위로 나오더라도 물 위로 나오지 못하고, 또한 꽃을 피우지 못하는 것과 같습니다. 이때 저 연꽃은 점점 나오려고 하나 물 위로 나오지 못하지만, 혹은 이 연꽃은 물 위로 나오기도 합니다. 혹은 이 연꽃은 물 위로 나오더라도 물에 젖지 않습니다. 이 중생의 무리도 또한 그와 같습니다. 생·로·병·사가 재촉하고 핍박하여, 모든 근기가 성숙되었는데도 불구하고 법을 듣지 못하고 죽게 된다면 그 또한 고통스럽지 않겠습니까? 지금이 바로 그때입니다. 오직 원하오니 세존께서는 마땅히 법을 설해주시기 바랍니다."[104]

---

103 위의 책, p.593b. "爾時. 梵天在梵天上. 遙知如來所念. 猶如士夫屈伸臂頃. 從梵天上沒不現. 來至世尊所. 頭面禮足. 在一面住. 爾時. 梵天白世尊曰. 此閻浮提必當壞敗. 三界喪目. 如來. 至眞. 等正覺出現於世. 應演法寶. 然今復不暢演法味. 唯願如來普爲衆生廣說深法."

104 같은 책. p.593b. "又此衆生根原易度. 若不聞者. 永失法眼. 此應爲法之遺子.

여기서 연꽃의 비유는 학습자의 유형을 나타내는 상징적 의미를 갖는다. 물 위로 나오지도 못하고, 꽃을 피우지도 못하는 연꽃은 학습자로서 근기가 하열下劣함을 상징적으로 나타내고 있고, 물 위로 나오려고 하여 물 위로 나온 연꽃은 학습자로서 근기가 중간 단계에 있음을 나타내고 있으며, 물 위로 나오더라도 물에 젖지 않는 연꽃은 학습자로서 근기가 뛰어남을 나타내고 있다고 하겠다. 이 가운데 학습자로서 근기가 하열한 경우는 지금은 비록 물 위로 나오지 못하는 연꽃처럼 하열한 능력과 처지에 있지만, 점차적으로 물 위로 나오게 되는 연꽃처럼 학습자로서 근기가 나아질 수 있다고 하는 것, 즉 붓다가 설법하면 잘 이해할 수 있는 사람들도 적지 않다는 점, 잘 가르쳐 지도하면 내용을 이해할 가능성이 있다는 점을 나타내주고 있다.[105]

『증일아함경(*Anguttara-nikāya*)』에서는 이와 같은 여러 가지 유형의 청법자, 즉 학습자를 다음과 같이 설하고 있다.[106]

①비옥한 토지에 뿌려진 씨앗과 같은 사람: 자신의 내부에 선善(kusala)과 불선不善(akusala)의 법을 갖는다. 이후 그의 선법善法은 사라지고 불선법不善法이 드러났다고 판명된다. 그럼에도 불구하

猶如優鉢蓮華. 拘牟頭華. 分陀利華. 雖出於地. 未出水上. 亦未開敷. 是時. 彼華漸漸欲生. 故未出水. 或時此華以出水上. 或時此華不爲水所著. 此衆生類亦復如是. 爲生老病死所見逼促. 諸根應熟. 然不聞法而便喪者. 不亦苦哉. 今正是時. 唯願世尊當爲說法."

105 김용표, 「붓다의 교육원리와 수기적隨機的 교수법 - 진리와 방편의 역동적 연관성을 중심으로 -」, 앞의 글, p.7.

106 김용표, 위의 글, pp.11~12. Aṅguttara Nikāya Ⅲ PTS p.401을 재인용함.

고 그는 내부에 파괴되지 않는 선의 뿌리들을 갖고 있어서 이 선의 뿌리들로부터 그의 내부에 선이 일어난다. 이러한 사람은 그 본성상 미래에 타락하지 않는다. 그는 비옥한 토지에 뿌려진 좋은 씨앗에 비유할 수 있다. 씨앗과 토지가 좋기 때문에 잘 자랄 것이다.

② 돌판 위에 뿌려진 좋은 씨앗과 같은 사람: 선과 불선의 법을 가지고 있으나 후에 그의 불선법은 사라지고 선법은 드러났다고 판명된다. 그럼에도 불구하고 그에게는 파괴되지 않은 불선의 뿌리들이 있어서 이들 불선의 뿌리들로부터 불선이 일어난다. 이러한 사람은 본성상 미래에 타락한다. 그는 돌판 위에 뿌려진 좋은 씨앗에 비유할 수 있다. 그는 좋은 토대를 갖지 못했기 때문에 자랄 수 없다.

③ 비옥한 토지에 뿌려진 완전히 썩은 씨앗과 같은 사람: 선법과 불선법을 가지고 있었으나 선법은 없고 오직 불선법만 가지고 있음으로 판명된다. 이러한 사람은 죽은 뒤에 지옥을 향한다. 이 사람은 비옥한 토지에 뿌려진 완진히 썩은 씨앗에 비유할 수 있다. 씨앗이 썩어서 싹이 트지 않기 때문이다.

또한 하습자의 유형을 세분하면 다음과 같다.

① 돌판 위에 놓인 뜨겁게 타는 숯과 같은 사람: 그의 내부에 파괴되지 않았던 선의 뿌리들 모두가 또한 파괴된 사람이라. 본성상 미래에 타락할 것이다. 이러한 사람은 돌판 위에 놓인 뜨겁게 타는 숯에

비유할 수 있다. 더 이상 어떤 열도 내지 못한다.

②마른 나뭇잎 위에 놓인 뜨겁게 타는 숯과 같은 사람: 그의 내부에 파괴되지 않았던 불선의 뿌리들이 또한 모두 파괴되었다. 이러한 사람의 본성은 미래에 타락하지 않는다.

③완전히 연소되어 차가워진 숯과 같은 학생: 그는 어떠한 불선법도 없다고 판명된다. 이러한 사람은 현재 여기서 열반을 얻는다. 그는 완전히 연소되어 차가워진 숯에 비유할 수 있다. 마른 나뭇잎에 놓여도 더 이상 불을 일으키지 않는다.

붓다 당시 실제로 교육이 이루어지는 현장에서 불교적 교사인 화상和尙을 비롯한 아사리阿闍梨 등은 이와 같은 여러 가지 유형의 학습자들을 위한 교육을 전개하였다고 할 수 있다.

이처럼 여러 가지 유형의 대중을 위해 법을 설해야 한다고 간청하자, 붓다는 다음과 같이 설한다.

그때 세존께서는 범천이 마음 가운데 생각하는 것을 아시고, 또한 일체중생을 자비로 연민하기 때문에 이 게송을 설하시고 말씀하시기를, "범천이 지금 (나에게) 와서 여래가 법문을 열어 듣는 자로 하여금 돈독한 믿음을 얻게 하고 깊은 법의 긴요한 뜻을 분별하기를 권하나니, 높은 산 정상에서 널리 중생의 무리를 보는 것과 같이, 지금 나에게 있는 이 법으로 차례로 법의 눈을 드러나게 하리라."라고 하셨다.[107]

---

107 『增壹阿含經』 卷第十 「勸請品」 第十九(T.2), 앞의 책, p.593b. "爾時, 世尊知梵

붓다는 성도成道 후 선정禪定에 들어 자신이 깨달은 진리를 대중이 학습할 수 있을지 여부를 생각해 보았으나, 그 결과 학습할 수 없다고 판단되어 깨달은 진리를 대중에게 설하지 않기로 하였다. 그렇게 하다가 붓다는 가르침을 펴기로 결심하였는데, 이것이 불교의 교육계획, 즉 불교교육과정의 계획[108]이라고 할 수 있다.

4) 붓다의 교육방법

- 교수법

경전에 보면, "여래가 세상에 출현한다면 응공應供, 정변지正徧知, 명행족明行足, 선서善逝, 세간해世間解, 무상사無上師, 조어장부調御丈夫, 천인사天人師, 불佛, 세존世尊…"[109]이라고 설하고 있는데, 이때 스승과 관련한 표현은 무상사, 천인사(satthā devamanussānaṁ), 조어장부 등이다.

하늘과 인간의 스승이라고 불릴 만큼 뛰어난 스승이기 때문에 붓다는 가르침을 청하기 위해 그를 방문하여 여러 가지 질문을 하는 외도外道들이나 제자들을 상대로 그만의 독특하고 뛰어난 교수법教授法으로 교화하였다. 붓다는 주제와 내용, 청법자의 수준, 그리고 상황에 맞추

天心中所念. 又慈愍一切衆生故. 說此偈曰. 梵天今來勸. 如來開法門. 聞者得篤信. 分別深法要. 猶在高山頂. 普觀衆生類. 我今有此法. 昇堂現法眼."

108 이것은 또한 수업설계과정이라고도 말할 수 있다. 왜냐하면 수업설계란 어떤 수업목표를 학습자들이 효율적으로 달성하도록 하기 위해 遂行되어야 할 모든 활동과 요소를 계획하는 활동이기 때문이다.

109 『佛說長阿含經』 卷第十三(T.1) p.83c. "佛告摩納. 若如來出現於世. 應供. 正遍知. 明行足. 爲善逝. 世間解. 無上士. 調御丈夫. 天人師. 佛. 世尊…"

어 법을 설하는 방법을 취하였다. 이러한 방법은 맥락적 가르침으로서[110] 학습자의 능력과 현재의 수준, 그리고 관심사와 필요성 등의 교육적 상황과 맥락에 따라 다양하게 구사하는 수기적隨機的 교수법의 특성을 띠었다. 이와 같은 특성을 지닌 붓다의 교수법은 현대교육이론에서도 찾아보기 힘든 교수법이다. 달리 말하면 현대교육의 교수법과 차별화된 교수법이라고 할 수 있다. 그러나 굳이 현대교육의 교수법에서 찾아본다면, 붓다의 교수법은 학생 개개인의 진도에 따라 각기 능력에 알맞은 교육을 계획에 따라 진행하는 '개별화의 원리'와 비슷하다[111]고 볼 수도 있다.

4장에서 다루는 『청정도론』의 심청정心淸淨의 단계를 보면, 스승 비구는 제자 비구를 위해 명상주제를 선택할 때 제자 비구의 여섯 가지 기질을 고려하게 되는데, 이러한 점은 붓다가 청법請法 대중들을 위해 법을 설하기에 앞서 개개인의 성향과 근기를 먼저 파악하고 이에 따른 적절한 가르침을 베푼 수기적 교수법을 따른 것[112]이라고 볼 수 있다.

이와 같은 교육방법의 예로서는 다음에서 살펴보는 위의교화威儀教化, 설법교화說法教化, 언교교화言教教化, 훈회교화訓誨教化, 그리고 설법교화 때 문답법에서 사용하는 방법인 일향기一向記, 반힐기反詰記, 분별기分別記, 사치기捨置記 등의 교수방법이 있다.

---

110 김용표, 「붓다의 교육원리와 수기적隨機的 교수법 - 진리와 방편의 역동적 연관성을 중심으로 -」, 앞의 글, p.2.

111 김용표, 위의 글, p.11.

112 같은 글.

붓다의 교육방법은 이와 같이 다양한 사례로 분류되지만, 개개인의 근기에 따라 지식계급, 탐욕이 많은 사람, 마음이 산란한 사람들, 고행만 주장하는 사람들, 단계적 교육이 필요한 사람들, 의학적 치료에 따른 교수법, 문답과 토론을 통한 교육, 침묵이 필요한 경우, 위의를 통한 교육, 집단 교육 속의 개별화 교육 등 열 가지로 분류하여 이들 각각에 따른 교수법을 논하는 것이 가능하다.[113]

가. 위의교화威儀敎化

이 교수법은 언어를 사용하지 않고 위엄 있는 모습으로 상대방에게 감화를 줌으로써 마음을 일깨워 주는 방법을 말한다. 이것은 말로써 가르치는 것에 못지않은 성과를 가져온다는 점에서 상호설법相好說法이라고도 한다.[114] 붓다가 앙굴리말라를 교화할 때 사용한 방법도 위의교화에 속한다고 하겠다. 또한 녹야원의 최초설법에서 다섯 비구가 붓다를 타락했다고 떠났다가 이후 붓다가 다시 그들에게 접근하자 자신도 모르게 자리에서 일어나 경배한 것도 상호설법이면서[115] 위의교화에 속한다고 하겠다. 우리가 사람들 가운데 위엄 있는 사람을 보면 함부로 대하지 못하고 예의를 지키듯이, 붓다와 같은 성인의 위의교화는 말할 필요도 없다고 하겠다.

---

113 김용표, 위의 글, pp.13~20.

114 민경환, 「불교의 교화방편에 대한 교육학적 고찰」, 『한국불교학』(1995), p.522.

115 김용표, 앞의 글, p.20.

나. 설법교화說法敎化

이 교수법은 붓다가 주로 사용하는 교화방법으로서, 말로서 이루어지는 교화를 말한다. 운문이나 산문, 또는 설화 등의 형태로 설법이 이루어진다.[116] 붓다의 전생담이나 여러 가지 비유의 말씀 등이 이에 속한다고 하겠다. 불교에서는 대부분 설법위주로 교화가 이루어진다는 점에서 설법교화는 핵심적인 교화방법이라고 하겠다.

① 일향기

일향기一向記는 상대방의 질문이 이치에 합당하고 적절할 때 질문을 그대로 인정하는 것을 말한다.[117] 『아비달마대비바사론』에서는 다음과 같이 설명한다.

> 하나로 향함을 나타내기 때문에 일향기一向記라는 것이다. 여래는 응당히 정등각인가? 법은 선설善說인가, 승僧은 묘행妙行인가? 일체행一切行은 무상無常인가? 일체법一切法은 무아無我인가? 닙빠나(적정)인가?라고 물음으로써 능히 뜻의 통通함을 이끌어 내고, 능히 선법善法을 이끌어 내며, 청정한 범행梵行을 따라 깨달음의 지혜를 내고 닙빠나를 얻을 수 있다.[118]

---

116 민경환, 앞의 글, p.522.

117 민경환, 위의 글, p.518.

118 『阿毘達磨大毘婆沙論』 卷第十五 「雜蘊第一中智納息」 第二之七(T.27) p.75 b-c. "云何名應一向記問. 此問應以一向記故. 謂有問言如來應正等覺耶. 法善說耶僧妙行耶. 一切行無常耶. 一切法無我耶. 涅槃寂靜耶答 此問能引義利能引善法. 隨順梵行能發覺慧能得涅槃."

②분별기

분별기分別記는 상대방이 하는 질문이 이치에 합당한가 그렇지 않은가를 분별하여 가부可否를 대답하는 것을 말한다.[119] 『아비달마대비바사론』에서는 다음과 같이 설명한다.

> 어떤 질문에 대해 분별에 의해 나타내기 때문에 분별기分別記라고 부르는 것이다. 가령 어떤 사람이 와서 법을 설해 달라고 할 때, 그에게 다음과 같이 말하는 것을 가리킨다. 즉 "법에는 많은 종류가 있다. 과거·현재·미래 (등)이 있고, 선善·불선不善·무기無記 (等)이 있다. 욕계의 속박(繫)·색계의 속박(繫)·무색계의 속박(繫) (등)이 있다. 학學·무학無學·비학非學·비무학非無學 (등)이 있다. 견소단見所斷(사제四諦의 진리를 관찰하여 끊어지는 것)·수소단修所斷(수습修習에 의해 끊어지는 것) (등)이 있고, 욕망(欲)을 끊지 않고 무엇인가를 설하는 것이 있다.[120]

③반힐기

반힐기反詰記는 상대방의 질문에 대해 즉시 대답하지 않고 반문하고 꾸짖어서 상대방의 잘못을 깨닫게 하는 것을 말한다.[121] 『아비달마대비바사론』에서는 다음과 같이 설명한다.

---

119 민경환, 앞의 글, p.520.

120 『阿毘達磨大毘婆沙論』 卷第十五(T.27), 앞의 책, p.75c. "應告彼言法有多種. 有過去有未來有現在. 有善有不善有無記. 有欲界繫有色界繫有無色界繫. 有學有無學有非學非無學. 有見所斷有修所斷. 有不斷欲說何者."

121 민경환, 앞의 글, p.520.

가령 어떤 사람이 와서 법을 설해 달라고 할 때, 응당히 반문하여 꾸짖어 말하기를, "법이 많이 있는데, 너는 무엇을 묻는 것인가? 많은 법이라는 것은 과거에 앞에서 널리 설한 것과 같다.[122]

분별기分別記와 반힐기反詰記의 차이점은 묻게 된 이유에 의해 있게 된다. 알고 이해하기 위해 묻는다면 분별기이다. 즉 만약 알고 이해하기 위해 묻는다면, 응당히 그에게 이르기를 '법에는 많은 종류가 있다. 과거·현재·미래 (등)이 있고, 내지 견소단見所斷·수소단修所斷 등이 있고, 욕심(欲)을 끊지 않고 무엇인가를 설하는 것이 있다.'고 널리 설해야 한다.

만약 나를 위해 과거법을 설해 달라고 말한다면, 응당히 그에게 이르기를, '과거법에도 많은 종류가 있다. 선善·불선不善·무기無記 (등)이 있는데, 무엇을 설하기를 원하는가.'라고 말해야 한다. 만약 나를 위해 선법을 설해 달라고 말한다면, 응당히 그에게 이르기를, '선법에도 여러 가지 종류가 있다. 색色이 있고, 수受·상想·행行·식識 (등)이 있는데, 무엇을 설하기를 원하는가?'

만약 나를 위해 색법色法을 설해 달라고 말한다면, 응당히 그에게 이르기를, '색법에도 많은 종류가 있다. 살생을 떠나고 내지 잡되고 더러운 말을 떠나는 것이 있는데, 무엇을 설하기를 원하는가.'라고 말해야 한다.

만약 나를 위해 살생을 떠나는 것을 설해 달라고 말한다면, 응당히

---

122 『阿毘達磨大毘婆沙論』 卷第十五(T.27), 앞의 책, p.75c. "謂有問言爲我說法. 應反詰言法有衆多. 汝問何者衆多法者. 謂過去等如前廣說."

그에게 이르기를, '살생을 떠남은 세 가지가 있다. 탐욕이 없음에서 생生하고, 성냄이 없음에서 생하고, 어리석음이 없음에서 생하는 것인데, 무엇을 설하기를 원하는가.'라고 말해야 한다.

만약 탐욕이 없음에서 생하는 것을 설해 달라고 말한다면, 응당히 그에게 이르기를, '탐욕이 없음에서 생하는 것은 또한 두 가지 종류가 있다. 표색表色·무표색無表色을 일컫는데, 무엇을 설하기를 원하는가?'라고 말해야 한다.

만약 알고 이해하기 위해 묻는다면, 응당히 이와 같이 분별하여 답해야 한다.[123]

④ 사치기

사치기捨置記란 상대방의 질문이 이치에 합당하지 않고 아무런 소용이 없을 때 대답하지 않고 침묵하는 것을 말한다.[124] 『아비달마대비바사론』에서는 다음과 같이 설명한다.

---

123 위의 책, p.75c. "云何名應反詰記問. 此問應以反詰記故. 謂有問言爲我說法. 應反詰言法有衆多. 汝問何者衆多法者. 謂過去等如前廣說. 問應分別記論. 應反詰記論有何差別. 答答意雖無差別而問意有異. 謂彼問者有爲知解故問. 有爲觸惱故問. 若爲知解故問. 應告彼言法有多種. 有過去有未來有現在廣說 乃至. 有見所斷有修所斷有不斷欲說何者. 若言爲我說過去法. 應告彼言過去法亦有多種. 有善有不善有 無記欲說何者. 若言爲我說善法. 應告彼言善法亦有多種. 有色有受想行識欲說何者. 若言爲我說色法. 應告彼言色法亦有多種. 有離殺生乃至有離雜穢語欲說何者. 若言爲我說離殺生. 應告彼言離殺生有三種. 謂從無貪生. 從無瞋生. 從無癡生. 欲說何者. 若言爲我說從無貪生. 應告彼言無貪生者復有二種. 謂表無表 欲說何者. 若爲知解故發問者. 則應如是分別而答."

124 민경환, 앞의 글, p.521.

무엇을 사치기捨置記의 물음이라고 하는가? 이것은 사치기로서 묻기 때문이다. 어떤 외도가 부처님의 처소에 와서 부처님께 "교답마(고타마Gautama)시여. 세간世間은 영원합니까?" 내지 널리 4구四句로 설하고, "또한 세간은 끝이 있습니까?" 내지 널리 4구로 설함으로써 질문하였다. 세존께서 이르시기를, "모두 응당히 나타내서는 안 된다."라고 하셨다.
무슨 까닭에 세존께서는 이 물음에 답하지 않으셨는가? 저 모든 외도들이 실제로 나라고 하는 존재가 있다고 집착하여 세간이라고 하면서 부처님의 처소에 와서 이렇게 질문하였던 것이다.
부처님께서는 이렇게 생각하셨다. '실로 나라고 내세울 만한 것은 결정코 없다. 만약 없다고 답한다면 그는 이렇게 말을 할 것이다. 나는 있고 없음을 묻지 않았다. 만약 영원하다든가 영원하지 않다든가 등으로 답한다면 나라고 하는 존재는 본래 없다고 하는 것은 응당히 이치에 맞지 않게 된다. 그런데 어떻게 영원하다든가 영원하지 않다고 말할 수 있는가?' … 실로 도리에 맞지 않으므로 부처님께서는 대답하지 않으신 것이다.[125]

붓다는 신이나 형이상학적 문제보다 인간의 삶의 괴로운 원인과

---

125 『阿毘達磨大毘婆沙論』 卷第十五(T.27), 앞의 책, p.76a-b. "云何名應捨置記問. 此問應以捨置記故. 謂有外道來詣佛所. 白佛言. 喬答摩. 世間常耶乃至廣說. 四句世間有邊耶乃至廣說四句. 世尊告曰. 皆不應記. 問何故世尊不答此問. 答彼諸外道執有實我名爲世間. 來詣佛所作如是問. 佛作是念實我定無. 若答言無彼當作是言. 我不問有無. 若答言常或無常等. 便不應理實我本無. 如何可說常無常等 … 實不應道理故佛不答."

그것의 해결에 관심이 있었으므로 이상과 같이 형이상학적 논쟁을 하고자 질문하는 이에게 답변하지 않았던 것이다.[126]

『전유경』은 붓다의 제자인 말룽카(鬘童子)가 붓다에게 '세상은 영원한가'와 같은 형이상학적 질문을 하자 붓다는 이와 같은 질문에 대해 대답하지 않은 이유에 대해 유명한 독화살의 비유로서 설하였는데, 그 내용은 다음과 같이 요약할 수 있다.

> 독화살에 맞은 사람이 독화살을 뽑아내지도 않았는데 그 독화살을 쏜 사람의 신분이나 신장·피부색·주거지와 그 활의 강약·시위·화살의 형태·화살의 깃 등에 대해 질문하여 조사해서 알고 싶다고 하면서, 친구나 친족이 화살을 빼고 의사를 부르는 것을 막는다면 그 사람은 죽어버리고 말 것이다. 마찬가지로 세계가 영원한지, 영원하지 않은지 끝까지 (알기를) 구하고자 하는 사람은 해답을 얻지 못하고 죽게 될 것이다. 세계가 영원한지, 영원하지 않은지 등과 관계없이 생·로·병·사의 고苦는 실재하므로 나는 이러한 것에서의 해탈 방법만을 설한다.[127]

---

126 김용표, 앞의 글, p.18.

127 『中阿含例品 箭喩經』 第十(T.1) pp.804c-805b. "猶如有人身被毒箭. 因毒箭故. 受極重苦. 彼見親族憐念愍傷. 爲求利義饒益安隱. 便求箭醫. 然彼人者方作是念. 未可拔箭. 我應先知彼人如是姓. 如是名. 如是生. 爲長. 短. 麤. 細. 爲黑. 白. 不黑不白. 爲剎利族 … 我應先知作箭(金適)師如是姓. 如是名. 如是生. 爲長. 短. 麤. 細. 爲黑. 白. 不黑不白. 爲東方. 西方. 南方. 北方耶. 彼人竟不得知. 於其中間而命終也. 世有常. 因此見故. 從我學梵行者. 此事不然. 如是世無有常. 世有底. 世無底. 命卽是身. 爲命異身異. 如來終. 如來不終. 如來終不終.

다. 언어교화言教教化

모든 대중에게 이것을 버리고 저것을 두고, 이것을 가까이 하고 저것을 멀리하며, 이것을 생각하고 저것을 생각하지 말며, 이것을 보고 저것을 보아서는 안 된다고 말하는 것을 말한다.[128]

라. 훈회교화訓誨教化

비구와 모든 인연 있는 사람들에게 이렇게 가고 이렇게 가지 말며, 이렇게 오고 이렇게 오지 말며, 이런 옷은 입고 이런 옷은 입지 말며, 이렇게 마을로 들어가고 이렇게 마을로 들어가지 말라고 하면서 취해야 할 것과 버려야 할 것 등을 훈계訓戒와 교회教誨로서 지도한 방법을 말한다.[129]

— **학습방법**

가. 문聞(들음)

불교의 학습방법은 현대 학교교육의 학습방법과 확연하게 다르다. 붓다에게 가르침을 듣고 학습하는 것은 학교에서 교사로부터 교과내용을 들음으로써 학습하는 방법과 비교할 때 '들음으로써 학습한다.'는

如來亦非終亦非不終耶. 因此見故. 從我學梵行者. 此事不然. 世有常. 有此見故. 不從我學梵行者. 此事不然. 如是世無有常. 世有底. 世無底. 命卽是身. 爲命異身異. 如來終. 如來不終. 如來終不終. 如來亦非終亦非不終耶. 有此見故. 不從我學梵行者. 此事不然."

128 민경환, 앞의 글, p.523.

129 같은 글.

점에서는 동일하다. 그러나 불교가 들은 것을 생각하고, 생각한 것을 수행을 통해 닦아나간다는 점에서, 학교교육에서 들은 것을 배워 익히는 학습방법과 분명히 서로 다른 것이다. 이처럼 확연하게 다른 불교의 학습방법을 문聞(들음)부터 살펴보기로 한다.

불교의 모든 경전은 서품序品을 보면 '여시아문如是我聞' 또는 '문여시聞如是'로 시작하고 있는데, 이 구절의 내용은 '이와 같이 나는 붓다로부터 말씀을 들었다.'는 의미이다.

붓다의 제자들 가운데 '다문제일多聞第一'인 아난阿難이 불멸후 1차로 이루어진 경전결집 시에 결집을 위해 참석한 붓다의 제자들에게 붓다의 생전 시 직접 들은 말씀을 구두口頭로 말하였는데, 이것이 이후 문자로 이루어진 경전에서는 '여시아문' 또는 '문여시'라는 말로 정착되었다.

아난다가 붓다를 가까이에서 모시고 붓다의 말씀을 제일 많이 들었다는 것은 붓다의 여러 출가 제자들 가운데 학습이 제일 잘 되었다는 의미가 된다.

학습을 보는 관점이 상이하므로 아난다가 단지 붓다의 말씀을 많이 듣고 기억을 잘했다고 하여 학습이 잘 되었다고 볼 수는 없지만, 어찌됐든 아난다의 경우는 불교의 학습이 듣는 데(聞)에서 출발하는 것을 나타내고 있다고 볼 수 있다. 이처럼 불교의 학습이 듣는 데에서 출발하는 것은 붓다 당시는 문자의 형태로 된 경전이 없었기 때문에 듣는 것이 학습에서 중요시될 수밖에 없었던 것이다. 그런데 듣는 일이 중요한 것은 현대 학교수업에서도 마찬가지라고 하겠다. 이와 같이 듣는 행위(聞)는 다음 단계인 사(思)의 초석이 되므로 지식智識이라고 할 수 있다. 그것은 스리랑카에서 오랜 세월동안 전해 내려온 팔리삼장의 경우에 스승으로부터 들은 것을 제자에게 구전하는 방식으로 이루어진 것이라는 점에서 듣는 행위로서 형성된 내용은 지식이라고 할 수 있으며, 스승이 제자에게 지식이라고 할 수 있는 팔리어로 된 부처님의 가르침을 구전하고 가르침으로써 교수-학습의 교육과정이 성립하게 되었기 때문이다.

『아비달마구사론』에서는 계戒를 청정히 지킨 후에 잘 듣기 위해 부지런히 닦아야 한다고 다음과 같이 설명한다.

> 논論하기를, 모든 유정有情이 발심하여 장차 진리를 보기 위해 나아갈 때 마땅히 먼저 청정한 계戒(尸羅)에 안주安住한 연후에 듣는 일(聞)이 이루어지는 것 등을 부지런히 닦아야 한다.[130]

이상은 계에 의해 몸과 마음이 단속되지 않고서는 붓다의 교법을 배우기 위해 첫 번째로 필요한 단계인 듣는 일이 힘들다는 점을 나타내고 있다.

붓다의 교법을 듣기에 앞서 이루어지는 계에 의한 몸과 마음의 단속은 교육에서 말하는 '출발점 행동'과 유사하다고 볼 수 있다. 이것은 『청정도론』의 일곱 단계 수행체계 가운데 하나인 '계청정'의 경우도 마찬가지로 '출발점 행동'에 해당한다고 볼 수 있다.

'출발점 행동'은 새로운 학습과제를 학습하려는 출발선상에서 학습

---

130 『阿毘達磨俱舍論』 卷第二十二 「分別賢聖品」 第六之一(T.29) p.116c. "論曰. 諸有發心將趣見諦. 應先安住淸淨尸羅 然後勤修聞所成等."

자가 이미 획득하고 있는 지식·기능·태도 등을 의미하는 것이다.[131]

그러므로 계에 의해 몸과 마음이 단속하는 일은 아래 학년에서 배워야 할 것을 배우는 단계를 가리키는 출발점 행동과 비슷한 것이다. 다시 말하면 계를 지킴은 출가자라면 기본적으로 갖추어야 할 자세나 태도를 의미하는 것이다. 그러나 계를 지키는 일이 출발점 행동의 개념을 응용한 측면에서 비슷하다는 것이지, 교육에서 말하고 교육일반에서 사용하는 출발점 행동의 본래적 의미와는 부합될 수 없는 것이라는 점을 밝혀 둔다.

비구는 이와 같이 스승으로부터 교법을 들으면서 말씀하신 교법의 뜻이 무엇인가 잘 파악하여 생각하는 것이 전도되지 않도록 하고, 그렇게 함으로써 마침내 선정을 닦아 익히게 된다고 다음과 같이 설명한다.

> 교법을 듣고, 부지런히 들은 법의 뜻을 구해서, 들은 법의 뜻을 알게 되어 사유함이 전도되지 않게 한다. 생각함이 이루어져서 바야흐로 선정에 의해 닦아 익히게 된다. 수행자는 이와 같이 계에 머물러 부지런히 닦는다.[132]

후대에 성립한 『아비담비바사론』에서는 듣는 것에 관해 "듣는 것에

---

131 卞榮啓, 『授業設計』(培英社, 1988), p.215.

132 『阿毘達磨俱舍論』 卷第二十二 「分別賢聖品」 第六之一(T.29), 앞의 책, p.116c. "聞已勤求所聞法義. 聞法義已無倒思惟. 思已方能依定修習. 行者如是住戒勤修."

서 생기는 것이므로 문聞이다."[133]라고 하고 있다. 그리고 동론同論은 구체적으로 이러한 문聞은 세 가지 혜慧, 즉 문혜聞慧·사혜思慧·수혜修慧 가운데 듣는 것에서 생하는 문혜에 속한다고 하면서, 만약 12부의 경전을 받아 지니고 독송하며 생각하고 관찰한다면 문혜를 얻게 된다는 것이다.[134]

이것은 비유하면, 금강석을 캐는 금광과 같고, 또한 줄기와 잎이 나게 하는 종자와 같은 것[135]이라고 설명하고 있다. 이와 같은 비유가 말하는 것은 깨달음을 성취하기 위해서 듣는 일이 터전이며, 이것이 학습의 출발점이라는 것을 나타내고 있는 것이다. 그런데 욕계·색계·무색계 등 삼계 가운데 문혜는 욕계·색계에 속한다고 동론은 설명하고 있다.[136] 이것은 『청정도론』의 일곱 단계 수행체계 가운데 심청정인 사마타와 견청정인 위빠사나의 수행이 선정(定)과 지혜(慧)에 의한 수행인 것과 비교된다.

나. 사思

사思도 마찬가지로 『아비담비바사론』을 보면 "생각함에서 생기므로 사思라고 말한다."[137]라고 하고 있다. 그러나 차이점이 있다면, 사思는

---

133 『阿毘曇毘婆沙論』 卷第二十三(T.28) p.168b. "何故名聞思修耶. 答曰. 從聞生故說聞. 從思生故說思. 從修生故說修."

134 위의 책, p.168a. "若受持讀誦思惟觀察十二部經. 是生得慧. 若受持讀誦思惟觀察十二部經. 是聞慧."

135 같은 책. "如依金鑛生金依金生金剛 … 如依種生牙依牙生莖葉等."

136 『阿毘曇毘婆沙論』 卷第二十三(T.28), 위의 책, p.168b. "界者聞慧在欲色界."

137 같은 책. "從思生故說思."

"이 문혜에 의해 다음 차례로 사혜思慧가 생긴다."[138]라고 설명하고 있다는 점에서, 붓다의 말씀을 듣는 학습과정을 마친 다음에 반드시 거쳐야 하는 차제적 학습방법의 한 단계라고 하겠다.

그러므로 붓다의 제자들은 붓다가 설한 말씀을 듣고 홀로 고요한 곳에서 '전정사유專精思惟'하고 있는 데서도[139] 법문을 듣고서 법문의 내용을 생각하는 일은 중요한 일이라고 하겠다. 동론同論은 이것을 비유하여, 금광에서 방금 캐낸 금金과 같고, 또한 종자種子에서 싹이 튼 씨앗과 같다고 설명하고 있다.[140] 그리고 사혜는 욕계·색계·무색계 등 삼계 가운데 욕계에 속한다.[141]라고 설명하고 있다. 참고로 사思도 문聞과 마찬가지로 지식에 해당한다. 붓다로부터 들은 내용을 생각하거나 추론하기 때문에 지식이라고 볼 수 있는 것이다.

『아비달마구사론』은 비바사 스승의 말을 인용하여 세 가지 혜, 즉 문혜·사혜·수혜의 차별상을 설명하는 가운데, 사혜에 관해, "사소성혜思所成慧(思慧라고도 한다)는 명칭과 뜻을 인연한 경우이다. 어떤 때에는 글을 말미암아 뜻을 이끌어 내고, 어떤 때에는 뜻을 말미암아 글을 이끌어 낸다. 아직 완전히 글을 버리고 뜻을 관찰하지 못하기 때문이다."[142]라고 하고 있다. 이것은 비유한다면, 깊고 물살이 빠른

---

138 『阿毘曇毘婆沙論』 卷第二十三(T.28), 위의 책, p.168a. "依此聞慧次生思慧."

139 『雜阿含經』 卷第一(T.2) p.3a, "有異比丘從坐起. 偏袒右肩. 合掌白佛言. 善哉. 世尊. 爲我略說法要. 我聞法已. 當獨一靜處. 專精思惟."

140 『阿毘曇毘婆沙論』 卷第二十三(T.28), 앞의 책, p.168a. "如依金鑛生金依金生金剛. 如依種生牙依牙生莖葉等."

141 위의 책, p.168b. "思慧在欲界."

142 『阿毘達磨俱舍論』 卷第二十二 「分別賢聖品」 第六之一(T.29), 앞의 책, p.116c.

곳에 떠 있으면서 아직 깊은 물이나 빠른 물살의 환경을 몰라서 이와 같은 환경에 관해 "일찍이 배웠으나 이루지 못하여, 혹 버리기도 하고, 혹 집착하기도 하는 상태"[143]를 말한다.

다. 수修

수修도 마찬가지로 『아비담비바사론』을 보면 "닦음에서 생기므로 수修라고 말한다."[144]라고 하고 있다. 그런데 동론은 이 수修를 사思와 마찬가지로 "이 사혜思慧에 의해 다음에 차례로 수혜修慧가 생긴다."[145]라고 설명하고 있는데, 이것 또한 문혜聞慧에서 사혜에 이르는 과정과 마찬가지로 사혜에서 수혜에 이르게 되는 차제적 학습방법을 설명하고 있는 것이다.

동론은 이것을 비유하여, 금광에서 방금 캐낸 금을 제련하여 만든 금강석과 같으며, 또한 종자에서 싹이 터서 생겨난 줄기와 잎(열매) 등과 같다고 설명한다.[146] 그리고 수혜는 욕계·색계·무색계 등 삼계 가운데 색계·무색계에 속한다.[147]라고 설명한다.

『아비달마구사론』은 수혜에 관해 "수소성혜修所成慧(修慧라고도 한다)는 오직 뜻만을 인연한 경우이다. 이미 글을 버리고 오직 뜻만

"思所成慧緣名義境. 有時由文引義. 有時由義引文. 未全捨文而觀義故."

143 위의 책. p.116c. "譬若有人浮深駛水 … 曾學未成或捨或執."

144 『阿毘曇毘婆沙論』 卷第二十三(T.28) p.168b. "從修生故說修."

145 위의 책, p.168a. "依此思慧. 次生修慧."

146 같은 책. "如依金鑛生金依金生金剛 … 如依種生牙依牙生莖葉等."

147 『阿毘曇毘婆沙論』 卷第二十三(T.28), 위의 책, p.168b. "修慧在色無色界."

관찰하기 때문이다."[148]라고 설명하고 있다. 이것은 비유한다면 깊고 물살이 빠른 곳에 떠 있으면서 "일찍이 잘 배운 자는 의지하는 것을 기다리지 않는다. 스스로 힘으로 떠 있으면서 깊은 물을 건넌다."[149]라고 설명하고 있다. 수修는 앞의 문聞과 사思가 지식인 것과 달리 지혜라고 할 수 있다.

라. 점점학습漸漸學習

붓다는 모든 비구들이 깨달음인 구경지究竟智를 얻는 것도 아니고, 처음부터 깨달음인 구경지를 얻는 것도 아니라고 다음과 같이 말씀하신다.

> 나는 일체 모든 비구들이 구경지를 얻는다고 설하지 않는다. 또한 일체 모든 비구들이 처음부터 구경지를 얻는다고 설하지 않는다.[150]

그리고 붓다는 점차적으로 수행의 단계를 따라 학습을 하는(점점학습漸漸習學) 과정에서 꾸시람을 받기도 한 다음에 구경지에 이르게 된다고 하면서 다음과 같이 말씀하신다.

---

148 『阿毘達磨俱舍論』 卷第二十二 「分別賢聖品」 第六之一(T.29), 앞의 책, p.116c. "修所成慧唯緣義境. 已能捨文唯觀義 故."

149 같은 책, "譬若有人浮深駛水 … 曾善學者不待所依. 自力浮渡."

150 『中阿含經』 卷第五十一 (一九四) 大品 跋陀和利經 第三(T.1) p.752a. "我不說一切諸比丘得究竟智. 亦復不說一切諸比丘初得究竟智."

그러나 점점 자취를 따라 익히고 배우며(習學) 나아간다. 가르침을 받고 꾸지람을 받기도 한다. 그런 연후에 모든 비구들은 구경지를 얻는 것이다. 점점 자취를 따라 익히고 배우며 나아가서 가르침을 받고 꾸지람을 받기도 한 후에 모든 비구들이 구경지를 얻게 되는 것은 무엇인가? 이 모든 비구들은 구경지를 얻는 것인가? 혹 믿음이 있는 자는 문득 가고, 가서 스스로 받들어 익히며, 받들어 익히고 스스로 일심一心으로 청법聽法한다. 일심으로 청법하여 문득 법을 받아 지닌다. 법을 받아 지녀 스스로 사유한다. 사유하여 스스로 문득 헤아리게 된다. 헤아리게 됨으로써 스스로 문득 관찰하게 된다. 현성제자賢聖弟子는 관찰하여 몸으로 진리를 깨닫는다. 지혜가 증상增上함을 관觀하기도 한다. 이 진리를 나는 일찍이 몸으로 깨닫지 못했고, 역시 지혜가 증상함을 관하지도 못했다. 이 진리를 이제 몸으로 깨닫고, 지혜로서 증상함을 관한다. 이와 같이 점점 자취를 따라 나아가 익히고 배우며, 가르침을 받고 꾸지람을 받기도 한다. 그런 연후에 모든 비구들은 구경지를 얻는다. 이것이 모든 비구들이 얻는 구경지이다.[151]

---

151 같은 책. p.752a-b. "然漸漸習學趣迹. 受教受訶. 然後諸比丘得究竟智. 此諸比丘所得究竟智. 云何漸漸習學趣迹. 受教受訶. 然後諸比丘得究竟智. 此諸比丘所得究竟智耶. 或有信者便往詣. 往詣已便奉習. 奉習已便一心聽法. 一心聽法已便持法. 持法已便思惟. 思惟已便平量. 平量已便觀察. 賢聖弟子觀察已. 身諦作證. 慧增上觀. 彼作是念. 此諦我未曾身作證. 亦非慧增上觀. 此諦今身作證. 以慧增上觀. 如是漸漸習學趣迹. 受教受訶. 然後諸比丘得究竟智. 此諸比丘所得究竟智."

구경지究竟智는 『아비담비바사론』에 의하면, "이 지(究竟智)는 제일의 지(第一智)이고, 이 지智는 오류가 없는 지이다. 이 경의 이름은 지혜가 기본이다. 묻기를, '무슨 까닭에 지혜가 기본이라고 하는가?' 답하기를, '모든 구경지는 모두 이 경經을 낸다. 그러므로 기본이라고 한다.'"[152]라고 하므로 지혜가 기본이 되고, 제일의 지혜인 깨달음이 된다.

구경지를 얻기 위해 학습하는 과정을 전체적으로 살펴보면, 처음에 익히고 배우며(習學) 나아가며, 그런 다음에 가르침을 받으며 꾸지람을 받기도 한다는 것이다. 여기에서 익히고 배우는 것, 즉 습학習學은 현대적 의미의 학습을 가리킨다고 할 수 있다. 구체적으로 이루어지는 학습의 모습은 우선 비구에게 믿음이 있어야 하고, 그런 다음에 그는 받들어 익히며, 그런 다음에 그는 일심一心으로 가르침을 스승으로부터 청법하고, 그런 다음에 그는 법을 받아 지녀 스스로 사유한다. 그런 다음에 비구는 스스로 문득 헤아리게 된다. 그리고 그는 헤아리게 됨으로써 스스로 문득 관찰하게 된다. 그런 다음에 비구는 관찰하여 몸으로 진리를 깨닫는다. 이때 관찰하여 몸으로 진리를 깨닫는 것은 사념처 가운데 신념처身念處 수행으로 여겨진다. 그런 다음에 그는 지혜가 증상增上함을 관觀하기도 한다. 이것은 위빠사나에 의한 통찰지 수행이라고 생각된다. 그리고 그는 마침내 구경지를 얻게 되는 차례를 겪는다. 이러한 과정은 약간 내용만 다르지, 앞에서 살펴본 문聞·사思·수修의 학습방법과 같다고 할 수 있다. 그러므로 스승으로

---

152 『阿毘曇毘婆沙論』 卷第一(T.28), 앞의 책, p.3c. "此智是第一智. 此智是不謬智. 此經名智慧基本. 問曰. 何故名智慧基本. 答曰. 諸究竟智皆出此經. 故名基本."

부터 들은 내용 스스로 익힘으로써 종국에 구경지를 얻게 되는 전통적인 불교의 점교적 학습방법인 것이다.

2. 점교적 교육체계

1) 초기불교의 돈교성 여부

우리가 '돈교頓敎'를 논할 때 빠짐없이 논하는 것은 '점교漸敎'이다. 그런데 이러한 명칭들은 서로 정반대의 의미, 즉 '돈교'가 '붓다의 가르침을 몰록 깨닫는 것'을 의미한다면, '점교'는 이와는 반대로 '붓다의 가르침을 단계를 밟아 점진적으로 수행해서 깨닫는 것'을 의미하고 있기 때문에 양자 가운데 어느 쪽이 맞는 것인지는 관심의 대상인 동시에 논쟁의 대상이기도 하다. 최근까지도 학계에서 돈頓·점漸 간에 논쟁이 있어 왔음을 봐도 그만큼 이 양 개념은 중요한 사안임을 나타낸다.

이처럼 관심의 대상인 동시에 논쟁의 대상이기도 한 '돈교'와 '점교'는 중국의 선종 계통의 선禪에 관한 문헌에 주로 많이 나타난다.

그 가운데 종밀宗密이 지은 『선원제전집도서禪源諸詮集都序』에 보면, 돈과 점에 관해 다음과 같이 설명한다.

> 답하기를, 첫째, 점수돈오漸修頓悟이고, 둘째, 돈오점수頓悟漸修이며, 셋째, 점수점오漸修漸悟이고, 넷째, 돈오돈수頓悟頓修이다. … 답答 가운데 먼저 네 가지의 점漸을 밝히고, 뒤에 네 가지의 돈頓을 설하겠다. 점漸은 경에 이르기를, "부처님께서 대혜에게 이르시기

를, 점차적으로 맑아지므로 돈頓이 아니다. 첫째, 암라과가 점차적으로 익는 것이 갑자기 이루어지는 돈과 같지 않다. 여래가 중생의 마음에 나타나 흐르는 것을 점차적으로 제거하는 것 또한 이와 같아서 점차적으로 맑아지는 것이지 갑자기 이루어지는 돈이 아니다. 둘째, 도자기를 만드는 집에서 그릇을 만드는 과정이 점차적으로 이루어지는 것이지 갑자기 이루어지는 돈이 아니다. 셋째, 대지가 점차적으로 생겨나는 것이지 갑자기 생기는 돈이 아닌 것과 같다. 넷째, 기예를 익히는 것이 점차적으로 나아가는 것이지 갑자기 되는 것이 아닌 것과 같다."[153]

종밀은 이상에서 수행은 점차적으로 이루어지는 것이라는 점을 네 가지 예를 들어 설명하고 있다. 이러한 설명은 상당한 설득력이 있다. 그는 첫 번째로 암라수 열매를 예로 들면서, 모든 열매는 익는 과정을 밟지 않고 단번에 익는다는 것은 불가능한 일이라는 것이다. 마찬가지로 그가 두 번째로 예를 든 도자기 또한 도자기가 완성품으로 되기까지의 과정을 거치지 않고는 절대로 완성되기 어렵다는 것이다. 마찬가지로 그가 세 번째 예로 든 대지大地도 차차 생겨난 것이지 어느 날 갑자기 대지가 나타난 것이 아니라는 것이다. 마찬가지로 그가 네 번째로 예를 든 예술적인 기예를 익히는 것 또한 오랜 세월

153 『禪源諸詮集都序』 卷下(T.48) p.626b-c. "答. 一漸修頓悟. 二頓悟漸. 三.漸修漸悟. 四頓悟頓修 … 答中先明四漸. 後說四頓. 漸經云. 佛告大慧. 漸淨非頓. 一如菴羅果. 漸熟非頓. 如來漸除衆生自心現流. 亦復如是. 漸淨非頓. 二如陶家作器. 漸成非頓. 三如大地. 漸生非頓. 四如習藝. 漸就非頓."

동안 충분히 기예를 익혀서 되는 것이지 하루아침에 되는 것이 아니라는 것이다.

그런 다음에 종밀은 점漸이 이와 같다면, 네 가지 돈頓은 이치(理)로 깨닫는 것이라고 다음과 같이 설명한다.

이상 네 가지의 점漸은 수행이지 이치(理)로 깨닫는 것이 아니다. 그러나 이하 설명하는 네 가지의 돈頓은 이치로 깨닫는 것이다. 첫째, 밝은 거울에 몰록 나타나는 비유이다. 경에 이르기를, '밝은 거울에 일체 형상이 없는 색상色像이 몰록 나타나는 것과 같이, 여래가 일체중생의 마음에 나타나 흐르는 것을 제거하여 맑게 되도록 하는 것 또한 이와 같이 몰록 형상이 없어 소유한 것이 없는 청정법계清淨法界가 드러나는 것이다. 둘째, 해와 달이 몰록 비추는 비유이다. 경에 이르기를, '해와 달의 수레바퀴가 몰록 일체 색상을 비추어 드러나 보이도록 하는 것과 같이, 여래가 허물 있는 중생의 마음에 나타나는 습기習氣를 떠나게 하는 것 또한 이와 같이 부사의不思議의 수승한 지혜 경계를 몰록 드러내 보이는 것'을 말한다. 셋째, (여래)장식藏識으로 몰록 아는 것의 비유이다. 경에 이르기를, "비유컨대 (여래)장식에 의해 자기 마음이 드러나고, 몸으로 안립해 수용하는 경계를 몰록 분별해 아는 것과 같이, 저 모든 보신報身 부처님 또한 이와 같이 몰록 중생이 처한 경계를 숙지하시면서 수행함으로써 저 색구경천에 편안히 거처하신다."라고 말하고 있다. 넷째, 부처님의 광명이 몰록 비추는 비유이다. 경에 이르기를, "비유컨대 부처님께서 만든 법처럼, 부처님의 광명이 밝게 휘황찬란하게 비춤에 의해 스스로 성스러운 자취를 깨닫는 것 또한 그러하다. 저 법상의 성품 있거나 성품이 없는 악견 망상을 비추어 제거해 멸하도록 한다."[154]

이상에서 종밀은 네 가지 비유, 즉 첫째, 밝은 거울에 일체 형상이 없는 색상色像이 몰록 나타나는 비유, 둘째, 해와 달이 몰록 비추는 비유, 셋째, (여래)장식藏識으로 몰록 아는 것의 비유, 넷째, 부처님의 광명이 몰록 비추는 비유 등을 들어, 돈頓(頓悟)이 갑자기 깨닫는 것임을 설명하고 있다.

대주 혜해大珠慧海 선사는 돈오頓悟에 대하여 『돈오입도요문』에서 단번에 이루어지는 것이라고 다음과 말하고 있다.

"돈오란 어떤 것입니까? '돈'이란 망령된 생각을 단번에 제거하는 것이며, '오'란 얻을 것이 없음을 깨닫는 것이다."[155]

---

154 같은 책. p.626c. "上之四漸. 約於修行. 未證理故. 下之四頓. 約已證理故. 一明鏡頓現 喩. 經云. 譬如明鏡頓現一切無相色像. 如來淨除一切衆生自心現流. 亦復如是. 頓現無相無所有淸淨法界. 二日月 頓照喩. 經云. 如日月輪. 頓照顯示一切色像. 如來爲離自心現習氣過患衆生. 亦復如是. 頓爲顯示不思議勝智境界. 三藏識頓知喩. 經云. 譬如藏識. 頓分別知自心現. 及身安立受用境界. 彼諸報佛 亦復如是. 頓熟衆生所處境界. 以修行者. 安處於彼色究竟天. 四佛光頓照喩. 經云. 譬如法佛所作. 依佛光明照耀. 自覺聖趣. 亦復如是. 於彼法相有性無性惡見妄想. 照令除滅."

155 대한불교조계종 불학연구소·전국선원수좌회, 『간화선』(조계종출판사, 2008), 앞의 책, p.406. 재인용함. "… 云何爲頓悟, 答頓者 頓除妄念 悟者 頓無所得." 『頓悟入道要門論』

이제까지 살펴본 돈·점에 대한 종밀의 설명과 대주 혜해 선사의 돈오에 대한 설명 등은 어디까지나 선종에서 바라보는 돈오와 점수에 관한 견해이다. 그런 점에서 초기불교에 '돈오頓敎'라는 말이 있었는지 여부에 대해서는 붓다 당시 '돈교頓敎'와 관련된 흔적을 살펴봐야 할 것이다. 이와 관련하여 붓다 당시에 붓다에게 법을 듣고서 바로 깨달은 제자들이 있었다고 전한다. 『마하박가』에서는 붓다에게 법을 듣고 그 자리에서 깨달은 제자를 다음과 같이 전한다.

> 세존의 교법을 듣던 사이에 마하나마(Mahānāma) 장로와 앗사지(Assaji) 장로가 먼지와 때를 멀리 여읜 법안法眼을 얻었다.[156]

이 인용을 보더라도 당시 비록 보편적이지는 않지만 돈오의 흔적이 보이나, 앞에서 살펴보았듯이, 붓다가 자신의 교법과 수행체계에는 점진적인 학습과 점진적인 실천과 점진적인 방법을 그 특성으로서 하고 있다고 말씀하고 있으므로 점교漸敎가 주主를 이루고 있었다고 하겠다.

그렇다면 붓다는 왜 자신의 법과 율에는 점진적인 학습과 점진적인 실천과 점진적인 방법만이 있을 뿐이라고 설하였을까? 그것은 붓다가 당시 대중들을 상대로 가르침을 편 교설과 관련된 것뿐만 아니라 종교적 수행이나 그 체험의 영역에서도 점차적으로 깨달음이라고 하는 궁극적 경지에 도달하는 길을 제시하는 점진적인 교육을 선호했

156 최봉수, 『마하박가』 1(시공사, 1999), p.66.

기 때문이라고[157] 할 수 있다.

2) 교설의 점교적 특성

붓다는 위대한 종교가이며 사상가일 뿐만 아니라 위대한 교육자이기도 하다. 붓다가 위대한 교육자였음은 그의 열 가지 호칭, 즉 10호十號 가운데 무상사無上師, 천인사天人師라고 하는 호칭을 보더라도 알 수 있으며, 특히 붓다의 성도 후 45년간의 행적은 교육에 의해 제자들을 깨달음으로 이끌도록 하는 데 온갖 노력을 기울인 일관한 삶이었기 더욱 그러한 점을 알 수 있다.

붓다는 깨달으셨기 때문에 '하늘과 인간의 스승'이라고 불리었으며, 이와 같은 스승의 자격으로 일생 동안 출가 제자들이나 재가자 등을 대상으로 가르침을 폈다.

그런데 궁금한 점은 붓다가 편 가르침의 차제次第, 즉 순서이다. 그는 어떤 법을 먼저 설했으며, 어떤 법을 나중에 설했는가, 그리고 그의 가르침이 항상 차제적으로만 설해졌는가 하는 점 등이다. 이러한 차제의 여부는 앞으로 이 글의 전개에서 중요한 의미를 갖는다. 왜냐하면 가르침의 차제, 즉 붓다의 가르침이 차례대로 설해졌다는 것은 쉬운 가르침으로부터 어려운 가르침으로 점차적으로 설해졌을 뿐만 아니라 수행도 이와 같은 방식으로 이루어졌음을 나타내는 것이고, 그것이 아니라 차제와 상관없이 붓다의 가르침이 설해졌다는 것은 사람의 근기根機가 뛰어난 경우에는 하위단계에서 상위단계로 건너뛰

---

157 김용표, 『포스트모던시대의 불교와 종교교육』(정우서적, 2010), p.224.

어 가르침을 배우거나 수행을 하였음을 나타내는 것이기 때문이다.

우리는 이러한 두 가지 측면 가운데 어떤 방식으로 그의 가르침이 설해졌는가 파악함으로써 초기불교의 점교성의 특성과 함께 초기불교의 교육원리의 특성을 알 수 있다.

그러나 초기경전의 대부분은 맥락적으로 설해진 가르침이라는 인상을 지우기 어렵다. 붓다 자신도 그렇고 어느 누구도 법의 차제에 관해 구체적으로 설하고 있지 않다. 즉 그는 이 법이 먼저이고 저 법이 나중이라고 설하고 있지 않은 것이다. 다만 『산수목건련경算數目揵連經』에서 일반적인 법의 점교적 특성을 설하고 있기 때문에 우리는 붓다의 법이 원칙을 가지고 점교적 특성을 띠고 대중들에게 점진적으로 설해졌다고 추정할 뿐이다.

붓다가 사밧티의 녹자모강당鹿子母講堂에 머무르고 있었을 때 가나까목갈라나라는 바라문이 찾아와 다음과 같이 물었다.

"우리 산술사算術師들은 산술사의 생활을 하기 위해 점진적인 학습(anupubbasikkhā)과 점진적인 실천(anupubbakiriyā)과 점진적인 방법(anupubbapaṭipadā)이 필요한데, 곧 수를 셈하는 데 있어서 그러합니다. 고타마님이시여. 우리들은 제자를 얻은 뒤 처음에는 이렇게 수를 세게 합니다. 즉 '하나, 하나인 것, 둘, 둘인 것, 셋, 셋인 것, 넷, 넷인 것, 다섯, 다섯인 것, 여섯, 여섯인 것, 일곱, 일곱인 것, 여덟, 여덟인 것, 아홉, 아홉인 것, 열, 열인 것 등.' 고타마님이시여. 우리는 이런 식으로 백도 세게 하고, 그 이상도 세도록 하고 있습니다. 그런데 고타마님이시여. 당신의 법法과

율律(dhammavinaya)에도 이처럼 점진적인 학습과 점진적인 실천과 점진적인 방법을 설정할 수 있습니까?"[158]

그러자 붓다는 자신이 설한 가르침이 전반적으로 점진적 가르침, 즉 점교적 과정으로 이루어졌음을 다음과 같이 말하고 있다.

"바라문이여, 나의 법法과 율律에서도 점진적인 학습과 점진적인 실천과 점진적인 방법을 설정할 수 있다. 비유하면 바라문이여, 능숙한 말 조련사가 자질이 좋고 혈통이 좋은 말을 얻어 처음에는 재갈을 무는 것에 익숙하도록 시키고 이어서 더 이상의 동작을 시키는 것처럼, 바라문이여, 여래도 조련시켜야 할 장부丈夫를 얻어서 처음에는 이렇게 인도한다. ①곧 '비구여, 너는 와서 계율을 지니어라. 그리고 파티목카(pātimokkha) 계본戒本으로 스스로를 보호하며 머물러라. 그리고 다닐 만한 경계境界에서만 다니어라. 그리고 조그만 허물에서도 두려움을 보아라. 그리고 여러 가지 학처學處(sikkhāpada)를 받아 지니도록 하라.'라고 인도한다. … 그리고 여래는 더 이상의 것으로 그를 인도한다. ②곧 '비구여, 너는 와서 여러 감관感官(indriya)에서 그 문門을 잘 지켜라.' … 다시 여래는 더 이상의 것으로 그를 인도한다. ③'비구여, 너는 와서 음식물에서 그 양量(matta)을 잘 알도록 하라. 음식을 먹는 근본적인 이유를 생각하며 먹도록 하라.' … 다시 여래는 더 이상의

158 최봉수, 「원시불교 교육의 방법론적 이념으로서의 점교성漸敎性에 대한 연구」, 앞의 책, p.119에서 재인용함. 빨리원전은 MN Ⅲ 『*Gaṇakamoggallāna suttaṃ*』.

것으로 그를 인도한다. ④곧 '비구여 너는 와서 각성상태覺醒狀態(jāgariya)를 유지하며 지내라.' … 다시 여래는 더 이상의 것으로 그를 인도한다. ⑤곧 '비구여 너는 와서 정념정지正念正知(sati-sampajañña)를 갖추도록 하라.' … 다시 여래는 더 이상의 것으로 그를 인도한다. ⑥곧 '비구여 너는 와서 공한처空閑處(arañña) 등에서 혼자 앉고 눕도록 하라.' … 그러면 그는 걸식한 후 가부좌로 앉은 뒤 몸을 곧게 세우고 전면前面(parimukhaṁ)에 정념正念(sati)을 확립시킨다. ⑦그리고 '세간에서의 욕심(abhijjha)을 버리어 욕심이 제거된 마음으로 지내면서 욕심에서 마음(citta)을 정화한다. 그리고 분노(byāpāda-padosa) … 둔함과 잠(thīna-middha) … 흥분과 우쭐댐(uddhacca-kukkucca) … 의혹(vicikicchā)을 버리어 의혹이 제거된 마음으로 지내면서 마음을 정화한다.' … 그런 뒤 그는 ⑧초선(paṭhama-jhāna) … ⑨제2선 … ⑩제3선 … ⑪제4선을 구족하여 지낸다. 바라문이여, 유학(sekkha)이며 아직 뜻을 이루지 못했지만, 더 이상 없는 수행(yoga)에 의한 안식함을 획득하며 지내는 여러 비구가 있으니, 그들을 위해서는 나는 이상과 같은 모습의 교육을 베푼다."[159]

이상 인용한 경전의 내용은 다음과 같이 정리할 수 있다. 붓다는 그가 설정한 점진적인 학습과 점진적인 실천과 점진적인 방법에서 제일 첫 번째로 계율을 들고 있다. 이것은 계율이 수행의 근본이 된다는 사실을 다시 한 번 증명하는 셈이다. 그런 점에서 일곱 가지

---

159 위의 글, pp.119~120에서 재인용함. MN Ⅲ.

청정(七清淨)의 수행체계 가운데에서 계청정戒淸淨이 점교적 수행단계의 첫 번째에 자리 잡고 있다는 점에서도 계戒가 깨달음을 이루기 위한 불교수행의 근본이 되며, 비구가 달성해야 하는 첫 번째 교육목표가 되는 셈이다.

이와 같이 비구가 계를 지니고 몸에 배도록 한(sikkhā)[160] 다음에 붓다는 그 다음 단계로 비구를 인도하였다.[161] 계를 지킴으로써 여섯 가지 감각기관(六根)을 잘 지키게 된다고 그는 설하고 있다. 계율을 지니고 지킴으로써 몸과 입과 마음을 단속하게 되는 것은 당연한 것인데, 이것은 바로 눈·귀·코·혀·몸·마음의 여섯 가지 감각기관이 색·소리·냄새·맛·감촉·법의 여섯 가지를 대상으로 하여 단속작용을 잘하게 된다는 의미가 된다.

그 다음 단계로 붓다는 음식물의 양을 잘 알고, 음식을 먹는 근본적인 이유가 무엇인지 생각하며 먹도록 하라는 것이다. 『앙굿따라 니까야(*Aṅguttara nikāya*)』는 이에 대해 다음과 같이 설한다.

> 오락을 위해서도 아니고 취하기 위해서도 아니며 장식을 위해서도 아니고 꾸미기 위해서도 아니며, 오직 이 몸을 지탱하고 유지하고 해로운 악惡을 쉬고 청정범행淸淨梵行을 잘 지키기 위해서이다.[162]

---

160 http://dsal.uchicago.edu/, pts op.cit., 빨리어 사전에서는 sikkhā를 study, training, discipline이라고 번역하고 있다. 그런데 이 말들은 학습學習, 즉 learning의 의미와 전혀 다르다.

161 loc.cit., pts 빨리어 사전을 보면, vi+neti이나, neti는 인도한다. 안내하다(to lead, guide)는 의미를 지닌다.

그 다음 단계로 붓다는 비구에게 각성상태를 유지하며 지내라고 설하고 있다. 출가 수행자가 음식물의 양을 잘 알고 조절하며, 음식물을 먹는 근본적인 이유가 깨달음을 이루기 위해서라는 사실을 알고 수행한다면 자연스럽게 각성의 상태를 유지하게 되는 것이다.

『앙굿따라 니까야』는 각성상태를 유지하는 과정을 다음과 같이 설하고 있다.

비구는 낮 동안에는 경행經行하거나 앉아서 장애가 되는 법法들로부터 마음을 청정하게 한다. 밤의 초경初更에 경행하거나 앉아서 장애가 되는 법들로부터 마음을 청정하게 한다. 한밤중에는 발로써 발을 포개고 마음챙김으로 알아차리면서 일어날 시간을 인식하여 마음을 다잡아 오른쪽 옆구리로 사자처럼 눕는다. 밤의 삼경三更에는 일어나서 경행하거나 앉아서 장애가 되는 법들로부터 마음을 청정하게 한다.[163]

이것을 정리하면, 이상 네 가지의 말씀, 즉 계를 지키고, 감각기능들

---

162 AN IV; "… 'neva davāya na madāya na maṇḍanāya na vibhūsanāya; yāvadeva imassa kāyassa ṭhitiyā yāpanāya vihiṃsūparatiyā brahmacariyānuggahāya."

163 loc.cit., "bhikkhu divasaṃ caṅkamena nisajjāya āvaraṇīyehi dhammehi cittaṃ parisodheti; rattiyā paṭhamaṃ yāmaṃ caṅkamena nisajjāya āvaraṇīyehi dhammehi cittaṃ parisodheti; rattiyā majjhimaṃ yāmaṃ dakkhiṇena passena sīhaseyyaṃ kappeti pāde pādaṃ accādhāya, sato sampajāno uṭṭhānasaññaṃ manasi karitvā; rattiyā pacchimaṃ yāmaṃ paccuṭṭhāya caṅkamena nisajjāya āvaraṇīyehi dhammehi cittaṃ parisodheti."

의 문, 즉 육근을 잘 보호하고, 음식물에서 적당함을 알고, 깨어 있음에 전념하면 일탈할 가능성이 없다고 설하고 있는 것이다.[164] 계를 지키고 지키지 못하는 것은 몸으로 어떻게 행동하느냐에 달려 있으므로 여섯 가지 몸의 감각기관을 잘 방호해야만 하는 것이다. 그리고 음식물을 많이 먹으면 졸려서 깨어 있지 못하게 되므로 음식물을 적당하게 취해야 하는 것이다.

다음 단계로 붓다는 정념정지正念正知(sati-sampajañña)를 갖추라고 설한다. 정념正念으로 번역된 'sati'는 마음챙김으로 √smṛ에서 파생된 추상명사로 사전적 의미는 기억 혹은 억념憶念이다.[165] 정지正知는 주의집중하는 것을 의미한다.[166] 『대념처경大念處經; *Mahāsatipaṭṭhāna Suttanta*』에서는 이것을 '주의 깊고 사려 깊게 행동하는'이라고 설하고 있다.[167] 그러므로 각성상태에서 바르게 기억하고(念) 주의집중을 할 수 있는 것은 자연스러운 결과인 것이다.

다음 단계로 붓다는 비구에게 공한처空閑處(arañña) 등에서 가부좌로 앉은 뒤 몸을 곧게 세우고 전면前面에(parimukhaṁ) 정념正念(sati)

---

164 loc.cit., "Catūhi bhikkhave, dhammehi samannāgato mātugāmo paralokavijayāya paṭipanno hoti, parassāloko āraddho hoti. Katamehi catūhi: idha bhikkhave, mātugāmo saddhā sampanno hoti sīlasampanno hoti, cāgasampanno hoti, paññāsampanno hoti."

165 사묵, 『초기불교 이해』(초기불전연구원, 2011), p.281.

166 http://dsal.uchicago.edu/, op.cit., sampajañña는 주의집중, 즉 attention, consideration의 뜻을 갖는다.

167 중앙승가대학 역경학과, 『初期佛典』 2(중앙승가대학 역경학과, 2006), pp.30~32.

을 확립시키라고 설한다. 이 단계는 사념처 수행의 네 가지 단계 가운데 신념처身念處(身隨觀念處; kāyānupassanā) 수행의 단계이다. 『대념처경』에 다음과 같은 내용이 나타난다. "여기 비구는 공한처에 가거나, 혹은 나무 아래에 가거나, 혹은 빈 집에 가거나, 결가부좌를 하고 몸을 바르게 세우고 면전에 사띠를 일으킨다."[168]

다음 단계로 붓다는 비구에게 세간에서 일으키게 되는 욕심(abhijjha)을 버리고, 욕심이 제거된 상태에서 마음(citta)을 정화淨化하며, 분노(byāpāda-padosa) … 둔함과 잠(thīna-middha) … 흥분과 우쭐댐(uddhacca-kukkucca) … 의혹(vicikicchā) 등을 버리고 이처럼 의혹이 제거된 마음에서 마음을 정화하게 된다고 설한다.

다음 단계로 붓다는 초선初禪, 2선, 3선, 4선을 설한다.

다음 단계로 붓다는 바라문에게 유학有學이며 아직 뜻을 이루지 못했지만, 더 이상 없는 수행에 의한 안식安息함을 획득하며 지내는 여러 비구들이 있다고 하면서, 그들을 위해서 이상과 같은 모습의 교육을 베푼다고 설한다.

이러한 붓다의 점교적 가르침을 교육방법의 한 원칙이라는 주장이 있고,[169] 또한 붓다는 특정인에게는 직관적이고 돈오적인 교육방법을 사용하였으나 초기경전에 의하면 많은 부분이 점진적인 교육과정과

---

168 위의 책, pp.24~26; "idha bhikkhave bhikkhu arñña-gato vā rukkha-mūla-gato vā suññāgāra-gato vā nisīdati pallaṅkaṃ ābhujitvā ujuṃ kāyaṃ paṇidhāya parimukhaṃ satiṃ upaṭṭhapetvā."

169 최봉수, 「원시불교 교육의 방법론적 이념으로서의 점교성漸教性에 대한 연구」, 앞의 글, p.120.

방법으로 설법하고 있다는 주장이 있다.[170] 필자는 최봉수와 김용표의 이와 같은 주장을 받아들이고, 붓다의 점교적 교육방법이 점교적 교육원리가 된다고 주장하고자 한다.

그러면 '점교적'의 사전적 의미는 무엇일까? '점교적'은 빨리어로 'anupubba'[171]이며 영어로는 'successive, gradual, by and by'로서 '점차적으로, 계속해서, 차차'의 의미가 된다.

이 말의 의미는 붓다가 자신의 가르침의 특징에 대해 다음과 같이 설하고 있는 데서 구체적으로 알 수 있다.

> 대해大海는 점진적으로 기울고(anupubba-ninna), 점진적으로 비스듬해지고(anupubba-pona), 점진적으로 깊어지니(anupubba-pabbhāra), 결코 곧은 절벽(처럼 깊어지는 것)은 아니다(na āya-takeneva papāto). 마치 그와 같이 파하라다야, 나의 법과 율에는 점진적인 학습과 점진적인 실천과 점진적인 방법이 있을 뿐이지, 완성된 지식을 하나의 연장선에서 꿰뚫는 일은 결코 없다(na ayatakeneva aññāpaṭivedho). … 파하라다야, 이것이 나의 율이 지니는 희유하고 일찍이 없었던 첫 번째 특징이다.[172]

---

170 김용표, 「붓다의 교육원리와 수기적隨機的 교수법 - 진리와 방편의 역동적 연관성을 중심으로 -」, 앞의 글, p.15.

171 http://dsal.uchicago.edu/ op.cit., (pts 빨리어 사전).

172 최봉수, 「원시불교 교육의 방법론적 이념으로서의 점교성漸敎性에 대한 연구」, 앞의 글, pp.120~121 재인용. AN Ⅳ; "Mahāsamuddo bhante, anupubbaninno anupubbapoṇo anupubbapabbhāro na āyatakeneva papāto. Yampi bhante, mahāsamuddo anupubbaninno anupubbapoṇo anupubbapabbhāro na āya-

이처럼 대해의 비유에서 나타나듯이, 깨달음이라고 하는 목표를 향해 점진적인 학습과 점진적인 실천과 점진적인 방법이 이루어졌던 것이다. 그런데 점진적인 학습과 점진적인 실천과 점진적인 방법에 의해 도달하는 목표는 완성된 지식(aññā, Sk. ājñā), 즉 깨달음이지만, 그러한 목표는 단번에(ādikena) 얻을 수 있는 것이 아니라고 붓다는 설하고 있는 것이다.[173]

다시 말하면 순서에 의해 차근차근 하나하나 수행과정을 밟아감으로써 마침내 깨달음에 도달하는 과정을 붓다는 이 비유에서 설하고 있는 것이다.

그런데 궁금한 점은 완성된 지식에 이르기 위해 점진적으로 이루어지는 과정은 어떤 형식의 가르침으로 이루어져 있는가 하는 점이다.

대체로 깨달음에 이르기 위한 과정은 법문法門에 입각해 이루어지는데, 법문의 의미는 "주기週期, 한 시기의 종결終結, 계절의 변화, 주기적인 되풀이, 반복, 정규적인 연속, 차례"[174]이다.

시간적인 의미를 갖는 것이 주기라고 한다면, 법문도 주기를 갖게 됨으로써 새로운 법문을 전제로 하여 법이 존재하고, 이로써 법의 무리라는 의미를 갖게 되고 법문들 상호간에 정규적이고, 주기적이면서 차례를 지키는 관계가 성립하게 된다.[175]

---

takeneva papāto, ayaṃ bhante, mahāsamudde paṭhamo acchariyo abbhuto dhammo yaṃ disvā disvā asurā mahāsamudde abhiramanti."

173 위의 글, p.120.

174 최봉수, 위의 글, p.122. 재인용.

175 같은 글.

이와 관련하여 붓다가 아난다에게 "연기법이란 깊은 것이다."라고 말씀하신 대화를 예로 들 수 있는데, 이때 '깊은 것'은 '어렵다'는 의미이므로 법문들 상호간의 차례에도 쉽고 어려운 정도의 차이가 있다는 것[176]을 알 수 있다.

그러므로 우리는 법문의 의미인 "주기, 한 시기의 종결, 계절의 변화, 주기적인 되풀이, 반복, 정규적인 연속, 차례"에서 붓다의 교설은 항상 주기적이고, 차례의 난이도, 변화 등이 있다는 점을 논리적으로 도출해낼 수 있다. 이것이 법문을 중심으로 이루어지는 점교적 원리가 되는 것이다.

붓다는 법문을 중심으로 남에게 가르치는 원리를 점교적 특성으로 다음과 같이 설명한다.

> 아난다야, 남에게 법을 가르치는 것은 쉽지 않다. 아난다야, 남에게 법을 가르치는 자는 다섯 가지 요건을 안으로 확립한 뒤 남에게 법을 가르쳐야 한다. 어떤 것이 다섯인가? ①'점진적으로 설해야겠다.'라고 하며 남에게 법을 가르쳐야 한다. ②'법문을 철견徹見한 뒤 설해야겠다.'라고 하며 남에게 법을 가르쳐야 한다….[177]

남에게 법을 가르치는 자, 즉 불교적 교사인 화상和尙이나 아사리는 법을 가르칠 때 점진적으로 설해야겠다는 교육과정의 계획을 나름대로 미리 세우고 있어야 한다는 것이고, 그와 함께 법문을 철견徹見한

176 최봉수, 위의 글, p.123.

177 최봉수, 위의 글, p.124.

뒤 남에게 가르쳐야 한다는 것이다.

이상의 논의에 관한 결론을 내리면, 초기불교의 점교적 특성은 대해의 비유에 나타나 있듯이, 깨달음이라고 하는 목적을 향해 점진적으로 깊어지는 교육과정, 즉 교설에 관해 점진적으로 배우고 익히는 의미의 점진적인 학습, 이러한 교설을 실제로 수행해 보는 점진적인 실천수행, 그리고 수행과 교화를 위한 점진적인 방법의 실천의 모습을 띤다. 그리고 붓다의 가르침이 기존의 학설이 주장하는 것, 즉 초기불교가 교설 중심에 해당한다는 견해가 아니라 대중들의 근기에 따라 법문 중심으로 점교적으로 설해졌을 가능성이 높다는 특이하다면 특이하다고 할 수 있는 견해[178]가 있는데, 이러한 견해는 학습자 중심에 의해 교육과정의 프로그램을 계획하는 기본원리에 해당한다고 할 수 있다.

3) 삼학三學의 수행구조

– 계戒

가. 수행의 근본

초기불교 경전에서는 계戒에 대해 안眼·이耳·비鼻·설舌·신身·의意 등 여섯 가지 감각기관의 단속을 통해 계를 범하지 않음으로써 잘

---

178 초기불교는 삼법인, 사성제, 팔정도, 십이인연 등 붓다가 설한 교설을 중심으로 이루어져 있다. 그러므로 초기불교가 교설 중심으로 구성되어 있다고 보게 되는 것은 당연하다고 생각할 수 있다. 그러나 초기불교는 그 구성은 교설 중심이지만 경전에서 설하고 있는 방식은 법문 중심으로 되어 있다고 할 수 있다.

지키는 것으로 설하고 있다. 계에 관해 설한 경전은 여러 가지 경전을 예로 들 수 있으나 『앙굿따라 니까야』를 보면 "비구들이여, 여기 비구는 계를 잘 지킨다. 그는 빠띠목카(戒目)의 단속으로 단속하며 머문다. 바른 행실과 행동의 영역을 갖추고, 작은 허물에 대해서도 두려움을 보며, 학습계목을 받아 지녀 공부 짓는다. 비구들이여, 이와 같이 비구는 계를 구족한다."[179]라고 설하면서 계가 수행의 근본이 되고, 그것을 통한 단속이 핵심임을 나타내고 있다.

나. 해탈의 기초

아난이 붓다께 지계持戒가 무슨 뜻인지 질문하자 붓다는 계를 지키는 일에 대해 "지계持戒를 함으로써 후회하지 않으며, 후회하지 않음으로써 기뻐서 희열이 있게 되고, 기뻐서 희열이 있게 됨은 기쁨이 있게 하고, 기쁨은 그침(止)이 있게 되며, 그침은 깨닫는 즐거움을 가져오게 된다. 깨닫는 즐거움은 삼매수행의 즐거움이 있게 하며, 삼매수행의 즐거움은 실實답게 보고, 참되게 알게 하고, 실답게 보고, 참되게 알게 하는 것은 싫어하는 마음(厭惡心)을 내게 한다. 싫어하는 마음을 내게 함으로써 무욕無欲하게 한다. 무욕은 일체의 음욕(婬)과 성냄(怒)과 어리석음(癡)에서 해탈케 한다. 해탈로 인하여 해탈을 알게 되어 이 생生이 다하고, 범행梵行이 서며, 할 바를 다 하고 다시 태어나지 않는다."[180]라고 말씀하셨다.

---

179 각묵, 「初期佛教 이해」, 앞의 책, p.441에서 재인용함.

180 『中阿含經』 卷第十, 習相應品 何義經第一(T.1) p.485a-b. "… 尊者阿難 … 白曰. 世尊. 持戒爲何義. 世尊答曰. 阿難. 持戒者. 令不悔義. 阿難. 若有持戒者.

해탈을 이루기 위해서 지계가 수행의 제일 첫 번째 단계에 있으므로 무엇보다 중요한 의미를 지니고 있다고 붓다는 말씀하고 계신 것이다.

—정定

가. 대표적 수행방법으로서의 삼매

계행戒行이 뒷받침된 상태에서 닦게 되는 선정禪定(定), 즉 삼매三昧에 대해 일반적으로 『맛지마 니까야』에서는 "마음이 한 끝에 집중됨이 바로 삼매다."[181]라고 정의하고 있다.

초기불교는 정定과 관련하여 초선初禪에서 4선四禪에 이르는 과정을 중심으로 설하고 있다. 『상윳따 니까야』에서는 "비구들이여, 그러면

便得不悔. 復問. 世尊. 不悔爲何義. 世尊答曰. 阿難. 不悔者. 令歡悅義. 阿難. 若有不悔者. 便得歡悅. 復問世尊. 歡悅爲何義. 世尊答曰. 阿難. 歡悅者. 令喜義. 阿難. 若有歡悅者. 便得喜. 復問. 世尊. 喜爲何義. 世尊答曰. 阿難. 喜者. 令止義. 阿難. 若有喜者. 便得止身. 復問. 世尊. 止爲何義. 世尊答曰. 阿難. 止者. 令樂義. 阿難. 若有止者. 便得覺樂. 復問. 世尊. 樂爲何義. 世尊答曰. 阿難. 樂者. 令定義. 阿難. 若有樂者. 便得定心. 復問. 世尊. 定爲何義. 世尊答曰. 阿難. 定者. 令見如實. 知如眞義. 阿難. 若有定者. 便得見如實. 知如眞. 復問. 世尊. 見如實. 知如眞爲何義. 世尊答曰. 阿難. 見如實. 知如眞者. 令厭義. 阿難. 若有見如實. 知如眞者. 便得厭. 復問. 世尊. 厭爲何義. 世尊答曰. 阿難. 厭者. 令無欲義. 阿難. 若有厭者. 便得無欲. 復問. 世尊. 無欲爲何義. 世尊答曰. 阿難. 無欲者. 令解脫義. 阿難. 若有無欲者. 便得解脫一切婬. 怒. 癡. 是爲. 阿難. 因持戒便得不悔. 因不悔便得歡悅. 因歡悅便得喜. 因喜便得止. 因止便得樂. 因樂便得定. 阿難. 多聞聖弟子因定便得見如實. 知如眞. 因見如實. 知如眞. 便得厭. 因厭便得無欲. 因無欲便得解脫. 因解脫便知解脫. 生已盡. 梵行已立. 所作已辦. 不更受有 …."

181 각묵, 앞의 책, p.442.

무엇이 바른 삼매(正定)인가? 비구들이여, 여기 비구는 감각적 욕망을 완전히 떨쳐버리고 해로운 법(不善法)을 떨쳐버린 뒤, 일으킨 생각(尋)과 지속적인 고찰(伺)이 있고, 떨쳐버렸음에서 생긴 희열(喜)과 행복(樂)이 있는 초선에 들어간다. 일으킨 생각과 지속적인 고찰을 가라앉혔기 때문에 (더 이상 존재하지 않으며), 자기 내면의 것이고, 확신이 있으며, 마음의 단일한 상태이고, 일으킨 생각과 지속적인 고찰은 없고, 삼매에서 생긴 희열(喜)과 행복(樂)이 있는 2선禪에 들어 머문다. 희열이 빛바랬기 때문에 평온하게 머물고, 마음챙기고 알아차리며 몸으로 행복을 경험한다. 이 (禪 때문에) '평온하고 마음챙기며 행복하게 머문다.'고 성자들이 묘사하는 3선禪에 들어 머문다. 행복도 버리고 괴로움도 버리고, 아울러 그 이전에 이미 기쁨과 슬픔이 소멸되었으므로 괴롭지도 즐겁지도 않으며, 평온으로 인해 마음챙김이 청정한(捨念淸淨) 4선禪에 들어 머문다. 비구들이여, 이를 일러 바른 삼매라 한다."[182]라고 설한다.

『대념처경』에서는 "첫 번째 마음집중, 즉 초선은 모든 감각적 욕망을 떨쳐버리고, 모든 좋지 않은 법들(不善法)을 떨쳐버리고 마음집중의 대상을 향하는 생각(일으킨 생각: vittaka 尋)과 머무는 생각(지속적인 고찰: vicāra 伺)이 있고, (감각적인 욕망 등에서) 멀리 떠남에 의해서 생겨난 기쁨(pīti 喜)과 행복(sukha 樂)이 있다."[183]라고 설한다.

그리고 『유명대경有明大經』에서는 "초선에서 다섯 가지 덮개가 끊어

---

182 김재성, 「부파불교의 선성론 - 淸淨道論과 구사론을 중심으로 -」, 『불교학연구』 11(2005), p.148에서 인용함.

183 같은 글.

진 반면에 다섯 가지 선禪의 구성요소가 갖춰지게 된다. 다섯 가지 덮개는 감각적 욕망의 희구(kāmacchanda), 악의惡意(byāpāda), 혼침과 졸음(thīna-middha), 들뜸과 회환(uddhacca-kukkucca), 회의적인 의심(vicikicchā)이다. 다섯 가지 구성요소는 향하는 생각(일으킨 생각: vittaka 尋), 머무는 생각(지속적인 考察: vicāra 伺), 기쁨(pīti 喜), 행복(sukha 樂), 마음이 하나의 대상에 고정되어 있는 상태(心一境性, cittekaggatā)[184]이다."[185]라고 설하고 있다.

이상은 초선에 관한 『대념처경』과 『유명대경』의 설명이다.

마찬가지로 『대념처경』은 2선과 3선과 4선에 대해 다음과 같이 설하고 있다.

> 2선에서는 향向하는 생각(일으킨 생각: vittaka 尋)과 머무는 생각(지속적인 고찰: vicāra 伺)이 가라앉고, 마음의 청결함(sampasādana)과 전일성專一性이 있는, 머무는 생각도 없고(無伺: avicāra) 향하는 생각(無尋: avittaka)도 없는, 마음집중에서 생긴 기쁨과 행복감이 있다. 3선에서는 기쁨을 버리고, 평온(捨: upekhā)에 머문다. 마음챙김(正念: sato)과 분명한 앎(正知: sampajāno)을 지니고, 몸으로 행복을 경험하면서 성자들은 평온함과 마음챙김을 지니고 행복감에 머문다고 한다. 4선은 행복(樂)을 떠나고 괴로움(苦)도 떠나고, 그 이전에 이미 기쁨과 슬픔을 없애버린, 불고불락不苦不樂인, 그리

---

184 마음이 하나의 대상에 고정되어 있는 상태(心一境性, cittekaggatā)는 MN p.382. 11; "*cittassa ekaggatā ayaṃ samādhi.*" 참조 바람.

185 김재성, 앞의 글, p.148.

고 평온(捨)에 의해 마음챙김이 청정하게 된 사념청정捨念清淨(upekhā-sati-pārisuddhi)를 말하며, 이 4선이 바른 마음의 집중(正定)이라고 한다.[186]

근심도 즐거움도 없는 마음의 평정과 삼매의 청정한 상태의 4선에서 나온 이후 비구는 무색계정無色界定에 들어가고, 그 밖에 삼매가 의식적으로 무한하게 계속되고, 어떤 것도 없으며, 감수작용感受作用이 있는 것도 아니고 감수작용이 없는 상태에서 상수멸정想受滅定, 즉 모든 감수작용과 감정이 소멸(滅)한 상태에 들어가게 된다.[187] 『대념처경』에서 설하는 위빠사나 수행인 '신身·수受·심心·법法'의 관념수행觀念修行도 삼매의 상태에서 이루어지는 것이므로 삼매수행은 대표적 수행방법이라고 하겠다.

이와 같이 선정(定), 즉 삼매는 궁극적인 깨달음에 도달하기 위해 기본적으로 필요한 수행방법이다. 다시 말하면 삼매의 상태를 거치지 않고서는 교육과정이 실현시키고자 하는 수행단계별 여러 가지 교육목표들, 즉 위빠사나 수행에서 전개되는 여러 가지 수행법을 실천하는 것이 불가능하고, 깨닫지 못하는 것은 말할 필요도 없다고 할 것이다.

나. 다섯 가지 삼매

삼매는 우선 초기불전을 보면 다음과 같이 초선에서 4선에 이르기까지

---

186 김재성, 같은 글.

187 Winston L. King, *Theravāda Meditation*(Delhi: Motilal Banarsidass Publishers, 1992), p.42.

의 정형구로 나타난다.

> 비구들이여, 그러면 무엇이 바른 삼매(正定)인가? 비구들이여, 여기 비구는 감각적 욕망을 완전히 떨쳐버리고 해로운 법(不善法)을 떨쳐버린 뒤, 일으킨 생각(尋)과 지속적인 고찰(伺)이 있고, 떨쳐버렸음에서 생긴 희열(喜)과 행복(樂)이 있는 초선에 들어간다.
> 일으킨 생각과 지속적인 고찰을 가라앉혔기 때문에 (더 이상 존재하지 않으며), 자기 내면의 것이고, 확신이 있으며, 마음의 단일한 상태이고, 일으킨 생각과 지속적인 고찰은 없고, 삼매에서 생긴 희열과 행복이 있는 2선에 들어 머문다.
> 희열이 빛바랬기 때문에 평온하게 머물고, 마음챙기고 알아차리며 몸으로 행복을 경험한다. 이 (禪 때문에) '평온하고 마음챙기며 행복하게 머문다.'고 성자들이 묘사하는 3선에 들어 머문다.
> 행복도 버리고 괴로움도 버리고, 아울러 그 이전에 이미 기쁨과 슬픔이 소멸되었으므로 괴롭지도 즐겁지도 않으며, 평온으로 인해 마음챙김이 청정한(捨念淸淨) 4선에 들어가 머문다. 비구들이여, 이를 일러 바른 삼매라 한다.[188]

위 인용경전에서 눈여겨 볼 것은 일으킨 생각(尋)·지속적인 고찰(伺)·희열(喜)·행복(樂)·선정(定)의 다섯 가지 선禪의 구성요소(pañca jhānaṅga)이다. 왜냐하면 이 다섯 가지 구성요소들은 차제적으

188 각묵, 「初期佛敎이해」, 앞의 책, pp.442~443. 재인용. (「분석경」 SN45: 8 §11)

로 초선으로부터 4선으로 들어가는 모습을 단계별로 나타내기 때문이다. 즉 초선은 심尋·사伺·희喜·락樂·정定 등 다섯 가지[189]를 나타내고 있고, 2선은 다섯 가지 가운데 심·사가 가라앉고 희·락·정이 두드러지게 나타나며, 3선은 희·락·정 가운데 희가 가라앉고 락과 정이 나타나고, 4선은 락과 정 가운데 락이 가라앉고 그 대신 사捨가 있게 되어, 사捨와 정定이 나타난다.

－혜慧

가. 통찰지로서의 혜

혜慧의 원어는 'paññā'이고, 반야般若로 한역漢譯된다. 대상을 분별해서 알거나(vijānati), 뭉뚱거려 아는 것(sañjānāti)이 아니라 앞으로 나아가서 아는 것을 의미한다.[190] 그러므로 이것은 바로 '통찰지洞察智'를 말하는 것이다. '통찰지'는 '통찰'을 그 특성으로 한다. '통찰'은 원어가 'paṭivedha'로서 이 말은 'prati'+√'vyadh'에서 파생한 명사로 꿰뚫음이라는 의미이다.[191]

이러한 의미를 지니는 혜는 삼학에서는 혜학慧學(sikkhā)이나 혜온慧蘊(sikkhakkhandha), 또는 증상혜학增上慧學(adhipaññā-sikkhā), 혜

---

189 『阿毘達磨大毘婆沙論』 卷第四十二(T.27) p.219a. "尋伺何差別 答心麤性名尋. 心細性名伺."라고 되어 있다. 심사는 어떤 차별이 있는가 하면, 마음의 거친 특성을 尋이라고 하고, 마음의 세밀한 특성을 伺라고 한다. 初禪의 상태에 마음의 거친 특성인 尋과 마음의 세밀한 특성인 伺가 있다는 것은 처음 선정의 단계라는 것을 나타내고 있는 것이다.

190 각묵, 「초기불교 이해」, 앞의 책, p.445.

191 각묵, 위의 책, p.446.

의 구족(sampadā)으로 표현한다.[192]

혜학은 여섯 가지 신통(六神通) 가운데 누진통漏盡通의 정형구에 다음과 같이 나타난다.

> 그는 '이것이 괴로움이다.'라고 있는 그대로 꿰뚫어 안다. '이것이 괴로움의 일어남이다.'라고 있는 그대로 꿰뚫어 안다. '이것이 괴로움의 소멸이다.'라고 있는 그대로 꿰뚫어 안다. '이것이 괴로움의 소멸로 인도하는 도 닦음이다.'라고 있는 그대로 꿰뚫어 안다. '이것이 번뇌다.'라고 있는 그대로 꿰뚫어 안다. '이것이 번뇌의 일어남이다.'라고 있는 그대로 꿰뚫어 안다. '이것이 번뇌의 소멸이다.'라고 있는 그대로 꿰뚫어 안다. '이것이 번뇌의 소멸로 인도하는 도 닦음이다.'라고 있는 그대로 꿰뚫어 안다.[193]

그리고 『잡아함경』에 의하면, "어떤 것들이 증상혜학인가? 만약 비구가 이 고성제苦聖諦를 실답게 알고, 이 고집성제苦集聖諦, 이 고멸성제苦滅聖諦, 이 고멸도적성제苦滅道跡聖諦를 실답게 안다면 이것을 증상혜학이라고 한다."[194]라고 하여, 사성제를 실답게 파악하는 것이라고 말하고 있다.

괴로움과 번뇌 등을 알거나 이들 각각의 일어나고, 소멸하며, 소멸로

---

192 각묵, 위의 책, p.447.

193 각묵, 위의 책, p.448 재인용함.

194 『雜阿含經』 卷第三十(T.2) p.213c. "何等爲增上慧學. 若比丘此苦聖諦如實知. 此苦集聖諦. 此苦滅聖諦. 此苦滅道跡聖諦如實知. 是名增上慧學."

인도하는 도 닦음을 꿰뚫어 아는 것, 즉 통찰함이 혜학에 해당하는 것이다.

그러나 이것은 다음과 같이 심해탈心解脫과 혜해탈慧解脫의 구족으로 나타나기도 한다.

> 모든 번뇌가 다하여 아무 번뇌가 없는 마음의 해탈(心解脫)과 통찰지를 통한 해탈(慧解脫)을 바로 지금 여기에서 스스로 최상의 지혜로 실현하고 구족하여 머문다.[195]

이상에서 볼 때, 혜慧의 의미가 혜慧이든, 혜해탈이든, 혜는 통찰지라고 정리할 수 있다. 이와 같은 통찰지의 기능은 "비구들이여, 여기 성스러운 제자는 통찰지를 가졌다. 성스럽고, 꿰뚫음을 갖추었으며, 바르게 괴로움의 소멸로 인도하는, 일어나고 사라짐으로 향하는 통찰지를 구족했다. 비구들이여, 이를 일러 통찰지의 기능이라 한다."[196]라고 하듯이, 사성제를 꿰뚫어 아는 것이 이에 해당한다.

혜慧의 교육적 의의는 교육과정의 최종단계에서 통찰지에 의해 닙빠나에 이르는 인간이 된다는 데에 있다. 그것은 혜의 수행의 앞에 있는 계와 정의 수행과정에 의해 형성된 '인간형성'이 혜에 이르러 종합되고 완성되며 결국에는 닙빠나에 이르기 때문이다.

---

195 각묵, 『초기불교 이해』, 앞의 책, p.449. 재인용함.

196 각묵, 위의 책, p.451 재인용함.

나. 37조도품

①원초적 형태

여기서는 37조도품助道品이란 무엇인지 개략적인 설명만 하기로 한다. 37조도품은 혜慧에 속하는데, 초기불교에서 다루고 있는 모든 수행체계가 이것에 집약적으로 담겨져 있다.

그러나 37조도품은 현재의 형태로 완성되기까지 4단계의 형성과정을 겪었다고 한다. 그것은 문헌학적으로 살펴볼 때, ①사념처·사정근·사신족·오근·오력·칠각지·팔정도의 형태, ②사념처·사정근·사신족·사선·오근·오력·칠각지·팔정도의 형태, ③사념처·사정근·사신족·사선·사무량·오근·오력·칠각지·팔정도의 형태, ④사념처·사정근·사신족·사선·사무량·사무색·오근·오력·칠각지·팔정도의 형태의 4단계로 형성되어 왔다고 한다.[197]

또한 이들 각각의 명칭은 경에 나타나지만, '37조도품'의 '37'이라는 숫자는 보이지 않는다. 오히려 '37'이라는 숫자는 후대 『청정도론』이나 『아비담마타상가타』 문헌 등에서 나타나고 있다. 그러므로 현재의 형태인 37조도품은 후대에 완성된 것이라고 보는 편이 옳을 것이다.

『상윳따 니까야』는 제5권 「도 상윳따」(Magga-saṁyutta)에서 제6권 「성취수단 상윳따」(Iddhipāda-saṁyutta)에 이르기까지 일곱 개의 주제로서 깨달음의 편에 있는 법들(菩提分法, bodhipakkhiyā dhamma)을 다루고 있는데, 이것이 37보리분법이나 37조도품이다.[198] 그러나 '37'

---

197 Johanes Bronkhorst, "Dharma and Abhidharma", Bulletin of the School of Oriental and African Studies 48, 1985, pp.305~320.

198 각묵, 「초기불교 이해」, 앞의 책, p.275.

이라는 말은 역시 이 경에 나타나지 않고 있다.

②완성된 수행체계

우리는 보통 37조도품이라고 부르고 있는데, 이것은 ①네 가지 마음챙김의 확립(四念處), ②네 가지 바른 노력(四正勤), ③네 가지 성취수단(四如意足), ④다섯 가지 기능(五根), ⑤다섯 가지 힘(五力), ⑥일곱 가지 깨달음의 구성요소(七覺支), ⑦여덟 가지 구성요소를 가진 성스러운 도(八正道)의 일곱 가지 주제를 말한다. 이러한 주제가 포함하고 있는 법들은 모두 합하면 37개가 되므로 37조도품이라고 부르는 것이다.[199]

③일곱 가지 깨달음의 구성요소(七覺支: bojjhaṅga)

37조도품의 일곱 가지 주제 가운데 깨달음의 구성요소를 중심으로 살펴보기로 한다. 『상윳따 니까야』 46을 보면 '깨달음의 구성요소 상윳따'에 184개의 경들이 담겨 있는데 184개의 경들은 모두 이 일곱 가지 깨달음의 구성요소의 내용을 설하고 있다.[200] 『상윳따 니까야』 46의 구성은 『청정도론』의 사마타와 위빠사나의 구조와 비슷하다. 1장부터 8장까지 76개의 경으로 되어 있는데, 그 가운데 7장 '들숨날숨품'과 8장 '소멸품'은 몸에 관한 관찰을, '덮개경'은 다섯 가지 장애인 5개蓋를, '장애경'은 7각지가 통찰지를 증장시키고 열반으로 인도한다고 각각 설하고 있으며, 또한 9장부터 18장까지는 109개의 경들을

199 같은 책.

200 각묵, 위의 책, p.362.

담고 있는데, 전반부인 9장부터 13장, 후반부인 14장부터 18장까지는 마음챙김의 깨달음의 구성요소를 설하고[201] 있기 때문이다.

『상윳따 니까야』 46에서는 일곱 가지 구성요소를 다음과 같은 비유로서 설명한다.

> 비구들이여, 예를 들면 산의 왕 히말라야를 의지하여 용들은 자신들의 몸을 양육하고 힘을 얻게 된다. 그들은 거기서 몸을 양육하고 힘을 얻은 뒤 작은 못으로 들어간다. 작은 못에 들어간 뒤 다시 큰 못에 들어간다. 큰 못에 들어간 뒤 다시 작은 강에 들어간다. 작은 강에 들어간 뒤 다시 큰 강에 들어간다. 큰 강에 들어간 뒤 다시 바다와 대해에 들어간다. 그들은 거기서 그 몸으로 위대함과 충만함을 성취한다. 비구들이여, 그와 같이 비구는 계를 의지하고 계에 확고하게 서서 일곱 가지 깨달음의 구성요소(七覺支)를 닦고 일곱 가지 깨달음의 구성요소를 많이 (공부)지어서 법들에 대해서 위대함과 충만함을 성취한다.[202]

---

201 각묵, 위의 책, pp.362~364.

202 각묵 옮김, 『상윳따 니까야(*Saṁyutta Nikāya*)』, 5 앞의 책, pp.287~289. 『SN46』은 '*Bojjhaṅga-saṁyutta*'로서 이것은 '*bodhiyā bodhissa vā aṅga*'의 준말이다. Saṃyuttanikāya 46, PTS. 547; Bojjhaṅgasaṃyuttaṃ Sāvatthiyaṃ: "Himavantaṃ bhikkhave, pabbatarājānaṃ1 nissāya nāgā kāyaṃ vaḍḍhenti balaṃ gāhenti. Te tattha kāyaṃ vaḍḍhetvā balaṃ gāhetvā kussubbhe otaranti. Kussubbhe otaritvā mahāsobbhe otaranti. Mahāsobbhe otaritvā kunnadiyo otaranti. Kunnadiyo otaritvā mahānadiyo otaranti. Mahānadiyo otaritvā mahāsamuddaṃ sāgaraṃ otaranti. Te tattha mahantattaṃ vepullattaṃ āpajjanti kāyena. Evameva kho bhikkhave bhikkhu sīlaṃ nissāya sīle pa-

『상윳따 니까야』 46은 이 편 전체에 걸쳐 깨달음의 구성요소를 설하고 있다. 깨달음의 구성요소는 빨리어로 'bojjhaṅga' 또는 'sambojjhaṅga'의 두 가지 말이 있다. 니까야 전체에서는 깨달음의 구성요소라는 의미로 단독으로 쓰일 때는 'sambojjhaṅga'보다 'bojjhaṅga'로 나타난다. 그러나 sati-sambojjhaṅga 등 합성어로 쓰일 때는 'sambojjhaṅga'로 나타난다. 그러나 이들은 서로 의미가 같다.

깨달음의 구성요소는 모두 일곱 가지로 나타나므로 일곱 가지 깨달음의 구성요소(satta bojjhaṅga)라고 불리고 있다. 그것은 마음챙김의 깨달음의 구성요소(sati-sambojjhaṅga; 念覺支), 법을 간택하는 깨달음의 구성요소(dhamma-vicaya-sambojjhaṅga; 擇法覺支), 정진의 깨달음의 구성요소(vīriya-sambojjhaṅga; 精進覺支), 희열의 깨달음의 구성요소(pīti-sambojjhaṅga; 喜覺支), 고요함의 깨달음의 구성요소(passaddhi-sambojjhaṅga; 輕安覺支), 삼매의 깨달음의 구성요소(samādhi-sambojjhaṅga; 定覺支), 평온의 깨달음의 구성요소(upekkhā-sambojjhaṅga; 捨覺支)이다.[203]

『맛지마 니까야 주석서』(MA.i84-85)에 따르면, "첫째, 기억한다는 뜻에서 마음챙김(sati)이다. … 그와 같이 마음챙김이 있을 때 유익함과 해로움, 비난받아 마땅함과 비난받을 일이 없음, 저열함과 수승함, 흑백으로 상반되는 여러 법을 반복해서 생각한다. 이것이 네 가지 마음챙김의 확립이다. … 둘째, 사성제의 법들을 간택하기 때문에

tiṭṭhāya sattabojjhaṅge bhāvento sattabojjhaṅge bahulīkaronto mahantattaṃ vepullattaṃ pāpuṇāti dhammesu."

203 각묵, 『초기불교 이해』, 앞의 책, p.349.

법을 간택함이라고 한다. 특징은 간택함이고, 역할은 밝게 비추는 것이다. 즉 '이것은 괴로움이다.'라고 이렇게 검증한다는 말이다. … 셋째, 적절한 방법으로 일으켜야 하기 때문에 정진(viriya)이라고 한다. 특징은 용감함이고, 역할은 굳건하게 지지함이며, 나타남은 가라앉음과 반대된다. 넷째, 만족하기 때문에 희열(pīti)이라고 한다. 특징은 충만함 혹은 만족함이며, 역할은 몸과 마음을 강하게 함이고, 나타남은 의기양양이다. 다섯째, 몸과 마음의 피로를 편안하게 하기 때문에 고요함(passaddhi)이라고 한다. 특징은 고요함이고, 역할은 몸과 마음의 피로를 가시게 함이고, 나타남은 차분함이다. 여섯째, 모으기 때문에 삼매라고 한다. 특징은 흩어지지 않음 혹은 산만하지 않음이고, 역할은 마음과 마음부수들을 결합시키는 것이고, 나타남은 마음이 계속해서 머무는 것이다. 일곱째, 공평하기 때문에 평온(upekkhā)이다. 특징은 식별함 혹은 공평하게 나름이고, 역할은 모자라거나 넘치는 것을 막음 혹은 편견을 끊는 것이고, 나타남은 중립적인 상태이다."[204] 라고 하여 일곱 가지 깨달음의 구성요소 각각에 대해 주석하여 설명하고 있다.

④상보적 관계와 점교적 전개

이상 37조도품의 요소들은 다음과 같이 상보적 관계의 특성을 지닌다.

첫째, 7각지覺支로 섭입攝入이다. 『아비달마대비바사론』에서는 사념처四念處·사정단四正斷·사여의족四神足·오근五根·오력五力·칠각

---

204 각묵, 위의 책, pp.349~351.

지支·팔정도 등 37조도품 전체적으로 37개이나, 실제로는 11개 또는 12개라고 다음과 같이 말한다.

> 묻기를, 보리분법菩提分法이 37개라고 하는데, 실체적으로 몇 개인가? 답하기를, 이것은 실체적으로 11개이거나 12개이다… 만약 둘이 된다고 하면 즉 오직 11개이다. 만약 셋이 된다고 하면 즉 오직 12개이다. 사념처四念處·혜근慧根·혜력慧力·정견正見은 택법각지擇法覺支에 포섭되어 들어간다(섭입攝入한다). 사정승四正勝(사정근四正勤, 사정단四正斷이라고도 함)·정진근精進根·정진력精進力·정근正勤은 정진각지精進覺支에 포섭되어 들어간다(섭입한다). 사신족四神足·정근定根·정력定力·정정正定은 정각지定覺支에 포섭되어 들어간다(섭입한다). 염근念根·염력念力·정념正念은 염각지念覺支에 포섭되어 들어간다(섭입한다). 신근信根·신력信力은 합하여 신信이 된다.[205]

둘째, 팔정도八正道로 섭입이다.

> 사념처四念處, 혜근慧根, 혜력慧力, 택법각지擇法覺支는 정견正見에 포섭되어 들어간다(섭입한다). 사정승四正勝(사정근四正勤, 사정단

205 『阿毘達磨大毘婆沙論』 卷第九十六 「智蘊第三中學支納息」 第一之四(T.27) p.496a-b. "問菩提分法名有三十七. 實體有幾耶. 答此實體. 有十一或十二 … 謂四念住慧根慧力正見. 攝入擇法覺支. 四正勝精進根精進力正勤. 攝入精進覺支. 四神足定根定力正定.攝入定覺支. 念根念力正念. 攝入念覺支. 信根信力合爲信故."

> 四正斷이라고도 함), 정진근精進根·정진력精進力·정진각지精進覺支는 정근正勤(정정진正精進)에 포섭되어 들어간다(섭입한다). 사신족四神足·정근定根·정력定力·정각지定覺支는 정정正定에 포섭되어 들어간다(섭입한다). 염근念根·염력念力·염각지念覺支는 정념正念에 포섭되어 들어간다(섭입한다).[206]

그러므로 이와 같은 논의에서 볼 때 37조도품은 차제적이라기보다 섭입攝入하는 상보적 관계라고 할 것이다. 또는 37조도품의 요소들은 같은 특성을 지닌 요소들끼리 상보적 관계를 유지하면서 점차적으로 깊어져 가는 점교적 전개를 하고 있다고 할 수 있다.

그러나 『아비달마구사석론』에서는 37조도품을 다음과 같이 차제적으로 보고 있다.

> 깨달음을 돕는 법의 차제를 설한다. 처음에 수행을 행하는 자는 산란하고 치우쳐 전도된 모든 지혜의 많은 종류의 경계를 제복制服시키기 위해 사념처四念處를 닦는다. 사념처는 마음을 관하여 수행하는 사람이 마음을 붙들어 매어 살피는 것이다. 일체의 탐욕(貪)에 의한 억념분별憶念分別을 멸제滅制하는 것이다. 이 경의 말씀으로 말미암아 사념처가 수행을 하는 처음인 것을 안다. 염처念處의 힘으로 능히 길게 정진을 한다. 네 가지를 이루기 때문이다. 마음을 바로 안립安立시켜 뛰어나게 하기 때문이다.

---

206 같은 책. "謂四念住慧根慧力擇法覺支. 攝入正見. 四正勝精進根精進力精進覺支.攝入正勤. 四神足定根定力定覺支. 攝入正定.念根念力念覺支. 攝入正念."

사념처 다음에 사정근四正勤을 닦는다. 이 정근으로 말미암아 마음이 편안하고 근심이 없으며 후회가 없기 때문이다. 마음을 다스려 삼마제三摩提(samādhi, 三昧)를 이루기 때문이다.

사정근 다음에 사여의족四如意足을 닦는다. 정定·신信 등 모든 근根을 의지함으로 말미암아 출세법出世法의 증상연增上緣을 이루기 때문이다.

사여의족 다음에 오근五根을 닦는다. 이 근根은 가장 능히 제복制服하게 하는 대치하는 법이다. 수행을 하는 것은 스스로의 공능으로 인한 것이다. 동류인同類因을 떠남은 출세법出世法을 발생케 하기 때문이다.

오근 다음에 오력五力을 닦는다. 견도見道 가운데 각분覺分을 닦는다. 견수도見修道 가운데 성도분聖道分을 닦는다. 무슨 까닭인가? 경 가운데 이렇게 설한다. '여덟 가지로 나뉜 성도(八正道) 가운데 일체는 응당히 원만함을 닦음에 이르는 것을 닦는다. 사념처로 원만함을 닦음에 이르고 내지 칠각분七覺分으로 원만함을 닦음에 이르는 것을 일컫는다.' 다시 경에서 말하기를, '비구가 실납게 말하는 것을 보이는 것은 사성제관四聖諦觀을 함은 스스로 가는 길과 같음을 비유하는 것이고, 다시 이와 같이 가는 것은 여덟 가지로 나뉜 성도(聖道; 八正道)를 닦는 것의 비유가 된다. 그러므로 미땅히 알라. 두 가지 위(修行位)인 견수도見修道 가운데 여덟 가지로 나뉜 성도聖道를 닦는다. 이들이 차제에 모두 이루어진다.[207]

---

207 『阿毘達磨俱舍釋論』 卷第十八(T.29) pp.284a-b. "說助覺法次第. 初發行者. 爲制伏於多種境界散亂偏倒諸智故. 修四念處. 四念處是觀行人繫錄心處. 爲滅

이상의 인용은 사념처四念處 → 사정근四正勤 → 사여의족四如意足 → 오근五根 → 오력五力 → 팔정도八正道의 차제로 깨달음을 돕는 법의 차제를 설명하고 있다.

그러므로 기원후 2세기에 저술된 논서인『아비달마대비바사론阿毘達磨大毘婆沙論』은 37조도품 각각의 내용이 상보적 특성으로 나타나지만, 이보다 후대인 기원후 4세기에 저술된『아비달마구사석론阿毘達磨俱舍釋論』에서는 37조도품 각각의 내용이 차제적 특성으로 나타나 있다는 점이 특색이라고 하겠다.

3. 교육과정으로서의 특성

초기불교의 수행체계는 일반적으로 계·정·혜의 체계적 구조로 되어 있으므로 계·정·혜를 근간으로 하는 교육과정의 체계로 이루어졌다고 추정할 수 있으며, 이 경우 교육과정은 비구가 도달하고자 하는 구경의 목적인 닙빠나에 초점을 맞추어 스승 비구에 의해 교육계획이 수립되고 그것이 실천되었다고 할 수 있다. 그런데 초기불교에서

除一切依貪憶念分別. 由此經言故. 知四念處爲發行初. 由念處力故. 能生長精進. 爲成四事故. 能正安立心令勝故. 次四念處. 修四正勤. 由此正勤心安無憂悔故. 治心成三摩提故. 次四正 勤修四如意足. 由依止定信等諸根成出世法增上緣故. 次四如意足修五根. 此根最能制伏所對治法. 起行由自功能. 離同類因. 能生出世法故. 次五根修五力. 於見道中修覺分. 於見修道中修聖道分. 何以故. 經中說此言. 於八分聖 道中. 一切應修至修圓滿. 謂四念處至修圓滿. 乃至七覺分至修圓滿. 復有經言. 比丘宣示如實言者. 謂爲四聖諦觀. 譬如自所行路. 更如此行. 爲修八分聖道譬. 是故應知. 於二位中修八分聖道. 此等次第皆成."

전개된 교육과정의 모습은 일반적으로 학교에서 교육과정이 전개된 모습과는 전혀 다르다.

계·정·혜로 구성되어 있는 초기불교의 교육과정은 종교로서 불교만이 갖는 교육과정의 특색을 지닌다. 이 경우 교육과정을 통해 도달해야 하는 목적은 학교교육에서 추구하는 목적인 지식의 습득과 달리 출가 비구라면 누구나 마음을 닦는 수행과정을 통해 도달해야 하는 '닙빠나'이다. 그러므로 교육과정의 순서는 교육목적인 '닙빠나'에 도달하도록 하기 위해 계·정·혜의 체계로 구성되어 있다.

『디가 니까야(*Dīgha Nikāya*)』에서는 다음과 같이 설한다.

> 계율은 이러하고, 삼매는 이러하고, 지혜는 이러하다. 계율을 완전히 닦은 자는 큰 결과와 큰 공덕을 지닌 삼매를 얻게 된다. 삼매를 완전히 닦은 자는 큰 결과와 큰 공덕을 지닌 지혜를 얻게 된다. 지혜를 완전히 닦은 마음은 역류逆流하는 번뇌에서 올바르게 해탈한다. 곧 애욕의 역류함, 존재의 역류함, 무명의 역류함에서.[208]

이상 『디가 니까야』의 인용에서 알 수 있듯이, 초기불교의 교육과정은 점진적인 학습과 점진적인 실천과 점진적인 방법의 원칙에 따라

---

208 최봉수, 「원시불교 교육의 방법론적 이념으로서의 점교성漸敎性에 대한 연구」, 앞의 글, p.129에서 재인용함. 빨리 원문은 *Dīgha Nikāya* PTS p.123 "iti sīlaṃ, iti samādhi, iti paññā. Sīlaparibhāvito samādhi mahapphalo hoti mahānisaṃso. Samādhiparibhāvitā paññā mahapphalā hoti mahānisaṃsā. Paññāparibhāvitaṃ cittaṃ sammadeva āsavehi vimuccati seyyathīdaṃ kāmāsavā bhavāsavā avijjāsavā'ti."

계율(戒) → 삼매(定) → 지혜(慧)의 차제적 순서로 이루어졌다고 할 수 있다.

이것은 "불교수행의 핵은 기본적으로는 계·정·혜 삼학의 엄격한 차제구조에 놓여 있으며, 또한 이와 같이 삼학이 필요충분조건으로 갖추어질 때 닙빠나, 해탈로 나아갈 수 있다는 것이 초기불교의 수행론이며, 수행체계"[209]라는 주장이 있으므로 뒷받침된다.

그러나 꼭 계·정·혜 삼학의 엄격한 차제구조로만 초기불교의 수행체계가 전개된 것은 아니라고 할 수 있다. 수행체계가 전체적인 구조의 측면에서는 차제적으로 이루어진 측면도 있지만, 한편으로는 수행자의 근기와 상황에 따라 차제적이지 않은 형태로 수행이 이루진 측면도 있다는 점을 간과해서는 안 될 것이다. 그것은 사마타를 닦은 후 위빠사나를 닦는 경우와, 위빠사나를 닦은 후 사마타를 닦는 경우, 그리고 사마타와 위빠사나를 같이 닦는 경우의 세 가지 수행방법의 경우를 초기경전에서 설하고 있기 때문이다. 그리고 『쌍경雙經』에서는[210] 초선에서도 아라한이 될 수 있고, 제2선에서도 아라한이 될 수 있고, 제3선에서도 아라한이 될 수 있고, 제4선에서도 아라한이 될 수 있다고 설하고 있기 때문이다.

지금까지의 계·정·혜 삼학에 관한 논의에 의하면, 이 수행과정은 깨달음을 증득하기 위해 계·정·혜의 큰 틀의 구조위에 부분적으로는 차제적이기도 하고 차제적이 아니기도 하는 형태로 전개되기도 한다.

---

209 조준호, 「初期佛敎경전에 나타난 수행에 관한 용어와 개념의 검토(Ⅰ) - 止·觀을 중심으로」, 『한국선학』(2002), p.139.

210 『앙굿따라 니까야』, 雙經 (AN4:170/ii.157)

그러나 일반적으로 출가 비구는 계·정·혜의 차례에 의한 교육을 받게 된다. 그가 닙빠나에 이르기 위한 수행과정에서 제일 먼저 지켜야 것은 계戒이고, 이 계에 의해 눈(眼)·귀(耳)·코(鼻)·혀(舌)·몸(身)·마음(意) 등의 감각기관을 잘 다스려 어기지 않도록 방호하는 것은 첫 번째 교육목표가 된다.

이와 같은 첫 번째 교육목표를 달성한 후 비구는 까시나 수행에 의해 형성된 표상(表象; nimitta)에 의해 마음을 하나로 통일한 상태(心一境性)인 삼매를 유지하여 근접삼매近接三昧와 본삼매本三昧의 과정을 거쳐 초선으로부터 제4선에 이르기까지의 선정에 이르게 되는데, 이것은 두 번째 교육목표이다.

그런 다음에 비구는 위빠사나 수행에서 통찰지인 혜慧가 발현하게 되어 오온五蘊과 사대四大와 십팔계十八界, 그리고 무명無明에 의해 있게 되는 윤회를 형성하게 하는 상카라 등이 무상·고·무아인 것을 깨닫고, 갈애渴愛를 극복하며 마침내 닙빠나라고 하는 인간형성의 완성의 경지에 이르는 교육적 경험을 하게 되는데, 이것은 세 번째 교육목표이다.

이와 같이 수행의 목적이고 교육목적이기도 한 닙빠나를 이루기 위해 수행단계별로 하나하나 교육목표를 이루어가는 과정은 계·정·혜의 순차로 보았을 때이고, 이와 달리 계·정·혜의 각각의 단계에서 달성해야 하는 여러 가지 교육목표들 상호간에 상입相入의 관계로 전개될 때와 출가 수행자의 근기에 따르는 경우 등에서는 차례에 따르지 않는 수행과정과 교육방법의 전개가 되기도 한다. 그런데 계·정·혜의 차제로 수행이 이루어지지 않는 경우는 자주 있는 일이 아니라는 점이다. 수행과정에서 때에 따라 근기에 따라 비차제적으로 수행이 이루어지기 때문이다.

그러므로 차제적, 비차제적으로 전개되는 초기불교의 계·정·혜의 수행과정은 교육과정이 되고, 특히 이것은 '점진적'이라고 표현될 수 있으며, 또한 이것은 점진적인 교육경험을 하는 점교적 교육과정이 되는 것이다.

4장 『청정도론』의 점교적 교육원리

이 장은 데리다가 저서인 『그라마톨로지』에서 '교육학'에 관해 언급한 글로 시작하려고 한다. 왜냐하면 앞으로 전개되는 『청정도론』의 텍스트가 담고 있는 일곱 단계의 수행과정〔교육과정도 된다〕은 리듬과 함께 단계의 질서로 이루어지는 기나긴 여정[211]으로서 인내가 필요하기 때문이다.

---

211 데리다는 교육학자가 아님에도 불구하고 교육학에서 말하는 교육이 무엇을 의미하는지에 대해 잘 알고 있다. 그는 교육이란 리듬과 단계들의 질서를 존중하면서 이루어지는 인내의 헤아림이라고 하면서, 다른 방식으로 이루어지는 것은 자연히 서서히 설립하고 축적시킨 힘을 전속력으로 파괴하는 위험한 대리보충라고 말하고 있는데, 이것은 『청정도론』의 수행과정에서 스승과 제자 사이에 이루어지는 교수학습의 과정에서도 마찬가지 의미로 적용된다. 깨달음에 이르기까지의 일곱 단계 수행과정은 인내가 필요한 기나긴 과정이지만 리듬이 있고 질서가 존재하기 때문이다.

모든 교육학의 기술은 자연이란 작품이 스스로 완결된 시간을 주면서 그 리듬과 단계들의 질서를 존중하면서 이루어지는 인내의 헤아림이다. 그 위험한 대리 보충은 전속력으로 자연이 서서히 설립하고 축적시킨 힘을 파괴한다. 자연적 경험을 '멀리하면서' 그것은 단번에 그 단계를 불사르고 다시는 되돌아오지 않는 정력을 소비한다. 기호와 마찬가지로 사물의 현전과 존재의 지속을 생략해 버린다.[212]

1. 『청정도론』의 청정(visuddhi)의 개념

『청정도론』 제1장 계戒(sīlaniddeso) 인유분因由分(nidānādikathā)에서 붓다고사는 "청정(visuddhi)이란 모든 더러움이 없어진 지극히 청정한 닙빠나라고 알아야 한다. 그 청정에 이르는 도가 청정도淸淨道(visuddhimagga)이다."라고[213] 설명하고 있다.

이처럼 『청정도론』은 더러움이라고는 전혀 없는 매우 청정한 닙빠나에 도달하는 길(Magga)을 논하고 있다. 여기서 '청정'이란 빨리어로 'visuddhi'이고, 'vi'+'suddhi'가 합쳐 이루어진 말이다. 이때 'suddhi'는 '깨끗함(purity)'의 의미이다.[214] 싼스크리트어로는 'viśuddhi'가 되며,

---

212 Jacques Derrida, 『*De la grammatologie*』; 자크 데리다, 김성도 옮김, 『그라마톨로지』, 앞의 책, p.374. "이 위험천만한 대리보충."

213 C. A. F. Rhys Davids, *The Visuddhi-Magga of BuddhaGhosa* (London: The Pāli Text Societ, 1975). p.2. "visuddhī ti sabbamalavirahitaṃ, accanta-parisuddhaṃ nibbānaṃ veditabbaṃ Tassā visuddhiyā maggo ti Visuddhi-Maggo"; 붓다고사스님 지음·대림스님 옮김, 『清淨道論』 1, 앞의 책, p.33.

청정, 정淨의 의미를 지닌다.[215]

담마빨라(Dhammapāla)는 『청정도론』 주석서인 『위수디마가 마하티까(*Visuddhimagga-mahāṭikā*)』에서 "청정(visuddhi)은 닙빠나(nibbāna)이고, 청정의 상태(visuddhibhāva)이거나 수승한 아라한과이다."[216]라고 하면서 닙빠나(nibbāna) 또는 청정한 상태, 또는 수승한 아라한의 경지라고 말하기도 한다.

이상의 청정(visuddhi)에 관한 설명에 나타나듯이, 『청정도론』의 수행체계는 '청정'에 이르는 길이고, 이 길이 지향하는 것은 부처님께서 도달하신 닙빠나의 경지라는 점을 분명히 알 수 있다.

2. 칠청정七淸淨의 유래와 성립

칠청정은 이미 니까야(Nikāya)에 나타나고 있다. 『맛지마 니까야』의 『*Rathavinīta suttaṃ*』[217]을 보면, 사리뿟따 존자와 아누룻다 존자는 이 칠청정에 대해서 다음과 같이 질문을 하고 대답을 한다.

---

214 T. W. Rhys Davids, *The Pāli Text Society's Pāli-English Dictionary* (London: The Pāli Text Society, 1986), p.106.

215 水野弘元, 『パーリ語辭典』(東京: 春秋社, 2005), p.303.

216 Dhammapāla, 「*Visuddhimagga-mahāṭikā*」, p.3. "Visuddhiyāti nibbānāya, visuddhibhāvāya vā, arahattāyāti attho." (출처: http://www.tipitaka.org/cst4)

217 이 경에 대한 한역경전漢譯經典으로는 『칠거경七車經』(中阿含經 第二卷 칠법품七法品 제1②)이 있다.

존자시여! 실제로 계청정戒淸淨에 취착取着하지 않는 완전한 닙빠나가 있습니까? 존자시여! 실제로 이것에는 없습니다. 그렇다면 존자시여, 마음청정(心淸淨)에 완전한 닙빠나가 있습니까? 존자시여, 실제로 이것에는 없습니다. 존자시여! (그렇다면) 실제로 견청정見淸淨에 완전한 닙빠나가 있습니까? 존자시여! 실제로 이것에는 없습니다. 그렇다면 존자시여! 의심疑心을 극복함에 의한 청정淸淨에 완전한 닙빠나가 있습니까? 존자시여! 실제로 이것에는 없습니다. (그렇다면) 존자시여! 도道와 도 아님에 대한 지知와 견見에 의한 청정에 완전한 닙빠나가 있습니까? 존자시여! 실제로 이것에는 없습니다. 그렇다면 존자시여! 도 닦음에 대한 지와 견에 의한 청정에 완전한 닙빠나가 있습니까? 존자시여! 실제로 이것에는 없습니다. (그렇다면) 존자시여, 지와 견에 의한 청정에 완전한 닙빠나가 있습니까? 존자시여! 실제로 이것에는 없습니다. (그렇다면 존자시여), 그 밖의 다른 곳에 이러한 법들에 의한 완전한 닙빠나가 있습니까? 존자시여! 실제로 이것에는 없습니다.[218]

존자시여! '계청정戒淸淨'이 완전한 닙빠나냐고 질문하자 사문께서는 '존자시여! 아닙니다.'라고 말씀하셨습니다. 존자시여! '마음청정(心淸淨)'이 완전한 닙빠나냐고 질문하자 사문께서는 '존자시여! 아닙니다.'라고 말씀하셨습니다. 존자시여! '견청정見淸淨'이 완전한 닙빠나냐고 질문하자 사문께서는 '존자시여! 아닙니다.'라고 말씀하셨습니다. 존자시여! '의심을 극복함에 의한 청정'이 완전한

---

218 PTS. *Majjhima Nikāya*, Vol. M-1, 『*Rathavinīta suttaṃ*』, p.3. 11.

닙빠나냐고 질문하자 사문께서는 '존자시여! 아닙니다.'라고 말씀하셨습니다. 존자시여! '도道와 도 아님에 대한 지知와 견見에 의한 청정'이 완전한 닙빠나냐고 질문하자 사문께서는 '존자시여! 아닙니다.'라고 말씀하셨습니다. 존자시여! '도 닦음에 대한 지와 견에 의한 청정'이 완전한 닙빠나냐고 질문하자 사문께서는 '존자시여! 아닙니다.'라고 말씀하셨습니다. 존자시여! '지와 견에 의한 청정'이 완전한 닙빠나냐고 질문하자 사문께서는 '존자시여! 아닙니다.'라고 말씀하셨습니다. 존자시여! 그 밖에 다른 곳의 이러한 법들이 완전한 닙빠나냐고 질문하자 사문께서는 '존자시여! 아닙니다.'라고 말씀하셨습니다. 이와 같이 또 존자께서 말씀하신 의미는 무슨 까닭이라고 보여지는가?[219]

존자시여! 세존께서는 계청정에 의해서 완전한 닙빠나를 설하셨고, 취착이 있는 때에도 완전한 닙빠나를 설하셨습니다. 존자시여! 세존께서는 마음청정(心淸淨)에 의해서 완전한 닙빠나를 설하셨고, 취착이 있는 때에도 완전한 닙빠나를 설하셨습니다. 존자시여! 세존께서는 견청정見淸淨에 의해서 설하셨고, 취착이 있는 때에도 완전한 닙빠나를 설하셨습니다. 존자시여! 세존께서는 의심을 극복함에 의한 청정에 의해서 완전한 닙빠나를 설하셨고, 취착이 있는 때에도 완전한 닙빠나를 설하셨습니다. 존자시여! 세존께서는 도와 도 아님에 대한 지知와 견見에 의한 청정에 의해서 완전한 닙빠나를 설하셨고, 취착이 있는 때에도 완전한 닙빠나를 설하셨습

219 ibid., p.12.

니다. 존자시여! 세존께서는 도 닦음에 대한 지와 견에 의한 청정에 의해서 완전한 닙빠나를 설하셨고, 취착이 있는 때에도 완전한 닙빠나를 설하셨습니다. 존자시여! 세존께서는 지와 견에 의한 청정에 의해서 완전한 닙빠나를 설하셨고, 취착이 있는 때에도 완전한 닙빠나를 설하셨습니다. 존자시여! 만약 그 밖의 다른 곳에 있는 법에 완전한 닙빠나를 존재하게 한다면, 범부가 닙빠나를 얻을 것이고, 범부는 실로 그 밖의 다른 곳에 있는 법에서입니다.[220]

존자시여! 이것에 관해 이제 그대에게 비유를 하나 들겠습니다. 여기 이 비유로 어떤 지혜로운 사람들은 이 말의 뜻을 잘 이해할 것입니다. 존자시여! 예를 들면 사왓띠에 살고 있는 꼬살라 왕 빠세나디에게 사께따에 어떤 긴급한 용무가 있다고 합시다. 이제 그를 위해 사왓띠와 사께다 사이에 일곱 대의 역마차가 준비되어 있습니다. 이제 빠세나디 꼬살라 왕은 사왓띠를 나오면서 내전의 문에 있는 첫 번째 역마차에 올라탑니다. 첫 번째 역마차로 이제 두 번째 역마차가 있는 곳에 도착하여 첫 번째 역마차를 보내고 두 번째 역마차에 올라탑니다.

두 번째 역마차로 이제 세 번째 역마차가 있는 곳에 도착하여 두 번째 역마차를 보내고 세 번째 역마차에 올라탑니다. 세 번째 역마차로 이제 네 번째 역마차가 있는 곳에 도착하여 세 번째 역마차를 보내고 네 번째 역마차에 올라탑니다. 네 번째 역마차로 이제 다섯 번째 역마차가 있는 곳에 도착하여 네 번째 역마차를

220 ibid., p.13.

보내고 다섯 번째 역마차에 올라탑니다. 다섯 번째 역마차로 이제 여섯 번째 역마차가 있는 곳에 도착하여 다섯 번째 역마차를 보내고 여섯 번째 역마차에 올라탑니다. 여섯 번째 역마차로 이제 일곱 번째 역마차가 있는 곳에 도착하여 여섯 번째 역마차를 보내고 일곱 번째 역마차에 올라탑니다.[221]

존자시여! 그와 같이 계청정戒淸淨은 마음청정(心淸淨)을 위한 것입니다. 마음청정은 견청정見淸淨을 위한 것입니다. 견청정은 의심을 극복함에 의한 청정을 위한 것입니다. 의심을 극복함에 의한 청정은 도와 도아님에 대한 지知와 견見에 의한 청정을 위한 것입니다. 도와 도 아님에 대한 지와 견에 의한 청정은 도 닦음에 대한 지와 견에 의한 청정을 위한 것입니다. 도 닦음에 대한 지와 견에 의한 청정은 지와 견에 의한 청정을 위한 것입니다. 지와 견에 의한 청정은 취착이 없는 완전한 열반을 위한 것입니다. 이 취착이 없는 완전한 열반을 위해 세존의 문하에서 청정범행을 닦는 것입니다.[222]

칠청정은 일곱 대의 역마차 비유에서 일곱 대의 역마차를 갈아타면서 목적지에 도달하는 것처럼, 일곱 단계로 분류되는 청정의 수행단계를 차례로 수행하여 닙빠나에 이르게 되는 것을 가리킨다고 이상의 경전은 설명하고 있다. 칠청정을 간단히 정리해 살펴보면, 계의 청정은

221 ibid., p.14.

222 loc.cit.

마음의 청정을 위해서이고, 마음의 청정은 견해의 청정(見淸淨)을 위해서이다. … 도 닦음에 대한 지와 견에 의한 청정은 지와 견에 의한 청정을 위해서이고, 지와 견에 의한 청정은 취착取着이 없는 완전한 닙빠나를 위해서라는 것이다.[223]

칠청정은 차례로 수행을 통하여 얻어지고, 각 단계는 바로 다음 단계를 떠받쳐주고 있는 모습으로 나타난다. 그러므로 각 단계는 차제적 특성을 나타내주고 있다. 뿐만 아니라 차례대로 각 단계가 얻어진다는 의미는 각 단계가 점진적으로 수행이 깊어져서 얻어지는 점교적 특성을 나타내고 있다고 할 것이다.

이러한 칠정정은 『디가 니까야』의 『십상경十上經』에서는 일곱 가지 청정에 두 가지 청정, 즉 '통찰지에 의한 청정'과 '해탈에 의한 청정'을 더해서 아홉 가지 청정으로 나타나기도 한다.[224]

『디가 니까야』와 『맛지마 니까야』 경전에 일곱 가지 청정이나 아홉 가지 청정[225]으로 나타난다는 점은 『청정도론』보다 훨씬 전에 이 수행법이 유행되었던 것으로 추측할 수 있으며, 그러다가 이와 같은 칠청정이 뒤에 『청정도론』에서 채택되었다는 점에 주목할 필요가 있는 것이다.

---

223 대림·각묵 공동번역 및 주해, 『아비담마 길라잡이』(하)(초기불전연구원, 2002), p.776.

224 각묵, 『초기불교 이해』, 앞의 책, p.461.

225 PTS *Dīgha Nikāya* 3; 다음 경전의 내용을 보면 혜청정(paññāvisuddhi)과 해탈청정(vimuttivisuddhi)이 일곱 가지 청정에 부가되어 아홉 가지 청정이 된다.

3. 칠청정의 구조

1) 계·정·혜의 구조

2장에서 살펴보았듯이 출가 비구는 계戒를 받아 지니며 계로서 몸과 마음을 단속하게 되며, 이것을 바탕으로 선정禪定 수행을 하게 된다. 그리고 통찰지에 해당하는 혜慧를 닦게 된다. 그러므로 계가 근본이 되어서 선정과 혜를 차례로 닦게 된다. 이들 세 가지는 삼학三學이라고 불리며, 상보적 관계의 특성을 띤다.

『청정도론』도 마찬가지로 계·정·혜의 구조로 되어 있는데, 첫 번째 계청정戒淸淨은 계에, 두 번째 마음청정(心淸淨)은 정에, 나머지 견청정見淸淨, 의심疑心을 극복함에 의한 청정, 도와 도 아님에 대한 지知와 견見의 청정, 도 닦음에 대한 지와 견의 청정, 지와 견에 의한 청정 등은 혜에 배대하고 있다.

『청정도론』은 전체 23장 가운데 1장과 2장은 계품戒品에 해당되고, 3장부터 13장까지는 정품定品에 해당되며, 14장부터 23장까지는 혜품慧品에 해당된다.[226]

이상 살펴본 『청정도론』의 구조를 다음 〈표 1〉에 의해 간략히 정리함으로써 『청정도론』이 크게 어떻게 분류되고, 일곱 단계로 분류되는 청정의 수행단계별 내용은 어떻게 이루어져 있는지 알 수 있다.

---

226 『청정도론』 1, 앞의 책, p.75.

〈표 1〉

초기불교의 수행체계 분류	『청정도론』의 수행체계	분류	수행내용 (교육목표)
계戒 ↓ 선행학습	계청정戒淸淨	① 계목戒目의 단속團束 ② 감각기능(根)의 단속 ③ 생계生計의 청정 ④ 필수품 등에 관한 네 가지 계戒	네 가지 계戒를 청정하게 잘 지켜 몸과 마음을 방호防護하는 것
정定 ↓ 선행학습	심청정心淸淨	① 명상주제의 습득 ② 땅의 까시나수행 ③ 물(水) 등 나머지 아홉 가지 까시나 수행 ④ 부정관不淨觀 ⑤ 육수념六隨念 ⑥ 계속해서 생각함의 명상주제 ⑦ 네 가지 거룩한 마음가짐(4범주四梵住) ⑧ 무색無色의 경지, 삼매三昧 ⑨ 신통변화 ⑩ 초월지超越智	다섯 가지 장애의 극복으로 근접삼매近接三昧의 수행을 거쳐 본삼매本三昧, 초선, 2선, 3선, 4선에 도달하는 것
혜慧	견청정見淸淨	통찰지洞察智의 토양: ① 온蘊, ② 처處, ③ 계界, ④ 근根, ⑤ 제諦, ⑥ 연(緣起), 정신·물질을 파악함(사대四大, 십팔계十八界, 십이처十二處, 오온五蘊)	통찰지로 정신·물질을 있는 그대로 보는 것.

	의심疑心을 극복함에 의한 청정	①정신과 물질에 대한 조건의 파악. ②통달지通達智, 통찰지洞察智	정신·물질에 대한 조건을 파악함으로써 삼세에 대한 16가지 의심을 극복해 확립된 지혜
	도道와 도 아님에 대한 지知와 견見에 의한 청정	통달지, 통찰지, 깔라파 명상. 도道가 아니라 장애인 것: ①광명, ②희열, ③경안輕安, ④결의, ⑤분발, ⑥행복, ⑦지혜, ⑧확립, ⑨평온, ⑩욕구 등 열 가지 위빠사나(vipassanā)의 경계	광명 등 열 가지 위빠사나의 경계는 도道가 아니기 때문에 이들을 무상無常·고苦·무아無我로 통찰하는 상태가 도이다.
	도道 닦음에 대한 지知와 견見에 의한 청정	①생멸의 지혜, ②무너짐의 지혜, ③공포의 지혜, ④위험의 지혜, ⑤역겨움의 지혜, ⑥해탈하기를 원하는 지혜, ⑦깊이 숙고하는 지혜, ⑧상카라(行)에 대한 평온의 지혜, ⑨수순하는 지혜 등 아홉 가지 지혜	생멸의 지혜 등 아홉 가지 지혜
목적	지知와 견見에 의한 청정	예류도預流道, 일래도一來道, 불환도不還道, 아라한도阿羅漢道 등 네 가지 출세간도出世間道	지금까지의 위빠사나(vipassanā) 수행이 도道와 과果로 완성되는 경지

		유여열반有餘涅槃, 무여열반無餘涅槃(滅盡定)	열반

2) 차제적 수행체계

(1) 사마타, 위빠사나 순順의 수행차제

『맛지마 니까야』「법 상속자 경(*Dhammadāyāda sutta*)」의 주석에서는 사마타와 위빠사나의 수행의 선후관계를 다음과 같이 설명하고 있다.

> 성스러운 도를 닦는 방법의 의미는 다음과 같다. 어떤 이는 사마타가 선행하는 위빠사나를 닦는다. 어떤 이는 위빠사나가 선행하는 사마타를 닦는다. 어떻게 닦는가? 이 불교교법에서 어떤 이는 근접삼매나 본삼매를 위빠사나 수행을 하기 전에 우선 생겨나게 한다. 이것, 즉 근접삼매, 본삼매가 사마타이다. 사마타를 먼저 닦는 그는 그 삼매를, 또한 그 삼매와 결합된 마음, 마음부수라는 법들을 무상 등으로 관찰한다. 관찰하는 통찰지, 이것이 위빠사나이다. 이렇게 처음에는 사마타, 다음에는 위빠사나가 생긴다. 그래서 그 사마타 행자를 '사마타가 선행하는 위빠사나를 닦는다.'라고 부른다. 사마타가 선행하는 위빠사나를 닦는 그 사마타 행자에게 성스러운 도가 생겨난다.[227]

사마타와 위빠사나의 수행의 선후관계에 대해 『무애해도』는 다음과 같이 설명하고 있다.

---

227 『위빠사나 수행방법론』 1, 앞의 책, pp.163~164. (MN i.112) 재인용.

떠남(出離)의 힘에 의한 마음의 하나됨과 산란하지 않음은 삼매이다. 거기에서 생겨난 제법諸法에 대해 무상無常으로 따라가며 본다는 의미에서 위빠사나이고, 고통으로 따라가며 본다는 의미에서 위빠사나이며, 무아無我로 따라가며 본다는 의미에서 위빠사나이다. 이와 같이 사마타가 처음이고 위빠사나가 나중이다.[228]

이상 인용은 사마타를 먼저 닦은 후 위빠사나를 닦아야 한다는 것을 나타내고 있다. 『*Pm*』에서는 사마타가 운송수단이 되어 이후 위빠사나 수행을 거쳐 도道와 과果, 열반涅槃으로 향해 나아간다고 다음과 같이 설명하고 있다.

바로 그 사마타가 운송수단이기 때문에 사마타라는 운송수단이라고 한다. 그에게 그것, 즉 사마타라는 운송수단이 있다. 그래서 그를 사마타를 타고 사는 사람(사마타 행자)라고 부른다.[229]

사마다를 닦는 비구는 사마타를 먼저 수행한 후 위빠사나의 수행 시 정신·물질의 두 가지를 통찰지로 무상·고·무아라고 관찰하고, 그 후에 계속해서 멸진정滅盡定에 이르기까지의 수행과정을 차례대로 밟아나가는 것이다.

---

228 임승택, 「위빠사나(*vipassanā*) 수행관 연구 - 빠띠삼비다막가의 들숨·날숨에 관한 논의를 중심으로 -」(경서원, 2004), p.144에서 재인용. Ps. Vol.2. p.93.

229 『위빠사나 수행방법론』 1, 앞의 책, p.158. (*Pm.* ii.350, 351) 재인용.

(2) 수행과정의 차제성(縱的 特性)

비구가 사마타를 닦은 후 위빠사나를 닦는 경우는 마음이 하나로 집중되어 흐트러지지 않은 상태에서 행해질 수 있는 위빠사나의 수행을 하는 것이므로 차제적인 특성을 띠게 된다. 여기서 차제성이란 수행과정이 차례대로 단계를 밟아 종적縱的으로 이루어지는 것으로 단계를 건너뛰어 수행이 이루어지는 상태를 말하는 것이 아니다. 이때 스승 비구의 교육방법과 제자 비구의 수행과정은 차제적인 특성을 띠게 되는데, 그것은 뒤에서도 논의되고 있지만, 기질에 맞는 명상주제의 습득부터 까시나 수행, 초선부터 4선에 이르기까지의 수행, 그리고 통찰지에 의해 전개되는 위빠사나 수행에 이르기까지 하나하나 차례대로 계단을 밟아 올라가듯이 가르치고 배우는 형태로 이루어지는 것을 가리킨다.

보다 정확하게 말하면, 초기불교나 아비담마 불교의 수행에 대한 교육방법은 제3장에서도 논했듯이, 붓다가 자신의 법과 율은 단번에 이루어진 것이 아니라고 말씀하신 배경에서 비롯하기 때문에, 이와 같은 원칙에 따라 기본적으로는 수행뿐만 아니라 교육 또한 차례에 따른 형태로 이루어질 수밖에 없었던 것이다.

3) 비차제적非次第的 수행체계

(1) 위빠사나, 사마타 순順의 비차제적 수행체계

위빠사나를 닦은 후 사마타를 닦는 경우를 『맛지마 니까야』 「법 상속자경」의 주석에서는 다음과 같이 설명한다.

그리고 위빠사나 선행수행先行修行이란 이 불교교법에서 어떤 이는 사마타가 선행하는 방법에서 이미 말했던 근접삼매, 본삼매로 나누어지는 두 가지 종류의 사마타를 전혀 생겨나게 하지 않고서 다섯 취착의 무더기(오취온五取蘊)를 무상無常 등으로 관찰한다. 이것이, 즉 관찰하는 이 통찰지가 위빠사나이다. 그렇게 관찰하는 이에게 위빠사나의 지혜가 예리해지고 구족하게 되면 그 위빠사나의 관찰을 하는 마음이 생겨날 때 같이 생겨난 마음, 마음부수 등의 법들이 외부대상들을 보내버리기 때문에, 즉 내부대상인 위빠사나의 대상만으로 뛰어들기 때문에 '마음이 한 가지 대상만을 취함'이라고 부르는 집중, 고요함, 마음의 하나됨이 생겨난다. 위빠사나의 마음집중, 이것이 사마타이다. 이렇게 처음에는 위빠사나, 다음에는 사마타가 생긴다. 그래서 그 위빠사나 행자를 '위빠사나가 선행하는 사마타를 닦는다.'라고 부른다.[230]

이상 『맛지마 니까야』 「법 상속자 경」의 주석에 나타나듯이, 비구의 수행은 사마타, 위빠사나의 순서로 전개되기도 하지만, 위빠사나, 사마타의 순서로 전개되기도 한다.

『청정도론』은 계·정·혜로 이어지는 구조로만 볼 때는 사마타, 위빠사나 순서의 수행만을 논하고 있는 듯 보인다.

그러나 『청정도론』은 계청정의 서두에서 『상윳따 니까야』의 다음과 같은 게송을 인용하고 있는데, 이것을 보더라도 『청정도론』이 사마타, 위빠사나의 순서로만 되어 있는 것이 아님을 알 수 있다.

---

230 『위빠사나 수행방법론』 1, 위의 책, p.166.

통찰지를 갖춘 사람은 계에 굳건히 머물러서 마음과 통찰지를 닦는다. 근면하고 슬기로운 비구는 이 엉킴을 푼다.[231]

비구가 통찰지를 갖추었기 때문에 계에 굳건히 머무를 수 있고, 마음청정(定)과 통찰지(慧)를 닦을 수 있으며, 이러한 비구는 근면하고 성실하므로 번뇌의 엉킴을 풀어버린다고 말하는 것이다.

이 게송은 통찰지, 즉 위빠사나 수행에서 중요하게 여기는 지혜를 강조하고 있다는 점에서 『청정도론』이 통찰지를 갖출 정도로 수행의 수준이 갖추어진 비구를 대상으로 한 주석서임을 암시하고 있다.

그렇다면 이러한 비구는 위빠사나 수행의 단계 가운데 어느 단계에 속하고 있는지 궁금하다고 하겠다.

마하시 사야도는 위빠사나를 선행하고 사마타를 닦는 경우와 관련하여, 높은 단계의 위빠사나와 삼매, 중간 단계의 위빠사나와 삼매, 낮은 단계의 위빠사나와 삼매의 세 가지로 구분하면서 다음과 같이 설명하고 있는데,[232] 이것을 참고할 필요가 있다.

높은 단계의 위빠사나의 지혜는 무너짐의 지혜를 시작으로 위빠사나가 높은 수준으로 구족되는 단계이다. 이때부터 높은 단계의 찰나삼매가 생겨나게 된다. 중간 단계의 위빠사나는 생멸의 지혜를 시작으로 위빠사나가 중간 수준으로 구족되는 단계이다. 이때를 시작으로 중간 단계의 찰나삼매가 생겨난다. 『청정도론』에서 본격적으로 위빠사나

---

231 PTS *Saṁyutta Nikāya*, i, 13; 165; "Sīle patiṭṭhāya naro sapañño cittaṃ paññañca bhāvayaṃ, Ātāpi nipako bhikkhu so imaṃ vijaṭaye jaṭanti."

232 ibid., pp.169~170.

를 시작하는 단계가 이것에 해당한다.

낮은 단계의 위빠사나는 정신·물질을 구별하는 지혜를 시작으로 구족되는 단계이다. 이때를 시작으로 낮은 단계의 찰나삼매가 생겨난다. 이 삼매에 의해 여러 가지로 생각하게 되는 장애들이 관찰하는 중간에 끼어들지 못한다. 그러므로 관찰하는 마음이 장애들로부터 벗어나 깨끗하게 된다.

마하시 사야도는 높은 단계, 중간 단계, 낮은 단계의 세 가지로 위빠사나의 지혜를 구분하고 있는데, 앞의 게송에서 말하는 통찰지를 갖춘 비구는 낮은 단계의 위빠사나 수행에 속한다고 할 수 있다.

『무애해도』도 비록 세 가지 사마타와 위빠사나 수행방법이 있지만, 이 가운데 한 가지 수행차제에 따라 수행해야 한다고 설명하고 있지 않다.

> 친애하는 이들이여, 이 (가르침) 안에, 한 비구가 있어 사마타를 선행한 후 위빠사나를 닦는다. 그와 같이 사마타를 선행한 후 위빠사나를 닦을 때 '나아감(道)'이 발현한다. 그는 그러한 '나아감'을 익히고 닦고 행한다. 그와 같이 그러한 나아감을 익히고 닦고 행할 때 여러 얽매임(結縛)을 버리게 된다. 여러 잠재성향(隨眠)이 소멸된다. 친애하는 이들이여, 다시 다른 비구가 있어, 위빠사나를 선행한 후 사마타를 닦는다. 그와 같이 위빠사나를 선행한 후 사마타를 닦을 때 길이 생긴다. 그는 그 길을 익히고 닦고 많이 행할 때 여러 얽매임을 버리게 된다. 여러 잠재성향이 소멸된다. 친애하는 이들이여, 다시 다른 비구가 있어 사마타와 위빠사나를 함께

닦는다. 그와 같이 사마타와 위빠사나를 함께 닦을 때 길이 생긴다. 그는 그 길을 익히고 닦고 많이 행한다. 그와 같이 그 길을 익히고 닦고 많이 행할 때, 여러 얽매임을 버리게 된다. 여러 잠재성향이 소멸된다.[233]

이상 『무애해도』의 인용문은 『앙굿따라 니까야』에서 설하는 아라한에 이르는 길을 인용하면서, 사마타를 선행한 후 위빠사나를 닦는 경우, 위빠사나를 선행한 후 사마타를 닦는 경우, 사마타와 위빠사나를 함께 닦는 경우의 세 가지로 설명하고 있다.

임승택은 이 세 가지 경우 차례에 따른 고정된 위계가 존재하지 않으며,[234] 또한 사마타와 위빠사나의 수행법은 서로 회통하고 있음을 나타내고 있다[235]고 주장하고 있다.

이상의 논의에서 볼 때 『청정도론』은 계·정·혜의 차례대로 수행을 전개하다가 필요한 경우에 차례를 무너뜨리기도 하고, 사마타와 위빠사나의 수행을 서로 회통하는 모습으로 나타나고 있다고 하겠다.

(2) 수행과정의 비차제성(橫的 特性)

비구가 사마타를 먼저 닦은 후 위빠사나를 닦는 순서로 수행하지 않는 경우는, 이미 살펴보았듯이 위빠사나를 먼저 닦은 후 사마타를

---

233 임승택, 앞의 책, pp.142~143에서 재인용. Ps. Vol.2. pp.92~93. 『앙굿따라 니까야』(雙經)(AN4:170/ii.157)

234 임승택, 위의 책, p.144.

235 위의 책, p.147.

닦는 경우와 위빠사나와 사마타를 동시에 닦는 경우 등을 가리킨다.

임승택은 이와 같은 수행의 차례에 따른 고정된 위계가 존재하지 않으며, 사마타와 위빠사나 수행법이 서로 회통한다고 밝히고 있는데, 그의 주장은 수행의 근기를 고려한 것이라고 할 수 있다.

그런데 서론에서 간략히 살펴보았듯이 『청정도론』에서 삼명三明을 계戒에,[236] 육지증통六智證通을 정定에[237] 포함시키고 있는 것을 볼 때, 『청정도론』이 과연 붓다 정통의 법을 이어 받았다는 것이 맞는가 할 정도로 의문이 든다. 삼명과 육지증통은 대개 삼명육통三明六通이라고 해서 같이 묶어서 말하고, 이 둘은 혜慧에 속하는데 이처럼 삼명은 계戒에, 육지증통은 정定에 배대했다는 점이 이해하기 힘들기 때문이다. 그러므로 이러한 점을 보더라도 수행과정이 부분적으로 비차제적으로 이루어졌다고 할 수 있다.

수행과정의 비차제적인 전개를 앞서 예로 든 『무애해도』처럼 『청정도론』에서 나타나고 있다는 점은 이러한 수행과정의 특성에 따라 교육방법도 다양하게 이루어지게 되었다는 것을 보여주고 있는 것이라고 하겠다.

앞서 3장 초기불교의 점교적 교육체계 가운데 '붓다의 교육원리'에서도 근기에 따라 다양한 부처님의 교육방법을 살펴보았듯이, 『청정도

---

236 『청정도론』 1, 앞의 책, p.129. "계는 세 가지 靈智(三明)의 강하게 의지하는 조건을 나타낸다. 계의 증득에 의지하여 세 가지 영지를 성취하기 때문이다. 다른 이유를 통해서 얻는 것은 아니다."라고 언급하고 있다.

237 붓다고사스님 지음·대림스님 옮김, 『청정도론』 3(초기불전연구원, 2009), pp.283~284. "삼매수행은 초월지(abhiññā)의 이익을 가져온다."

론』에서도 이상과 같이 비차제적으로 교육이 이루어지고 수행이 이루어지는 경우도 있었을 것이라고 추측이 가능하다고 하겠다.

4. 『청정도론』 수행체계에 대한 교육적 이해

1) 불교(불교학)와 교육(교육학)의 인간에 대한 상이相異한 이해

출가 비구라면 초선의 사마타 수행을 시작하기 위해서 다섯 가지 장애인 5개五蓋, 즉 감각적 욕망을 철저한 지계행持戒行을 통해 버려야 하며, 초선 이후 2선, 3선, 4선에 이르기까지는 욕계심欲界心, 색계심色界心, 무색계심無色界心에서 벗어나게 되고, 그리고 위빠사나 수행 시에는 상카라로 나타나는 갈애를 마지막으로 버릴 때 종국의 목적인 닙빠나에 이르게 된다. 이러한 점을 보더라도 불교에서 바라는 인간은 모든 번뇌와 집착, 그리고 갈애가 완전히 소멸한 상태에서 닙빠나에 도달한 상태의 인간을 가리킨다고 할 수 있다.

반면에 학교교육에서는 불교에서 추구하는 인간의 모습과는 달리 교사가 학생에게 교과를 가르치고, 학생은 교사로부터 배운 교과내용을 학습함으로써 지식을 함양하고, 사회가 필요로 하는 인간이 되는 것에 중점을 두고 있다.

그러므로 불교에서 바라는 인간상은 교육에서 추구하는 지식의 함양에 의해 도달하는 바람직한 인간의 모습과는 완전히 거리가 멀다고 하겠다.

불교는 학교에서처럼 스승과 제자 사이와 같이 교과내용을 가르치고 배우는 것이 아니라 붓다의 가르침을 듣고 가르침에 따라 마음을 닦음으로써 모든 갈애가 소진消盡하여 닙빠나에 이르는 인간이 된다는 점(無上正等正覺을 이룬 인간으로 형성됨)에서 크게 다르다고 하겠다. 그것은 기본적으로 불교는 세속적인 교육이 아니라 출세간적인 성향을 띤 종교이므로 그럴 수밖에 없으며, 본질적으로는 인간에 대한 이해와 무엇을, 왜 가르칠 것인가에 대한 이해 등이 교육에서 말하는 모습과는 다르게 나타나고, 이로써 존재론과 인식론에 대한 견해도 전혀 다른 모습으로 나타날 수밖에 없기 때문이다.

불교에서의 존재에 대한 이해는 오온과 사대, 십팔계에 대한 이해와 맞물려 있다. 오온과 사대, 십팔계는 무상·고·무아라고 불교에서는 보고 있는데, 이것은 인간이란 영원하지 않으며, 괴로운 존재이고, 나라고 내세울 만한 것이 없는 존재라고 이해하는 것을 의미한다. 그러나 이러한 이해에서 그치지 않고 나아가 인간이란 왜 영원하지 않으며, 괴롭고, 나라고 내세울 만한 항상성이 없는가에 관한 원인을 지혜(통찰지)로 관찰하여 그것의 원인이 무명에서 비롯된 집착에서 비롯되었다는 사실을 알게 되었을 때 비구는 이러한 고통에서 벗어나 닙빠나에 이르게 된다.

그런데 인간을 존재론적으로 이해할 때 무상·고·무아라고 하는 것은 무엇을 어떤 방식으로 가르쳐 어떤 인간을 형성시킬 것인가라고 하는 인식론의 문세와 결부되어 있다.

왜 그럴까? 인간형성의 문제는 '인식론'과 무관하지 않고 밀접한 관련을 가지고 있기 때문이다. 생각은 행동으로 나타나고, 이와 같은 행동은 인간형성으로 작용하기 때문이다.

비구가 인간을 '존재론적으로 무상·고·무아이다.'라고 이해할 수 있다면 『청정도론』의 그 다음 수행체계에 관한 교육과 수행이 이루어질 수 있다. 그러나 인간이 무상·고·무아라고 이해되지 않는다면 그 다음 단계로 더 이상 진행할 수 없다고 할 수 있다. 그러므로 인간에 대한 존재론적 이해는 불교교육의 인간형성을 위한 인식론적 문제와 밀접한 관련이 있으며, 이로써 중요한 의미가 있다고 하겠다.

2) 수행과 교학의 특성에 대한 이해

『청정도론』은 교학과 수행의 두 가지 측면으로 나누어 그 구조를 살펴보고 이해해야만 『청정도론』의 교육적 관계를 논할 수 있다.

『청정도론』은 근본적으로 수행이 중심이 된다. 이와 같은 수행중심의 특성은 붓다로부터 비롯된다. 비록 붓다의 가르침이 이론적인 측면에서 볼 때 형이상학적이고 인식론적인 특성이 충분히 있을지라도, 이론적 특성은 수행의 목적을 위한 종속적인 것에 불과하다고 하겠다. 왜냐하면 붓다는 처음부터 끝까지 인생과 윤회의 고苦를 극복하는 것을 목적으로 하는 수행을 가르쳤다고[238] 할 수 있기 때문이다. 그러므로 『청정도론』도 수행을 중심으로 하는 붓다의 전통에서 벗어날 수 없었으며, 이에 일곱 단계로 되어 있는 수행에 대해 경험이 있는 스승과 이것에 대한 경험이 없는 제자 사이에 수행이 전개되었던 것이다. 그러므로 『청정도론』은 수행중심이 될 수밖에 없으며, 자연스럽게 수행의 체험이 중요한 몫을 차지한다고 할 수 있다.

『청정도론』은 명상수행을 시작하기에 앞서 19가지 계를 출가 수행

---

238 Christopher W. Gowans, *Philosophy of the Buddha* (London and New York: Routledge, 2003), p.59.

비구가 반드시 지켜야 함을 강조한다. 그런 다음에 출가 비구가 사마타 명상수행을 할 것을 설명하고 있다. 그런데 명상수행을 위해 사람의 여섯 가지의 기질을 설명하면서 비구는 스승 비구에게 점검을 받고 그 기질에 따라 기질에 맞는 명상주제를 선택하라고 설명하고 있다. 이것은 그만큼 수행에 있어서 스승의 역할이 매우 크다는 사실을 말해주는 것이라고 할 수 있다.

제자 비구는 스승의 체험에 따른 교육을 받고 수행을 하게 되므로 체험중심의 교육이라고 할 수 있으며, 이러한 특성은 일반적으로 지식중심의 교육과 다르다.

수행에 따른 체험중심이라는 것은 학교교육처럼 교과의 내용을 교사로부터 배우고 그것을 암기하고 이해하는 방식이 아니라, 스승 비구로부터 명상수행을 위한 가르침을 받되 배운 내용을 실제 수행과정을 통해 체험하는 과정이라는 것이다. 그러므로 불교에서 교육을 논할 때 이러한 수행과 그것에 의한 체험 등의 특성을 이해하지 않고서는 『청정도론』의 교육적 관계를 이해하기도 논하기도 힘들 것이다.

그리고 수행과 교학은 불가분리의 관계에 있다고 말할 수 있다. 붓다의 가르침인 교학에 대한 이해가 없이는 수행하기가 곤란하기 때문이다.[239]

239 그런데 대체적으로 수행과 교학은 서로 다르다고 생각한다. 수행은 실천수행을 의미하고, 교학은 문자로 표현된 가르침이므로 보통 수행과 교학은 다르다고 생각하는 것이다. 그러나 수행과 교학 둘 사이는 서로 다를 수가 없다. 왜냐하면 데리다 식으로 표현하면 수행은 '기표'이고, 교학은 '기의'가 되기 때문이다('기표'와 '기의'의 개념에 대해서는 김보현, 『데리다입문』(문예출판사, 2013). pp.119~

비구가 수행을 위해 배워야 하는 교학의 경우는 초기불교에서 강조하는 오온과 사대, 십팔계라고 하는, 이른바 존재의 본질이 무상·고·무아라고 하는 사실을 가리킨다. 이들은 『청정도론』에서도 그대로 강조하고 있는데, 이러한 교학적 특성은 단적으로 말하면, 자아(the self)에 대한 부정을 나타낸다.

자아의 개념은 서양철학에서 떼려야 뗄 수 없고 부정하래야 부정할 수 없는 매우 중요한 개념이다. 그런데 붓다는 근본적으로 자아를 부정하고 거절하고 있다는 점에서 서양철학과 동떨어진 정반대의 견해라고 하겠다.

자아에 대한 부정을 한 서양 철학자들이 일부 있다고[240]는 하나, 대부분의 서양 철학자들은 자아를 부정하지 않았다. 그러므로 자아를

---

158. 3장. 데리다의 '차연' 참조 바람). 이것은 무슨 의미일까? '기의'인 교학은 수행에 의해 드러나므로 수행은 '기표'가 되는 것이다. 서로 차이가 있고 다르게 보이지만 실제로는 차이가 없는 관계이다. 즉 '차연'의 관계이다. 그러므로 수행이 교학과 다른 것 같지만 실제로는 수행이 교학이고, 교학이 수행인 관계, 즉 수행과 교학은 '차연'의 관계가 되는 것이다.

240 ibid., pp.50~51. 자아에 대한 부정을 한 서양 철학자들로는 스피노자(Benedict Spinoza), 칸트(Immanuel Kant), 쇼펜하우어(Arthur Schopenhauer), 니체(Friedrich Nietzsche), 윌리엄 제임스(William James), 사르트르(Jean-Paul Sartre), 포컬트(Michel Foucault)와 과정철학자인 헤라클레이토스(Heraclitus), 화이트헤드(Alfred North Whitehead) 등이 있다. 자아에 대해 부정한 철학자들이 이와 같이 있다고 저자는 논하고 있기는 하지만, 필자가 보기에 이들 각자가 자아에 대해 부정하는 개념은 불교의 자아에 대한 부정, 엄밀히 말해서 무아無我의 개념과 하나도 동일한 측면이 존재하지 않는다고 하겠다. 비슷하다고 여겨진다고 이들을 동일하게 봐서는 절대로 안 될 것이기 때문이다.

부정하는, 즉 무아의 입장을 견지하는 『청정도론』의 교학체계의 특성(오온, 사대, 십팔계의 존재의 본질이 무상·고·무아라고 말하는 특성)에 대한 이해가 전제되어야 『청정도론』의 교육적 문제를 다루는 것이 가능하다. '자아'란 어떻게 이해해야 할까? 결론부터 말하면 자아란 불교에서 언어적인 표현에 불과하다. 이에 대해 장부경전에서는 다음과 같이 설하고 있다.

> 찟타여, 예를 들면 소에게서 우유가, 우유에서 요구르트가, 요구르트에서 생버터가, 생버터에서 버터가, 버터에서 크림(제호)이 생겨난다. 우유가 있을 때, 그것을 요구르트라거나 생버터라거나, 버터라거나, 크림(제호)이라고 부를 수 없다. 바로 이와 같이 과거의 나의 자아가 있었을 때, 미래와 현재의 나의 자아는 실재하지 않는 것이며, 현재의 나의 자아가 있을 때, 과거와 미래의 나의 자아는 실재하지 않는 것이며, 미래의 나의 자아가 있을 때, 과거와 현재의 나의 자아는 실재하지 않는 것이다. 과거의 자아, 현재의 자아, 미래의 지아라고 하는 이러한 표현들은 모두 세간의 호칭(*loka-samaññā*)이며, 세간의 언어(*loka-niruttiyo*)이며, 세간의 관용어(*loka-vohārā*)이며, 세간의 개념(*loka-paññatiyo*)이다 여래는 (애욕과 사견에) 집착하지 않고 이러한 용어들을 사용한다.[241]

자아란 내세울 자리가 없는 것이다. 즉 언어적 표현에 불과한 것이다.

---

241 냐나탈로카 엮음, 『붓다의 말씀』, 김재성 옮김(고요한 소리, 2007), pp.106~107. 『長部』 9 『포타파타經』 DN I 201. 재인용함.

자아에 관해 이와 같이 이해할 때 『청정도론』의 교육적 문제를 다루는 것이 가능하게 되는 것이다.

그리고 『청정도론』에서 논하고 있는 초기불교와 아비담마의 교학에 관한 폭넓은 이해 또한 반드시 필요하다고 할 수 있다.

이해를 돕기 위해 다시 말하면, 『청정도론』의 수행과 교학이 지니는 특성은 『청정도론』의 교육적 이해를 위한 이론적 기초라고 할 수 있다. 해석학에서 전령사가 전하는 신의 메시지를 해석의 개념으로 보고 있듯이, 『청정도론』에 나타나 있는 수행과 교학의 특성의 메시지가 무엇인가에 대한 올바른 이해가 전제되어야만 『청정도론』의 교육방법이나 교육체계를 제대로 파악하는 것이 가능하기 때문이다.

이러한 측면에 대한 이해가 될 때 앞으로 전개되는 사마타와 위빠사나의 양대 수행을 중심으로 전개되는 『청정도론』의 핵심적인 수행체계의 교육적 이해가 가능할 것이다.

5. 칠청정七淸淨

지금부터 논하는 첫 번째 계청정부터 일곱 번째 지와 견에 의한 청정에 이르기까지의 일곱 단계의 수행체계는 우리가 평소에 듣던 익숙한 말들이 아닐뿐더러, 더욱이 수행체계에서 교육원리를 발견하려는 시도는 우리에게 낯설게 여겨질 수 있다. 그러나 비록 불교가 종교이지만 인간이 중심이고 여기에서 벗어나서 생각할 수 없기 때문에 '인간학'이라고 할 수 있고, 나아가 앞의 3장에서도 논했듯이 가르치는 교사와 배우는 학생, 그리고 교육내용 등 교육의 세 가지 요소가 포함되어 있는 교육이론이 될 수 있다. 또한 불교는 교육목적과 교육목표, 그리고 교육계획과 교육평가 등을 논하는 교육과정 이론이 될 수 있다. 그것도 '인간과 세계의 관계성(man/world relationship)을 논하는 보다 넓은 프레임의 교육과정 이론이 될 수 있다. 이것은 당연한 것이라고 말할 수 있는데, 그것은 『청정도론』의 수행체계뿐만 아니라 불교 수행 전반에 걸쳐 불교적 교사인 스승 비구와 불교적 학생인 제자 비구는 서로 인간의 문제를 논하고 사유하면서 그 해결방법을 논하는 것과 함께 상호간에 '나'와 세계와의 관계를 논하는 것이 가능하기 때문이다. 이것은 앞으로 전개되는 각 수행단계별 내용을 살펴보면 알 수 있다.

1) 계청정(戒清淨: sīlavisuddhi)

우리는 '계戒'에 대해 '율장律藏'을 통해서 익히 알고 있다. 보통 우리는 계를 계율戒律이라고 지칭하고 있으나 여기에서는 '계'로 지칭하며 내용을 전개하고자 한다.

초기불교에서 설하고 있는 '계'는 『청정도론』에 이르면, 그 내용이 서로 비록 같지는 않지만 비슷하게 나타나고 있다. 『맛지마 니까야』에서 "계율을 지니고 파티목카(pātimokkha) 계본으로 보호하며 다닐 만한 경계에서만 다니며, 조그만 허물에도 두려워하고, 여러 가지 학처(sikkhāpada)를 받아 지니며, 여러 감관(indriya)의 문을 잘 지켜야 한다."[242]라고 설하고 있는데, 『청정도론』에서도 '단속이 계이다.'라고 설명하고 있기 때문이다.

---

242 각주 244) 참조.

이러한 점을 보더라도 『청정도론』에서 설명하는 '계'는 초기불교 경전에서 설하고 있는 '계'에 관한 견해를 그대로 잇고 있다고 할 수 있다.

『청정도론』은 집필동기를 밝히는 인유분(nidānādikathā: 因由分)에서 『상응부 경전』의 다음과 같은 말씀을 인용하며 '계'를 설명하고 있다. 세존께서 사왓띠 성에 머물고 계실 때, 어떤 천신이 세존을 뵈러 와서 다음과 같은 질문을 한다.

"안의 엉킴이 있고, 밖의 엉킴도 있습니다. 사람들은 엉킴으로 뒤얽혀 있습니다. 고따마시여, 당신께 그것을 여쭈오니 누가 이 엉킴을 풀 수 있습니까?"[243]

이와 같이 천신으로부터 질문을 받았을 때, 세존께서는 다음과 같은 게송을 읊으셨다.

"계에 굳건히 머물러서 통찰지를 갖춘 사람은 마음과 통찰지를 닦는다. 근면하고 슬기로운 비구는 이 엉킴을 푼다."[244]

---

243 붓다고사스님 지음·대림스님 옮김, 『청정도론』 1, 앞의 책, p.122. 재인용함.; C. A. F. Rhys Davids, *The Visuddhi-Magga of BuddhaGhosa*, The Pali Text Society, London, 1975. p.1.

244 붓다고사스님 지음·대림스님 옮김, 『청정도론』 1, 위의 책, p.123. 재인용함. PTS *Saṁyutta Nikāya*, i, 13; 165; "Sīle patiṭṭhāya naro sapañño cittaṃ paññañca bhāvayaṃ, Ātāpi nipako bhikkhu so imaṃ vijaṭaye jaṭanti." 냐나몰리 스님은 자신의 주저인 『청정도론』의 영역(英譯書) Bhadantācariya Buddhaghosa, *The Path of Purification*; *VisuddhiMagga*, Translated by Bhikkhu Ñānamolli(1956),

『청정도론』의 저자인 붓다고사는 엉킴(jaṭā)이란 갈애(taṇhā)의 그물(jāla)과 그 의미가 같다고 설명한다.

이것의 구체적인 의미는 형상들(rūpā)의 대상들(ārammaṇesu)에서 아래(heṭṭhā) 위(upari)로 계속해서(punappunaṃ) 일어나기 때문에 서로 꼬여있고, 그래서 엉킴(jaṭā)이 된다는 것이다. 그것은 마치 대나무 덤불 등에서 가지들이 그물처럼 얽혀 있는 것을 엉킴(jaṭā)이라고 부르는 것과 같다고 설명한다.[245]

그는 또한 출가자 자신의 필수품(parikkhāra: 資具)과 다른 사람의 필수품에 대해서, 자신과 다른 사람에 대해서, 안의 감각장소와 밖의 감각장소에 대해서 일어나기 때문에 안의 엉킴(antojaṭā)과 밖의 엉킴(bahijaṭā)이 있게 된다고 설명한다. 또한 이와 같은 원인에 의해서 일어나기 때문에 사람들이 엉킴(jaṭā)으로 뒤얽혀 있다고 하면서, 그것은 대나무 덤불들이 대나무 가지들로 뒤얽혀 있듯이 중생들의 무리로 불리는 모든 유정들은 갈애의 그물로 뒤얽혀 있기 때문이라는 것이다. 갈애의 그물에 의해 한 곳에 얽혀있고, 서로 꼬여 있다는 의미가 된다.[246]

붓다고사는 천신의 질문에 대한 세존의 대답에 관한 주석에서, 출가 수행자가 매우 얻기(되기) 어려운 교단에 출가를 하여 비록 청정

Singapore Buddhist Meditation Center, p.1에서 마음(citta)을 'Consciousness'로, 통찰지(pañña)를 'Understaning'으로 번역하고 있는데, 이것은 빨리어에서 말하는 마음과 통찰지의 개념에 대한 잘못된 번역이라고 할 수 있다.

245 붓다고사스님 지음·대림스님 옮김, 『청정도론』 1, 위의 책, p.122.; C. A. F. Rhys Davids, *The Visuddhi-Magga of BuddhaGhosa*, op.cit., p.1. 참조.

246 같은 책.; loc.cit.,

(visuddhi)를 원하고 노력하지만, '계' 등을 포함한 안전하고 바른 청정에 이르는 도(magga)를 있는 그대로 알지 못하여 청정을 얻지 못한다고 설명한다.[247]

그러기 때문에 붓다고사는 이 청정에 이르는 도를 있는 그대로 알지 못하고 청정을 얻지 못한 사람들에게 기쁨을 주고, 매우 청정한 해석이며 대사(Mahāvihāra: 스리랑카 상좌부 불교의 근본도량)에 머물던 분들의 가르침의 방식에 의지해 『청정도론』을 설하게 되었다고 설명한다.[248]

붓다고사는 『청정도론』을 집필하게 된 동기가 안과 밖으로 대상들로 인해 엉켜 있는 중생들을 위해서라도 설명하고 있는 것이다. 그러면서 그는 『청정도론』을 계부터 시작하며 다음과 같이 설명하고 있다.

> 계戒란 무엇인가? 살생 등을 절제하는 자나 소임을 충실하게 실천하는 자의 의도(cetanā) 등의 법들이 계[249]이다. 『무애해도』에서 이와 같이 설하고 있기 때문이다. "계란 무엇인가? 의도(cetanā)가 계이다, 마음부수(cetasika)가 계이다, 단속(saṁvāra)이 계이다, 범하지

---

247 붓다고사스님 지음·대림스님 옮김, 『청정도론』 1, 위의 책, p.124.

248 같은 책.

249 대림스님은 그가 번역한 『청정도론』에서 '소임을 충실하게 실천하는 자의 의도(cetanā) 등의 법들이 계다.'라고 번역하고 있다. 붓다고사스님 지음·대림스님 옮김, 『청정도론』 1, 위의 책, p.132.; C. A. F. Rhys Davids, *The Visuddhi-Magga of BuddhaGhosa*, op.cit., p.6. 1. Kiṃ sīlan ti. "Pāṇātipātādīhi vā viramantassa vattapaṭipattiṃ vā pūren-tassa cetanādayo dhammā"

않음(avītikkama, 不犯, 不違犯)이 계이다."[250]

의도(cetanā)가 계戒라고 하는 것은 살생 등을 절제하는 자나 소임을 충실하게 실천하는 자에게 있는 의도이다. … 그리고 의도가 계라고 하는 것은 살생 등을 버린 자의 열 가지 유익한 업의 길 가운데 일곱 가지의 의도[251]이다.[252]

살생·도둑질(偸盜)·사음행邪淫行·망어妄語·양설兩舌·악구惡口·기어綺語·탐욕(貪)·성냄(嗔)·어리석음(痴) 등 열 가지의 행위를 절제하거나, 이러한 행위들을 하지 않겠다고 하는 것이 의도(cetanā)이다. 이 말의 뜻이 행동하거나 생각할 때 적극적으로 무엇인가 하겠다고 의지, 목적 등이 나타나는 상태라는 점에서,[253] 행동하거나 생각할 때 적극적으로 살생·도둑질·사음행·망어·양설·악구·기어·탐욕·성냄·어리석음 등 열 가지의 행위를 절제하거나, 이러한 행위들을 하지 않겠다고 하는 것이 계가 되는 것이다.

그리고 붓다고사는 "마음부수가 계라고 하는 것은 살생 등을 절제하는 자의 절제이다. 마음부수가 계라는 것은 '탐욕스러움을 버리고

250 같은 책.; C. A. F. Rhys Davids, *The Visuddhi-Magga of BuddhaGhosa*, pp.6~7. "Vuttaṃ h' etaṃ Paṭisambhidā-yam; *K Iṃ sīlan ti?* Cetanā sīlaṃ, cetasikaṃ sīlaṃ, saṃvaro sīlaṃ, avītikkamo sīlan ti."

251 몸의 세 가지, 말의 네 가지 등 일곱 가지를 말한다.

252 붓다고사스님 지음·대림스님 옮김, 『청정도론』 1, 위의 책, p.132.

253 http://dsal.uchicago.edu/, state of ceto in action, thinking as active thought, intention, purpose, will. Defined as action.

탐욕스러움을 여읜 마음으로 머문다.'라는 방법으로 설한 탐욕 없음, 악의 없음, 바른 견해의 법이다."[254]라고 설명하고 있다.

마음부수(cetasika)[255]는 정신적인 상태에 속한다고 하는 의미가 된다는 점에서, 살생·도둑질·사음행·망어·양설·악구·기어·탐욕·성냄·어리석음 등 열 가지의 행위를 절제하는 마음상태에 머물거나, 탐욕스러움을 버리고 탐욕스러움을 여읜 마음의 상태에 머무는 것을 말하는데, 이러한 마음의 상태가 계가 되는 것이다.

그리고 붓다고사는 "단속이 계라는 것은 여기서 다섯 가지 단속을 뜻한다고 알아야 한다. 계목을 통한 단속, 마음챙김을 통한 단속, 지혜를 통한 단속, 인욕을 통한 단속, 정진을 통한 단속이다. 여기서 '이 계목을 통한 단속을 갖추었고, 잘 갖추었다.(Vbh.246)'라고 한 것은 계목을 통한 단속이다. '눈의 기능(眼根)을 보호한다. 눈의 기능의 단속을 실행한다.(D.i.70)'라고 한 것은 마음챙김을 통한 단속이다."[256] 라고 설명한다.

단속(saṁvāra)은 방호防護의 의미로서[257] 기본적으로 계목戒目을

---

254 붓다고사스님 지음·대림스님 옮김, 『청정도론』 1, 앞의 책, p.132.

255 http://dsal.uchicago.edu/, 위의 책, belonging to ceto, mental; 『아비담마타상가하(*Abhidhammatta Saṅgaha*)』에 의하면, 마음부수는 빨리어로 쩨따시카(cetasika)이며, 이 말은 cetas+ika가 합쳐서 된 말이다. 이 말은 'cetas(ceto=citta=마음)에 있는 것'이라는 의미이다. 마음에 있으면서 그것에 의지해 존재하기 때문에 마음부수라고 한다고 주석서들은 정의한다. 한역漢譯에서는 심소心所라고 한다. 마음부수법들은 전부 52가지이며, 전체적으로 표현할 때에는 cetasikā이다.

256 붓다고사스님 지음·대림스님 옮김, 『청정도론』 1, 앞의 책, p.133.

통해 여섯 가지 감각기관을 막고 보호하고, 그런 가운데 마음챙김, 지혜, 인욕, 정진 등을 통해 방호한다는 의미이다.

『청정도론』을 주석한 담마빨라는 이와 관련하여 "계를 완전하게 완성한다는 것은 계를 수호 또는 증장시키거나 모든 영역을 단속 또는 범하지 않는다는 의미이다."[258]라고 하고 있는데, 그런 점에서 단속은 뒤에 나오는 범하지 않는 것(avītikkama)과 더불어 계를 완전하게 지키는 데 있어서 반드시 필요한 것임을 알 수 있다.

그리고 붓다고사는 "범하지 않는 것이 계라고 한 것은 받아 가진 계를 몸과 입으로 범하지 않는 것이다."[259]라고 설명하고 있다.

이에 대해 담마빨라는 "번뇌(煩惱; kilesa)를 범하지 않는 것은 함께 일어난 번뇌나 업에 의한 법들이거나 몸과 입의 문門으로 범한 것이 파계가 되지만, 그것의 대치는 계에 의해 설명할 수 있음을 의미하고, 범하지 않게 되는 것은 계가 지닌 자성 때문에 가능한 것이다."[260]라고 하면서, 범하지 않는 것은 오직 계가 지닌 자성, 즉 성질 때문에 가능하다고 주석에서 설명하고 있다.

계戒에 대한 설명이 이와 같다면, 수행의 근본인 계의 어원적 의미(aṭṭha)는 무엇일까? 이에 대해서 『청정도론』은 다음과 같이 설명한다.

---

257 水野弘元, 『パーリ語辭典』, 앞의 책, p.313.

258 Dhammapāla, 「*Visuddhimagga-mahāṭikā*」, op.cit., p.5.

259 Dhammapāla, 「*Visuddhimagga-mahāṭikā*」, ibid., p.7.

260 같은 책.

계戒는 계행(sīlana)이라는 뜻에서 계(sīla)이다. 그러면 무엇을 계행이라고 하는가? 안정하는 것(samādhāna)이다. 계를 잘 지녀 몸의 업 등이 흩어짐이 없음을 뜻한다. 혹은 지탱함(upadhārana)이다. 유익한 법들의 기초로 토대(ādhāra)가 된다는 뜻이다. 어원을 아는 자들은 이 두 가지 뜻을 인정한다.[261]

담마빨라는 '계행(sīlana)이 안정하는 것(samādhāna)'의 의미를 "안정하게(samādhānaṃ) 상응하는 법들(sampayuttadhammā)이 산란하지 않게 작용하는 요인들이다."[262]라고 주석에서 설명하고 있다.

한편 『해탈도론』은 계의 정의를 다음과 같이 설명하고 있다.

계란 어떻게 정의되는가? 답하면, 차가움(冷), 증가하고 상승하는 것, 실천(行), 자성(自性), 즐거움과 괴로움의 특성이 상응하는 것, 또는 머리(頭), 차가움(冷), 편안함(安) 등이다.

머리를 계의 정의로 삼는 것은 무엇인가? 답한다면, 머리 없는 사람은 일체 모든 신체기관(諸根)에 때가 끼지 않아서, 이때 죽음이라고 명명하듯이, 이처럼 비구가 계로써 머리를 삼아서 만약 머리가 잘려지면 모든 선한 법을 잃어버리게 된다. 이에 불법은 죽게 되었다고 말해진다. (그래서) 이 계를 머리로 삼는 정의이다.

차가움(冷)을 계의 정의로 삼는 것은 무엇인가? 차가운 전단栴檀을 많이 문지르면 몸의 열이 제거되어 환희심을 성취한 것처럼, 이처럼

261 붓다고사스님 지음·대림스님 옮김, 『청정도론』 1, 앞의 책, p.134.

262 Dhammapāla, 「*Visuddhimagga-mahāṭikā*」, op.cit., p.9.

많이 찬 전단을 계로 삼아서, 계를 범할까 두려워 마음에 열이 나는 것을 없애서 환희심을 성취한다. 이것이 차가움을 계로 삼는 정의이다.

편안함(安)을 계의 정의로 삼는 것은 무엇인가? 답하면, 만약 어떤 사람에게 계가 있으면 풍모와 위의가 단정하여 두렵다는 생각이 나지 않으니, 이것이 편안함을 계로 삼는 정의이다.[263]

예로 든 여러 가지 정의 가운데 머리를 계에 비유한 정의는 계가 사라져 없어지게 되면 불법이 죽게 된다고 설명함으로써 계가 매우 중요함을 말하고 있다.

그리고 『청정도론』은 계는 비록 여러 가지 있지만 마치 형상(색깔)이 여러 가지가 있지만 보이는 성질이 그 특징이듯이, 계행(sīlana)을 특징으로 한다고 설명한다. 다시 말해서 우리 눈에 보이는 색깔이 푸른색, 노란색 등 여러 가지로 구별되더라도 색깔의 감각장소(處)는 보이는 성질이 그 특징이다. 왜냐하면 푸른색 등 이러한 색깔들로 구별하더라도 보이는 성질을 넘지 않기 때문이나. 그와 마찬가지로 계를 의도 등 여러 가지로 구별하더라도 안정시킴과 토대의 상태를 벗어나지 않기 때문이다.[264]

---

263 T(32), 『解脫道論』 卷第一, p.400.c. "戒者何義. 答冷義. 增上義. 行義. 自性義. 苦樂性相應義. 復次頭義冷義安義. 云何頭爲戒義. 答如人無頭. 一切諸根不復取塵. 是時名死. 如是比丘以戒爲頭. 若頭斷已失諸善法. 於此佛法謂之爲死 是戒爲頭義. 何者冷爲戒義. 如摩勝冷栴檀. 則除身熱成就歡喜. 如是戒爲勝冷栴檀. 能滅犯戒恐畏心熱. 成就歡喜. 是冷爲戒義. 何者安爲戒義. 答若人有戒. 風儀整肅不生恐畏. 是安爲戒義."

계의 기능에 대해서는 두 가지 의미로서 『청정도론』에서 다음과 같이 설명한다.

작용과 성취라는 두 가지 뜻으로 그 역할을 알게 하나니, 그것은 바로 나쁜 계행戒行을 털어버리는 작용(kicca)과 비난받지 않는 덕의 성취(sampatti)이다.[265]

계의 작용은 범계犯戒하는 행동을 절대로 하지 않는 것이고, 그럼으로써 남에게 비난받지 않음을 성취하는 것이므로 이것이 계의 역할이 되는 것이다.

그리고 계가 나타나는 모습에 대해서 『청정도론』은 다음과 같이 설명한다.

계는 몸의 깨끗함, 말의 깨끗함, 마음의 깨끗함이라고 설한 깨끗함(soceyya)으로 나타난다. 계는 깨끗한 상태로 나타나고 그렇게 얻어진다. 양심과 수치심이 그것의 가까운 원인이라고 지자들은 설명한다. 가까운 원인이란 밀접한 이유라는 뜻이다. 양심과 수치심이 있을 때 계가 일어나고 지속된다. 없을 때는 일어나지도 지속되지도 않는다.[266]

---

264 붓다고사스님 지음·대림스님 옮김, 『청정도론』 1, 앞의 책, p.134.

265 붓다고사스님 지음·대림스님 옮김, 위의 책, p.135.

266 같은 책.

계의 기능이 출가 수행자로 하여금 그것을 지킴으로써 마음을 가라앉혀 안정을 이루고, 계를 범하는 등의 잘못된 행동을 하지 못하게 함으로써 성공적으로 성취하는 것이 되며, 이로써 몸과 말과 마음이 깨끗한 모습으로 나타나도록 하는 것이므로 교단의 질서가 유지될 수 있는 것이다. 이런 결과가 있게 되는 것은 당연한 것으로서 무질서하게 계가 지켜지지 않을 경우 교단의 질서가 무너지리라는 것은 예측 가능한 일이기 때문이다. 그리고 계행戒行의 성취가 수행인의 도덕교육으로서 기본적인 필수조건이라고 하는 것은 계를 받아 지킴으로써 얻는 이익이 크다는 점에서 그것을 알 수 있는 것이다.

계의 이익이 무엇인지 『청정도론』은 다음과 같이 설명한다.

> 후회 없음 등 여러 가지 덕을 얻음이 그 이익이다. 이와 같이 설하셨기 때문이다. "아난다여, 유익한 계들은 후회 없음(avippaṭisāra)이 그 목적이고, 후회 없음이 그 이익이다." 다시 이렇게 설하셨다. "장자들이여, 계를 가진 자가 계를 받들어 지님에 다섯 가지 이익이 있나. 무엇이 그 다섯인가? 장자들이여, 여기 계를 가지고, 계를 갖춘 자는 방일하지 않은 결과로 큰 재물을 얻는다. 이것이 계를 가진 자가 계를 받아지님으로써 얻는 첫 번째 이익이다. 다시 장자들이여, 계를 가지고, 계를 갖춘 자는 훌륭한 명성을 얻는다. 이것이 계를 가진 자가 계를 받아지님으로써 얻는 두 번째 이익이다. 다시 장자들이여, 그리고 계를 가지고, 계를 갖춘 자는 크샤뜨리야의 회중會衆이든, 바라문의 회중이든, 장자의 회중이든, 수행자의 회중이든, 그 어떤 회중에 들어가더라도 두려움이나 창피함이 없이

들어간다. 이것이 계를 가진 자가 계를 받아지님으로써 얻는 세 번째 이익이다. 다시 장자들이여, 계를 지니고 계를 갖춘 자는 어둡지(昧) 않고 죽는다. 이것이 계를 가진 자가 계를 받아지님으로써 얻는 네 번째 이익이다. 다시 장자들이여, 계를 지니고 계를 갖춘 자는 몸이 무너져 죽은 뒤에 선처善處 혹은 천상의 세계에 태어난다. 이것이 계를 가진 자가 계를 받아지님으로써 얻는 다섯 번째 이익이다."[267]

인용 가운데 '후회 없음이 계의 이익'이라는 내용은 『해탈도론』에서는 "계의 공덕이란 무엇인가. 후회하지 않음이 계의 공덕이다. 세존께서 아난에게 계를 잘 지켜 후회하지 않음이 공덕의 정의이다."[268]라고 하여, 계를 지녀 있게 되는 공덕으로 설명하고 있다.

붓다고사는 또한 『맛지마 니까야』에서 "비구들이여, 만약 비구가 동료 수행자들이 자기를 소중하게 여겨주고, 호의를 가지고, 존중하고, 공경해주기를 원한다면 계를 완전하게 갖추어 행해야 한다."라고 한 붓다의 말씀을 인용하면서, 붓다가 이처럼 동료 수행자들이 소중히 여겨주고 호의를 가지게 되는 것으로부터 번뇌의 소멸을 성취하는 것에 이르기까지 여러 가지 계의 이익을 설하셨다고 설명한다.[269]

---

267 붓다고사스님 지음·대림스님 옮김, 『청정도론』 1, 앞의 책, p.136. (D.ii.86 인용함); C. A. F. Rhys Davids, *The Visuddhi-Magga of BuddhaGhosa*, op.cit., p.9.

268 T(32), 『解脫道論』 卷第一, 앞의 책, p.400.c. "何戒功德者. 不悔是戒功德. 如世尊告阿難. 不悔戒善是功德義."

269 붓다고사스님 지음·대림스님 옮김, 『청정도론』 1, 위의 책, pp.136~137.

붓다고사의 이러한 설명을 보더라도 계가 주는 이익은 번뇌를 멸하여 열반을 얻는 것까지도 포함한다는 것을 알 수 있으며, 따라서 계는 아무리 강조해도 지나치지 않다고 하겠다.

계의 이익에서 알 수 있듯이, 계는 수행의 근본이 되며, 출가 수행인으로서 철저히 계를 지킴으로써 천상에도 태어나고 열반에도 이르기 때문에 수행의 첫 번째 단계가 된다. 『청정도론』은 다음과 같이 말한다.

> … 계는 천상에 오르는 사다리요, 열반의 도시로 들어가는 문이거늘 어디에 그런 사다리와 문이 또 있을까! …[270]

계는 이상에서 살펴본 바와 같이, 수행의 근본이 되고, 교단의 질서와 도덕교육을 위해 매우 큰 의의를 갖는다.

『해탈도론』에서는 계가 수행 가운데 제일 처음 닦아야 하는 것임을 다음과 같이 설명하고 있는데, 계는 수행의 처음에 받아 지니고 지켜야 한다는 점을 시사해주는 것이라고 하겠다.

> 이와 같이 이 삼학을 배우는 것은 해탈도解脫道를 일컫는 것이다. 세 가지를 배움으로써 청정을 성취한다. 이른바 계청정戒淸淨·심청정(心淸淨; 마음청정)·견청정(見淸淨; 慧淸淨)이다. 이 계戒는 계청정이고, 정定은 심청정이며, 혜慧는 견청정이다. 계란 계를 범한

(M.i.33); C. A. F. Rhys Davids, *The Visuddhi-Magga of BuddhaGhosa*, op.cit., p.9.

270 붓다고사스님 지음·대림스님 옮김, 『청정도론』 1, 위의 책, p.137.

때를 씻어내는 것이다. 정이란 얽힌 때를 씻어내는 것이다. 이것을 심청정이라고 일컫는다. 혜란 무지(無知: 無明)의 때를 제거하는 것이다. 이것을 견청정이라고 일컫는다. … 처음과 중간과 나중이 좋은 것은 계로써 처음을 삼고, 정으로써 중간을 삼고, 혜로써 나중을 삼는다.[271]

정定과 혜慧의 수행 이전인 첫 단계에 있는 계戒에 대해『청정도론』은 '계의 분류에 대한 주석'(sīlappabhedakathā)에서 19가지로 분류하고 있으나, 이 모든 계는 계행이라는 특징으로는 한 가지이다. 그러나 분류할 때 나머지는 18개로 계가 분류된다.[272]

이상과 같이 모두 합쳐 19개로 분류가 되는 계는 모두 정(定: 禪定)과 혜(慧: 洞察智)로 나아가는 수행과정에서 수행자가 반드시 알아야 하고 필요한 항목이지만, 여기서는 '계목의 단속에 관한 계'와 '감각기능(根)의 단속에 관한 계'와 '생계의 청정에 관한 계', '필수품에 관한 계' 등 네 가지 계의 청정을 중심으로 살펴보도록 한다.

(1) 계목의 단속에 관한 계[273]

『청정도론』의 '계목戒目의 단속에 관한 계'를 보면, "계목은 학습계율

---

271 T(32),『解脫道論』卷第一, 앞의 책, "如是學此三學. 謂伏解脫道. 以三種學成就清淨. 所謂戒清淨心清淨見清淨. 於是戒是戒清淨. 定是心清淨. 慧是見清淨. 戒者洗犯戒垢. 定洗纏垢. 是謂心清淨. 慧除無知垢. 此謂見清淨. … 謂初中後善以戒爲初. 以定爲中. 以慧爲後."

272 붓다고사스님 지음·대림스님 옮김,『청정도론』1, 위의 책, p.138~139.

273 C. A. F. Rhys Davids, *The Visuddhi-Magga of BuddhaGhosa*, op.cit., pp.16~20.

(sikkhāpada: 學處, 戒條)을 의미한다. 이것은 이것을 보호하고(pāti) 지키는 사람을 해탈하게 하고(mokkheti), 악처 등의 고통으로부터 벗어나게 한다. 그러므로 계목(pāṭmokkha)이라고 한다."라고 하고 있다. 그리고 단속(saṁvaro)은 단속하는 것(saṁvaraṇa)으로서 몸과 말로 범하지 않는 것을 의미한다. 빠띠목카삼와라(pāṭmokkha-saṁvara)는 '계목의 단속'이라고 해석된다. 계목의 단속으로 단속하는 것(pāṭmokkha-saṁvara-saṁvuta)이다. "그(비구를 말한다)가 그것을 가진다, 갖춘다는 것이다."[274]라고 하고 있다.

『아비담마타상가하(*Abhidhammatta Saṅgaha*)』를 공동 번역하고 주해한 각묵스님과 대림스님은 『아비담마길라잡이』에서, 계목의 원어인 'pāṭimokkha'는 'prati(각각, ~에 대하여)'+'√muc(to release)'의 사역형 동명사에서 파생된 중성명사이고, 이 말은 어원을 살려 '별해탈 別解脫'이라고 한역되었는데, 이것은 '수행자들을 단속하는 가장 기본이 되는 계의 목록'이라고 설명하고 있다.[275] 그리고 단속이란 다섯 가지 종류의 단속, 즉 계목을 통한 단속, 마음챙김을 통한 단속, 통찰지를 통한 단속, 인욕을 통한 단속, 정진을 통한 단속이라고 설명하고 있다.[276] 이것은 계목을 통한 단속이 마음챙김, 통찰지, 인욕, 정진 등 단속에 의한 수행에서 항상 받아 지니고 있어야 하는 기본이 된다는

274 붓다고사스님 지음·대림스님 옮김, 『청정도론』 1, 위의 책, p.148~149.

275 대림스님·각묵스님 공동번역 및 주해, 「아비담마 길라잡이」(하), 앞의 책, p.784.

276 대림스님·각묵스님 공동번역 및 주해, 「아비담마 길라잡이」(하), 위의 책, p.782.

점을 의미한다.

필자는 이와 같은 계목의 단속이 앞으로 전개되는 일곱 단계로 분류되는 청정의 수행체계에서 매우 중요한 위치를 차지하고 있다는 점을 미리 밝혀 둔다. 그것은 앞에서 살펴본 초기불교에서 계戒 → 정定 → 혜慧로 수행단계가 진행하였듯이, 『청정도론』의 일곱 단계로 분류되는 청정의 수행체계에서도 마찬가지이기 때문이다.

『청정도론』의 복주서復註書인 담마빨라 스님이 지은 『빠라맛타만주사(*Paramatthamañjūsā*, *Pm*: *Visuddhimagga-mahāṭikā*)』의 「계戒의 구분설에 대한 주석(*Sīlappabhedakathāvaṇṇanā*)」에 따르면, "그와 같은 바라제목차(pāṭmokkha) 단속의 계로써 확립한(Patiṭṭhita) 비구는 그것에 의해 어떻게 '감각기능의 단속에 관한 계(indriyasaṃvarasīla)'를 희구하는가에 대해서 지금 보여준다."[277]라고 하여, 비구는 바라제목차(pāṭmokkha), 즉 계목으로서 감각기능을 단속하게 된다고 설명하고 있다.

이와 같이 '계목을 통한 단속'에 의해 비구는 '바른 행실(ācāra)'과 '행동의 영역(gocara)'을 갖춘다(sampajjati). 『청정도론』은 행실에는 '바른 행실'과 '바르지 못한 행실(anācāra)'이 있다고 다음과 같이 설명한다.

'바르지 못한 행실'은 몸으로 범하고, 입으로 범하고, 몸과 입 (둘

---

277 Dhammapāla, 「*Visuddhimagga-mahāṭikā*」, Sīlappabhedakathāvaṇṇanā op.cit., p.12.

다로) 범하는 것이다. 계를 지키지 않는 나쁜 계행이 바르지 못한 행실이다. 이에 반하여 '바른 행실'이란 몸으로 범하지 않고, 입으로 범하지 않고, 몸과 입으로 범하지 않는 것이 바른 행실이다. 계를 통해 단속하는 것이 바른 행실이 된다.[278]

그리고 행동의 영역은 '행동의 영역'이 있고, '행동의 영역이 아닌 것'이 있다고 다음과 같이 설명한다.

'행동의 영역이 아닌 것'은 어떤 자가 기생집을 행동의 영역으로 삼거나, 과부, 노처녀, 중성中性, 비구니, 술집 등을 행동의 영역으로 삼거나, 왕들, 대신들, 외도들의 제자들과 섞여 마을 사람들과 부적절한 교제를 하면서 머물거나, … 이것이 행동의 영역이 아니라는 것이다. 이에 반하여 '행동의 영역인 것'은 어떤 자가 기생집을 행동의 영역으로 삼지 않고, 과부, 노처녀, 중성, 비구니, 술집을 행동의 영역으로 삼지 않으며, 왕들, 대신들, 외도들의 제자들과 섞여 마을 사람들과 부적절한 교제를 하면서 머물지 않고 … 이것이 행동의 영역이라는 것이다.[279]

'바른 행실과 행동의 영역'은 또 다시 몸과 말로서 하는 행동에 바르고 바르지 못한 행실이 있다고 다음과 같이 설명한다.

278 붓다고사스님 지음·대림스님 옮김, 『청정도론』 1, 앞의 책, pp.149~150.
279 붓다고사스님 지음·대림스님 옮김, 위의 책, pp.150~151.

우선 몸으로 하는 바르지 못한 행실은 여기 어떤 자가 대중 가운데 머묾에도 불구하고 불손하게 행동하면서 장로들과 (몸과 옷으로) 부딪치면서 서고, 부딪치면서 앉으며, 그들 앞에 서고, 그들 앞에 앉으며, … 팔을 흔들면서 얘기하고, 장로들이 신발을 벗고 경행할 때 신발을 신고 경행하고, 그들이 낮은 경행처에서 경행할 때 높은 경행처에서 경행하며, … 장로들의 자리를 밀치면서 서고, 밀치면서 앉으며, 젊은 비구들을 의자에 앉지 못하게 하고, … 가정의 여인들이나 소녀들이 앉는 비밀스럽고 가려진 안방에 급작스럽게 들어가고, 아이들의 머리를 치는 행동을 말한다.

'말의 바르지 못한 행실'에 대해서는 여기 어떤 자가 대중에 머묾에도 불구하고 불손하게 행동하면서 장로들에게 여쭙지도 않고 법을 설하며, 질문에 답하고, 계목을 외우고, 서서 이야기하고, 팔을 흔들면서 이야기하며 무엇이 있는가? 죽이 있는가? 밥이 있는가? 씹어 먹을 음식이 있는가? … 이와 같이 잡담을 늘어놓는 것을 말한다.

이에 반하여 '바른 행실'은 다시 비구가 공손하고, 정중하며, 양심과 수치심을 갖추고, (속옷)을 단정히 하고 (겉옷으로) 잘 가려서 입고, 앞으로 나아가고 뒤로 갈 때나 앞으로 보고 옆으로 볼 때나 구부리고 펼 때나 그의 자태는 확신에 차 있으며, … 소욕少欲하고, 지족知足하며, 부지런히 정진하고, 선행을 성심誠心으로 하며, 공경해야 할 분을 지극히 공경하면서 머무는 행동을 말한다.[280]

---

280 붓다고사스님 지음·대림스님 옮김, 『청정도론』 1, 위의 책, pp.151~152.

그리고 세 가지의 행동의 영역이 있다. 강하게 의지하는 행동의 영역, 보호하는 행동의 영역, 결속하는 행동의 영역 등이 그것이다.[281]

'강하게 의지하는 행동의 영역'이란 (소욕, 지족, 멀리 한거閑居함, 집착하지 않음, 정근精勤, 계, 정, 혜, 해탈, 해탈지견解脫知見 등) 열 가지 논의의 주제를 갖춘 좋은 도반을 의지하여 듣지 못한 것을 듣고, 들었던 것을 분명히 하고, 의심을 해결하고, 견해를 곧게 하고, 마음에 청정한 믿음을 얻거나, 혹은 그 사람으로부터 배울 때 신심이 증장하고, 계와 들음과 보시와 통찰지가 증장하는 것 등을 말한다.

'보호하는 행동의 영역'이란 비구가 집안에 들어가거나 길에 들어섰을 때 눈을 내리뜨고 쟁기의 길이만큼 내다보면서 단속하면서 간다. 코끼리를 쳐다보지도 않고, 말을 쳐다보지도 않으며, 전차병과 보병과 여자와 남자를 쳐다보지도 않고, 위로 올려다보지 않으며, 아래로 내려다보지도 않고, 사방팔방을 바라보면서 가지 않는 것 등을 말한다.

'결속하는 행동의 영역'은 마음을 묶어 둘 네 가지 마음챙김의 확립(四念處)이다. 세존께서 "비구들이여, 무엇이 자기의 고향 동네(petaka visaya)인 비구의 행동의 영역인가? 그것은 네 가지 마음챙김의 확립이다."라고 말씀하신 것이 그것이다.

세 가지 행동의 영역 가운데 비구는 욕심이 작고(少欲), 만족할 줄 알며(知足), 수행을 위해 멀리 한적한 공한처에 거주함으로써(閑居), 집착하지 않아서, 열심히 수행 정근하여, 계·정·혜, 해탈, 해탈지견 등을 갖추고 있는 좋은 도반에 의해 평소 듣지 못한 훌륭한 법을

---

281 붓다고사스님 지음·대림스님 옮김, 위의 책, pp.152~153.

듣게 되고, 이미 들었던 것은 분명히 하게 되며, 법에 의심이 있는 경우 해결하고, 견해를 곧게 한다. 또한 비구가 이와 같은 열 가지 행동을 갖춘 도반에 의해 마음에 청정한 믿음을 얻게 되거나, 혹은 그 사람으로부터 배울 때 신심이 증장하고, 계와 들음과 보시와 통찰지가 증장하게 된다는 것이다.

이와 같은 세 가지 행동의 영역은 교육학적으로 볼 때 절차탁마하는 교육에서 바라는 진정한 의미의 교수·학습과정을 말해주고 있을 뿐만 아니라 특히 교육에서의 도반의 중요함을 나타내주고 있어 매우 특색이 있다고 하겠다. 도반의 중요성은 다음 수행단계인 '마음청정'에서 명상수행에 있어서도 강조되고 있다는 점에서 이것을 아무리 강조해도 지나치지 않다. 그러므로 열 가지 조건을 갖춘 좋은 도반은 '강하게 의지하는 행동의 영역'이라고 하는 제목에서도 나타나듯이, 바른 행실과 행동을 하기 위해 강하게 의지해야 하는, 즉 반드시 필요한 것이라는 점을 알 수 있다.

이렇게 해서 비구는 바른 행실과 행동의 영역을 갖추게 되는데, 그러면 이제부터 계목을 받아 지녀 감각기능, 즉 육근六根이 어떻게 단속되는지 '감각기능(根)의 단속에 관한 계'에 대해서 살펴보도록 하자.

(2) 감각기관의 단속에 관한 계[282]

『청정도론』은 '감각기능(根)의 단속에 관한 계'에 대해서 다음과 같이 설명한다.

> 그는 눈으로 형상을 봄에 그 표상(nimita: 全體相)을 취하지 않으며, 또한 그 세세한 부분상(anubyañjana: 細相)을 취하지도 않는다. 만약 그의 눈의 감각기능(眼根)이 제어되어 있지 않으면 탐욕스러움과 싫어하는 마음이라는 나쁘고 해로운 법(不善法)들이 그에게 (물밀듯이) 흘러들어 올 것이다. 따라서 그는 눈의 감각기능을 잘 단속하기 위해 수행하며, 눈의 감각기능을 잘 방호防護하고 눈의 감각기능을 잘 단속하기에 이른다. 귀로 소리를 들음에…, 코로 냄새를 맡음에…, 혀로 맛을 봄에…, 몸으로 감촉을 느낌에…, 마노(意)로 법을 지각함에 그 표상을 취하지 않으며, 그 세세한 부분상을 취하지도 않는다. 만약 그의 마노의 기능(意根)이 제어되어 있지 않으면 탐욕스러움과 정신적 고통이라는 나쁘고 해로운 법들이 그에게 (물밀듯이) 흘러들어 올 것이다. 따라서 그는 마노의 기능을 잘 단속하기 위해 수행하며, 마노의 기능을 잘 방호한다. 마노의 기능을 (잘 방호하여) 잘 단속하기에 이른다.[283]

옛 스승들이 다음과 같이 말했다고 『청정도론』은 설명한다. 즉 눈이 형상을 보는 것은 형상을 볼 수 있는 능력을 가진 눈의 알음알이(眼

---

282 C. A. F. Rhys Davids, *The Visuddhi-Magga of BuddhaGhosa*, op.cit., pp.20~22.

283 붓다고사스님 지음·대림스님 옮김, 위의 책, pp.147~148.

識)로 형상을 보게 되는 것이다. 그러나 눈은 형상을 보지 않는다는 것이다. 왜냐하면 그것은 마음이 없기 때문이다. 마음(citta)도 형상을 보지 않는다는 것이다. 왜냐하면 눈이 없기 때문이다. 감각대문(dvāra)과 대상이 접촉할 때 눈의 감성(感性: pasāda)을 자신의 토대로 가지는 마음을 통해 보는 것이다. 이와 같이 '그는 활로 쏜다'는 등의 경우에서처럼, 눈으로 형상을 본다는 말은 '눈의 알음알이로 형상을 본다'는 의미가 된다는 것이다.[284]

'눈의 알음알이(眼識)로 형상(色)을 본다'는 무엇을 의미하는 것일까? 이 말의 의미는 알음알이(識)가 개입될 때 비로소 형상을 분별하여 본다는 것을 뜻한다. 그러므로 알음알이가 있어야만 형상을 보는 것이지, 눈(眼)만으로 형상을 볼 수 있는 것이 아니다.

그런데 눈으로 알음알이(識)가 일어나서 형상을 보는 데 있어서 그 표상(nimita: 全體相)을 취하지 않는 이유는 겉으로 나타난 여자라든가 남자라든가 또는 아름답다고 하는 외형적 모습, 즉 표상은 오염원의 바탕이 되기 때문에 취하지 않는 것이다. 그러므로 단지 본 것에서 그치게 된다. 그리고 세세한 부분상(anubyañjana: 細相)도 취하지 않는다. 즉 손, 발, 미소, 웃음, 이야기, 앞으로 보거나, 옆으로 보는 등의 형태를 취하지 않는다. 왜냐하면 세세한 부분상이라는 이름을 얻는 것은 이와 같은 형태가 오염원들을 더 상세하게 하기 때문에, 분명히 드러나게 하기 때문이다. 그러므로 단지 있는 그대로 이러한

284 붓다고사스님 지음·대림스님 옮김, 위의 책, pp.154~155.

형태를 취하는 것이다.[285]

그러나 만약 비구가 이처럼 표상을 취하지 않는 것이 아니라 눈의 감각기능(眼根)을 단속하지 않아서 눈의 감각기능이 제어되어 있지 않으면, 마음챙김이라는 덧문으로 눈의 문을 닫지 않고 머물게 됨으로써 탐욕스러움 등의 법이 흘러들어 올 것이다. 그래서 그를 결박하거나 추격할 것이다.[286]

반면에 그가 표상을 취하지 않음으로써 만약 눈의 감각기능을 마음챙김의 덧문으로 닫기 위해 수행할 때에는, 눈의 감각기관을 잘 방호하고 눈의 감각기능을 잘 단속하기에 이른다.[287]

우리는 보통 눈이라고 하는 감각기관 자체에 의해 단속이 일어났다고 하거나 그렇지 않다고 한다. 그러나 눈의 감각기관만을 가지고 단속이 된다거나 단속이 되지 않는다고 말할 수 없다. 왜냐하면 눈이라고 하는 감성(感性: pasāda)을 의지하여 마음챙김이나 잊어버림이 일어나는 것이 아니기 때문이다.[288] 눈은 물질에 불과하므로 이것으로써 감각기관의 단속은 이루어질 수는 없는 것이다.

그것은 앞에서도 말했듯이, 알음알이가 개입되어 일어나는 다음과 같은 인식과정(vīthi-citta)에 의해 이루어진다고 『청정도론』은 설명한다.

---

285 붓다고사스님 지음·대림스님 옮김, 위의 책, p.155.

286 붓다고사스님 지음·대림스님 옮김, 위의 책, p.156.

287 같은 책.

288 같은 책.

눈의 대상인 형상(色)이 눈의 영역에 나타날 때 잠재의식(bhavaṅga)[289]이 두 번 일어난 뒤 멈추고, 단지 작용만 하는 마노의 요소(意界)가 전향의 역할을 하면서 일어났다가 멸한다. 그 다음에 눈의 알음알이(眼識)가 보는 역할을 하고, 그 다음에 과보로 나타난 마노의 요소(意界)가 받아들이는 역할을 하며, 그 다음에 원인 없는 과보로 나타난 마노의 알음알이의 요소(意識界)가 조사하는 역할을 하고, 그 다음에 원인 없는 단지 작용만 하는 마노의 알음알이의 요소가 결정하는 역할을 하면서 일어났다가 사라진다. 그런 직후에 속행(速行: javana)[290]이 일어난다. 잠재의식의 시기나 전향

---

289 대림스님·각묵스님 공동번역 및 주해, 「아비담마 길라잡이」(상), pp.292~293 참조, 'bhavaṅga'는 잠재의식으로 번역된다. 'bhava'+'aṅga'의 합성어이다. 'bhava'는 √bhū(to become)에서 파생한 중성명사이고, 넓은 의미로 존재를 의미한다. 'aṅga'는 '요소, 가지, 부분'을 의미하는 명사이다. 그러므로 'bhavaṅga'는 '존재의 요인, 존재의 부분, 존재의 구성요소'의 의미가 된다. 아비담마에서는 'bhavaṅga'를 한 개체가 '삶의 과정(pavatti)'에서 생명이 끝날 때까지 연속성을 유지하도록 해주는 역할을 하는 것이라고 본다. 서구학자들은 이러한 의미의 'bhavaṅga'를 'life-continuum(생명연속체)'라고 표현하고 있다. 그러나 'bhavaṅga'는 서양심리학에서 말하는 의식의 맨 밑바닥에 놓여 있는 무의식이나 잠재의식이 아니다. 잠재의식은 찰나생 찰나멸을 계속적으로 반복하며, 육근六根의 대상으로 나타나지 않는 'bhavaṅga'는 심찰나心刹那가 계속해서 흐른다(相續: santati). 그러므로 'bhavaṅga'는 강이나 흐름에 비유되며, '바왕가의 흐름(bhavaṅga-sota)'이라는 말로 주석서에 많이 나타난다.

290 대림스님·각묵스님 공동번역 및 주해, 「아비담마 길라잡이」(상), 위의 책, pp.299~300 참조. 속행(速行: javana)의 원어는 'javana'로서 √ju/jū(to be swift)에서 파생한 중성명사이다. 그 의미는 '재빠름, 신속함'의 의미를 지닌다. 그러므로 '速行'이라고 번역된다. 그러나 '速行'의 의미만으로 'javana'의 역할을 파악하

(轉向: āvajana)[291] 등의 어느 시기에도 단속이나 단속하지 않음은 없다. 그러나 속행의 순간에 만약 나쁜 계행(계를 어기거나)이나 잊어버림이나 알지 못함이나 참을성이 없음이나 게으름이 일어나면 단속하지 않은 것이 된다. 이렇게 될 때 눈의 감각기능(眼根)을 단속하지 않은 상태가 된다.[292]

『아비담마길라잡이』에서 대림스님과 각묵스님은 이것에 대해 다음과 같이 설명한다.[293] 즉 감각의 대상이 일어나 감각의 문에 들어오는

기 어렵다. 감각기관의 대상이 결정되면 일어나는 일련의 인식과정이 'javana'이며, 이것은 결정된 대상에 대해 마치 벼락 치듯이 재빠르게 이해하는 작용을 한다. 이 'javana'의 단계는 의도적인 행위가 개입되는데, 유익하고 해로운(善·不善) 마음이 일어나는 순간이다. 그러나 아라한은 'javana'가 유익하고 해로운, 즉 善·不善이 아니라 단지 작용하는 마음이다. 그러므로 'javana'는 수행의 관점에서 볼 때, 자와나의 과정에서 지혜롭게 마음을 엄하게 단속하는 것, 즉 마음을 잡도리하여 마음부수를 극대화함으로써 마음이 해로운 상태(不善)가 아니라 유익한 상태(善)가 되도록 하는 것이 필요하다.

291 대림스님·각묵스님 공동번역 및 주해, 「아비담마 길라잡이」(상), 위의 책, p.295. 전향轉向은 āvajana로서 'ā(향하여)'+'√vṛj(to turn)'에서 파생한 중성명사로서 '돌아옴, 돌아서 향함'이라고 하는 일차적인 의미를 지닌다. 그러므로 전향으로 번역된 것이다. 영어로는 'adverting'이 된다. 전향은 마음이 다섯 가지 감각기관(五門)이나 마노의 문(意門)으로 향하는 역할을 말한다. 이것은 눈(眼)·귀(耳)·코(鼻)·혀(舌)·몸(身)의 다섯 가지 문門으로 향하는 오문전향(五門轉向: pañca-dvāra-āvajjana)과 마노의 문으로 향하는 의문전향(意門轉向: mano-dvāra-āvajjana)의 두 가지가 있다.

292 붓다고사스님 지음·대림스님 옮김, 『청정도론』 1, 위의 책, pp.157~158.

293 대림스님·각묵스님 공동번역 및 주해, 「아비담마 길라잡이」(상), 앞의 책,

순간에 하나의 바왕가가 흘러가게 되는데, 이것이 '지나간 바왕가(atīta-bhavaṅga)'이다. 그런 다음에 두 개의 바왕가가 대상과의 충돌 때문에 흔들리게 되는데, 이 가운데 나중의 것이 바왕가의 흐름을 끊는다는 것이다. 처음의 것은 '바왕가의 동요(bhavaṅga-calana)'라고 불리며, 뒤의 것은 '바왕가의 끊어짐(bhavaṅga-uppaccheda)'이라고 불린다. 그런 다음에 5문전향五門轉向의 마음이 일어나고, 그와 더불어 비로소 '인식과정을 벗어난(vīthi-mutta)' 상태로부터 벗어나 인식과정으로 돌입(vīthi-pāta)하게 된다는 것이다.

이런 상태에서는 감각기관인 문門도 보호되지 않고, 잠재의식도, 전향 등의 인식과정도 보호되지 않는다. (예를 들면) 만약 도시의 사대문을 단속하지 않으면 비록 도시 안의 집의 대문과 창고와 실내 등을 잘 단속했다고 하더라도 도시 안의 모든 재물은 보호되지 않게 되고 지켜지지 않게 될 것이다. 왜냐하면 도시의 사대문으로 도적들이 들어와서 제 멋대로 설칠 것이기 때문이다.[294]

마찬가지로 속행에서 나쁜 계행 등이 일어날 때 그것이 단속되지 않으면 감각기관인 문門도 보호되지 않고, 잠재의식이나 전향 등의 인식과정들도 보호되지 않는다. 그러나 속행에서 계 등이 일어나면 감각기관인 문도 보호되고, 잠재의식과 전향 등의 인식과정들도 보호된다. 이것은 도시의 사대문을 단속했을 때 비록 집집마다 집의 대문과 창고와 실내 등을 단속하지 않더라도 도시 안의 모든 재물이 안전하게 보호되고 지켜지는 것과 같다. 왜냐하면 도시의 사대문을 잠가버리면

---

p.358.

294 붓다고사스님 지음·대림스님 옮김, 『청정도론』 1, 위의 책, p.158.

도적들이 들어오지 않기 때문이다. 이와 같이 속행에서 계 등이 일어날 때 감각기관인 문도 보호되고, 잠재의식과 전향 등의 인식과정들도 보호된다. 그러므로 엄밀히 말해 속행의 순간에 일어나지만 눈의 감각기능을 단속하는 것이다.[295]

계목戒目에 의한 감각기관의 단속에서 중요한 개념은 속행(速行: javana)이다. 이 말의 원어는 'javana'이고, 그 의미는 '재빠름, 신속함'의 의미를 지닌다. 그러므로 '속행'이라고 번역된다. 여섯 가지 감각기관이 그 대상과 부딪쳐서 일어나는 일련의 인식과정이 '속행'이며, 이것은 결정된 대상에 대해 마치 벼락 치듯이 재빠르게 이해하는 작용을 한다. 그런데 이 '속행'의 단계에서 제일 먼저 인식이 일어나는 것은 눈(眼)이 된다.

이 '속행'의 단계는 의도적인 행위가 개입되는데, 유익하고 해로운(善·不善) 마음이 일어나는 순간이다. 그러므로 '속행'의 순간에 해로운(不善) 마음보다 유익한(善) 마음이 일어나도록 노력해야 하는 것이다.

나머지 귀로 소리를 들음 등(코로 냄새 맡음, 혀로 맛을 봄, 몸으로 감촉을 느낌)에도 이와 같은 방법으로 인식과정이 일어난다. 이와 같이 이것이 감각기능의 단속에 관한 계가 된다고 할 것이다.[296] 이처럼 계목에 의해 감각기관을 통해 계를 지키는 일은 비구 수행자에게는 매우 중요한 일이라고 하겠다.

---

295 같은 책.

296 같은 책.

(3) 생계의 청정에 관한 계[297]

세 번째, '생계生計의 청정에 관한 계'가 있다. 이 계율은 여섯 가지 학습계율이 있다. 그것은 다음과 같다. 생계를 원인으로 하고 생계를 이유로 하여 여섯 가지의 죄, 즉 삿된 욕심을 가지고 욕심의 희생이 되어, 존재하지도 않고 사실이지도 않은 인간을 넘어선 높은 법을 얻었다고 지껄이는 바라이죄(波羅夷罪: pārājika), 중매를 하는 승잔죄(僧殘罪: saṅghādisesa), 자기를 가리키며 자신이 한 것인 줄 듣는 이로 하여금 알게 하는 것, 즉 '당신의 절에 살고 있는 비구가 아라한이다.'라고 말하는 경우의 조죄(粗罪: thullaccaya), 비구가 아프지 않으면서 자기를 위해 맛있는 음식을 부탁하여 먹는 단타죄(單墮罪: pācittiya), 비구니가 아프지 않으면서 자기를 위해 맛있는 음식을 부탁하여 먹는 회과죄(悔過罪: pāṭidesanīya), 아프지 않으면서 자기를 위해 국과 밥을 부탁하여 먹는 악작죄(惡作罪: dukkaṭa) 등을 범하는 것이다.[298]

이러한 여섯 가지 학습계율을 범하는 것은 수행자가 해서는 안 되는 계략, 쓸데없는 말, 암시, 비방, 이득으로 이득을 추구함 등의 모습으로 나타난다.[299]

이상에서 살펴본 바와 같이 '삿된 생계'는 생계 때문에 제정한 여섯 가지 학습계율, 즉 계략, 쓸데없는 말, 암시, 비방, 이득으로 이득을 추구함 등의 삿된 법들을 범함으로부터 생기는 것이다. 그러므로

---

297 C. A. F. Rhys Davids, *The Visuddhi-Magga of BuddhaGhosa*, op.cit., pp.22~30.

298 붓다고사스님 지음·대림스님 옮김, 『청정도론』 1, 위의 책, pp.159~160.

299 붓다고사스님 지음·대림스님 옮김, 위의 책, pp.160~162.

모든 종류의 삿된 생계로부터 절제하는 것이 '생계의 청정에 관한 계'이다.[300]

비구 출가 수행자는 이상에서 열거한 '삿된 생계'를 해서는 절대로 안 되며, '바른 생계'를 위해 오직 청정한 생활을 해야 함을 이 계는 나타내고 있다는 점을 주목해야 할 것이다. 왜냐하면 무소유로 탐심 없는 생활을 해야 하는 출가 수행자가 생계청정의 계를 지키며 생활하는 것은 당연하다고 하겠다.

(4) 필수품에 관한 계[301]

마지막으로 '필수품에 관한 계'는 비구 수행자가 몸에 지녀야 할 필수품이란 무엇이며, 왜 그러한 필수품만을 몸에 지녀야 하는가에 대해 다음과 같이 설명한다.

> 필수품 가운데 먼저 옷이다. 수행자가 옷을 입는 목적의 한계가 정해진다. 그것은 추위로부터 보호함이고 그 이상은 아니다. (추위로 인해) 몸의 괴로움이 일어나지 않도록 그것을 제거하기 위해서이다. 몸이 추위로 방해를 받으면 마음이 산란해져 지혜롭게 노력할 수 없다. 그러므로 부처님은 '추위를 물리치기 위해 옷을 입어야 한다.'라고 허락하신 것이다. 그런데 더위는 불로 인한 더위와 숲속의 불 등에서 생긴 더위를 말하는데, 이 경우에도 적용된다.

---

300 붓다고사스님 지음·대림스님 옮김, 위의 책, pp.170~171. 청정이란 청정한 상태이다. 생계의(ājīvassa) 청정(pārisuddhi)이 생계청정이다.

301 C. A. F. Rhys Davids, *The Visuddhi-Magga of BuddhaGhosa*, op.cit., pp.30~45.

그밖에 옷을 입는 목적은 파리, 모기, 바람, 파충류 등과 닿기 때문이다. 옷을 입고 앉아 있을 때 이들이 그(비구 수행자)를 괴롭히지 않는다. 그러므로 이런 경우에서 이들로부터 보호하기 위해 옷을 입는다. 또한 불가피한 목적의 한계가 있는데, 그것은 부끄러운 부분을 가리기 위해 옷을 입는 것을 말한다.

그 다음 필수품은 탁발음식이다. 각종 먹을 것을 말한다. 비구가 탁발을 행할 때(piṇḍo-lya) 발우 속에 떨어지기 때문에 탁발음식이라고 부르는 것이다. 혹은 덩이들의 떨어짐이 탁발음식이라고 한다. 이렇게 탁발하는 것은 마을 청년들처럼 오락을 위해서도 아니며, 취하기 위해서, 즉 힘의 긍지를 위해서도 아니고, 궁녀나 기녀 등처럼 풍채의 매력을 위해서도 아니며, 연기자나 무용가 등처럼 장식을 위해서도 아니라는 점이다.

탁발하는 것은 사대四大의 근본물질로 이루어진 물질적인 이 몸을 지탱하기 위해서, 유지하기 위해서 음식을 수용하는 것이다. 마치 낡은 집의 주인이 그 집을 위하여 버팀목을 사용하고, 차주가 차축을 위해 기름칠하는 것과 같다. 또한 배고픔의 해악을 쉬고, 청정범행을 잘 지키기 위해 탁발음식을 수용하는 것이다. 배고픔은 (비구 수행자를) 괴롭히기 때문에 해악이다. 이러한 해악을 쉬기 위해 탁발음식을 수용하는 것은 마치 상처에 연고를 바르는 것과 같고, 추위와 더위를 중화시키는 것과 같다. (부처님)의 일체 교법의 청정범행과 도의 청정범행을 돕기 위해 탁발음식을 수용하고, 그로 인해 생긴 체력을 의지하여 삼학(三學: sikkhattaya)에 몰두한다. 마치 사막을 건너고자 하는 자들이 자기 아들의 고기를 사용하고,

강을 건너고자 하는 자들이 뗏목을 사용하며, 바다를 건너고자 하는 이들이 배를 사용하는 것과 같다.

(비구 수행자는) 탁발음식을 수용할 때 오래된 느낌을 물리치고 새로운 느낌을 일어나게 하지 않게 한다.[302] 그는 탁발음식을 먹을 때 단지 오래된 배고픔의 상태를 물리치면 되는 것이고, 또한 무절제하게 먹음으로써 새로운 느낌이 일어나게 하지 않는 것이다. 이렇게 절제해서 탁발음식을 먹기 때문에 생명기능(命根)이 끊어지거나 건강을 잃을 위험이 없게 된다. 그러므로 필수품에 의지하여 생존하는 이 몸이 오랫동안 건강이 지속할 것이라고 생각하며 탁발음식을 수용한다. 마치 만성병을 앓고 있는 사람이 약을 수용하듯이. 그렇게 함으로써 그는 비난받지 않고 편안하게 머물게 된다.

그 다음 필수품은 거처이다. 침상(sena)과 좌구(āsana)가 이에 속한다. 이것들을 하나로 묶어 거처(senāsana)라고 부른다. 오직 기후의 변화(비와 바람, 한서寒暑 등 기후변화를 말한다)에서 생기는 위험을 없애고, 한거閑居를 즐기기 위해서 거처가 필요한 것이다. 부적절한 기후는 몸의 괴로움으로 인해 마음을 산란하게 만들어 거처를 수용해 피해야 하는 것이고, 한거 또한 거처가 있어야 즐길 수 있는 것이다. 앞에서 옷의 수용을 논하면서 부끄러운 곳을 가리는 것이 불가피한 목적의 한계라고 말했듯이, 부적절한 기후를 피하는 것 또한 불가피한 목적의 한계가 된다.

그 다음 필수품은 환자를 치료하는 약품이다. 병과 반대의 의미가 있으므로 치료(paccaya)이다. 의사(bhisaka)의 일이고, 그에 의해

---

302 붓다고사스님 지음·대림스님 옮김, 『청정도론』 1, 위의 책, p.175.

허가되었기 때문에 약(bhesajja)이다. 환자를 치료하는 약(gilāna-paccaya-bhesajja)이라는 합성어는 '환자(gilāna)를 치료하는 것이 바로 약이다.'라고 풀이할 수 있다. 의사가 환자에게 허락한 기름, 꿀, 버터기름 등 어떤 것을 의미한다. 품(品: parikkhāra, 資具)은 출가자가 삶을 살아가기 위한 자구資具를 구해야 한다는 의미에서 보조적인 품목(sambhāra)을 가리킨다. 여기서는 장비와 보조적인 품목으로서의 의미이다. 왜냐하면 환자를 치료하는 약은 삶을 영위하기 위한 장비이고, 이것은 삶을 파괴할 괴로움이 일어나는 것을 방지하여 보호하기 때문이다. 또한 이것은 보조적인 품목이고, 생명을 연장할 기구이기 때문이다. 이와 같이 '환자를 치료하는 약품(gilānapaccayabhesajja-parikkhāra)'이라는 합성어는 환자를 치료하는 것인 약과 품으로 풀이가 되는 것이다.[303]

이상을 정리하면 출가 수행자가 입는 옷은 한서寒暑의 기후로부터 몸을 보호하고 벌레들로부터 피하기 위한 것이지 사치를 위한 용도가 아니다. 탁발은 부처님이 설하신 법을 설하고 깨달음을 이루기 위한 것이다. 즉 이와 같은 용도를 위해 탁발에 의해 생명을 지탱하는 것이다. 불가에서 일의일발一衣一鉢이라는 말이 전해 내려오는 것은 출가 수행자의 간소함과 절제를 말하고 있는 것이라고 하겠다.

거처는 비, 바람을 피하고 법을 듣기 위해 찾아오는 재가불자들을 위해서도 필요한 것이다. 약품은 병이 났을 때 치료하기 위해 필요한 것으로 이것이 중요한 것은 말할 것도 없다.

---

303 붓다고사스님 지음·대림스님 옮김, 『청정도론』 1, 위의 책, pp.171~178.

이상 네 가지 청정은 일곱 가지 청정 가운데 계청정의 단계로서 계·정·혜 수행에서 계에 배대된 맨 처음 단계의 수행과정을 나타낸다. 즉 계청정은 계戒이고, 마음청정은 정定이며, 나머지 의심을 제거함에 의한 청정, 도와 도 아님에 대한 지知와 견見에 의한 청정, 도 닦음에 대한 지와 견에 의한 청정 등은 혜慧를 나타낸다고 앞에서 『역마차경』을 인용하면서 이미 밝혔다.

그러므로 이상 살펴본 계청정은 나머지 여섯 가지 청정 수행과정의 성취를 위해 비구 수행자가 반드시 이루어야 하는 수행과정이라고 할 것이다. 그런데 그러기 위해서 우선, 계목의 단속은 믿음(saddhā)으로 성취되어야 한다. 그리고 감각기능의 단속은 마음챙김으로 성취해야 한다.[304] 그리고 정진(vīriya)으로 생계의 청정을 성취해야 한다.[305] 그리고 통찰지로 필수품에 대한 계를 성취해야 한다.[306]는 점이다. 그것은 『청정도론』의 복주서인 담마빨라 스님이 지은 『빠라맛타만주사』에서 "계에 크게 의지해 계·정·혜·정진이 이루어진다."[307]라고 한 점에서 증명된다고 하겠다.

또한 이상 네 가지 계율의 청정은 계율의 구족을 의미하는데, 그것은 역시 『빠라맛타만주사』에서 "계를 구족한다는 것은 네 가지 최상의 청정한 계율을 구족한 결과, 구족한 자를 일컫는다."[308]라고 하는

---

304 붓다고사스님 지음·대림스님 옮김, 『청정도론』 1, 위의 책, p.181.

305 붓다고사스님 지음·대림스님 옮김, 위의 책, pp.179~186.

306 붓다고사스님 지음·대림스님 옮김, 위의 책, p.190.

307 Dhammapāla, 「*Visuddhimagga-mahāṭikā*」, op.cit., p.4. "sīlādivasenāti sila-samādhipaññāviriyavasena."

데에서 알 수 있으며, 이것은 비구 출가 수행자라면 반드시 갖춰야만 하는 것이라고 하겠다.

이상에서 계청정에 대해 살펴보았다. 계청정은 수행의 측면에서 뿐만 아니라 교육적으로는 윤리의 측면에서 매우 중요한 의미를 가지고 있다고 말할 수 있는데, 그것은 무시이래로 무명으로부터 비롯한 번뇌로 인해 깨닫지 못하고 윤회의 쳇바퀴의 상태로 있다가 이로부터 벗어나는 길에 들어가는 것이 '계'를 지키는 것으로부터 가능하기 때문이다. 그 까닭은 바르지 못한 행위를 함으로써 윤회의 쳇바퀴의 상태에 있다가, 바른 행위를 반복적으로 함으로써 계를 지키는 행위가 습관이 되어 윤회로부터 벗어날 수 있는 길에 들어갈 수 있기 때문이다. 계를 지키는 바른 행위의 습관은 그 다음 수행단계인 '심청정', 즉 사마타 수행에도 성장의 의미로서 다가간다. 그것은 계청정 수행의 완성은 "행위가 그 다음의 결과로 축적되어 가는 과정"[309]인 성장으로서 '심청정' 수행의 과정에서 깨달음에 나아가는 한 요인으로서 작용하게 되기 때문이다. 나머지 견청정을 비롯한 다섯 단계의 수행과정에서도 '계청정'의 완성이 성장의 요인으로 작용하는 것은 말할 것도 없다. 그러므로 '계청정'의 완성은 불교수행의 기본이 되며, 불교교육학적으로는 '도덕교육'의 지표라고 하겠다.

---

308 Dhammapāla, loc.cit., "sīlāsampannoti catupārisuddhisīlasampadāya sampanno samannāgato."

309 정지은·강기수, 『존 듀이 성장이론에 나타난 습관의 교육적 의의』, 『교육사상연구』, 제30권 제2호, 2016, pp.201~228. p.203에서 재인용함.

2) 사마타 수행의 전개: 마음청정(心淸淨: cittavisuddhiniddeso)

계청정이 갖춰져 있는 상태에서 마음의 청정, 즉 심청정이 이루어진다. 즉 계율을 제대로 지키지 못하는 상태에서 심청정이라고 하는 삼매수행이 이루어지기 힘들다. 『청정도론』에서 사마타, 즉 삼매를 어떻게 설명하고 있는지 살펴보자.

(1) 사마타; 삼매의 정의와 분류

정定은 사마타(samatha)를 옮긴 말로서, 삼매三昧라고 일컫기도 한다. 이것은 계행戒行이 갖춰진 상태에서 닦게 된다. 『청정도론』은 이것을 다음과 같이 설한다.

> 통찰지를 갖춘 사람은 계에 굳건히 머물러서 마음과 통찰지를 닦는다.[310]

몸(身)과 입(口)과 마음(意)의 삼업三業을 계로써 단속하고 이것을 철저히 지킨 상태에서(계청정에서는 감각기관의 단속에 의해 네 가지 계를 청정하게 지켜야 한다고 설명한다) 마음(定)과 지혜(慧)를 닦을 수 있다고 논하고 있다. 이것은 위빠사나의 지혜에 앞서 선정(또는 삼매)만을 닦는다고 표현하지 않고 있는 것을 의미한다. 엄밀히 말하면, 'samatha'와 'citta'는 다르지만 이렇게 '마음(citta)'이라고 표현하고

---

310 『청정도론』 1, 앞의 책, p.267; C. A. F. Rhys Davids, *The Visuddhi-Magga of BuddhaGhosa* (London: The Pāli Text Society, 1975), p.84. "sīle patiṭṭhāya naro sapañño cittaṃ paññāñca bhāvayaṃ"ti.

있는 것이다. 이것은 무엇을 말하고 있는가 하면 선정을 닦는다는 표현이 맞는데, 일반적으로 마음이라고 표현한 것 같다.

삼매에 대한 『무애해도』의 설명을 들어보자. 『무애해도』는 "(감각적 쾌락에 대한 바람으로부터의) 떠남(出離)의 힘에 의한 마음의 하나됨(心一境性)과 산란하지 않음으로서의 삼매가 있다. 그러한 삼매의 힘에 의해 지혜가 생긴다."[311]라고 하고 있다.

'감각적 쾌락에 대한 바람으로부터의 떠남', 즉 눈·귀·코·혀·몸·마음의 여섯 가지 감각기관(육근)이 감각적 쾌락을 바라지 않고 이것을 떠난 상태에서 마음이 하나가 되고 산란하지 않은 삼매가 있게 되고, 이와 같은 삼매의 상태로부터 지혜가 생기게 된다고 말하고 있다.

여러 논서에서는 '유익한 마음의 하나됨(kusalacitt'ekaggatā: 善心一境性)'[312]으로 삼매를 정의하고 있다. 이러한 말이 중국에서는 심일경성心一境性으로 정착되기도 했다.[313]

냐냐몰리는 삼매에 대해 마음의 통일된 상태를 의미하는 'ekaggatā' 또는 'cittass'의 의미만 있는 것이 아니라 하나의 대상에 집중하는 데 있어서 마음(냐냐몰리는 consciousness로 표현함)과 마음부수의 일치 또는 조화의 의미를 갖는다고 설명한다.[314]

그러면 왜 삼매라고 하며, 삼매에 든다는 것은 무엇을 의미하는

---

311 임승택 옮겨 지음, 『無碍解道譯註; *Translation and Annotation of paṭisambhidāmagga*』〔(사)가산불교문화연구원 출판부, 2001〕, p.254.

312 『청정도론』 1, 앞의 책, p.268 재인용.

313 각묵, 『초기불교 이해』, 앞의 책, p.442.

314 Bhadantācariya Buddhaghosa, op.cit., p.84.

것일까? "삼매에 든다(samādhāna)는 뜻에서 삼매라고 하며, 마음(心)과 마음부수(心所)들을 하나의 대상(eka-ārammaṇa)에 고르고 바르게 모으고, 두는 것을 의미한다."라고 『청정도론』은 설명한다.[315]

마하시 사야도는 아주 힘이 좋은 사마타와 위빠사나의 삼매가 생겨날 때 이런저런 대상들을 생각하는 장애(nīvaraṇa)들이 중간 중간에 들어오지 않고 사마타의 대상 또는 위빠사나의 대상에만 집중해서 머무는 삼매만 계속함으로써 (마음의) 깨끗한 상태가 생겨나는데 그러한 삼매만이 마음청정, 즉 삼매라고 설명하고 있다.[316]

삼매에 관한 정의가 이와 같다면 왜 삼매를 닦는 것일까? 그것은 있는 그대로의 것(yathātaṁ)을 관찰하기 위해서는 마음을 안정하도록 하는 선정이 필요하기 때문이라고 한다.[317]

파욱 또야 사야도는 오온 및 그것의 원인과 소멸을 알기 위해 삼매를 닦아야 하고, 또한 오온이 무상·고·무아임을 알기 위해 삼매를 닦아야 한다고 말한다.[318] 이와 관련하여 그는 『상윳따 니까야』의 다음과 같은 말씀을 인용하고 있다.

비구들이여, 삼매를 닦아라. 삼매에 든 비구는 있는 그대로 꿰뚫어

---

315 『청정도론』 1, 앞의 책, p.268 재인용; Vis, p.84. "Ekārammaṇe cittacetasikānaṃ samaṃ sammā ca ādhānaṃ ṭhapanan ti vuttaṃ hoti."

316 마하시 사야도 지음·비구 일창 담마간다 옮김, 『위빠사나 수행방법론』 1(이솔출판, 2013), p.154.

317 임승택, 「위빠사나(*vipassanā*) 수행관 연구 - 빠띠삼비나막가의 늘숨·날숨에 관한 논의를 중심으로 -」, 앞의 책, p.326.

318 일묵 옮김·파욱 또야 사야도, 「닙빠나에 이르는 길」(이솔, 2010), p.201.

안다.[319]

이것을 보더라도 삼매는 오온이 있게 된 원인과 이것의 소멸을 알 수 있도록 하며, 또한 통찰지를 닦는 데 있어서 그 바탕이 되고 원동력이라는 것을 알 수 있다.

그러면 삼매는 어떤 특징을 나타내고 있을까? 『청정도론』은 "(삼매란) 산란하지 않는 것이고, 그 역할은 산란함을 제거하는 것이다. 그 상태는 동요함이 없음으로 나타난다."[320]라고 설명한다.

한편 『해탈도론』에서는 "정定을 일으키는 것은 무엇을 말하는 것인가? 답하기를, 정定은 청정심이 있는 것이다. 일향一向의 정진과 적정寂靜의 공덕 등으로 바르고 참되게 머물러 산란함이 없는 것, 이것을 일컬어 정이라고 한다. 또한 번뇌의 맹렬한 바람으로 기울어 마음에 근심이 없는 것이 전각 안 등燈의 불빛이 움직임이 없는 것과 같다. 아비담에서 설한 것과 같이, 마음이 바르게 머물러 반연攀緣한 바가 없는 것과 같다. 또한 움직여 산란함이 없어서 적정하고 집착함이 없어서 정정正定·정근定根·정력定力 등 이것을 일컬어 정이라고 한다."[321]라고 설명하고 있다.

---

319 같은 책.

320 『청정도론』 1, 위의 책, p.269; Vis, op.cit., p.85. "Ettha pana avikkhepalakkhaṇo samādhi, vikkhepaviddhaṃsa-na-raso, avikampana-paccupaṭṭhāno, …"

321 『해탈도론(解脫道論)』 卷第一(T.32) pp.406c-407a. "云何起定. 答定者有淸淨心. 一向精進與寂靜功德等. 正眞住不亂. 此謂定. 復次煩惱猛風無傾心慮. 如殿裏燈光焰不動. 如阿毘曇說. 若心正住無所攀緣. 亦不動亂. 寂靜無著. 正定定根

『청정도론』은 삼매, 즉 정定을 산란하지 않은 것이라고 했고, 『해탈도론』은 정定에 바르고 참되게 머물러 산란함이 없는 것이라고 했는데, 산란함이 없는 마음의 상태에 머무는 것이니 둘 다 같은 의미이다.

이와 같은 의미와 특성을 띠는 삼매를 『청정도론』에서는 다섯 가지[322]로 분류한다. 산란하지 않은 특징을 지닌 삼매는 한 가지 삼매이다. 비록 여러 종류의 삼매로 분류될 지라도, 산란하지 않은 특징을 한 가지로 한다는 점에서 한 가지 삼매라고 한다.[323]

근접삼매와 본삼매, 세간적인 것과 출세간적인 것,[324] 희열이 있는 것과 희열이 없는 것, 행복이 함께한 것과 평온이 함께한 것의 두 가지로 나눈 것은 두 가지 삼매가 된다고 한다.[325]

定力. 此謂爲定."

322 『청정도론』 1, 앞의 책, p.269, 도 닦음(*patipadā*)은 처음으로 선정수행을 하는 것으로부터 시작하여 선禪의 근접삼매近接三昧(upacārā samādhi)가 일어날 때까지 계속하는 삼매의 수행을 말하고, 초월지(*abhiññā*)는 근접삼매에서 시작하여 본삼매本三昧(appanā samādhi)까지 계속되는 통찰지를 말한다.

323 같은 책; Vis, op.cit., "avikkhepalakkhaṇa tāva, eka-vidho."

324 출세간적인 삼매는 'Lokuttaro(出世間)'의 삼매이다. 성스러운 결과에 의한 삼매를 행한 것이다. 'Lokiyo(世間)'의 삼매이다. P. V. BAPAT, *Vimuttimagga and Visuddhimagga－A Comparative study* (India: Poona, 1937), p.28

325 『청정도론』 1, 앞의 책, p.269.; Vis, op.cit., p.85. "upcāra-appanāvasena duvidho; thatā lokiya-lokuttaravasena, sappītikanippīti kavasena, sukhasahagata-upekkhāsahagatavasena ca." 두 가지 삼매는 이 분류 외에 삿된 삼매(邪定: Micchā samādhi)와 바른 삼매(正定: Sammā samādhi)로 분류하기도 한다. 그러나 마하시 사야도는 삼매를 근접삼매와 본삼매 외 찰나삼매를 추가해 설명하고 있다. 『위빠사나 수행방법론』 1, 앞의 책, p.154 참조.

저열한 것과 중간인 것과 수승한 것, 일으킨 생각(vitakka, 尋)과 지속적인 고찰(vicāra, 伺), 희열(pīti, 喜)[326], 제한되고 고귀하고 무량한 것의 세 가지는 세 가지 삼매가 된다고 한다.[327]

도 닦음이 어렵고(고통스럽고) 초월지가 더딘 삼매 등 네 가지[328], 즉 도 닦음도 어렵고 초월지도 어려운 삼매, 도 닦음은 어려우나 초월지는 빠른 삼매, 도 닦음은 쉬우나 초월지가 더딘 삼매, 도 닦음도 쉽고 초월지도 빠른 삼매 등[329] 네 가지 삼매가 있다고 한다.[330]

그리고 다섯 가지 선禪의 구성요소로 다섯 가지 삼매가 있다고 한다.[331]

여기에서 삼매가 저열한 것과 중간인 것과 수승한 것의 세 가지로 나뉘고, 도 닦음이 어렵고(고통스럽고) 초월지가 더딘 삼매 등 네 가지로 나뉘는 것은 삼매수행에도 비구의 근기에 따라 차등이 있다는

---

326 Vim & Vis, op.cit., p.29. Upekkhāya saha uppanno; catutthajjhānaṃ, Sukhena saha uppanno; tatiyajjhānaṃ, Pītiyā saha uppanno; paṭhamajjhānaṃ 등이다.

327 『청정도론』 1, 앞의 책, p.269.; Vis, op.cit., p.85. "Tividho hīna-majjhima-paṇītavase-na; thatā savitakka-savicārādivasena, pītisahagatādivasena, paritta-mahaggatappamāṇavasena ca."

328 같은 책; loc.cit., "Catubbidho dukkhā-paṭipadā-dandhābhiññādivasena."

329 위의 책, p.272.; Vis, ibid., p.86. "atthi samādhi dukkhāpaṭi-pado dandhābhiñño, atthi dukkhāpaṭi-pado khippābhiñño, atthi sukhāpaṭipado dandhābhiñño, atthi sukhāpaṭipado khippābhiñño ti."

330 위의 책, p.269.; Vis, ibid., p.85. "paritta-parittārammaṇādivasena, catujhānangavasena, hānabhāgiyādivasena, kāmāvacarādivasena, adhipativasena ca."

331 같은 책; loc.cit., "Pañcavidho pañca-kanaye pañcajhānangavasenāti."

점을 나타내고 있는 것이다.

비구가 처음에 선을 닦기 시작하여 근접삼매[332]가 일어날 때까지 계속해서 삼매의 수행을 하는 단계는 도 닦음이 되고, 근접삼매에서 본삼매까지 계속되는 통찰지는 초월지가 된다. 여기서 근접삼매는 근행정近行定이라고도 표현하는데, 여러 개蓋(nivaraṇa), 즉 장애를 사단(捨斷; 버리거나 끊음)함으로써 마음이 집중하는 상태를 의미한다. 이것은 예비 정定을 가리킨다.[333] 그리고 본삼매는 초선 등에 소속된 심尋·사伺·희喜·락樂·정定이 나타남에 의해 마음이 본격적으로 집중하는 심일경성心一境性의 상태를 의미한다. 이것은 본격적인 정定을 가리킨다.[334]

도 닦음의 과정에서 장애가 발생하게 되는 것을 보더라도 삼매수행이 누구에게나 다 쉬운 것은 아니다. 어떤 자에게는 장애(nīvaraṇa, 五蓋)를 극복하는 일이 어려운 반면에, 어떤 자에게는 장애를 극복하는 일이 쉬우며, 초월지의 경우도 어떤 자에게는 더디고, 어떤 자에게는 빠르다.[335] 즉 수행자의 근기에 따라 삼매수행의 정도가 다르게 나타나는 것이다.

한편 『무애해도』는 삼매를 55가지 또는 25가지로 분류하며 설명한

---

332 마하시 사야도는 사마타 수행을 하는 수행자에게 수행 중간에 있게 되는 여러 가지 생각들인 장애들이 사라졌을 때 닮은 표상이나 깨끗한 부처님의 공덕 등을 대상으로 계속 이어져 생겨나는 욕계삼매가 근접삼매라고 설명한다. 『위빠사나 수행방법론』 1, 앞의 책, p.154 참조.

333 최봉수, 「淸淨道論 연구의 발단」, 『가산학보』, 앞의 글, pp.349~350.

334 같은 글.

335 『청정도론』 1, 앞의 책, pp.272~273.

다.[336] 삼매가 이처럼 여러 가지로 분류되나 『청정도론』이든, 『해탈도론』이든, 공통적으로 마음을 산란하지 않게 하는 것을 그 특성으로 하고 있다.

①삼매 수행에 방해가 되는 열 가지 장애

『청정도론』은 다섯 가지로 분류되는 삼매를 제대로 닦기 위해서는 열 가지 장애를 끊어야 한다고 설명한다. 열 가지 장애란 거주하는 곳, 가족, 이득, 대중, 공사, 여행, 친척, 질병, 서적, 신통을 말한다.[337]

닙빠나를 지향하는 출가 수행자에게 이상 예로 든 열 가지가 삼매를 닦는 수행에 장애가 된다는 것은 너무나 당연하다고 하겠다. 출가란 단순히 집을 떠나는 것이 아니라 인연을 맺고 있던 것들로부터 완전히 떠나는 것, 즉 집착에서 벗어나서 깨달음을 증득하기 위해 수행하는 것이기 때문이다. 붓다가 성도成道하기까지 가족, 친구 등 모든 인연으로부터 떠나서 선정 수행에 정진하였음을 봐도 알 수 있다. 마음을 하나로 집중시키는 것이 삼매라는 점에서 이처럼 삼매에 방해가 되는 요소들을 멀리하는 것은 당연한 일일 것이다.

『분별론分別論』 주석서에 의하면[338] 열 가지 장애를 타파하기 위해서

---

336 임승택 옮겨 지음, 『無碍解道譯註; *Translation and Annotation of paṭisambhidāmagga*』, 앞의 책, pp.138~140.

337 『청정도론』 1, 앞의 책, pp.278~291.; Vis, op.cit., pp. 90~97. "(i) āvāso … (ii) kulan … (iii) Lābho … (iv) Gaṇo … (v) Kamman … (vi) Addhānan … (vii) Ñātī … (viii) Ābādho … (ix) Gantho … (x) Iddhī …"

338 浪花宣明, 『分別論註 - *Vibhaṅgaṭṭhakathā*と *Vibhaṅgamūlaṭīkā* -』(京都: 平樂寺書店, 2004), p.121.

는 비구는 무엇보다도 먼저 청정한 계戒로서 몸과 마음을 단속해야만 하며, 그런 다음에 비구는 장애를 타파함으로써 계界의 작의作意와 업처業處[339]를 배우고 익히는 것이 가능하다는 것이다. 『청정도론』이 계청정부터 기술하고 있는 것도 이와 같이 청정한 계에 의한 몸과 마음(六根防護)의 확립이 전제될 때 열 가지 장애가 타파되는 것이 가능하기 때문이다.

그러므로 『청정도론』을 지도하는 스승(ācariya)[340]은 열 가지 장애가 바른 삼매 수행을 위한 수행환경이 아니라는 점을 들어 제자가 청정한 계로 몸과 마음을 단속함으로써 이것들을 따르지 않도록 가르쳤다고 볼 수 있으며, 제자는 스승 비구의 지도로 이러한 열 가지 수행에 방해되는 것들을 멀리하도록 유의할 수밖에 없었다고 하겠다.

존 듀이에 의하면 교육에서 지도의 개념은 한쪽으로 도움을 줘 안내하는 것이고, 다른 쪽으로 규제하거나 규율하는 것의 의미를 가짐으로써 의미 있는 어떤 계속된 과정으로 이끄는 것이라고 하는 점[341]에서 스승 비구는 열 가지 장애로부터 제자 비구가 벗어나도록 하는 방법을 안내하거나, 그것들에 가까이 가지 못하도록 규제하는

---

339 상좌부불교 전통에서 명상할 때 집중하는 대상, 즉 명상주제를 업처라고 한다.

340 스승과 제자 사이의 사제관계는 불교 이전부터 이미 전통적으로 전해내려 왔다. 유명한 인도의 우파니샤드도 그 어원이 '스승 곁에 가까이 앉는다.'는 의미를 담고 있어서 스승과 제자 사이에 비의적秘意的 수행방법이 전해졌음을 가리킨다.

341 John Dewey, *Democracy and Education*(New York: Dover Publicatins, Inc, 2004), p.23.

역할을 담당했던 것이다.

그리고 수행 따로, 교육 따로가 아니라 수행이 교육이 된다는 점에서 수행환경은 교육환경이었다. 존 듀이 식으로 표현한다면 수행환경(교육환경도 됨)은 공간으로서 '새로운 위치(stations)로 진입하는 성장'[342]의 의미를 담고 있다. 새로운 위치란 깨닫기 위한 수행과정에 적합한 공간이다. 그런 점에서 수행이 전개되는 주변 환경이 주는 의미는 매우 크다고 할 것이다. 붓다가 재세 시 머문 기원정사가 시내에서 너무 멀거나 너무 가깝지도 않은 적당한 거리에 있었다는 사실은 이러한 열 가지 장애에서 벗어나 수행에만 전념할 수 있는 환경을 구비하고 있어야만 한다는 점을 단적으로 나타내고 있는 것이라고 하겠다. 이러한 사실은 달리 말하면 제대로 된 수행을 위해서는 이에 걸맞은 수행환경을 구비하고 있어야 한다는 의미를 나타내고 있는 것이기도 하다.

②명상주제의 선택과 선우善友의 역할

명상하는 데 장애가 되는 열 가지 요소를 없앤 후 비구는 삼매를 닦는 데 도움이 되는 40가지 명상주제 가운데에서 자신의 근기에 맞는 명상주제를 선택하는 것이 가능하였다.

비구는 명상주제를 선택할 때 아무렇게나 선택해서는 안 되고,

---

342 정지은·강기수, 『존듀이 성장이론에 나타난 습관의 교육적 의의』, 앞의 글, p.204에서 재인용함. 출처: Dewey, John(1901), The Collected Works of John Dewey: The later Works, Vol.17. "Education Lectures Before Brigham Young Academy", Carbondale and Edwardsville: Southern Illinois University Press.

자신의 소질과 능력의 범위 내에서 명상주제를 선택해야만 했다.

명상주제는 업처業處라고도 불리는데, 명상에 집중하기 위한 대상이다. 명상 집중의 대상인 이 업처에 집중함으로써 심일경성의 상태가 우선적으로 이루어지고, 그 다음에 본격적으로 심일경성의 상태가 이루어진다.

업처 가운데 10편遍은 붓다가 설한 내용과 차이가 있는데, 즉 붓다는 10편에서 아홉 번째는 공空, 열 번째는 식識이라고 설하셨는데, 여기서는 광명편光明遍과 한정허공편限定虛空遍이라고 언급하고 있는 것이다.[343]

비구가 자신의 소질과 능력에 따라 40가지나 되는 명상주제 가운데에서 어떤 것을 명상주제로 선택할 것인가 하는 것과 관련하여 중요한 것은 비구에게 선우(善友; kalyāṇamitta), 즉 훌륭한 스승이 반드시 필요하다는 점이다. 왜냐하면 선우는 명상주제를 주는 분(kamma-ṭṭhānadāyaka)이므로 친근해야 하며,[344] 또한 귀하고, 존귀하고, 훌륭하고, 설법에 능통하며, 비난하는 말을 경청하며, 심오한 해설을 하고, 부낭한 행위를 부추기지 않는 분이기 때문이다. 그리고 선우는 덕(guṇa)을 갖추고 오직 타인의 이로움을 구하며 항상 향상(증장)의 측면에 서 있는 자이기 때문이다.[345]

---

343 최봉수, 『부파불교원전의 이해』, 앞의 책, op.cit., p.119.

344 『청정도론』 1, 앞의 책, p.291.; Vis, op.cit., p.97. "Kammaṭṭhānadāyakaṃ kalyāṇamittaṃ upasankamitvā…"

345 위의 책, p.293. 선우란 어떤 분인지 설명하는 이 구절은 AN iv.32에 나타난다고 한다.; Vis, ibid, p.98. "kalyāṇamittan ti: —Piyo garu bhāvanīyo vattā ca

교육적으로 이것을 해석하면, 교육은 교육을 받을 대상으로서 비구만 있어서 이루어지는 것이 아니다. 교육은 명상수행을 하는 주체인 비구와 그 대상인 명상주제들 사이에 명상을 지도할 수 있는 자격을 갖춘 스승 비구인 선우의 지도로 이루어지는 관계가 되는 것이다. 이와 같은 스승과 제자 사이의 관계는 '줄탁동시啐啄同時'로 표현할 수 있는데, 스승이 제자의 근기에 맞게 시의 적절하게 명상주제를 준다는 점에서 이와 같이 표현하는 것이다.

선우가 이처럼 중요한 의미를 지니고 큰 역할을 하는 이유는 제자 비구로 하여금 자신의 근기에 맞는 명상주제를 택해 명상수행을 함으로써 종국에 가서는 닙빠나에 이르는 인간이 되도록 결정적으로 큰 도움을 주는 사람이기 때문이다. 이것을 달리 표현하면 선우, 즉 스승 비구는 교사로서 인식의 계기일 뿐만 아니라 교육내용의 구현체가 된다는[346] 점을 나타내고 있다. 달리 표현하면 스승 비구는 제자 비구에게 명상을 통해 닦아 나가면 이제까지 경험하지 못한 깨달음이라는 새로운 세계가 있음을 안내하고 알려줌으로써, 제자 비구가 과거의 잘못된 고정관념에 갇혀 있는 데에서 벗어나 깨달음을 향해 나아가게 한다고 할 수 있다.

러시아의 심리학자 비고츠키는 '근접발달영역(Zon of Proximal

---

vacanakkhamo, gambhīrañ ca kathaṃkattā, no ca ṭhāne niyojaye ti. Evam ādiguṇasamannāgataṃ ekanta hitesiṃ vuḍḍhipakkhe ṭhitaṃ kalyāṇa-mittaṃ."

346 이홍우·이환기·김광민 편, 『마음과 교과 - 열린 교육의 이론적 쟁점 - 』(성경재, 2000) 가운데 김광민, 「열린 교육과 불교의 수행이론」, p.298.

Development)'이라고 하는 개념을 언급하였는데, 그는 교수—학습이 아이들의 성장과 발달에서 갖는 긍정적인 의미가 무엇인지 파악하고, 나아가 이와 같은 발달과 긍정적 관계를 위해 교수—학습에 대해 함께 주체적으로 고민하는 것이 '근접발달영역'이라는 것이다.[347] 그는 또한 교수—학습이 발달을 이끈다고 주장하고 있는데,[348] 교사가 제자를 진단하는 것, 다시 말하면 학습자인 제자의 발달 가능성과 발달할 수 있는 미래에 대한 진단하는 것이 교수—학습의 관계에서 가능하다는 것이다.

그러므로 이와 같은 비고츠키의 이론에 의해 우리는 스승인 선우가 제자 비구의 근기, 즉 소질과 능력을 파악하여 명상주제를 선택하여 앞으로 명상수행을 효과적으로 하도록 도움을 주는 것이 바로 스승과 제자 사이에 성립하는 '관계의 교육학 이론'이라고 할 수 있다.

그렇지만 스승 비구가 제자 비구에게 명상수행에 관해 도움을 주는 것은 필요하지만 계속해서 도움만 줄 수는 없다.

우리는 이와 관련하여 존 듀이가 언급하는 교육에 관한 개념에 대해 살펴볼 필요가 있다.

"내가 주로 끌어내려고 하는 교육적인 교훈은 어떠한 생각, 어떠한 아이디어도 한 사람으로부터 다른 사람에게 아이디어로서 전달될

---

347 진보교육연구소 비고츠키교육학실천연구모임 지음, 『관계의 교육학, 비고츠키』(살림터, 2015), p.104.

348 진보교육연구소 비고츠키교육학실천연구모임 지음, 『관계의 교육학, 비고츠키』, p.108.

수는 없다는 것이다. 그것을 말로 해주면, 그 말을 듣는 사람에게 그것은 또 하나의 주어진 사실일 뿐이지 아이디어는 아니다. … 문제의 조건들과 직접 부딪쳐 씨름하고 자기의 해결책을 모색하고 찾을 때만 사고하는 것이다. 부모나 교사가 사고를 자극하는 조건을 제공하고 학습자와 공동의 또는 연결된 경험에 들어감으로써 학습자의 활동에 대해 공감적 태도를 가졌다면, 학습을 위해 보조자가 할 수 있는 일은 모두 한 것이다. 나머지는 직접 관련된 당사자에게 달려 있다. 만일 학습자가 자신의 해결책을 생각해 내지 못하면(물론 혼자서가 아니라 교사나 다른 학생들과 의견교환을 하면서) 비록 백퍼센트는 정확하게 정답을 암기할 수 있을지라도 그는 학습을 하지 못할 것이다."[349]

그렇다면 스승인 선우가 제자들에게 가르쳐야 할 명상주제에는 어떠한 것들이 있는가? 그것은 '모든 것에 유익한 명상주제'와 '특별한 명상주제'의 두 가지가 있다.

'모든 것에 유익한 명상주제'는 비구 승가 등에게 자애(慈)의 마음을 내고, 또한 죽음에 대한 마음챙김(maraṇassati, 死念)을 하는 것을 말한다. 먼저 자애慈愛의 마음을 내는 것은 명상주제를 지니고 있는 비구는 경내境內에 있는 모든 비구로 한정하고 그들에 대해 '모든 비구 승가가 행복하고 괴로움이 없기를' 바라면서 자애를 닦아야 하는 것을 말한다.[350]

---

349 노진호, 「존 듀이의 교육이론: 반성적 사고와 교육」(문음사, 2002), p.97. 『*Democracy and Education*』, p.188. 재인용함.

담마빨라는 『청정도론』의 주석서인 『위수디마가 마하티까』에서 '경내境內에 있는 비구'에 대해 "관념수행觀念修行을 하는 자는 절에 있는 모든 비구들로서 함께 머무르는 비구들이다."[351]라고 한정하고 있다. 그리고 그는 '모든 비구 승가가 행복하고 괴로움이 없기를 바라는 것'에 대해서 "(비구) 자신이 유연한 마음을 내는 것이고, 이렇게 마음을 유연하게 낸다는 의미는 '사람들에게 사랑받기를 바라는' 이라는 내용으로 『자비공덕경慈悲功德經(*mettānisaṃsasutta*)』에서 설해진 경우이다."[352]라고 주석하고 있다.

그런 다음에 비구는 경내에 있는 신장神將들에 대해, 탁발 가는 마을의 지도자들에 대해, 그리고 그곳에 사는 사람들과 그들에게 의지하는 모든 중생들에 대해 마찬가지로 자애를 닦는다는 것이다.[353] 즉 비구는 자애명상慈愛瞑想을 닦는 것이다.

그리고 죽음에 대한 마음챙김(maraṇassati, 死念)을 할 때, 비구는 '우리도 필경에는 죽게 될 것이다.'라고 생각하면서 삿되게 구함을 버리고 염리심厭離心이 점점 커져서 집착하지 않는 생활을 하게 된다는

---

350 위의 책, p.291.; Vis, ibid., p.97. "tattha sabbatthakakammaṭṭhānaṃ nāma: bhikkhusaṅghādisu mettā maraṇasatica, asubhasaññātipi eke, kammaṭṭhānikena hi bhikkhunā paṭhamaṃtāva paricchinditvā sīmaṭṭhaka bhikkhusaṅghe sukhitā hontu abyāpajjhāti mettā bhāvetabbā."

351 *Pm*, op.cit., p.348. (출처: http://www.tipitaka.org/cst4)

352 ibid., p.38.

353 『청정도론』 1, 앞의 책, p.291.; C. A. F. Rhys Davids, op.cit., "tato sīmaṭṭhakadevatāsu, tato gocara gāmamhi issarajane, tato tattha manusse upādāya sabbasattesu."

것이다.[354]

그리고 비구의 마음이 부정상不淨想이 증대해졌을 때 천신天神들의 대상들조차도 그의 마음을 탐욕으로 유혹하지 못하게 된다는 것이다.[355]

이처럼 모든 곳에(sabbattha) 많은 이익이 있고 필요하기 때문에 모든 것에 유익한 명상주제라고 부르는데,[356] 자애명상이 주를 이룬다. 담마빨라는 『청정도론』의 주석서인 『위수디마가 마하티까』에서 이에 대하여 "사문의 자비심으로 관념수행을 실천한다."[357]라고 주석하고 있다.

이 '모든 것에 유익한 명상주제'에서 언급하고 있는 '자애명상'과 관련하여 짚고 넘어가야 할 것이 있다. 다름 아니라 '자애명상'은 중국 선불교와 비교할 때 중요한 의미를 담고 있다는 것이다. 그것은 중국 선불교, 즉 선종禪宗에서는 이 '자애명상'이 빠져 있다는 점이다. 그래

---

354 위의 책, p.292.; Vis, ibid., p.98. "Maraṇasatiyā pana avassaṃ mayā maritabbanti cintento anesanaṃ pahāya uparūpari vaḍhemānasaṃvego anolīnavuttiko hoti." 대림은 'vaḍḍhamānasaṃvego'를 '분발심이 점점 더 커져서'라고 번역하고 있으나. 이 말은 '싫어하는 마음(厭離心)이 점점 커짐'이라고 번역하는 것이 옳다고 본다.

355 같은 책; loc.cit., "Asubhasaññā paricitacittassa panassa dibbānipiārammaṇāni lobha vasena cittaṃ na pariyādiyanti."

356 같은 책; loc.cit., "Evaṃ bahūpakārattā sabbatta atthayitabbaṃ icchitabbanti ca adippetassa yogānuyogakammassa ṭhānañcāti sabbatthaka kammaṭṭhānanti vuccati."

357 *Pm*, op.cit., p.38.

서 중국 선종의 참선수행법은 너무 이지적理智的이라는 느낌이 들 정도로 이성적인 듯하다. 그러나 그렇다고 해서 중국 선종의 참선수행법이 자애롭지 않다는 것은 아니다. 다만 이 자애명상수행이 중국 선종의 참선수행법에서 빠짐으로써 이와 같이 느껴질 수도 있다는 말이다. 개인적인 소견이지만 선종에서 자애명상법을 참고해서 참선수행 시 활용하면 어떨까 하는 것이다.

한편 특별한 명상주제가 있다. 이것은 40가지 명상주제 가운데 비구의 기질에 맞는 명상주제를 말하는데, 비구가 이러한 명상주제를 항상 지녀야 한다는 것이다.[358]

부처님 재세 시에 비구들은 모든 것을 구족한 선우인 부처님이 가까이에 계셨기 때문에 직접 명상주제를 받았다. 그러나 부처님이 열반한 후에는 여러 제자들 가운데 80명의 큰 제자 가운데 살아계신 분에게 명상주제를 받아야만 했다. 그렇지 않은 경우에 비구는 자신이 원하는 명상주제에 따라 위빠사나 수행으로 번뇌가 다한 분에게 받았다. 그렇지 않으면 비구는 예류자預流者, 일래자一來者, 불환자不還者, 선禪에 든 범부, 3장藏 또는 2장 또는 1장에 통달한 분들 가운데 수행의 순서대로 이들 각각에게 접근해서 명상주제를 받아야 했다.[359]

그러나 비구가 승원 내에서 이와 같은 선우가 없는 경우에는 그가

---

358 『청정도론』 1, 앞의 책, pp.291~292.; Vis, op.cit., p.99. "Cattāḷīsāya pana kammaṭṭhānesu yaṃ yassa caritānukūlaṃ taṃ tassa niccaṃ parihari tabbattā, uparimassa ca uparimassa ca bhāvanā kammassa padaṭṭhānattā, pārihāriya-kammaṭṭhānanti vuccati."

359 위의 책, p.294.; loc.cit.

사는 곳으로 직접 찾아가야 했다. 한 예를 들면 다음과 같다.[360] 선우를 찾아 길을 떠나는 비구는 의무를 다하면서 자신의 의발을 들고 가는 도중에 들리는 승원에 들어갈 때와 떠날 때 손님으로서의 의무를 다하며, 또한 간소한 필수품으로 극도로 엄격한 생활을 하면서 가야 했다.

> 만약 스승이 연장자라면 제자인 (비구는) 나아가서 절하고 서 있어야 했다. '도반이여, 의발을 내려놓으시게.'라고 (스승이) 말하면 내려놓아야 했으며, (스승이) '물 한 컵 마시게.'라고 말하면 (제자가) 만약 원한다면 마셔도 되었다. … 만약 스승이 기름병을 가져오면 (제자는) 일어서서 두 손으로 공손히 받아야 했다. (제자가) 만약 받지 않으면 '이 비구가 어느새 함께 사용하는 것에 화가 났구나.'라고 (스승이) 오해를 할지 모른다. … (제자가) 도착한 날부터 바로 '존자시여, 제게 명상주제를 설해 주소서.'라고 말해서도 안 된다. 둘째 날에는 만약 스승에게 평소 시자가 있으면 그에게 허락을 청하여 의무를 행해야 한다. 만약 (시자에게) 청했지만 허락되지 않으면 기회가 주어질 때 행해야 한다. … 세존께서 (율장律藏의) 「칸다까」에서 "비구들이여, 제자는 스승에게 바르게 의무를 다해야 한다. 이것이 바른 의무이다. 그는 먼저 일어나서 신발을 벗고 한쪽 어깨로 상의를 입고 (스승에게) 치목(齒木: 칫솔)을 드려야 하고, (스승에게) 세수할 물을 드려야 하고, (스승에게) 앉을 자리를 마련해야 한다. (제자는) 만약 죽粥이 있으면 대접을

---

360 위의 책, pp.295~298.; loc.cit.

씻은 뒤 죽을 가져와야 한다."라고 설하셨듯이 그 모든 것을 해야 한다. …[361]

이상의 내용은 명상주제를 스승에게 청하는 제자의 자세와 의무에 관해 설명하고 있다. 『청정도론』은 스승에게 명상주제를 청하기 위해 제자로서 예의를 다해야 하는 사제동행師弟同行의 관계를 나타내고 있다. 이와 같이 스승 비구와 제자 비구 사이에 명상주제를 주고받으며 전개되는 모습은 붓다 재세 시에 있었던 전통이 후대에 내려온 것이라고 할 수 있다. 붓다는 항상 제자인 비구들과 함께 기원정사 등에 머무르고 있으면서 가르침을 펴며 공동생활을 하였다. 그러므로 붓다와 비구들 사이에는 의무를 다해 가르침을 청하고, 가르침을 주는 모습으로 나타났다고 할 수 있으며, 이것이 전통이 되어 후대에 이르기까지 내려왔다고 볼 수 있는 것이기 때문이다.

③ (수행자의) 여섯 가지 기질에 따른 명상주제의 선택

수행 비구는 사람이 지니고 있는 여섯 가지 기질(cha cariyā; 기질〔cariyā〕은 천성〔pakati〕, 개성〔ussannatā〕과 같은 뜻이다), 즉 탐하는 기질, 성내는 기질, 어리석은 기질, 믿는 기질, 지적인 기질, 사색적인 기질[362] 가운데 자신에게 맞는 기질에 맞추어 명상주제를 선택할 필요가 있다.

---

361 Vis, ibid., pp.99~101.

362 Vis, ibid., p.101. "ettha-cariyāti-cha cariyā, rāgacariyā desacariyā mohacariyā saddhācariyā buddhicariyā vitakka cariyāti,"

비구가 자신의 기질에 따라 명상주제를 선택한다는 점은 불교에서의 교육이 교육심리학에서 학생의 심리적 상태나 성숙도에 따라 학습을 시키는 방법을 논하고 실제 수업시간에 활용하는 것 못지않다는 점을 시사해 준다.

『해탈도론』은 『청정도론』처럼 수행자를 여섯 가지 기질로 본 것이 아니라 14가지 기질로[363]로 분류하고 있다.

여섯 가지 기질인 탐하는 기질, 성내는 기질, 어리석은 기질, 믿는 기질, 지적인 기질, 사색적인 기질은 행동거지에 따라, 일하는 것에 따라, 먹는 것에 따라, 보는 것 등에 따라, 법法(심리현상)이 일어나는 것에 따라 판별될 수 있다고 한다.[364]

제자 비구가 명상주제를 선택하는 데 있어서 그가 어떤 기질인가 파악하는 것은 스승 비구가 해야 하는 중요한 일이 되며, 이와 같이 제자 비구의 기질을 스승 비구가 바르게 파악할 때 그에 합당한 교육이 이루어지는 것이다.

그밖에 『청정도론』은 숙소, 의복, 발우, 탁발 가는 길과 마을, 음식을 시중드는 사람, 죽, 까시나 명상수행 시 명상대상의 색깔 등에 대해

---

363 Vism, op.cit., p.34. 14종의 기질: 'Rāgā-cariyā', 'Dosa-cariyā', 'Moha-cariyā', 'Saddha-cariyā', 'Buddhi-cariyā', 'Vitakka-cariyā', 'Rāgā-Dosa-cariyā', 'Rāgā-moha-cariyā', 'Dosa-moha-cariyā', 'Sama-bhāga-cariyā', Saddha-buddhi-cariyā', 'Saddha-vitak,ka-cariyā', 'Buddhi-vitak,ka-cariyā', 'Sama-bhāga-cariyā.'

364 『청정도론』 1, 앞의 책, pp.305~310.; Vis, op.cit., p.104. "Yaṃ pana vuttaṃ kathañca jānitabbaṃ ayaṃ puggalo rācari toti ādi, tatrāyaṃ nayo. Iriyāpathato kiccā bhojanā dassanādito, Dhammappavattito ceva cariyāyo vibhāvayeti."

탐하는 기질, 성내는 기질, 어리석은 기질, 믿는 기질, 지적인 기질, 사색적인 기질에 따라 구분해 설명하고 있다.[365] 이 또한 학습자인 비구를 둘러싼 환경적 요인들을 스승 비구가 고려해 명상주제를 주고 있음을 보여주고 있다.

그러므로 제자 비구의 기질을 스승 비구가 정확하게 파악하는 일은 제자 비구에게 자신에게 적합한 수행방법을 선택하도록 도움을 주고, 또한 적합한 교육방법의 선택이기도 한 점에서 그 중요도가 크다고 하겠다.

그런데 스승 비구가 제자 비구를 그 근기에 따라 교육을 하는 것과 관련하여 피아제의 발달이론을 살펴보는 것도 의미가 있다고 할 수 있다. 피아제는 아동의 인지발달과정을 연령 단계별로 제시하였는데, 출생부터 2세 무렵까지의 감각동작단계, 7세 무렵까지의 전조작단계, 11세 또는 12세까지의 구체적 조작단계, 15세 무렵에 이루어지는 형식적·추상적 조작단계 등[366]이 그것이다. 연령별 각 단계를 설명하면, 감각동작단계에서는 아이의 손놀림과 신체동작의 발달이 이루어지지만 사물을 표현하기는 하지만 개념다운 개념에 대해서는 아직 알지 못한다고 한다.[367] 그리고 구체적 조작기에서는 분류와 서열 등 논리적 조작과 관련되는 개념이 아동에게 생기는데, 구체적 사물을 대상으로 할 때 그렇다는 것[368]이다. 그 다음에 형식적 조작기에서는

365 위의 책, pp.311~315.

366 D. W. 함린 저; 이홍우 역, 『교육인식론』—경험과 이해의 성장, (교육과학사, 2010), p.90.

367 위의 책, p.91.

추상적으로 사고하는 것이 가능해지고, 이에 따라 논리적으로 문장을 만들거나 말을 할 수 있는, 즉 명제의 형식을 취하게 된다.[369]

이상은 피아제가 언급하는 아동의 연령별 단계의 인지발달의 내용이다. 필자가 피아제의 인지발달이론 가운데 관심을 갖는 내용은 "지능의 발달은 반드시 일정한 순서를 따라 이루어지며, 그것은 어느 한 단계에서 형성된 구조들이 그 이전에 형성된 구조나 관계를 논리적으로 가정하기 때문이다."[370]라는 주장이다.

그의 '지능발달은 반드시 일정한 순서에 따라 이루어지고, 아동의 연령별 단계는 전단계의 논리적 가정'이라는 주장은 인식론과 관련이 있는데, 이와 같은 인지발달의 인식론은 『청정도론』의 일곱 단계의 수행과정에서 차제적으로 이루어지는 비구의 의식 흐름의 변화를 인식론으로 성립할 수 있는 토대를 마련해 준다는 데 그 의의가 있다고 할 수 있다. 스승 비구의 명상지도에 의해 점차적으로 제자 비구의 의식이 출가전과 달리 발달하기 때문이다.

④열 가지로 판별되는 40가지 명상주제

『청정도론』은 비구의 기질들을 관찰한 스승은 비구들에게 다음과 같은 방식에 의해 40가지의 명상주제를 가르쳐야 한다고 설명한다.

명상주제는 첫째, 숫자의 설명에 따라, 둘째, 근접삼매와 본삼매에 따라, 셋째, 선禪의 종류에 따라, 넷째, 극복함에 따라, 다섯째, 확장함

---

368 위의 책, pp.91~92.

369 위의 책, p.92.

370 같은 책.

과 확장하지 않음에 따라, 여섯째, 대상에 따라, 일곱째, 장소에 따라, 여덟째, 취하는 것에 따라, 아홉째, 조건에 따라, 열째, 기질에 따라 등 열 가지 측면에서 판별된다는 것이다.[371]

스승 비구가 제자들의 기질에 맞추어 명상주제를 가르칠 때 열 가지 측면에서 판별한다는 것은 열 가지 기준에 의해 지도하는 것을 의미한다.

이러한 기준은 축구 경기규칙의 비유로 설명할 수 있다. 즉 축구선수는 앎의 주체이고, 축구공은 앎의 대상인데, 축구경기는 축구선수와 축구공만으로 이루어지는 것이 아니다. 여기에 경기규칙이 들어갈 때 축구경기의 목적을 달성하게 되듯이[372] 명상주제도 스승의 지도로 제자 비구는 열 가지 기준에 의해 따라 수행을 하게 되는 것이다.

반면에 『해탈도론』은 아홉 가지 방법으로 38가지 명상주제를 알아야 한다고 설명하고 있다는 점에서[373] 『청정도론』과 차이가 난다.

열 가지 측면 가운데 첫째, '숫자의 설명에 따라'는 명상주제를 40가지 명상주제 가운데서 선택을 하는 것을 말한다.[374] '숫자의 설명에 따라'는 담마빨라의 『위수디마가 마하티까』에 따르면, "관찰하여 헤아린 것들이 40개의 것들이라는 것은 숫자를 세어 파악하여 약설略說한 설명이기 때문이다."[375]라고 주석하고 있다.

---

371 『청정도론』 1, 위의 책, pp.315~316.; Vis, op.cit., p.110.

372 김춘일, 『교육현상학의 기초』(태학사, 1997), p.167.

373 Vim & Vis, op.cit., p.39.

374 『청정도론』 1, 앞의 책, p.316.; Vis, op.cit., p.110. "Tattha saṅkhātaniddesatoti: cattāḷīsāyakammaṭṭhānesū itihi vuttaṃ."

40가지 명상주제는 열 가지 까시나(dasa kasiṇā), 열 가지 부정(十不淨: dasa asubha), 열 가지를 계속해서 생각하는 것(dasa anussatiyo: 隨念), 네 가지 거룩한 마음가짐(cattāro brahmavihārā: 梵住), 네 가지 무색無色의 경지(āruppa), 한 가지 인식(saññā), 한 가지 분석(vavatthāna)이다.[376] 구체적으로는 다음과 같다.[377]

열 가지 까시나는 땅의 까시나(pathavīkasina), 물의 까시나(āpokasina), 불의 까시나(tejokasina), 바람의 까시나(vāyokasina), 푸른색의 까시나(nīlakasina), 노란색의 까시나(pītakasina), 빨간색의 까시나(lohitakasina), 흰색의 까시나(odātakasina), 광명의 까시나(āloka-

375 *Pm*, op.cit., p.41.

376 『청정도론』 1, 앞의 책, p.316.; Vis, loc.cit., "tatrimāni cattāḷīsa kammaṭṭhānāni: – dasa kasiṇā dasa asubhā dasa anussatiyo cattāro brahmavihārā cattāro āruppā ekā saññā ekaṃvavatthānanti."

377 위의 책, pp.316~317.; ibid., pp.110~111. "Tattha paṭhavi kasiṇaṃ āpokasiṇaṃ tejokasiṇaṃ vāyokasiṇaṃ nīlakasiṇaṃpītakasiṇaṃ lohitakasiṇaṃ odātakasiṇaṃ ālokakasiṇaṃ paricchinnākāsakasiṇanti, ime dasakasiṇā. Tattha paṭhavi kasiṇaṃ āpokasiṇaṃ tejokasiṇaṃ vāyokasiṇaṃ nīlakasiṇaṃpītakasiṇaṃ lohitakasiṇaṃ odātakasiṇaṃ ālokakasiṇaṃ paricchinnākāsakasiṇanti, ime dasakasiṇā.Uddhumātakaṃ vinīla kaṃ vipubbakaṃ vicciddakaṃ vikkhāyitakaṃ vikkhittakaṃ hatavikkhittakaṃ lohitakaṃ puḷavakaṃ aṭṭhikanti, ime dasa asubhā. Buddhānussati dham mānussati saṅghānussati sīlānussati cāgānussati devatānussati1 maraṇasati kāyagatāsati ānāpāna sati upasamānussatīti, imā dasa anussatiyo. mettā karuṇā muditā, upekkhā ti ime cattāro brahmavihārā. Ākāsānañcāyatanaṃ, viññāṇañcāyatanaṃ, ākiñcaññāyatanaṃ, nevasaññānāsaññā yatanan ti ime cattāro āruppā. Āhāre paṭikkūla saññā ekā saññā.catudhātuvavatthānaṃ ekaṃ vavatthānanti."

kasina), 한정된 허공의 까시나(paricchinnākāsakasina) 등이다.

열 가지 더러움(dasa asubhā)은 몸이 붓고(uddhumātakaṃ), 검푸르며(vinīlakaṃ), 문드러지고(vipubbakaṃ), 끊어지며(vicchiddakaṃ), 뜯어 먹히고(vikkhāyitakaṃ), 흩어지며(vikkhittakaṃ), 난도질당하여 뿔뿔이 흩어지고(hatavikkhittakaṃ), 피가 흐르며(lohitakaṃ), 벌레가 바글거리고(puḷuvakaṃ), 해골이 되는 것(aṭṭhikan)을 말한다.

열 가지 계속해서 생각하는 것(dasa anussatyoi: 隨念)은 부처님을 계속해서 생각함(buddhānussati), 법法을 계속해서 생각함(dhammānussati), 승가僧伽를 계속해서 생각함(sanghānussati), 계戒를 계속해서 생각함(sīlānussati), 관대함을 계속해서 생각함(cāgānussati), 천신天神을 계속해서 생각함(devatānussati), 죽음을 계속해서 생각함(maraṇānussati), 몸에 대한 마음챙김(kāyagatāsati), 들숨날숨에 대한 마음챙김(ānāpānasati), 고요함을 계속해서 생각함(upasamānussati) 등이다.

네 가지 거룩한 마음가짐(cattāro brahmavihārā: 梵住)은 자애(mettā), 연민(karuṇā), 더불어 기뻐함(muditā), 평등(平穩, upekkhā)이다.

네 가지 무색無色의 경지(cattāro āruppā)는 공무변처空無邊處(ākāsānañcāyatana), 식무변처識無邊處(viññāṇañcāyatana), 무소유처無所有處(ākiñcaññāyatana), 비상비비상처처非想非非想處(nevasaññānāsaññāyatana) 등이다.

한 가지 인식(ekā saññā)은 음식에 대해(āhāre) 혐오하는 인식(paṭikūlasaññā)이다.

한 가지 분석(ekā vavatthāna)은 사대四大를 분석하는 것(catudhātu-vavatthānaṃ)이다.

한편 『해탈도론』에서는 38가지 명상주제로서 설명하고 있는데,[378] 이것은 『중부 주석서』인 『염처경念處經』의 주석을 보면 38가지의 명상주제가 나타나 있듯이, 40가지로 명상주제가 정착하기 이전에 이미 38가지 명상주제로 상좌부에서 유행했다고 여겨진다.[379]

둘째, '근접삼매와 본삼매에 따른'이라고 하는 것은 몸에 대한 마음챙김, 들숨날숨에 대한 마음챙김을 제외한 여덟 가지의 계속해서 생각함, 음식에 대해 혐오하는 인식(paṭikūla-saññā), 사대四大를 분석(catu-dhātuvavatthāna)함 등 열 가지 명상주제가 근접삼매이고, 나머지는 본삼매를 가져오는 것을 말한다.[380]

『해탈도론』은 "무엇이 열 가지 명상으로 명상에 접근하는 것을 만족시키는 것인가? 수식관數息觀이나 몸을 관觀하는 것을 제외하고, 나머지 여덟 가지로 생각하고, 사대를 관하며, 음식에 대해 깨끗하지

---

378 『解脫道論』 卷第一(T.32), 앞의 책, p.411a. "問云何三十八行處.答謂十一切入地水火風青黃赤白空處識處一切入. 又十不淨想.膖脹想. 青淤想. 爛想. 棄擲想. 鳥獸食噉想. 身肉分張想. 斬斫離散想. 赤血塗染想. 虫臭想. 骨想. 又十念. 念佛念法念僧念戒念施念天念死念身念數息念寂寂. 又四無量心. 慈悲喜捨. 觀四大食不淨想. 無所有處非非想處. 斯謂 三十八行處."

379 『청정도론』 1, 앞의 책, p.53.

380 위의 책, p. 317.; Vis, op.cit., p.111. "Upacārappaṇāva hatoti: – ṭhapetvā kāyagatāsatiñca ānāpānasatiñca avasesā aṭṭha anussatiyo, āhāre paṭikkūla-saññā, catudhātuvavatthānanti, imāneva hettha dasa kammaṭṭhānāni upa-cārāvahāni; sesāni appaṇāvahesu."

않다는 인식을 하는 것이 열 가지 명상으로 명상에 접근하는 것이다."[381]라고 하고 있는데, 『청정도론』에서 근접삼매를 설명하는 것과 같다.

셋째, '선禪의 종류에 따라'라고 하는 것[382]은 본삼매 가운데에서 들숨날숨에 대한 마음챙김(ānāpānasatiyā)과 함께 열 가지 까시나는 모두 네 가지 선(catukkajjhānikā; 四種禪)을 가져 온다. 몸에 대한(kāyagatāya) 마음챙김(satiyā)과 함께 열 가지 부정(dasa nikaasubhā)은 초선初禪(paṭhamajjhānikā)만을 가져 온다. 처음 두 가지 거룩한 마음가짐(tayo brahmavihārā)은 두 가지 선을 가져온다(tikajjhānikā). 네 번째 거룩한 마음가짐(catutthabrahmavihāro)과 네 가지 무색無色의 경지(cattāro ca āruppā)는 네 번째 선을 가져온다(catukkhajjhānikā).

『해탈도론』은 이것을 "11가지 명상으로 초선의 결과를 가져오는 것은 무엇인가? 열 가지 부정하다는 인식(不淨想)과 몸에 대한 마음챙김이 초선의 결과를 가져온다. 세 가지 명상으로 3선을 가져오는 것은 무엇인가? 답하기를 자慈·비悲·희喜이다. …"[383]라고 하고 있는

---

381 『解脫道論』 卷第一 「分別行處品」 第七(T.32) p.411a. "問云何十行處成禪外行. 答除數息及觀身. 餘八念及觀四大食不淨想. 是謂十外行."; The Arahant Upatissa, *The Path of Freedom; Vimuttimagga* (Buddhist Publication Society, Sri Lanka, 1995), p.64.

382 『청정도론』 1, 앞의 책, p.317.; Vis, op.cit., p.111. "jhānappabhedato ti appaṇāvahesu cettha ānāpāna satiyā saddhiṃ dasa kasiṇā catukkajjhā nikā honti, kāyagatāya satiyā saddhiṃ dasa asubhā paṭha majjhānikā, purimā tayo brahmavihārā tikajjhānikā, catutthabramhavihāro cattāro ca āruppā catu kkajjhānikāti2 evaṃ jhānappabhedato."

데, 『청정도론』과 거의 같다.

닦아야 할 선정수행의 순서가 몸에 대한 마음챙김·열 가지 부정은 초선, 자애·연민·더불어 기뻐함은 삼선, 평온과 무색의 경지는 4선의 형태로 나타나는 것이다.

미즈노 고겐(水野弘元)은 이와는 다르게 40가지 명상주제와 선정과의 관계를 도식으로 설명하고 있는데, 그것을 살펴보면, 욕계정欲界定은 팔수념八隨念·식염상食厭想·계차별界差別에, 초선정은 신지념身至念·십부정十不淨·자慈·비悲·희범주喜梵住·안반념安般念·십편十遍에, 제2선정은 자·비·희범주·안반념·십편에, 제3선정은 자·비·희범주·안반념·십편에, 제4선정은 안반념·십편·자·비·희범주에, 제5선정은 사범주捨梵住·안반념·십편에, 4무색계정四無色界定은 4무색에 배열하고 있다.[384] 이상에서 몸에 대한 마음챙김(身念處)을 할 때 몸의 열 가지 부정한 모습을 봄으로써 몸에 대한 애착이 떨어지므로 감각적 욕망이 없어지는 결과를 가져오는 것은 당연하다. 그러므로 초선의 결과를 가져오는 것이다.

넷째, '극복함에 따른'이라는 것[385]은 두 가지 극복함(dve samatikkhamā)을 가리킨다. 그것은 구성요소를 극복함(angasamatikkamo)

---

383 『解脫道論』, 앞의 책, p.411a. "問云何十一行處初禪所攝. 答十不淨想及觀身. 是謂初禪所攝. 問云何三行處. 三禪所攝. 答謂慈悲喜 …"

384 水野弘元, 『パーリ佛教を 中心とした 佛教の心識論』(東京: ピタカ, 昭和 53年), p.921.

385 『청정도론』 1, 앞의 책, p.318.; Vis, op.cit., p.111. "Samatikkamatoti: – dve samatikkamā, aṅgasamatikka moca ārammaṇa."

과 대상을 극복함(ārammaṇasamatikkamo)이다.

3종선三種禪과 4종선을 가져오는 명상주제들의 경우에는 일으킨 생각(尋)과 지속적인 고찰(伺) 등(vitakkavicārādīni) 선禪의 구성요소들(jhānangāni)을 극복한 뒤 동일한 대상에 대해 두 번째 선 등에 이르게 된다. 네 번째 거룩한 마음가짐의 경우에도 마찬가지이다. 자애 등이 가졌던 그 대상에 대해 기쁨을 극복한 다음에 도달하게 된다. 그러나 네 가지 무색의 경지에서 극복할 것은 대상이다. 아홉 가지 까시나 가운데 어느 하나의 까시나를 극복한 다음에 공무변처에 도달해야 하기 때문이다. 또한 허공 등을 극복한 다음에는 식무변처에 도달해야 하기 때문이다.[386]

다섯째, '확장함과 확장하지 않음에 따라'라는 것은 40가지 명상주제 가운데 열 가지 까시나만 확장해야 하는 것을 말한다. 공간을 까시나에 의해 확장하도록 하는 만큼 그 안에서 천상의 귀(天耳)의 요소로 소리를 들을 수 있고, 천상의 눈(天眼)의 요소로 형상을 볼 수 있으며, 다른 중생들의 마음을 마음으로 잘 알아차릴 수 있게 된다.[387]

---

386 Vis, loc.cit., "Tattha sabbesupi tikacatukkajjhānikesu kammaṭṭhā nesu aṅgasamatikkamo hoti vitakkavicārādīni jhānaṅgāni samatikkamitvā tesvevārammaṇesu dutiyajjhānādīnaṃpattabbato, thatā catutthabrahmavihāre, sopihi mettādīnaṃ yeva ārammaṇe somanassaṃ samatikkamitvā pattabbhoti. Catusu pana āruppesu ārammaṇasamatikkamo hoti. Purimesu hi navasu kasiṇesu añña taraṃ matīkkamitvā ākāsānañcāyatanaṃ pattabbaṃ, ākāsādīni ca samatikkamitvā viññāṇañcāyatanādīni, sesesu samatikkamo natthīti evaṃ samatikkamato."

387 『청정도론』 1, 앞의 책, pp.318~321.; loc.cit., "Vaṅḍhanāvaḍḍhanatoti: -

까시나는 지·수·화·풍 등 열 가지 물질적인 요소로서의 특징을 지닌다. 비구가 열 가지 까시나를 하나하나 대상으로 하여 확장하는 것은 표상에 의해 가능한 것이라고 할 수 있다.

『해탈도론』의 저자인 우파띳싸(Upatishya)는 열 가지 까시나의 니밋따(nimitta)와 네 가지 무량의 마음들은 계발되어야 하고, 나머지 것들은 계발되어서는 안 된다고 말하고 있는데,[388] 열 가지 까시나를 확장하는 것 외에 네 가지 무량의 마음들의 계발을 추가하고 있어서 주목된다.

그러나 확장해서는 안 될 것이 있다. 몸에 대한 마음챙김과 열 가지 부정不淨은 확장해서는 안 된다. 왜냐하면 공간이 한정되어 있고 또한 이익이 없기 때문이다. 무색의 경지의 대상 가운데 공무변처의 대상인 허공도 역시 확장해서는 안 된다. 식무변처의 대상인 공무변처의 알음알이(識)는 고유성질(sabhāva: 自性)을 가진 법이기 때문에 확장해서는 안 된다. 고유성질을 가진 법은 확장할 수 없기 때문이다. 무소유처의 대상인 알음알이의 사라짐은 알음알이가 존재하지 않기 때문에 확장해서는 안 된다. 비상비비상처의 대상인 무소유처의 알음알이는 고유성질을 가진 법이기 때문에 확장해서는 안 된다. 나머지 부처님을 계속해서 생각함 등 열 가지는 표상이 없기 때문에 확장해서는 안 된다. 닮은 표상은 확장하는 것이 가능하지만 부처님을 계속해서

---

imesu vattāḷīsāya kammaṭṭhā nesu dasakasiṇāneva vaḍḍhetabbāni. Yatta kañhi okāsaṃ kasiṇena erati tadabbhantare dibbāya sota dhātuyā saddaṃ sotuṃ dibbena cakkunā rūpāni passituṃ parasattānañca cetasā cittamaññātuṃ samattho hoti."

388 Vim & Vis, op.cit., p.39.

생각함 등의 대상은 닮은 표상이 아니므로 확장해서는 안 된다.[389]

『해탈도론』은 이와는 달리 "무엇이 증가하는 것인가? 14가지 명상주제, 즉 열 가지 까시나(kasiṇas; 十一切入)와 네 가지 무량심(四無量心)이다. 나머지 24가지 명상주제는 마땅히 증가해서는 안 된다. 이와 같이 증가함을 알 수 있다."[390]라고 함으로써, 14가지 명상주제는 증가해야 한다고 설명하고 있다.

여섯째, 대상에 따른 명상주제[391]는 40가지 명상주제 가운데 열 가지 까시나, 열 가지 부정, 들숨날숨에 대한 마음챙김, 몸에 대한 마음챙김 등 22가지는 닮은 표상을 대상으로 가진다. 나머지 18가지는 닮은 표상을 갖지 않는다.

---

389 Vis, op.cit., pp.112~113.

390 『해탈도론』, 앞의 책, p.411b. "問云何以增長. 答十四行處可令增長. 所謂十一切入. 及四無量心. 餘二 十四行處. 不應令增長. 如是以增長可知."; Vim & Vis, op.cit., p.65.

391 『청정도론』 1, 앞의 책, p.322.; Vis, op.cit., p.113. "Ārammaṇatoti: − imesu ca cattiḷīsāya kammaṭṭhā nesu dasakasiṇā dasaasubhā ānāpānasati kāyagatāsatīti imāni dvāvīsati paṭibhāga nimittārammaṇāni, sesāni na paṭibhāganimittārammaṇāni, tathā dasasu. Anussatīsu ṭhapetvā ānāpānasatiñca kāyagatā satiñca avasesā aṭṭha anussatiyo āhāre paṭikkūlasaññā catudhātuvavatthānaṃ viññāṇañcāyatanaṃ nevasaññānāsaññāyatananti imāni dvādasa sabhāvadhammārammaṇāni, dasakasiṇā dasaasubhā ānāpānasati kāyagatāsatīti imāni dvāvīsati nimittārammaṇāni, sesāni cha na vattabbārammaṇāni, tathā vipubbakaṃ lohitakaṃ puḷavakaṃ ānāpāna sati āpokasiṇaṃ tejokasiṇaṃ vāyokasiṇaṃ yañca ālokakasiṇesu suriyādinaṃ obhāsamaṇḍalārammaṇaṃ imāni aṭṭha calitā rammaṇāni, tāni ca kho pubbabhāge."

여덟 가지 계속해서 생각함, 음식에 대해 혐오하는 인식, 사대四大의 분석, 식무변처識無邊處, 비상비비상처非想非非想處 등 12가지는 고유 성질을 가진 법을 대상으로 가진다.

열 가지 까시나, 열 가지 부정不淨, 들숨날숨에 대한 마음챙김, 몸에 대한 마음챙김 등 22가지는 표상을 대상으로 가진다. 나머지 네 가지 거룩한 마음가짐과 공무변처와 무소유처 등 여섯 가지는 설할 수 없는 대상을 가진다.

곪은 것, 피가 흐르는 것, 벌레가 바글거리는 것, 들숨날숨에 대한 마음챙김, 물의 까시나, 불의 까시나, 바람의 까시나, 광명의 까시나의 태양 등의 둥근 광명 등 여덟 가지는 움직이는 대상을 가진다.

일곱째, 장소에 따라, 열 가지 부정, 몸에 대한 마음챙김, 음식에 대해 혐오하는 인식 등 12가지는 욕계의 신들 가운데에서는 일어나지 않는다. 그리고 이 12가지와 들숨날숨에 대한 마음챙김은 범천의 세계에는 일어나지 않는다. 무색계 존재에서는 네 가지 무색의 경지를 제외한 나머지는 일어나지 않는다. 그러나 인간들에게는 모든 것들이 일어난다.[392]

여덟째, 취하는 것에 따라, 즉 눈으로 보고, 몸으로 닿고, 귀로 듣는 것에 따라 판별을 해서 알아야 한다. 바람의 까시나를 제외한

---

392 같은 책; loc.cit., "Bhumitoti: – ettha ca dasa asubhā kāyagatāsati āhāre paṭikkūla saññāti imāni dvādasa devase nappavattanti. Tāni dvādasa ānāpānasaticāti imāni terasa brahmaloke nappavattanti. Arūpa bhave pana ṭhapetvā cattāro ārāppe aññaṃ nappavattati. Manussesu sabbānipi pavattantīti – evaṃ bhūmito."

나머지 아홉 가지 까시나와 열 가지 부정 등 19가지는 보아서 취해야 한다. 초기단계에서 눈으로 계속해서 쳐다보아서 이들의 표상을 취해야 한다는 것이다.[393]

아홉째, 조건에 따름은 명상주제 가운데 허공의 까시나를 제외한 나머지 아홉 가지 까시나는 무색의 경지들에게 조건이 된다. 또한 열 가지 까시나는 초월지에게, 두 가지 거룩한 마음가짐은 네 번째 거룩한 마음에게, 하위의 무색의 경지는 각각 상위의 무색의 경지에게, 비상비비상처는 멸진정滅盡定에게 조건이 된다.[394]

열째, 기질에 따름으로,[395] 그것은 탐욕이 많은 성격으로서의 탐행貪

---

393 같은 책; Vis, ibid., p.114. "gahaṇatoti: diṭṭhaphuṭṭhasutaggahaṇato p'ettha vinicchayo veditabbo. tatra ṭhapetvā vāyokasiṇaṃ sesānavakasiṇā dasaa-subhāni imāni ekūna vīsati diṭṭhena gahetabbāni. Pubbabhāge cakkhunā oloketvā nimittaṃ nesaṃ gahetabban ti attho. Kāyagatāsatiyaṃ tacapañca-kaṃ diṭṭhena, sesaṃ sutenāti evaṃ tassā ārammaṇaṃ diṭṭhasutena gahe-tabbaṃ. Ānāpānasati phuṭṭhena, vāyokasiṇaṃ diṭṭhapūṭṭhena, sesāni aṭṭhārasa sutena gahetabbāni, apekkhābrahmavihāro Cattāro āruppāti imāni cettha na ādikammikena gahetabbāni, sesāni pañcatiṃsa gahetabbānīti evaṃ gahaṇato."

394 위의 책, p.323.; loc.cit., "Paccayatoti: imesu pana kammaṭṭānesu ṭhapetvā ākāsakasiṇaṃ sesā nava kasiṇā āruppānaṃ paccayā honti, dasapi kasiṇā abhiññānaṃ, tayo brahmavihāra catutthabrahvavihārassa, heṭṭhimaṃ heṭṭhi-maṃ ārāppaṃ uparimassa uparimassa, nevasaññānāsaññāyatanaṃ nirodha samāpattiyā, sabbānipi sukhavihārā vipassanābhavasam pattīnanti evaṃ paccayato."

395 위의 책, pp.323~324.; Vis, ibid., pp.114~115. "Cariyānukūlatoti: – cariyānaṃ anukūlato p'etthavinicchayo veditabbo. Seyyathīdaṃ? Rāgacaritassa tāva-

行(rāga-cariya), 노하기 쉬운 성격으로서의 진행瞋行(dosa-cariya), 우둔의 성격으로서의 치행癡行(moha-cariya), 남을 신뢰하는 성격으로서의 신행信行(saddhā-cariya), 지혜가 있는 성격으로서의 각행覺行(buddhi-cariya), 사유가 많은 성격으로서의 심행尋行(vitakkha-cariya)이 있다.[396] 탐행, 즉 탐하는 기질의 사람에게는 열 가지 부정과 몸에 대한 마음챙김 등 11가지 명상주제가 적합하다. 진행, 즉 성내는 기질의 사람에게는 네 가지 거룩한 마음과 네 가지 색깔의 까시나 등 여덟 가지가 적합하다. 치행과 심행, 즉 어리석은 기질의 사람과 사색하는 기질의 사람에게는 한 가지 명상주제인 들숨날숨에 대한

---

ettha dasaasubhākāyagatāsatīti ekādasa kammaṭṭhānāni anukūlāni, dosa caritassa cattāro brahmavihārā cattāri vaṇṇakasinānīti aṭṭha, mohacaritassa vitakkaciritassa ca ekaṃ ānāpānasatikammaṭṭhāna meva, saddhācaritassa purimā cha anussatiyo, buddhicaritassa maraṇasati upasamānussati catudhātuvavatthānaṃ āhāre paṭikkūlasaññāti cattāri, sesakasiṇāni cattāro ca āruppā sabbacaritānaṃ anukūlāni, kasiṇesu ca yaṃ kiñci parittaṃ vitakkacaritassa, appamāṇaṃ mohacaritassāti evamettha cariyānukulato vinicchayo vadi tabboti. Sabbañcetaṃ ujuvipaccanīkavasena ca atisappāya vasena ca vuttaṃ. Rāgādīnaṃ pana avikkhamhikā saddhādinaṃ cā anupakārā kusalabhāvanā nāma natthi. Vuttampi ce taṃ meghiyasutte:-cattāro dhammā uttarīṃ bhāvetabbā. Asubhā bhāvetabbā rāgassa pahānāya, mettā bhāvetabbā vyāpādassa pahāṇāya, anāpānāsatī bhāvetabbā vitakkupaccedāya, aniccasaññā bhāvetabbā asmimānassa samagghātāyā ti. Rāhula-sutte pi: – mettaṃ rāhula bhāvanaṃ bhāvetū tī Ādīnā nayena ekasseva sattakammaṭṭhānāni vuttāni. Tasmā vacanamatte abhinivesaṃ akatvā sabbattha adhippāyo pariyesitabboti. Ayaṃ kammaṭṭānaṃ gahetvāti ettha kammaṭṭhānakathā vinicchayo."

396 水野弘元, 『パ-リ佛教を 中心とした 佛教の心識論』, op.cit., pp.921~922.

마음챙김이 적합하다. 신행, 즉 믿는 기질의 사람에게는 처음 여섯 가지 계속해서 생각함(隨念)이 적합하다. 각행, 즉 지적인 기질의 사람에게는 죽음에 대한 마음챙김, 고요함을 계속해서 생각함, 사대四大의 분석, 음식에 대해 혐오하는 인식 등 네 가지가 적합하다.

나머지 까시나와 네 가지 무색의 경지는 모든 종류의 기질에 적합하다. 까시나에서 작은 것은 사색하는 기질이 있는 사람에게 적합하고, 큰 것은 어리석은 기질을 가진 사람에게 적합하다.

삼매 수행을 위한 명상주제는 이처럼 열 가지로 판별된다. 그러나 비구가 열 가지로 판별되는 명상주제를 반드시 이와 같은 차례에 따라 차제적으로 수행해야만 하는 것은 아니다. 비구는 40가지 명상주제들 가운데서 자신의 기질이나 수준에게 맞는 주제를 선택해서 명상수행을 할 필요가 있다. 왜냐하면 비구가 그래야만 쉽게 선정을 얻을 수 있기 때문이다.

비구가 명상주제를 선택하기 위해서는 스승인 선우에게 명상주제를 청해야 하는데, 이때 비구는 스승을 부모님을 모시는 것 이상의 정성과 헌신의 자세로 임해야 한다.

비구는 명상주제를 주는 선우를 친근하고, 이미 논한 방법대로 한 뒤 부처님 세존 또는 스승께 헌신하고 명상주제를 청해야 한다. 스승에게는 '스승님이시여, 제 자신을 당신께 바칩니다.'라고 말해야 한다 이와 같이 헌신하지 않으면 경책을 받아들이지 않거나 완고하거나 훈계대로 행하지 않거나 허락 없이 가고 싶은 곳으로 돌아다니는 사람이 된다. 이러한 사람을 스승은 물질적으로, 법으로 돕지 않을 것이다. 그는 사성제와 십이연기가 담긴 심오한 서적을 배울 수 없다.

이 두 가지를 얻지 못할 때 그는 교단에서 발판을 얻지 못하고, 머지않아 계를 깨뜨리거나 환속을 하게 될 것이다. 반면에 스승에게 자신을 헌신하는 비구는 경책을 받아들이지 않음이 없고, 가고 싶은 곳으로 돌아다니지도 않고 유순하고, 스승에 의지해서 산다. 그는 스승에서 두 가지 도움을 얻으면서 교단에서 향상과 증장과 번영을 얻는다.[397]

비구가 40가지 명상주제 가운데 자신의 기질에 맞는 명상주제를 스승에게 청할 때 이처럼 헌신적인 자세를 취하고 스승이 하라는 대로 하는 이유는 스승은 붓다와 마찬가지로 진리를 가르치고 깨달음으로 인도하는 자이기 때문이다. 그렇지 않고 제자 비구가 스승 비구를 헌신적으로 따르지 않을 때 스승–제자 사이에 명상수행을 위한 교수敎授–학습學習의 관계는 깨지게 된다. 그러므로 제자 비구는 명상주제를 받아 명상수행을 하기 위해 스승 비구에게 붓다에게 하는 것처럼 헌신해야만 하는 것이다. 이와 같이 나타나는 스승과 제자 사이의 관계는 현대교육에서 볼 수 있는 단지 교과를 가르치고 그것을 배우는 사제관계와는 분명히 크게 다르다. 이러한 점이 『청정도론』에 나타나는 사제관계의 특성이다.

---

397 『청정도론』 1, 앞의 책, pp.325~326.; Vis, ibid., p.115. "Tattha: imāhaṃ bhagavā attabhāvaṃ tumhākaṃ pariccajāmī ti evaṃ buddhassa bhagavato attā nīyyātetabbo. … Evaṃ aniyyātitattabhāvo hi attajjanīyo vā hoti dubbavo vā anovādakaro yona kāmaṅgamo vā ācariyaṃ anāpucchāva yatticchati. Tattha gantā, tamenaṃ ācariyo āmisena vā dhammena vā na saṃgaṇhāti gulhaṃ ganthaṃ nasikkhāpoti. So imaṃ duvidhaṃ saṅgahaṃ alabhanto sāsane patiṭṭhaṃ na labhati na cirasseva dussīlyaṃ va gihībhāvaṃ vā pāpuṇāti."

이렇게 스승에게 헌신하는 자세를 갖춘 다음에 비구는 여섯 가지 굳은 의향들을 가져야 한다.

여섯 가지 의향은 보살들의 깨달음을 성숙하게 한다. 탐욕 없음의 의향으로 보살들은 탐욕에서 허물을 본다. 성냄 없음의 의향으로 보살들은 성냄에 허물을 본다. 어리석음의 의향으로 보살들은 어리석음에 허물을 본다.[398]

이와 같이 비구는 확신을 구족해야 한다. 삼매를 확신해야 하고, 삼매를 존중해야 하고, 삼매로 향해야 하고, 닙빠나를 확신해야 하고, 닙빠나를 존중해야 하고, 닙빠나를 향해야 한다는 것이다.

의향과 확신을 구족한 제자가 스승에게 명상주제를 청할 때 스승은 제자의 마음의 움직임을 알고 그 기질을 알 수 있다. 타심통他心通을 얻지 못한 스승의 경우에는 제자에게 '자네는 어떤 기질을 가진 자인가? 자네에게 어떤 법들이 자주 일어나는가? 어떤 것을 마음에 다잡을 때 편안한가? 어떤 명상주제에 마음이 기우는가?' 등에 대해 물어봄으로써 알 수 있기 때문이다. 이처럼 그 기질을 안 뒤에 그에 맞는 명상주제를 스승은 설해야 한다.[399]

---

398 위의 책, p.327 ; Vis, ibid., p.116. "Yath' āha: – cha ajjhāsayā bodhisattānaṃ bodhiparipākāya svattanti. Alobhajjhāsayā ca bodhisatti lobhe dosadassāvino, adho jajjhāsayā ca bodhisattā dose dosadassāvino, amohajjhāsayā ca bodhisattā mohe dosadassāvino, nekkhammajjhāsayā ca bodhisattā gharāvāse dosadassavino, nissaraṇajjhāsayā ca bodhisattā sabbabhavagatīsu dosadassāvino ti."

현대교육에서 스승(교사)이 학생의 학습능력과 심리상태 등을 파악한 후에 교육해야 할 지향점인 교육목표에 맞추어 효과적으로 수업을 하는 것처럼, 제자 비구에게 명상주제를 주기에 앞서서 스승 비구는 교육목표에 따라 제자 비구의 기질과 함께 명상수행을 해봤는지 여부, 선호하는 명상주제 등에 대해서 파악하게 되는 것이다. 이와 같이 학생의 학습능력과 심리상태 등을 파악하는 것을 현대 교육학이론에서는 학습자의 개인차를 교수·학습의 과정에서 반영하는 것[400]이라고 한다. 그러므로 제자 비구의 기질에 대한 파악은 개인차에 따른 개별화 교수를 의미한다.

제자 비구의 기질에 대해 정확히 파악하는 것은 스승 비구가 제자 비구를 가르쳐야 할 때 갖춰야 하는 기본적인 자세이다. 그것은 앞의 3장에서 이미 살펴본 데서 나타났듯이, 붓다가 제자들의 기질이나 수준에 맞추어 현대교육학 이론에서 말하는 개별화 교수(individualized instruction)[401]처럼 가르침을 펴신 데에서 나타난다. 그가 펼친 교육방법이 다양했다는 것은 그만큼 제자의 근기나 기질이 다양하였음

---

399 위의 책, pp.327~328.; Vis, ibid., p.117. "Evaṃ sampannajjhāsayādhi muttino panassa kammaṭṭhānaṃ yācatocetopariyāyañāṇalābhinā ācariyena cittācāraṃ oloketvā cariyā jānitabbā, itarena kiṃ caritosi, ke vā te dhammā bahulaṃ samudācaranti, kiṃ vā te manasikaroto phāsu hoti, katarasmiṃ vā te kammaṭṭhāne cittaṃ namatīti evamādīhi nayehi pucchitvā jānitabbā."

400 이성호, 『교수방법의 탐구』(양서원, 1999), p.251.

401 개별화 교수란 학습자의 개인차를 최대한 고려하여 수업을 실천하는 변별적인 수업방법을 의미한다. 그러므로 붓다의 근기에 따른 수기설법隨機說法은 개별화 교수에 해당한다고 하겠다.

을 반증하는 것이라고 할 수 있다. 이러한 점을 보더라도 붓다는 매우 뛰어난 교육자이었다고 할 수 있다.

제자의 기질은 교육심리학에서 학습을 시킬 때 중요하게 여기는 학생의 심리적 요인과 같지는 않지만, 스승 비구가 본격적으로 명상주제의 선택에 의해 선정 수행을 하기에 앞서 제자 비구의 기질을 올바로 파악한다는 점에서 명상수행 방법을 판단하고 결정하기 위한 기준으로서 그 의의를 갖는다고 하겠다.

제자 비구의 기질을 파악한 후에 비로소 스승 비구는 두 가지 방식으로 명상주제를 설하였다. 명상주제를 설하는 방법으로 선천적으로 명상주제를 습득한 자에게 스승 비구는 한 번 또는 두 번 자신의 앞에서 명상주제를 외우게 한 뒤에 명상주제를 줘야 했다. 또한 그는 가까이에 사는 자에게는 올 때마다 명상주제를 설해야 했다. 그리고 스승 비구는 명상주제를 습득한 뒤에 다른 곳으로 가고자 하는 자에게는 너무 간략하지도 않고, 그렇다고 너무 상세하지도 않게 명상주제를 설해야 했다.[402]

모든 학습의 기본은 3R'S, 즉 독讀(reading)·서書(writing)·산算(arithmetic)이다. 이 가운데 읽는 것은 외우는 것과 관련되는 학습방법이다. 외우는 행위는 기본적으로 학습을 위해 필요한 것이다. 학습한

---

402 위의 책, p.328.; loc.cit., "Kathentena ca tividhena kathetabbaṃ. Pakatiyā uggahita kammaṭṭhānassa eka dve nisajjāni sajjhāyaṃ kāretvā dātabbaṃ, santike masantassa āgatā gatakkhaṇe kathetabbaṃ, uggahetvā aññattha gantukāmassa nāti saṅkhittaṃ nātivitvārikaṃ katvā kathetabbaṃ."

대상을 외움으로써 학습대상과 친숙해지고, 그렇게 함으로써 나중에 이것을 배운 후 이해하게 되는 결과를 가져오는 데까지 연결되기도 한다. 그런 점에서 명상주제를 습득한 제자 비구에게 스승 비구가 이것을 자신의 앞에서 한 번 또는 두 번 아니면 계속해서 외우게 될 때까지 외우게 하는 것은 앞으로의 효과적인 명상수행의 전개를 위해서 기본적이면서 자연스러운 학습방법이라고 할 것이다.

⑤삼매수행의 예비단계와 수행환경; 그 교육적 의의

공간은 우리가 느끼는 방식에 영향을 준다. 넓은 바다를 바라보면 탁 트인 느낌을 받게 되지만, 반면에 작은 공간에서는 답답한 느낌을 받게 된다. 그러므로 체험 위주의 수행인 삼매를 수행하는 비구는 더욱더 아무 장소에서 삼매수행을 해서는 안 된다. 왜냐하면 삼매수행에 적합한 장소에서만 비구는 오직 마음을 하나로 모아 삼매를 닦는 것이 가능하고, 이처럼 적합한 삼매수행의 장소에서 삼매를 수행한 후 그 다음 단계인 위빠사나 수행에 의해 닙빠나로 나아갈 수 있기 때문이다.

붓다[세존]는 계획한 도시의 땅을 보고 면밀히 조사한 다음에 '여기에 도시를 건설하라.'고 지시하는 터를 보는 기술의 대가처럼, 적절한 거처를 검증한 뒤 수행자에게 '여기에서 명상주제를 들어라.'고 지시하였다[403]고 전한다. 그러므로 붓다와 그의 제자들이 독일정처獨一靜處,[404] 즉 한적한 곳에서 홀로 삼매수행을 한 것은 당연한 결과라고

403 대림스님 옮김, 『들숨 날숨에 마음 챙기는 공부』, 앞의 책, p.74.

404 각주 106) 참조.

하겠다.

또한 삼매수행에서 비구는 머리와 손톱을 기르는 아주 사소하게 보이는 장애의 요인도 수행에 방해가 되므로 끊어야 한다. 이것이 삼매수행에 앞서 필요한 예비단계이다.

삼매수행을 앞두고 주변을 점검해야 하는 예비단계는 마치 경주하는 말이 경주를 하기에 앞서 기수가 말이 경주를 끝까지 제대로 할 수 있는지 그 상태를 점검하는 것, 즉 기수가 경기에 나가기 전에 말의 컨디션은 경기하기에 양호한지, 또는 아프거나 상처 난 곳은 없는지, 그리고 경주를 하기 위한 연습을 제대로 했는지 등에 대해 꼼꼼히 살펴보는 일과 같다.

그러므로 수행환경으로서 중요한 의미를 지니고 있는 이러한 예비단계에 관해 스승 비구와 제자 비구가 크게 신경을 써야 하는 것은 당연한 일이라고 하겠다.

삼매수행에 적당하지 않은 사원환경에 대해 『청정도론』은 18가지[405]를 예로 들고 있는데, 이 가운데 여섯 가지만 들기로 한다.[406]

---

405 『청정도론』 1, 위의 책, p.334.; Vis, ibid., p.118. "Tattha ananurūpo nāma aṭṭhārasannaṃ dosānaṃ aññatarena samannāgato, tatrime aṭṭhārasa dosā: "mahattaṃ navattaṃ jaṃṇṇattaṃ patthanissitattaṃ soṇḍiṃ paṇṇaṃ pupphaṃ phalaṃ patthanīyatā nagarasannissitatā dārusannissitatā khettasannissitatā visabhāgānaṃ puggalānaṃ atthitā paṭṭana sannissitatā paccantannissitatā rajjasīmasannissitatā asappāyatā kalyāṇamittānaṃ alābho ti."

406 위의 책, pp.334~338.; Vis, ibid., pp.119~121. "Mahāvihāre tāva bahū nānāchandā sannipatanti te aññamaññaṃ paṭiviruddhatāya vattaṃ na karonti, bodhiaṅgaṇādīni asammaṭṭhāneva honti, anupaṭṭhā pitaṃ pānīyaṃ

– 큰 사원은 여러 가지 목적을 가진 사람들로 항상 붐비고, 그들은 서로 대립하면서 해야 할 의무를 충실히 하지 않는다. 한 예로서 그들은 보리수 아래 단壇 등을 청소하지 않고, 또한 마실 물과 허드렛물도 준비하지도 않는다. 그러나 행해야 할 모든 의무가 충실하게 실행되고 다른 방해가 없는 곳이라면 큰 사원이라도 괜찮다.

– 새로 지은 사원은 일거리가 많다. 그래서 일을 거들지 않으면 사람들이 비구를 비난한다. 그러나 '스님은 편안하게 공부하십시오. 불사는 우리가 하겠습니다.'라고 비구들이 말하는 곳에서는 살아도 된다.

– 낡은 사원은 수리해야 할 일이 많다. 그래서 비구가 숙소를 수리하다 보면 명상주제를 놓치고 만다.

– 길가에 있는 사원은 대로변에 있어서 밤낮으로 손님들로 붐벼 비구는 자기의 숙소를 내어주고 나무 아래나 돌 위에서 지내야 한다. 그러므로 명상주제를 들 기회가 없다.

---

paribhojanīyaṃ, tatrāyaṃgocaragāme piṇḍāya carissāmīti pattacīvaramādāya nikkhanto sacepassati vattaṃ vā akataṃ pānīyaghaṭaṃ vā rittaṃ, athānena vattaṃ kātabbaṃ hoti pānīyaṃ upaṭṭhāpetabbaṃ. Akaronto vattabhede dukkamaṃ āpajjati, karontassa kālo atikkamati, atidivā paṭiṭṭho niṭṭhitāya bhikkhāya kiñci na labhati, … Navavihāre bahuṃ navakammaṃ hoti, akarontaṃ ujjhāyanti. Yattha pana bhikkhū Evaṃ vadanti: – āyasmā yathāsukhaṃ samaṇadhammaṃ karotu, mayā navakammaṃ karissāmāti. Evarupe vihātabbaṃ. Jiṇṇavihāre pana pahuṃ paṭijaggitabbaṃ hoti, antamaso attanosenāsanamattampi apaṭijaggantaṃ ujjhāyanti, paṭijaggantassa kammaṭṭhānaṃ parihāyatī. ….”

- 약수터는 물을 마시기 위해 많은 사람들이 오거나 왕실에서 후원을 받는 도시에 사는 장로들의 제자들이 옷감을 물들이기 위해 오게 되는데, 비구는 그들이 용기와 목판과 함지咸池 등을 찾을 때 비구는 그들에게 이것들이 어느 곳에 있다고 보여줘야 하며, 항상 대기해 있어야 한다. (그러기에 명상주제에 들기 어렵다.)
- 야채가 있는 곳은 비구가 명상을 들고 앉아 있을 때 노래를 부르며 나물을 캐는 여자들이 이성의 소리로 침해하여 명상을 방해한다.

반면에 삼매수행에 적당한(anurūpo) 사원과 그 밖에 지켜야 하는 것에 대해 다음과 같이 『청정도론』은 설명한다.[407] 즉 걸식하는 마을에

407 위의 책, pp.339~340.; Vis, ibid., p.122. "Yo pana gocaragāmato nātidūranāccāsannatādihi pañchi aṅgehi samannāgato ayamanurūpo nāma. Vuttaṃ h' etaṃ bhagavatā: ---kathañ ca, bhikkhave, sonāsanaṃ, pañcaṅgasamannāgataṃ hoti? Idha, bhikkhave, senāsanaṃ nātidūraṃ hoti nāccāsannaṃ gamanāgamanasampannaṃ, divā appokinṇaṃ, rattiṃ appasaddaṃ appanigghosaṃ, appaḍaṃsamakasavātātapasiriṃsapasamphassaṃ hoti, tasmiṃ kho pana senāsane viharantassa appakasireneva uppajjanti cīvarapiṇḍapāta senāsana gilānapaccaya bhesajja parikkhārā, tasmiṃ kho pana senāsane therā bhikkhū viharanti bahussutā āgatāgamā dhammadharā vinayadharā mātikādharā te kālena kālaṃ upasaṅkamitvā paripucchati paripañhati idaṃ bhantekathaṃ imassa ko atthoti, tassa te āyasmanto avivaṭañceva vivaranti anuttānīkatañca uttānī karonti anekavihitesu ca kaṅkhāṭhānīyesu dhammesu kaṅkhaṃ paṭivinodenti. Evaṃ kho, bhikkhave, senāsanaṃ pañcaṅga samannāgataṃ hotī ti. ayaṃ samādhibhāvanāya ananurūpaṃ vihāraṃ pahāya

서 너무 멀지도 가깝지도 않은 곳 등 다섯 가지 조건을 갖춘 것이 삼매수행에 적당한 곳이라는 것이다. 또한 『앙굿따라 니까야』를 인용하여, "비구들이여, 어떻게 숙소가 다섯 가지 조건을 갖추는가? 비구들이여, 여기 숙소가 ①너무 멀지도 가깝지도 않고 오고 가는 길이 있으며, ②낮에 거의 붐비지 않고 밤에 소리나 음성이 거의 없으며, ③파리, 모기, 바람, 햇빛, 뱀과의 접촉이 거의 없고, ④그 절에 살 때 의복, 음식, 침상과 의자, 환자를 치료하는 약품을 쉽게 얻으며, ⑤그 절에 많이 배우고 전승된 가르침에 능통하고, 법을 호지護持하고, 율을 호지하고, 마띠까(論母)를 호지하는 장로長老 비구들이 있어 그들을 자주 찾아뵙고, '존자시여, 이것은 어떻게 됩니까? 이것의 뜻은 무엇입니까?'라고 여쭙고 질문하면 그 존자들이 그에게 드러나지 않은 것을 드러내게 해주고 명백하지 않은 것을 명백히 해주어서 여러 가지 의문 나는 법들에 대해서 의문을 풀어준다. 비구들이여, 이와 같이 숙소는 다섯 가지 조건을 갖춘다."라고 삼매수행에 적당한 곳에 대해 설명하고 있다.

담마빨라는 매우 멀지도 않고, 매우 가깝지도 않으며, 낮과 밤에 사람들이 붐비지 않고 조용하고, 계를 잘 지키는 장로들이 있는 곳에 대해 다음과 같이 설명한다.[408] 매우 멀지 않은 거리는 행처行處나

anurūpe viharantenāti ettha vitthāro."

408 *Pm*, op.cit., p.45. "Nātidūranti gocaraṭṭhānato aḍḍhagāvutato orabhāgatāya na atidūraṃ. Nāccāsannanti pacchimena pamāṇena gocaraṭṭhānato pañcadhanu satikatāya na atiāsannaṃ Divasabhāge mahājanasaṃkiṇṇatābhāvena divā appākiṇṇaṃ. Rattiyaṃ janālāpasaddābhāvena rattiṃ appasaddaṃ Sīlād.iguṇānaṃ thirabhāvappattiyā. therā."

머무르는 곳으로부터 보통 1/4유순(대략 3km)보다 아래이고, 매우 가깝지 않은 거리는 행처나 머무르는 곳으로부터 5백의 거리가 되며, 낮과 유사한 때에 많은 사람들과 섞여 수행하는 것은 낮에 조금도 도움이 되지 않고, 밤에 사람들이 헛된 말이나 쓸데없는 말을 하지 않고 수행하는 것이 밤에 조금도 소리 내지 않는 것이며, 계戒 등의 공덕을 굳게 의지하는 자가 장로들이라는 것이다.

『청정도론』에서 삼매수행을 위한 적당한 장소와 적당하지 않은 장소를 논하고 있음은 수행을 위해 적합한 환경과 적합하지 않은 환경에 관해 논하고 있는 것이지만, 이것은 또한 교육의 측면에서 볼 때 중요한 의미를 갖는다. 그것은 삼매수행을 위한 교육이 실천되기 위해서는 이상적인 수행환경이 반드시 필요하다는 점을 논하고 있기 때문이다.

듀이는 경험이 성립하기 위해서는 행위하는 인간과 거기에 대응하는 반응으로서의 환경이 있어야 한다고 설명하고 있는데,[409] 그만큼 환경이란 인간의 삶에 있어서 필수불가결한 것이라고 하겠다. 이것은 삼매수행에서 얻게 되는 교육경험에서도 마찬가지이다.

이상의 논의에서 이상적인 수행환경은 교육을 할 때도 반드시 고려해야 할 사항에 해당하므로 간과해서는 안 될 것이다. 왜냐하면 마음을 하나로 집중함으로써 마음이 고요하고 청정해지는 삼매수행을 이루기 위한 학습경험이 일어나도록 하기 위한 하나의 요인으로 작용할 수

---

409 송도선, 『존 듀이의 경험교육론』(문음사, 2004), p.103.

있기 때문이다.

⑥삼매를 닦는 절차

가. 까시나 수행

『청정도론』은 삼매수행에 필요한 수행환경의 예비단계로서 다섯 가지 조건을 갖춘 다음에, 비구는 본격적으로 한적한 곳에 편안히 앉아서 다음과 같은 붓다의 말씀에 따라 땅의 표상表象을 취하게 된다고 설명한다.

> 땅의 까시나(pathavī-kasiṇa)를 배울 때 땅에서 표상表象을 취한다. 그것은 만든 것이거나 자연적인 것이다. 한계를 가진 것이다. 한계를 갖지 않은 것이 아니다. 가장자리를 가진 것이다. 가장자리를 갖지 않은 것이 아니다. 주위를 가진 것이다. 주위를 갖지 않은 것이 아니다. 제한된 것이다. 제한되지 않은 것이 아니다. 체만하거나 찻잔만 하다. 그(比丘)는 그 표상을 잘 들고, 잘 호지護持하고, 잘 구분한다. 그는 그 표상을 잘 들고, 잘 호지하고, 잘 구분한 뒤 그 표상의 이익을 보고 보배(寶)라고 인식하고 존경심을 내고 사랑스러워하면서 '틀림없이 이 도道를 닦음으로 늙음과 죽음에서 벗어날 것이다.'라고 그 대상에 마음을 묶는다. 그는 감각적 욕망을 완전히 떨쳐 버리고 … 초선初禪에 들어 머문다.[410]

---

410 『청정도론』 1, 앞의 책, p.341.; Vis, ibid., p.123. "paṭhavikasiṇaṃ uggaṇhanto paṭhaviyaṃ nimittaṃ gaṇhāti kate vā akate vā sāntake no anantake, sakoṭiye no akoṭiye, sacaṭume ne avaṭme, sapariyante no apariyante, suppamattevā

까시나는 『앙굿다라 니까야』 5권 『*Kasiṇa suttaṃ*』[411]에 나타난다. 『무애해도』에 의하면, 다음과 같이 까시나는 반드시 닦아야만 하는 열 가지 법들, 즉 열 가지 까시나(dasa kasināyatāni)라고 설명하고 있다.

흙으로 이루어진 까시나(遍)를 철저히 알아야(證智) 한다. 물로 이루어진 까시나를 철저히 알아야 한다. 불로 이루어진 까시나를

---

sarāvamattevā. Sotaṃ nimittaṃ suggahītaṃ karoti sūpadhāritaṃ upadhāreti suvavatthitaṃ vavatthapeti, so taṃ. Nimittaṃ suggahītaṃ katvā sūpadhāritaṃ upadhāretvā suvavatthitaṃ vavatthapetvā ānisaṃsa dassāvī ratanasaññi hutvā cittīkāraṃ upaṭṭhapetvā sampiyāyamāno tasmaṃ ārammaṇe cittaṃ upanibandhati addhā imāya paṭipadāya jarāmaraṇamhā muccissāmī ti. So vivicceva kāmehi vivicca akusalehi dhammehi savitakkaṃ savicāraṃ vivekaja pītisukhaṃ paṭhamajjhānaṃ upasampajja viharatī ti."

411 AN PTS p.46; "Dasa imāni bhikkhave kasiṇāyatanāni, katamāni dasa: paṭhavikasiṇameko sañjānāti uddhaṃ adho tiriyaṃ advayaṃ appamāṇaṃ. Āpokasiṇameko sañjānāti uddhaṃ adho tiriyaṃ advayaṃ appamāṇaṃ. Tejokasiṇameko sañjānāti uddhaṃ adho tiriyaṃ advayaṃ appamāṇaṃ. Vāyokasiṇameko sañjānāti uddhaṃ adho tiriyaṃ advayaṃ appamāṇaṃ. Nīlakasiṇameko sañajānāti uddhaṃ adho tiriyaṃ advayaṃ appamāṇaṃ. Pītakasiṇameko sañjānāti uddhaṃ adho tiriyaṃ advayaṃ appamāṇaṃ. Lohitakasiṇa meko sañjānāti uddhaṃ adho tiriyaṃ advayaṃ appamāṇaṃ. Odātakasiṇameko sañjānāti uddhaṃ adho tiriyaṃ advayaṃ appamāṇaṃ. Ākāsakasiṇameko sañjānāti uddhaṃ adho tiriyaṃ advayaṃ appamāṇaṃ. Viññāṇakasiṇameko sañjānāti uddhaṃ adho tiriyaṃ advayaṃ appamāṇaṃ. Imāni kho bhikkhave dasa kasiṇāyatanānīti."

철저히 알아야 한다. 바람으로 이루어진 까시나를 철저히 알아야 한다. 푸른색으로 이루어진 까시나를 철저히 알아야 한다. 노란색으로 이루어진 까시나를 철저히 알아야 한다. 붉은색으로 이루어진 까시나를 철저히 알아야 한다. 하얀색으로 이루어진 까시나를 철저히 알아야 한다. 허공으로 이루어진 까시나를 철저히 알아야 한다. 의식(識)으로 이루어진 까시나를 철저히 알아야 한다.[412]

까시나는 산스크리트어로 끄릇스나(kṛtsna)에 해당하며, '전체의, 모든'을 뜻하는 형용사이다. 이러한 의미를 갖는 말이 사마타(三昧)를 닦는 열 가지 대상을 설명하는 말로 정착되었다.

『청정도론』에서는 전체라는 의미에서 까시나라고 부른다고 설명하고 있으며,[413] 『청정도론』 주석서인 『*Pm*』, 즉 『빠라맛타만주사』에서 저자인 담마빨라는 "전체라는 뜻이란 앞에서 설한 방법대로 인위적으로 만들었거나 혹은 자연적으로 된 흙의 원반에 대해 그것의 전체를 대상으로 삼는다는 뜻이다. 그 원반의 어느 한 부분만을 대상으로 삼지 않는다."라고 까시나를 설명함으로써 '전체'에 대해 주석을 달고 있다. 그러면서 그는 40가지 명상주제 가운데 열 가지 까시나만 확장하는 것이 가능하고, 따라서 모든 곳에 제한 없이 확장하므로 다른 의미를 지닌다고 주석하고 있다.[414]

---

412 임승택 옮겨 지음, 『無碍解道譯註; *Translation and Annotation of paṭisambhidāmagga*』, 앞의 책, p.47.

413 Vis, op.cit., p.150. "paṭhavimaṇḍalaṃ pana sakalaṭṭhena paṭhavikasiṇanni vuccati."

한편 『해탈도론』은 38가지로 명상주제를 설명하면서 까시나를 '일체입一切入'이라고 설명하고 있다.[415]

이와 같은 성립과 의미를 지니는 까시나의 제작과정은 생략하고, 다음과 같이[416] 『청정도론』에 나타난 구체적인 수행법 등을 정리하여 이것을 살펴보기로 한다. 여기서는 땅의 까시나 수행만 살펴보고, 나머지 까시나 수행은 생략한다.

『맛지마 니까야』에서 "감각적 욕망은 달콤함이 적고"라고 설한 바와 같이, 비구는 감각적 욕망이 위험함을 반조한다. 즉 그는 감각적 욕망에서의 출구와 모든 괴로움을 극복하는 수단인 출리出離에 대한 열망을 지니고 불·법·승의 덕을 계속해서 생각하면서 희열과 기쁨을 일으키게 된다. 그리고 그는 적당하게 두 눈을 뜨고 표상(nimitta)을 취하여 닦아야 한다. 만약 그가 눈을 너무 크게 뜨면 눈이 피로해지고 원반圓盤이 지나치게 분명해져서 표상이 일어나지 않는다. 그리고 그가 만약 눈을 너무 작게 뜨면 원반이 분명해지지 않아서 졸리게 된다. 이 경우에도 표상이 일어나지 않는다. 그러므로 거울의 표면에서 자기 얼굴의 영상을 보는 것처럼 그는 적당한 형태로 눈을 뜨고 표상을 취하여 닦아야 하는 것이다.

그리고 비구는 땅 위의 색깔을 반조, 즉 생각해서도 안 되고 땅의 딘단한 특징을 마음에 누어서도 안 된다. 색깔을 무시하지 않고 그

414 『아비담마 길라잡이』(하), 앞의 책, p.742. §6. 까시나(kasiṇa)

415 『해탈도론』, 앞의 책, p.411a. "問云何三十八行處. 答謂十一切入地水火風青黃赤白空處識處一切入."

416 『청정도론』 1, 앞의 책, pp.341~345.; Vis, op.cit., pp.124~126.

색깔의 의지처인 땅에 색깔을 포함시켜,[417] 땅이 가장 현저하므로 땅이라는 개념에 마음을 두고 마음을 다잡아야 한다. 땅의 이름인 빠따위, 마히, 메디니, 부미, 와수다, 와순다라 등 가운데 비구가 좋아하고 인식하기에 좋은 것을 불러도 된다. 그 가운데 빠따위라는 이름이 분명하고, 따라서 비구는 이 분명한 이름으로 '빠따위, 빠따위' 하면서 닦아야 한다. 비구는 때로는 눈을 뜨고 쳐다보고는 때로는 눈을 감고 마음에 전향轉向해야 한다. 익힌 표상(uggaha-nimitta)[418]이 일어날 때까지 그는 백 번이고 천 번이고, 그보다 더 많이 이러한 방법으로 닦아야 한다.

눈을 감고 마음으로 전향할 때 눈을 뜨고 쳐다볼 때처럼 나타나면 비구는 이것을 익힌 표상이 일어났다고 여긴다. 익힌 표상이 일어난

---

417 색깔을 생각해서는 안 되지만 그 색깔은 그 의지처인 땅에 속할 수밖에 없다는 점을 의미한다. 즉 색깔은 의지처와 연결되어 있다는 의미이다.

418 『아비담마 길라잡이』(하), 앞의 책, pp.739~740. §5. 표상表象의 분석 참조. '익힌 표상表象'의 원어는 '*uggaha-nimitta*'이다. '*uggaha*'는 *ud*(위로)+*grah*(*to grasp, to seize*)에서 파생된 형용사로서 그 뜻은 '위로 잡다'이다. 그러므로 '잡은, 습득한, 배운'의 의미이다. '익힌 표상'은 눈에 나타나는 대상과 똑같이 마음에 인지된 대상의 복사판이다. 한 예로 물의 까시나를 계속해서 주시하면 습득한 표상이 움직이는 것처럼 나타난다. 만약 대상인 물에 거품과 포말이 섞여 있으면 습득한 표상은 그와 같은 모습으로 나타난다. '익힌 표상'은 생겨났다가 없어지고, 또 비구 수행자가 애써 집중하면 다시 생기는 과정을 수없이 반복하게 된다. 선근이 많은 사람은 한 번에 닮은 표상을 얻어 그 다음 단계인 근접삼매를 이루고, 본삼매에 바로 진입하는 것이 가능하다. 이 '익힌 표상'이 없어지지 않고 '닮은 표상'으로 승화되도록 노력하는 것이 사마타 수행에 매우 중요하다.

후에는 비구는 더 이상 그곳에 앉아 있지 않고 자신의 거처로 들어가서 그곳에 앉아서 닦아야 한다. 이처럼 지속적으로 과정을 반복해야 하고, 사유(takka)와 일으킨 생각(尋; vitakka)으로 자극을 주어야 할 필요가 있다. 비구가 이렇게 닦아 나갈 때 장애(nīvaraṇa)[419]가 발생하기도 하는데, 장애에 대해 『무애해도』에서는 다음과 같이 설명하고 있다.

> 과거로 거슬러 올라가는(과거 대상에 따라 달아나는) 마음은 산란에 빠진다. 산란함이 따라온다. 삼매의 족쇄, 장애이다. … 미래 대상을 기대하는 마음은 동요한다. … 움츠러든 마음은 나태에 빠진다. 나태가 따라온다. … 너무 고취된, 너무 지나치게 노력하는 과도한 마음은 들뜸에 빠진다. … 지나치게 향하는 마음은 애착에 빠진다. 애착이 따라온다. … 벗어나게 향하는 마음은 분노에 빠진다. 분노가 따라온다.[420]

교육에서 바라보는 아동은 비성숙하므로 성인이 돌봐줘야 하는 존재이다. 왜냐하면 아동은 이성적으로 생각하지 못하고 유치해서 인지구조를 생성시키지 못하기 때문이다. 그러기에 메를로 퐁티는 아동이 대하는 인생의 무대는 자기중심의 특징을 가지고 있다고 설명하고 있다.[421]

---

419 http://dsal.uchicago.edu, 산스크리트어로 'nivāraṇa'이고, 이것은 'nis+varaṇa'이다. an obstacle, hindrance의 의미이다.

420 『위빠사나 수행방법론』 1, 앞의 책, pp.224~227.

아동의 이러한 측면은 수행 시 마음이 산란스럽고 동요하며, 움츠러들고, 나태해지는 등의 장애가 발생하는 비구와 비교된다. 자기중심적인 아동과 수행이 미숙未熟의 단계에 있는 비구는 서로 비교할 수는 있다. 아동이 이성적이지 못하고 성인과 같은 인지구조를 가지고 있지 못하는 이유는 정신적으로나 신체적으로 성숙하지 못하기 때문이다. 반면에 비구가 이러한 장애가 있게 되는 것은 수행에서 아직 감각적 욕망이 극복되지 못한 상태에 있기 때문이다.

그런데 사실 아동과의 비교로 설명하지 않더라도 우리가 결가부좌를 하고 눈을 반쯤 뜨고 허리를 곧게 편 상태에서 선수행을 할 때 가지가지의 상념想念이 떠오르거나 졸리기도 하는 등의 상태를 경험하게 되는데, 이것을 장애라고 말하지만 어찌 보면 자연스러운 현상이라고 할 수 있다.

장애들이 사라지는 방법에 대해 또한 『무애해도』에서 다음과 같이 설명하고 있다.

> 그것(과거 대상)을 버리고서, 삼가고서 하나의 현재 대상에 바르게 둔다. 이렇게 해도, 마음을 현재 대상에 두어도 마음은 산란함에 빠지지 않는 것이다. … 그것(미래 대상)을 버리고서, 삼가고서 하나의 현재 대상에만 주의를 기울인다. 이렇게 해도 주의를 기울여도 마음은 산란함에 빠지지 않는다. … 그 움츠러든 마음을 북돋고 격려하여 나태를 제거한다. 이렇게 해도, 제거해도 마음은 산란함

---

421 William Pinar, *Curriculum Theorizing* (California: McCutchan Publishing Corporation, 1975); Maxine Greene, "Curriculum and Consciousness", p.303.

> 에 빠지지 않는다. 그 지나치게 노력하는 마음을 억제하고 절제하여 들뜸을 제거한다. 이렇게 해도, 제거해도 마음은 산란함에 빠지지 않는다. … 그 지나치게 향하는 마음을 (바르게) 알고서 좋아하는 애착을 제거한다. 이렇게 해서도, 제거해서도 마음은 산란함에 빠지지 않는다. … 그 벗어나게 향하는 마음을 (바르게) 알고서 싫어하는 성냄인 분노를 제거한다. 이렇게 해서도, 제거해서도 마음은 산란함에 빠지지 않는다.[422]

장애들은 서서히 억압되고 마음속의 오염원들은 가라앉게 된다. 이로써 근접삼매를 통해 마음은 삼매에 들고 닮은 표상表象이 일어난다. '닮은 표상'[423]은 원어가 'paṭibhāga-nimitta'인데, 'paṭibhāga'는 'prati(~에 대하여)'+'√bhaj(to divide)'에서 파생한 형용사나 남성명사로, 여기서는 '닮은, 유사한'의 의미에 해당한다. 그러므로 비구가 수행 시에 익힌 표상을 뚫고 나아갈 때 결점 없이 마음에 가시화되어 나타나는 표상이라고 할 수 있다.

익힌 표상(uggaha-nimitta)의 상태[424]에서는 까시나의 결점이 나타나지만, 닮은 표상의 상태에서는 결점이 없고 마치 익힌 표상을 부수고

---

422 『위빠사나 수행방법론』 1, 앞의 책, p.227.

423 『아비담마 길라잡이』(하), 앞의 책, p.740.

424 담마빨라는 익힌 표상에 대해 "니밋타는 이와 같이 까시나를 행하는 장소에서 前面에 원형으로 된 까시나를 두루 취해 머무름에 의하여 획득한 표상(取相)이다."라고 주석하고 있다. *Pm*, op.cit., p.118. "Nimittanti yathā, kasiṇakammaṭṭhānādīsu aṃtaṃkasiṇamaṇḍalādipariggahamukhena bhāvanāvasena laddhaṃ uggahanimittaṃ."(출처: http://www.tipitaka.org/cst4)

나오는 것처럼 그보다 백배 천배 더 청정하게 나타난다. 비유하자면 마치 상자에서 꺼낸 맑은 거울처럼, 잘 닦은 조가비의 접시처럼, 구름에서 나온 밝은 달처럼, 먹구름을 배경으로 한 학처럼 색깔도 형태도 없다고 한다.

만약 닮은 표상이 색깔과 형태를 가지면 눈으로 그것을 볼 수 있고, 거친 상태이고, (위빠사나를 통해) 명상할 수 있고, (무상·고·무아의) 세 가지 특상特相에 제압된다. 그러나 이것은 그렇지 않고, 삼매를 얻은 자의 인식(想; saññā)에서 생긴 것이고, 나타남의 한 형태일 뿐이다. 그러나 이것이 일어난 후에 반드시 장애들은 억압되고, 오염원(kilesa)들은 가라앉으며 근접삼매를 통해 마음이 삼매에 든다.

이상에서 살펴본 바와 같이, 까시나는 좁은 의미로는 선정수행에서 마음의 집중을 얻어 근접삼매에 의해 삼매에 들기 위해 사용되는 도구고 할 수 있고, 넓은 의미로는 도구를 사용하여 행하는 수행법을 가리킨다고 할 수 있다.[425] 이것은 선종에서 참선수행 시 화두를 들고 하거나 염불 또는 다라니 수행에서 염불을 하거나 진언을 외우는 것과 비슷하다고 할 수 있다.

이러한 까시나 수행은 초기불교 이래 아비담마 시대에 초선 등 선정수행에 들어가기에 앞서서 보편적으로 행해졌다고 한다.[426] 남방 테라바다 불교 전통의 수행법에서는 까시나를 중점적으로 다루고

---

425 임승택 옮겨 지음, 『無碍解道譯註; *Translation and Annotation of paṭisambhidāmagga*』, 앞의 책, p.47. 각주 설명 참조.

426 水野弘元, 『パーリ佛教を 中心とした 佛教の心識論』, op.cit., p.923.

있다. 그러나 북방불교 전통이나 선종에서는 까시나를 그리 중요시 여기지 않는다. 그러므로 까시나는 북방불교와 중국불교의 선종에서 볼 때 독특한 수행법이라고 말할 수 있다. 그러나 정확히 표현하면, 붓다와 그의 제자들이 실천했던 정통성이 있는 수행법이라고 하겠다.

나. 근접삼매와 본삼매

까시나 수행을 통해 나타난 비구의 심리상태는 앞에서 설명했듯이 맑은 거울처럼, 잘 닦은 조가비의 접시처럼, 구름에서 나온 밝은 달처럼, 먹구름을 배경으로 한 학처럼 색깔도 형태도 없다고 한다. 그러므로 마음속의 오염원들이 가라앉은 심리상태이다. 비구가 경험하는 이러한 심리상태는 근접삼매이다.

『청정도론』은 그 다음 수행단계로서 근접삼매近接三昧와 본삼매本三昧의 두 가지 삼매를 다음과 같이 설명한다.

> 삼매는 두 종류인데, 근접삼매와 본삼매이다. 이 두 가지로 마음이 삼매에 든다. 근접[427]의 경지와 획득의 경지에 든다. (다섯 가지) 장애들을 버리므로 마음은 근접의 경지에서 삼매에 들고, 선禪의 구성요소들이 나타나므로 획득의 경지에서 삼매에 든다.[428]

---

427 http://dsal.uchicago.edu, 'upacāra(fr. upa+car)' – 접근하다(approach, access)라는 의미를 지닌다.

428 『청정도론』 1, 앞의 책, p.346.; Vis, op.cit., p.126. "Duvidohi samādhi: upacārasamādhi ca appaṇāsamādhica. Dvīhākārehi cittaṃ samādiyati upacārabhumiyaṃ vā paṭilābhabhumiyaṃ vā, tattha upacāra bhūmiyaṃ nīvaraṇappahāṇena cittaṃ samāhitaṃ hoti. Paṭilābha Bhūmiyaṃ aṅgapātubhāvena, dvi-

근접삼매와 본삼매의 차이점은 다음과 같다.[429] 우선 근접의 경지와 획득의 경지라는 말에서도 나타난다. 근접삼매는 선의 구성요소들이 아직 견고하지 않다. 근접삼매가 일어날 때, 마치 어린아이를 일으켜 세워놓으면 계속해서 땅바닥에 넘어지는 것과 같이 마음이 잠시 표상을 대상으로 삼았다가 잠시 잠재의식으로 들어간다.

이에 반해 본삼매의 구성요소들은 견고하다. 본삼매의 구성요소들은 견고하기 때문에 본삼매가 일어나면 마음이 한 번 잠재의식의 흐름을 끊고는, 마치 건강한 사람이 자리에서 일어나 하루 종일 서 있을 수 있는 것처럼 밤과 낮이 다하도록 계속되고 유익한 속행速行의 흐름으로 일어난다는 것이다.

그러나 본삼매가 일어나는 경우는 쉽지 않다. 본삼매가 일어나지 않을 경우에는 9단계[430]를 거쳐야만 하기 때문이다.

---

nnaṃ pana samādhīnaṃ idaṃ nānā kāraṇaṃ:."

429 같은 책; loc.cit., "upacāre aṅgāni na thāmajātāni honti, aṅgānaṃ athāmajātattā yathā nāma daharo kumārako ukkhipitvā ṭhapīyamāno punappunaṃ bhūmiyaṃ patati, evameva upacāre uppanne cittaṃ kālena nimittaṃ ārammaṇaṃ karoti, kālena bhavaṅgaṃ otarati,appanāya pana aṅgāni thāmajātāni honti, tesaṃ thāmajātattā yathā nāma balavā puriso āsanā vuṭṭhāya divasampi tiṭṭheyya evameva appaṇā samādhimhi uppanne cittaṃ sakiṃ bhavaṅgavāraṃ vicchinditvā2 kevalampi rattiṃ kevalampi divasaṃ tiṭṭhati, kusalajavanapaṭipāṭivase neva pavattīti."

430 최봉수, 『부파불교원전의 이해』, 앞의 책, p.117. 첫째, 4종의 遍의 과실을 알아야 하고, 둘째, 遍을 만드는 방법을 엄수해야 하며, 셋째, 遍을 법도에 맞게 닦아 익혀야 하고, 넷째, 2종의 相을 얻고, 다섯째, 2종의 定을 얻으며, 여섯째, 본삼매, 즉 安止定이 얻어지지 않을 경우에는 7종의 적합(適)·부적합(不

– **표상의 보호와 그 방법**

비구가 장애를 극복하기는 했으나 아직 흔들리지 않는 삼매인 본삼매에 이르지 못한 경우에 우리는 이것을 두고 삼매의 상태에 가까이 있기 때문에 근접삼매라고 부른다. 그러기에 비구가 근접삼매와 함께 닮은 표상을 일으키는 것은 매우 어렵다고 하는 것이다. 그가 가부좌를 한 상태에서 닮은 표상을 확대시켜 본삼매에 이를 수 있기를 바라기는 힘들다. 그가 만약 그렇게 되기 힘들다면 부지런히 표상을 보호하기 위해 마치 전륜성왕이 될 태아를 보호하듯이 해야 한다는 것이다.[431]

표상은 원어가 'nimitta'로서 정신적인 이미지의 의미를 갖는다. 이것을 냐나몰리는 'sign'으로[432] 영역英譯하고 있는데, 이것은 삼매의 과정에서 획득되고, 마음의 집중을 통해 꽤 맑게 된 상태에서 마치 눈으로 보는 것과 같이 생생하게 나타난다고 한다.[433]

適)을 잘 알아서 닦아야 하고, 일곱째, 그렇게 해도 안지정이 이루어지지 않을 경우에는 10종의 안지선교를 닦아야 하며, 여덟째, 그렇게 해도 안지정이 이루어지지 않을 경우에는 정진의 평등을 계속적으로 유지해야 하고, 아홉째, 그렇게 해서 안시성을 얻기에 이른다는 것이다.

431 『청정도론』 1, 앞의 책; p.346. Vis, op.cit., p.126. "Tatra yad etaṃ upacāra-samādhinā saddhiṃ paṭibhāga nimittaṃ uppannaṃ, tassa uppādanaṃ nāma atadukkaram, tasmā sace teneva pallaṅkena taṃ nimittaṃ vaḍḍhetvā appaṇaṃ adhigantuṃ sakkoti sundaraṃ, noce sakkoti, athānena taṃ nimittaṃ appamattena cakkavattigabbho viya rakkhitabbaṃ."

432 Bhadantācariya Buddhaghosa, *The Path of Purification Visuddhi Magga*, Translated by Bhikkhu Ñānamolli, Singapore; Buddhist Meditation Center, 1956. p.307.

433 http://www.palikanon.com/english/wtb/n_r/nimitta.htm에서 인용함. 'Men-

그러므로 표상은 중요한 의미가 있다고 말하는 것이고, 이에 표상을 보호하는 자는 이미 얻은 근접삼매를 잃지 않는다. 그러나 표상을 보호하지 않는 자는 이미 얻은 것도 잃어버린다.[434]

이와 같이 표상을 보호하여 유지함은 간화선의 수행과정에서 비구가 화두가 성성하여 일체 시 일체 처에서 항상 여여함을 잃지 않는 상태를 유지함과 비슷하다.

표상을 보호하는 방법은 숙소, 탁발 가는 마을, 담론, 사람, 음식, 기후, 자세의 일곱 가지가 부적당하면 피해야 하고, 일곱 가지가 적당하면 그것에 의지해야 한다. 이와 같이 할 때 도를 닦아 나아가는 과정에서 오래되지 않아 본삼매를 얻게 된다는 것이다.[435]

숙소부터 자세까지 차례로 살펴보면 다음과 같다. 적당하지 않은 숙소는 표상이 일어나지 않거나 일어난 것마저도 사라지거나, 마음챙김이 확립되지 않거나, 삼매에 들지 않게 되는 곳이라고 한다. 그러나 표상이 일어날 뿐만 아니라 더욱 더 견고해지고, 마음챙김이 확립되고, 마음이 삼매에 드는 곳은 숙소로 적당한 곳이라고 한다.[436]

---

tal (reflex-) image', obtained in meditation. In full clarity, it will appear in the mind by successful practice of certain concentration-exercises and will then appear as vividly as if seen by the eye. 이 표상은 서양철학에서 말하는 표상과 그 개념이 전혀 다르다는 점을 주의해야 한다.

434 『청정도론』 1, 앞의 책, p.347.; Vis, op.cit., p.127. "Nimittaṃ rakkhato laddhaṃ parihāni na vijjati, Ārakkhamhi asantamhi laddhaṃ laddhaṃ vinassati."

435 같은 책; Vis, ibid., p.127. "Āvāso gocaro bhassaṃ puggalo bhojanaṃ utu, īriyāpathoti sattete asappāye vivajjaye. sappāye satta sevetha evaṃ hi paṭipajjato, nacireneva kālena hoti kassaci appaṇāti."

비구가 수행하는 데 있어서 거주하는 공간, 즉 숙소가 차지하는 비중은 매우 크다고 할 수 있다. 표상이 일어나서 근접삼매에 이르고, 본삼매에도 이르러 위빠사나 수행을 통해 닙빠나의 경지로 나아가야 하는데 그렇지 못할 경우 큰 장애가 되기 때문에 숙소는 매우 중요한 의미를 두는 것이다.

탁발 가는 마을은 비구가 머무는 거주처에서 북쪽이나 남쪽에 있고, 너무 멀지 않으며, 1.5꼬사(kosa)[437] 정도 떨어져 있고, 탁발을 수월하게 할 수 있는 곳이면 적당하다. 그렇지 않은 곳은 부적당하다.[438]

담론이 부적당한 경우는 32가지 쓸데없는 담론을 말한다. 왜냐하면 이러한 담론은 표상이 사라지게 하기 때문이다. 열 가지 논의의 주제에 의지한 담론은 적당하지만 정도에 맞게 해야 한다는 것이다.[439]

---

436 같은 책; loc.cit., "Tatrassa yasmiṃ āvāse vasantassa anuppannaṃ vā nimittaṃ nūppajjati, uppannaṃ vā vinassati, anupaṭṭhitāca sati na upaṭṭhāti, asamāhitañca cittaṃ na samādhiyati, ayaṃ asappāyo. Yattha nimittaṃ uppajjaticeva thāvarañca hoti sati apaṭṭhāti cittaṃ samādhiyati nāgapabbatavāsī padhāniya tissattherassa viya, ayaṃ sappāyo."

437 1꼬사(kosa)는 약 1마일 정도의 거리이다.

438 『청정도론』 1, 앞의 책, p.348.; Vis, op.cit., "Gocaragāmo pana yo sonāsanato uttarena vā dakkhiṇena vā nātidūre diyaḍḍhakosabbhantare hoti sulabhasampannabhikkho, so sappāyo viparīto asappāyo."

439 같은 책; loc.cit., "Bhassampi dvattiṃsa tiracchāna kathāpariyāpannaṃ asappāyaṃ. Taṃ hissa nimittantaradhānāya Saṃvattati, dasakathāvatthu nissitaṃ sappāyaṃ, tampi mattāya bhāsitabbaṃ." 각주 참조. 32가지 쓸데없는 담론은 원래 32가지가 아니었다. 숲, 산, 강, 섬에 대한 담론을 포함시킨 결과 32가지가 되었다고 한다. 『맛지마 니까야』에 보면, "왕의 이야기, 도둑 이야기,

쓸데없는 담론을 하지 않고, 계행 등의 덕이 있으며, 사귀면 삼매에 들지 않았던 마음이 삼매에 들게 되거나, 혹은 이미 삼매에 든 마음이 견고해지도록 하는 사람은 적당하다. 그러나 몸에 대해 지나치게 관심을 가지고 쓸데없는 담론을 하는 자는 부적당하다. 왜냐하면 진흙이 맑은 물을 흐려 놓듯이 그런 사람은 교란을 일으키기 때문이다.[440]

앞에서도 선우善友를 언급하면서 논했지만, 계행을 갖추고 쓸데없는 담론을 하지 않은 비구는 닙빠나를 향해 나아가고 닙빠나에 도달하는 데 있어서 반드시 필요한 선우와 같은 사람이라고 할 수 있다.

음식은 어떤 사람에게는 단 것이, 어떤 사람에게는 신 것이 적당하다. 기후는 어떤 사람에게는 차갑고, 어떤 사람에게는 따뜻한 것이 적당하다. 그러므로 어떤 음식을 먹고 어떤 기후에 살아서 편안하게 되고, 삼매에 들지 않던 마음이 삼매에 들고 삼매에 들던 마음이 견고해지면 그런 음식과 그런 기후는 적당하다. 그렇지 않은 음식과 기후는 부적당

대신들 이야기, 군대 이야기, 겁나는 이야기, 전쟁 이야기, 음식 이야기, … 마을에 대한 이야기, 읍에 대한 이야기, 도시에 대한 이야기, 나라에 대한 이야기, … 바다에 관한 이야기…" 등이 있다. 열 가지 논의의 주제에 의지한 담론은 『*Pm*』 59에 따르면 "소욕, 지족, 멀리 閑居, 집착하지 않음, 精勤, 계·정·혜, 해탈, 해탈지견이 열 가지이다."

440 같은 책; Vis, loc.cit., "puggalopi atiracchānakathiko silādiguṇasampanne: yaṃ nissāya asamāhitaṃ vā cittaṃ samādhiyati samāhitaṃ vā cittaṃ thirataraṃ hoti, evarūpo sappāyo. Kāyadaḍḍhi pahulo pana tiracchāna kathiko asappayo, sohi taṃ kaddamodakamiva acchaṃ udakaṃ malina meva karoti, tādisañca āgamma komapabbatavāsi daharasseva samāpattipi nassati, pageva nimittaṃ."

하다.[441]

그러므로 비구가 자신이 머무르는 곳이 알맞은 음식과 알맞은 기후의 조건이 갖춰져 있어서 삼매에 잘 들게 되면 적당하다고 하겠다.

자세는 사람에 따라 어떤 사람에게는 경행經行이 적당하지만, 어떤 사람에게는 눕거나 서거나 앉아 있는 것 가운데 하나가 적당하다. 그러므로 숙소의 경우처럼 3일 동안 면밀히 조사해서 그 자세에서 삼매에 들지 않던 마음이 삼매에 들고 삼매에 들던 마음이 견고해지면 그것은 적당하다. 그렇지 않은 것은 부적당하다고 알아야 한다.[442]

이상 일곱 가지 표상의 보호는 비구가 삼매를 수행하는 데 있어서 특별히 관심을 기울이고 신경 써야 하는 적합한 자연환경과 공간환경, 음식, 그리고 수행 자세 등에 관해 논한 것이다. 이러한 적합한 환경과 자세 등이 갖춰졌을 때 비로소 비구는 다음 수행단계인 본삼매로 나아갈 수 있는 것이다. 앞에서 삼매수행에 적당한 곳과 적당하지 않은 곳에 관해 살펴보면서 환경의 중요성을 논했듯이, 표상의 보호에서도 삼매 수행에 적합한 환경을 강조하고 있는 것이다.

표상의 보호가 비구에게 중요한 이유는 숙소, 탁발 가는 마을, 담론, 사람, 음식, 기후, 자세 등 일곱 가지가 적당할 때 비로소 본삼매를

---

441 위의 책, p.349.; Vis, ibid., p.128. "bhojanaṃ pana kassaci madhuraṃ kassaci ambilaṃ sappāyaṃ hoti."

442 같은 책; loc.cit., "Utupi kassaci sīto kassaci uṇho sappāyo hoti, tasmā yaṃ bhojanaṃ vā utuṃ vā sevantassaphāsu hoti, asamāhitaṃ vā cittaṃ samādhiyati samāhitaṃ vā cittaṃ thirataraṃ hoti, taṃ bhojanaṃ so ca utu sappāyo."

향한 심리적인 이미지가 흐트러지지 않은 상태를 유지할 수 있기 때문이다. 이것은 학교교육에서 학생의 심리상태를 중시하고 학업에 유익한 심리상태를 유지하도록 주변 환경을 만드는 경우와 같다고 하겠다. 학생이 학습하기 위한 환경이 갖추어지지 않은 상태에서 이상적인 교육이 이루어지는 것을 바라는 것은 힘들기 때문이다. 이러한 일곱 가지 표상의 보호로 비구가 하나의 대상에 마음을 집중함으로써 삼매수행을 위한 이상적인 교육환경의 상태유지도 되는 것이고, 이와 같은 이상적인 교육환경 속에서 본삼매에 이르는 인간을 형성하기 위한 조건으로서의 삼매를 성취하게 되는 것이며, 마침내 위빠사나 수행에서 통찰지洞察智의 관찰을 통해 오온五蘊의 무상·고·무아를 깨달아 닙빠나를 증득하기 때문에 일곱 가지 표상의 보호가 중요하다고 말하는 것이다.

- 열 가지 본삼매에 드는 방법

비구가 이처럼 표상을 보호하는 수행을 해도 본삼매를 얻지 못한다면 본삼매에 들기 위해 다음과 같은 열 가지 방법[443]이 요구된다. 이것은 달리 표현하면, 본삼매에 들기 위한 열 가지 도구와 방편이 필요하다는 의미이다.

i. 토대를 깨끗이 함[444]

---

443 위의 책, p.350.

444 같은 책; Vis, op.cit., "Tatrāyaṃ nayo: dasahākārehi appaṇākosallaṃ icchitabbaṃ: vatthuvisadakiriyato indriyasamatta paṭipādanato - nimittakusala-

이것은 비구가 안팎의 토대, 즉 수행환경을 깨끗이 하는 것[445]을 말한다. 만약 비구의 머리카락과 손톱·발톱과 몸의 털 등이 길거나 몸이 땀에 젖어 있으면 안의 토대가 깨끗하지 않고 청정하지 않은 것이다. 만약 비구의 의복이 낡고 더러우며 악취가 나거나, 머무는 장소가 더러우면 밖의 토대가 깨끗하지 않고 청정하지 않은 것이다. 안팎의 토대가 이처럼 깨끗하지 않으면 마치 불결한 등잔과 심지와 기름을 의지하여 생긴 등불의 빛과 같이, 마음과 마음부수들이 일어날 때

---

toyasmiṃ samaye cittaṃ paggahe tabbaṃ tasmiṃ samayo cittaṃ paggaṇhāti-yasmiṃ samaye cittaṃ niggahetabbaṃ tasmiṃ samaye cittaṃ niggaṇhāti-yasmiṃ samaye cittaṃ sampahaṃsitabbaṃ tasmiṃ samaye cittaṃ sampahaṃseti - yasmiṃ samaye cittaṃ ajjhupekkhitabbaṃ tasmiṃ samaye cittaṃ ajjhupekkhati-asamāhitapuggala parivajjanatosamāhitapuggala sevanato - tadadhimutta toti."

445 Vis, ibid., pp.128~129. "vatthuvisadakiriyā nāma: ajjhattikabāhirānaṃ vatthunaṃ visadabhāvakaraṇaṃ, yadā hissa kesanakhalomāni dīghāni honti sarīraṃ vā sedamalaggahitaṃ, tadā ajjhattikaṃ vatthū avisadaṃ hoti aparisuddhaṃ, yadā pana cīvaraṃ jiṇṇaṃ kiliṭṭhaṃ duggandhaṃ hoti, senāsanaṃ vā uklāpaṃ, tadā bāhiraṃ vatthu avisadaṃ hoti, aparisuddhaṃ, ajjhattike bāhire ca vatthumhi avisade uppannesu cittaceta sikesu ñāṇampi aparisuddhaṃ hoti, aparisuddhāni dīpakapallakavaṭṭi telāni nissāya uppannadīpasikhāya obhāso viya, aparisuddhena ca ñāṇena saṅkhāre sammasato saṅkhārāpi avibhūtā honti, kammaṭṭhāna manuyuñjato kammaṭṭhānampi vuddhiṃ virūḷhiṃ vepullaṃ na gacchati, visade pana ajjhattikabāhire vatthumhi uppannesu cittacetasikesu ñāṇampi visadaṃ hoti, parisuddhāni dīpakapallaka vaṭṭitelāni nissāya uppannadīpasikhāya obhāso viya, parisuddhenaca ñaṇena saṅkhāre sammasato saṅkhārāpi vubhūtā honti, kammaṭṭhāna manuyuñjato kammaṭṭhānampi vuddhiṃ virūḷhiṃ vepullaṃ gacchati."

지혜 또한 청정하지 않게 된다.

비구가 청정하지 않은 지혜로 상카라(行)들을 명상할 때 상카라들은 분명하게 드러나지 않는다. 또한 비구가 청정하지 않은 지혜로 명상주제에 몰입할 때 그 명상주제는 향상과 증장과 번영을 얻지 못한다.

그러나 비구의 안팎의 토대가 깨끗하면 마치 청결한 등잔과 심지와 기름을 의지하여 생긴 등불의 빛과 같이, 마음과 마음부수들이 일어날 때 지혜도 청정하다.

비구가 청정한 지혜로 상카라들을 명상할 때 상카라들도 분명하게 드러난다. 또한 비구가 명상주제에 몰입할 때 그 명상주제도 향상과 증장과 번영을 얻는다.

이것은 앞의 삼매수행의 예비단계에서 예로 든 사소한 장애와 마찬가지로 안팎의 환경이 청결해야 비구의 지혜가 청정해지고, 또한 명상주제에 몰입하여 수행할 때 향상하게 된다는 것을 나타낸다. 토대를 깨끗이 한다는 것은 달리 표현하면 비구 자신의 몸가짐뿐만 아니라 주변 환경이 깨끗할 때 본삼매를 닦기 위한 수행과 함께 학습 또한 잘되는 것을 나타낸다고 할 수 있다. 학교교육의 현장에서 학생들의 능률적인 학습을 위해 주변 환경에서 학습에 방해가 될 만한 요소들을 없애곤 하는데, 하물며 깨달음과 해탈을 이루게 위한 삼매수행에서 토대를 깨끗이 하는 일은 너무나 당연한 것이라고 하겠다.

ii. 다섯 가지 기능(五根)을 조화롭게 유지함[446]

---

446 『청정도론』 1, 앞의 책, pp.351~352.; Vis, ibid., pp.129~130.

"Indriyasamattapaṭipādanaṃ nāma: – saddhādīnaṃ indriyānaṃ samabhāvakaraṇaṃ, sace hissa saddhindriyaṃ balavaṃ hoti itarāni mandāni, tato viriyindriyaṃ paggahakiccaṃ, satindriyaṃ upaṭṭhānakiccaṃ, samādhindriyaṃ avikkhepakiccaṃ, paññindriyaṃ dassanakiccaṃ kātuṃ na sakkoti, tasmā taṃ dhammasabhāvapaccavekkhaṇena vā yathāvā manasikaroto balavaṃ jātaṃ, tathā amanasikārenahāpetabbaṃ. Vakkalittheravatthu cettha nidassanaṃ. Sace pana viriyindriyaṃ balavaṃ hoti atha neva saddhindriyaṃ adhimokkhakiccaṃ kātuṃ sakkoti, na itarāni itarakicca bhedaṃ, tasmā taṃ passaddhādi bhāvanāya hāpetabbaṃ, tatrāpi soṇattherassa vatthu dassetabbaṃ. Evaṃ sesesu pi ekassa balava bhāve sati itaresaṃ attano kiccesu asamatthatā veditabbā, visesato panettha saddhā paññānaṃ samādhiviriyānañca samataṃ pasaṃ santi, balavasaddhohi mandapañño muddhappasanno hoti avatthusmiṃ pasīdati, balava pañño mandasaddho kerāṭikapakkhaṃ bhajati bhesajja samuṭṭhito viya rogo atekiccho hoti, ubhinnaṃ samatāya vatthusmaṃ yeva pasīdati, balavasamādhiṃ pana mandaviriyaṃ samādhissa kosajja pakkhattā kosajjaṃ adibhavati, balavaviriyaṃ mandasamādhiṃ viriyassa uddhaccapakkhattā uddhaccaṃ adibhavati, samādhi pana viriyena saṃyojito kosajje patituṃ na labhati, viriyaṃ samādhinā saṃyojitaṃ uddhacce patītuṃ na labhati, tasmā tadubhayaṃ samaṃ kātabbaṃ, ubhayasamatāya hi appaṇā hoti, apica samādhikammikassa balavatīpi saddhā vaṭṭati, evaṃ saddahanto okappento appaṇaṃ pāpuṇissati. Samādhipaññāsu pana samādhikammikassa ekaggatā balavatī vaṭṭati, evaṃ hi so appaṇaṃ pāpuṇāti, vipassanākammikassa paññā balavatī vaṭṭati, evaṃ hi so lakkhaṇapaṭivedhaṃ pāpuṇāti, ubhinnaṃ pana samattāpi appanā hotiyeva, sati pana sabbattha balavatī vaṭṭati, sati hi citta uddhaccapakkhikānaṃ saddhāviriyaṃ paññānaṃ vasena uddhaccapātato kosajjapakkhena ca samādhinā kosajja pātato rakkhati, tasmā sā loṇadhūpanaṃ viya sabbavyāñjanesu, sabbakammikaamacco viyaca sabbarājakiccesu, sabbattha icchitabbā, ten' āha: sati ca pana1 sabbatthikā vuttā bhagavatā, kiṃ kāraṇā? Cittaṃ hi satipaṭisaraṇaṃ, ārakkhapaccupaṭṭhānācasati, na vināsatiyā cittassa paggahaniggaho hotī ti."

믿음(faith) 등의 다섯 가지 기능(五根)을 조화롭게 만드는 것[447]을 가리킨다. 냐냐몰리는 이것을 균형 잡힌 기능을 유지하는 것(Maintaining balanced faculties is equalizing the five faculties of faith and the rest)으로서 믿음과 그 밖의 것을 포함한 다섯 가지 기능을 균일하게 하는 것이라고[448] 표현하고 있다. 만약 비구에게 믿음의 기능(信根)이 강하고 나머지 기능들이 약하면 정진의 기능(精進根)이 노력하는 역할을 할 수 없고, 마음챙김의 기능(念根)이 확립하는 역할을 할 수 없고, 삼매의 기능(定根)이 산만하지 않게 하는 역할을 할 수 없고, 통찰지의 기능(慧根)이 있는 그대로 보는 역할을 할 수 없다. 그러므로 믿음의 기능은 법의 고유성질(自性)을 반조함에 의해 조절해야 한다.

만약 정진의 기능이 강하면 믿음의 기능이 확신하는 역할을 할 수 없고, 나머지 기능들도 각각의 기능을 할 수 없다. 그러므로 편안함(輕安; developing tranquility) 등을 수행하여 정진의 기능을 조절해야 한다.

비구는 이와 같이 다섯 가지 기능(五根) 가운데 하나가 강하면 나머지가 역할을 할 수 없다는 사실을 알아야 한다.

비구에게는 특별히 믿음(faith)과 통찰지, 삼매와 정진 등의 균등함이 필요하다. 믿음이 강하고 통찰지가 약한 비구는 미신에 흐르고 근거 없이 믿게 된다. 반대로 통찰지가 강하고 믿음이 약한 비구는

447 Bhadantācariya Buddhaghosa, *The Path of Purification Visuddhi Magga*, Translated by Bhikkhu Ñānamolli, Singapore; Buddhist Meditation Center, 1956. p.135.

448 op.cit.,

교활한 쪽으로 치우치게 된다. 그런 경우 약으로 인해 생긴 병처럼 치료하기 힘들다.

삼매는 게으름으로 치우치게 하는 점이 있으므로 삼매가 강하고 정진이 약한 비구는 게으름에 압도된다. 반대로 정진은 들뜸으로 치우치게 하므로 정진이 강하고 삼매가 약한 자는 들뜸에 의해 압도된다. 그러므로 삼매가 정진과 함께 짝이 되거나, 정진이 삼매와 함께 짝이 될 때 각각 게으름에 빠지지 않거나 들뜸에 빠지지 않게 된다. 둘이 균등해야 본삼매를 얻는다.

그런데 다섯 가지 기능(五根) 가운데 마음챙김(念根)은 다섯 가지 기능의 모든 곳에서 강하게 요구된다. 왜냐하면 마음챙김은 마음이 들뜸으로 치우치는 믿음과, 정진과 통찰지로 인해 들뜸에 빠지는 것을 보호하며, 또한 게으름으로 치우치는 삼매로 인해 게으름에 빠지는 것을 보호한다. 그러므로 마음챙김은 붓다가 모든 요리에 맛을 내는 소금과 향료처럼, 모든 정치적인 업무에서 일을 처리하는 대신처럼 모든 곳에서 필요하다.

마음챙김의 기능은 본래 한쪽으로 치우치거나 들뜨거나 게으름에 빠지지 않으나 나머지 네 가지 기능, 즉 믿음의 기능으로부터 정진의 기능에 이르기까지는 한쪽으로 치우치거나 들뜨거나 게으름에 빠질 수 있으므로 조화로움이 반드시 요구된다. 그러므로 마음챙김의 기능으로 조화로움을 유지할 필요가 있다.

마음챙김의 기능으로 한쪽으로 치우치거나 들뜨거나 게으름에 빠지지 않도록 조화로움을 유지하는 것은 마음을 하나로 모아 산란하지 않는 것을 목적으로 하는 사마타 수행뿐만 아니라 계속해서 닦아나가는 위빠사나 수행에서도 전제로서 필요한 것이며, 핵심적인 기능을 하고 있다고 하겠다. 그러므로 불교의 수행이 중도中道를 중시하고 표방하고 있다는 점에서 다섯 가지 기능이 한쪽으로 치우치지 않고 조화로운 상태를 유지함은 당연하다고 할 것이다.

iii. 표상에 능숙함[449]

비구가 땅의 까시나 수행에 의해 삼매의 표상(니미타)이 아직 완벽하게 만들어지지 않았지만 만드는 데 능숙하고, 이미 만든 표상을 닦아 나감에도 능숙함(skill in the sign)이 있으며, 이처럼 닦아서 얻은 표상을 보호하는 데에도 능숙함이 있는 것을 말한다.

표상은 이미지의 특성을 갖는 개념이지만 삼매를 닦는 데 필요한 방편 도구이다. 삼매수행을 통해 마음을 하나로 집중하기 위해서 표상을 만들고, 표상을 닦아나가며, 표상을 보호하는 일에 능숙해야 하는 것이다. 그러므로 비구가 표상을 보호하는 수행을 해도 본삼매를 얻지 못했다는 것은 표상의 개념형성이 제대로 되지 않았음을 의미하므로 표상을 능숙하게 되도록 만들어야 할 것이다.

iv. 마음을 분발해야 할 때 마음을 분발함[450]

---

449 위의 책, p.353.; Vis, ibid., p.130. "nāma: paṭhavikasiṇādikassa citt' ekaggatā nimittassa akatassa karaṇakosallaṃ; Bhadantācariya Buddhaghosa, *The Path of Purification Visuddhi Magga*, Translated by Bhikkhu Ñānamolli, Singapore; Buddhist Meditation Center, 1956. ibid., p.136.

450 위의 책, pp.353~354.; Vis, ibid., pp.130~133; Bhadantācariya Buddhaghosa, *The Path of Purification Visuddhi Magga*, Translated by Bhikkhu Ñānamolli,

비구가 정진 등이 너무 느슨하여(over laxness of energy, etc.,) 마음이 해이해지면(slack) '편안함의 깨달음의 구성요소(輕安覺支; the Enlightenment factors beginning with tranquillity)' 등 두 가지 구성요소를 닦지 말고 '법法을 간택揀擇하는 깨달음의 구성요소(the factors beginning with investigation-of-states)'를 닦아야 한다. 왜냐하면 붓다는 『상윳따 니까야』에서 다음과 같이 말씀하셨기 때문이다.

"비구들이여, 예를 들면 작은 불을 지피기를 원하는 사람이 있다고 치자. 그가 그곳에 젖은 풀을 놓고, 젖은 소똥을 놓고, 젖은 막대기를 놓고, 물을 뿌리고, 흙먼지를 뿌린다면 그 사람이 불을 지필 수 있겠는가?" "그렇지 않습니다. 세존이시여." "비구들이여, 그와 같이 마음이 해이해질 때 편안함의 깨달음의 구성요소(輕安覺支)를 닦는 것은 적절하지 않다. 삼매의 깨달음의 구성요소(定覺支)를 … 평온의 깨달음의 구성요소(捨覺支)를 닦는 것은 적절하지 않다. 그것은 무슨 이유인가? 비구들이여, 해이한 마음은 이 법들로 분발시킨 수 없기 때문이다. 비구들이여, 마음이 해이할 때 법을 간택하는 깨달음의 구성요소(擇法覺支)를 닦는 것이 적절하다. 정진의 깨달음의 구성요소(精進覺支)를 닦는 것이 적절하다. 희열의 깨달음의 구성요소(喜覺支)를 닦는 것이 적절하다. 그것은 무슨 이유인가? 비구들이여, 해이한 마음은 이런 법들로 쉽게 분발시킬 수 있기 때문이다. 비구들이여, 예를 들면 작은 불을 지피기를

Singapore; Buddhist Meditation Center, 1956. loc.cit. 'How does he exert the mind on an occation when it should be exerted?'

원하는 사람이 있다고 치자. 그가 그곳에 마른 풀을 놓고, 마른 소똥을 놓고, 마른 장작을 놓고, 입으로 불고, 흙먼지를 뿌리지 않는다면 그 사람이 작은 불을 지필 수 있겠는가?" "그렇습니다. 세존이시여."[451]

법에는 유익하거나 해로운 법, 나무라야 마땅하거나 나무랄 데가 없는 법, 고상하거나 천박한 법, 흑백으로 상반되는 갖가지 법들이 있다.[452] 그런데 이러한 여러 가지 모습을 나타내는 법들에 대해 (비구

---

451 같은 책; Vis, ibid., pp.130~131. "Vuttaṃ hotaṃ bhagavatā. Seyyathāpi bhikkhave puriso parittaṃ aggiṃ ujjāletukāmo assa, so tattha allāniceva tiṇāni pakkhipeyya allāni ca gomayāni pakkhiyye allāni ca kaṭṭhāni pakkhipeyya udakavātañca dadeyya paṃsukena ca okireyya, bhabbo nu kho so bhikkhave puriso taṃ parittaṃ aggiṃ ujjāletunti, no hetaṃ bhante, evameva kho bhikkhave yasmiṃ samaye līnaṃ cittaṃ hoti, akālo tasmiṃ samayo passaddhisambojjhaṅgassa bhāvanāya, akālo samādhi sambojjhaṅgassa bhāvanāya. Akālo upekkhāsambojjhaṅgassa bhāvanāya. Taṃ kissa hetu? Līnaṃ bhikkhave cittaṃ, taṃ etehi dhammehi dussamuṭṭhāpiyaṃ hoti, yasmiñca ko bhikkhave samaye līnaṃ cittaṃ hoti, kālo tasmiṃ samaye dhammavicaya sambojjhaṅgassa bhāvanāya, kālo sambojjhaṅgassabhāvanāya kālo viriya sambojjhaṅgassa bhāvanāya, kālo pītisambojjhaṅgassa bhāvanāya, taṃ kissa hetu? Līnaṃ bhikkhave cittaṃ, taṃ etahi dhammehi susamuṭṭhā piyaṃ hoti. Seyyathāpi bhikkhave puriso parittaṃ aggiṃ ujjā letukāmo assa, so tattha sukkhāni ceva tiṇāni pakkhipeyya sukkhāni ca gomayāni pakkhipeyya sukkhāni ca kaṭṭhāni pakkhipeyya mukhavātañca dadeyya, na ca paṃsukena okireyya, ga bhabbo nu kho so bhikkhave puriso taṃ parittaṃ aggiṃ ujjāletunti? Evaṃ bhante ti."

452 위의 책, p.354; Vis, ibid., p.131. "Vuttaṃ hetaṃ. "Atthi bhikkhave kusalā

는) '법을 간택하는 깨달음의 구성요소'로서 자양분으로 이해해야 한다는 것이다.[453] (그러면서 비구는 점차적으로 다음과 같이 닦아 나가야 한다는 것이다.) 이러한 법들에는 개별적인 특징을 지닌 자상自相(sabhāva-lakkhaṇa)과 보편적인 특징을 지닌 공상共相(sāmañña-lakkhaṇa)이 있는데,[454] (비구는) 이러한 특징을 지닌 법들에 대해 근원적으로 마음에 다잡는 것(yoniso manasikāra; 如理作意)이 시작하는 요소(ārambhadhātu; 發勤界)를 일으켜야 한다는 것이다. 즉 처음으로 정진을 시작하는 단계이다. 그리고 비구는 이렇게 함으로써 강하게 게으름에서 빠져나오도록 해야 한다는 것이다. 이것은 벗어나는 요소(nikkamadhātu; 出離界)의 단계이다. 그 다음 비구는 이러한 상태에서 보다 더 강하게 더욱 더 높은 경지로 나아가야 한다는 것이다. 이것은 분발하는 요소(parakkamadhātu; 勇猛界)의 단계이다.[455]

---

kusalā dhammā sāvajjānavajjādhammā hīnappaṇitā dhammā kaṇhasukka sappaṭibhāgā dhammā."

453 Bhadantācariya Buddhaghosa, *The Path of Purification Visuddhi Magga*, Translated by Bhikkhu Ñāṇamolli, Singapore; Buddhist Meditation Center, 1956. op.cit. p.136.

454 앞의 책, p.355.; Vis, op.cit. p.132. "tattha sabhāvasāmaññalakkhaṇapaṭivedhavasena pavattamanasikāro …" 법들의 고유성질은 자상自相이고, 이러한 법들이 지니는 무상無常·고苦·무아無我의 공통적인 특징이 공상共相이다.

455 같은 책; loc.cit., "kusalādisu yonisomanasi kāro nāma, ārambhadhātuādīnaṃ uppādanavasena pavattamanasi kāro ārambhadhātuādisra yoniso manasikāro nāma. Tattha ārambhadhātuti-paṭhamaviriyaṃ vuccati, nikkamadhātūtikosajjatonikkhantattā tato balavataraṃ, parakkamadhātūtiparaṃ paraṃ ṭhānaṃ akkamanato tatopi balavataraṃ."

『무애해도』에 의하면, "출리出離란 성자들의 벗어남, 장애로부터 벗어나게 하는 원인이다. 벗어남이라는 이유는 위빠사나의 선업善業이라고 하는 출리를 통해 성자들이 윤회의 고통으로부터 벗어나기 때문이다."[456]라고 설명하고 있다. 위빠사나의 선업이 출리라고 하고 있으므로 출리란 탐욕 없음을 바탕으로 하는 선한 법을 의미한다. 보다 자세하게는 위빠사나를 단계적으로 생겨나게 해서 도道의 지혜로 닙빠나를 증득하여 윤회의 고통에서 벗어나게 된다는 의미이다.[457] 여기에서 위빠사나 수행이 온갖 번뇌로부터 벗어나게 하는 선업이라고 표현하고 있는 점에 주목할 필요가 있다.

비록 법이 여러 가지 특성을 지니고 있을지라도, 비구가 처음에 정진을 시작하여 게으름에서 빠져나오고, 그런 다음에 보다 더 강하고 더 높은 단계로 나아가는 점진적인 과정을 밟을 수 있다. 이와 같이 점진적으로 모습으로 나타나는 과정은 분발하는 데에서 비롯된다. 이 과정의 구체적인 모습은 다음과 같다.[458]

---

456 『위빠사나 수행방법론』 1, 앞의 책, p.181. (Ps.162)

457 『위빠사나 수행방법론』 1, 위의 책, p.183.

458 『청정도론』 1, 위의 책, p.354.; Vis, ibid., pp.132~133. "Apica sattadhammā dhammavicaya sambojjhaṅgassa uppādāya saṃvattanti: paripucchakatā, vatthuvisada kiriyatā, indriyasamattapaṭipadānā, duppaññapuggalaparivajjanā, paññāvantapuggalasevanā, gambhīrañāṇacariyapaccavekkhaṇā, tadadhi muttatāti. Ekādasadhammā viriyasambojjhaṅgassa uppādāya saṃvattanti: apāyādibhayapaccavekkhaṇatā, viriyāyattalokiya lokuttara visesādhigamānisaṃsa dassitā, buddha paccekabuddha mahāsāvakehi gatamaggo mayā gantabbo sopi na sakkā kusitena gantunti evaṃ gamanavīthi paccavekkhaṇatā, dāyakānaṃ mahapphalakāra karaṇena piṇḍāpacāyanatā, viriyārambhassa

비구는 정진 등이 너무 느슨하여 마음이 해이해지면 법을 간택하는 깨달음의 구성요소(擇法覺支)와 정진의 깨달음의 구성요소(精進覺支)와 희열의 깨달음의 구성요소(喜覺支) 등 각각의 수행단계에서 점진적으로 시작하는 요소, 벗어나는 요소, 분발하는 요소의 과정을 경험하면서 수행한다.

아직 일어나지 않은 법을 간택하는 깨달음의 구성요소가 일어나도록 하는 과정이 시작하는 요소이고, 이미 일어난 법을 간택하는 깨달음의 구성요소를 늘리고, 드세게 만들고 닦고 성취하게 하는 단계가 벗어나는 요소와 분발하는 요소이다.

아직 일어나지 않은 정진의 깨달음의 구성요소가 일어나도록 하는 과정이 시작하는 요소이고, 이미 일어난 정진의 깨달음의 구성요소를 늘리고, 드세게 만들고 닦고 성취하게 하는 단계가 벗어나는 요소와

---

vanṇavādi me satthā so ca anatikkamanīyasāsano amhākañca pahūpakāro paṭipattiyā ca pūjiyamānā pūjito hoti na itarathāti evaṃ satthu mahattapaccavekkhaṇatā, saddhammasaṅkhātaṃ me mahādāyajjaṃ gahetabbaṃ tañca na sakkā kusitena gahetunti evaṃ dāyajjamahatta paccavekkhaṇatā, ālokasaññā manasikāra iriyāpathaparivattana abbhokāsasevanādīhi thinamiddha vinodanatā, kusitapuggalaparivajjanatā, āraddhaviriyapuggalasevanatā, sammappadhāna paccavekkhaṇatā, tadadhimuttatāti. Ekādasadhamma pītisambojjhaṅgassa uppādāya saṃvattanti: buddhānussati, damma - saṅgha - sīla - cāga - devatānussati, upasamānussati, lūkhapuggalaparivajjanatā, siniddhapuggalasevanatā, pāsādanīyasuttantapaccavekkhaṇatā, tadadhimuttatāti. Iti imehi ākārehi ete dhamme uppādento dhammavicayasambojjhaṅgā dayo bhāveti nāma, evaṃ yasmiṃ samaye cittaṃ paggahetabbaṃtasmiṃ samaye cittaṃ paggaṇhāti."

분발하는 요소이다.

아직 일어나지 않은 희열의 깨달음의 구성요소가 일어나도록 하는 과정이 시작하는 요소이고, 이미 일어난 희열의 깨달음의 구성요소를 늘리고, 드세게 만들고 닦고 성취하게 하는 단계가 벗어나는 요소와 분발하는 요소이다.

ⅴ. 마음을 절제해야 할 때 마음을 절제함[459]

이것은 마음을 분발해야 할 때 마음을 분발하는 단계와 반대의 경우이다. 비구가 지나친 정진 등(over-energeticness, etc.,)으로 마음이 들떠 있을 때(agitated) 법을 간택하는 깨달음의 구성요소(擇法覺支) 등 두 가지를 닦지 않고, 편안함의 깨달음의 구성요소(輕安覺支) 등을 닦는 것을 말한다. 왜냐하면 부처님께서 『상윳따 니까야』에서 다음과 같이 말씀하셨기 때문이다.

"비구들이여, 예를 들면 큰 불더미를 끄기를 원하는 사람이 있다고 치자. 그는 그곳에 마른 풀을 놓고 … 흙먼지를 뿌리지 않는다면 그 사람이 큰 불더미를 끌 수 있겠는가?" "그렇지 않습니다. 세존이시여." "비구들이여, 그와 같이 마음이 들떠 있을 때 법을 간택하는 깨달음의 구성요소(擇法覺支)를 닦는 것은 적절하지 않다. 정진의

---

459 위의 책, pp.357~360.; Vis, ibid, pp.133~135; Bhadantācariya Buddhaghosa, *The Path of Purification Visuddhi Magga*, Translated by Bhikkhu Ñānamolli, Singapore; Buddhist Meditation Center, 1956. op.cit. p.138. '*How does he restrain the mind on an occasion when it should be restrained?*'

깨달음의 구성요소(精進覺支)를 … 희열의 깨달음의 구성요소(喜覺支)를 닦는 것은 적절하지 않다. 그것은 무슨 이유인가? 비구들이여, 들뜬 마음은 이들 법으로 마음을 가라앉힐 수가 어렵기 때문이다.

비구들이여, 마음이 들떠 있을 때 편안함의 깨달음의 구성요소(輕安覺支)를 닦는 것이 적절하다. 삼매의 깨달음의 구성요소(定覺支)를 닦는 것이 적절하다. 평온의 깨달음의 구성요소(捨覺支)를 닦는 것이 적절하다. 그것은 무슨 이유인가? 비구들이여, 들뜬 마음은 이런 법들로 쉽게 가라앉힐 수 있기 때문이다. 비구들이여, 예를 들면 큰 불더미를 끄기를 원하는 사람이 있다고 치자. 그는 그곳에 젖은 풀을 놓고 … 흙먼지를 뿌린다면 그 사람이 큰 불더미를 끌 수 있겠는가?" "그렇습니다. 세존이시여."[460]

---

460 위의 책, p.357.; Vis, ibid., p.133. "Vuttaṃ hetaṃ bhagavatā. Seyyathāpi bhikkhave puriso mahantaṃ aggikkhandhaṃ nibbāpetukāmo assa. So tattha sukkhāni ceva tiṇāni pakkhapeyya sukkhāni gomayāni pakkhipeyya, sukkhāni kaṭṭhāni pakkhipeyya mukhavātañca dadeyya, na ca paṃsukena okireyya, bhabbo nuko so bhikkhave puriso mahantaṃ aggikkhandhaṃ nibbāpetunti? Nohetaṃ bhante. Evameva kho bhikkhave yasmiṃ samaye uddhataṃ cittaṃ hoti, akālo tasmiṃ samaye dhammavicaya sambojjhaṅgassa bhāvanāya, akālo viriya Sambojjhaṅgassa bhāvanāya. Akālo pītisambojjhaṅgassa bhāvanāya. Taṃ kissa hetu? Uddhataṃ bhikkhave cittaṃ, taṃ etehi dhammehi duvūpasamayaṃ hoti. Yasmi ca kho bhikkhave samaye uddhataṃ cittaṃ hoti, kālo tasmiṃ samaye passaddhisambojjhaṅgassa bhāvanāya. Kālo samādhi sambejjhaṅgassa bhāvanāya. Kāloupekkhāsambejkaṅgassa bhāvanāya. Taṃ kissa hetu? Uddhataṃ bhikkhave cittaṃ, taṃ etehi dhammehi suvūpasamayaṃ hoti. Seyyathāpi bhikkhave puraso mahantaṃ aggikkha-

비구가 지나친 정진 등으로 마음이 들떠 있을 때 편안함의 깨달음의 구성요소(輕安覺支)와 삼매의 깨달음의 구성요소(定覺支)와 평온의 깨달음의 구성요소(捨覺支) 등 각각의 수행단계에서 마음을 분발해야 할 때 마음을 분발하는 경우와 마찬가지로 다음과 같이 점진적으로 시작하는 요소, 벗어나는 요소, 분발하는 요소의 과정을 경험하며 수행하게 된다.[461]

비구가 몸이 편안하고 마음이 편안하여 근원적으로 마음을 다잡는 것을 많이 하면, 시작하는 요소의 단계에서 아직 일어나지 않은 편안함의 깨달음의 구성요소를 일어나도록 하고, 벗어나는 요소의 단계에서 이미 일어난 편안함의 깨달음의 구성요소를 늘리고, 분발하는 요소의

---

vdhaṃ nibbāpetu kāmo assa, so tattha allāni ceva tiṇāni pakkhipeyya sukkhāni gomayāni pakkhīpeyya, sukkhāni kaṭṭhāni pakkhipeyya mukhavātañca dadeyya, paṃsukena ca okiheyya, bhabbo nu kho so bhikkhave puriso mahantaṃ aggikkhandha nibbāpetunti? Evaṃ bhante ti."

461 위의 책, p.358.; Vis, ibid., pp.133~134. "Vuttaṃ hetaṃbhagavatā: – atthi bhikkhave kāyapassaddhi, cittapassaddhi, tattha yoniso manasikārabahulīkāro, ayamāhāro anuppannassa vā passaddhisambojjhaṅgassa uppādāya uppannassa vā passaddhi savbojjhaṅgassa bhīyyobhāvāya vepullāya bhāvanāya pāripūriyā saṃvattati thatā: --atthi bhikkhave samathanimittaṃ avyagganimittaṃ. Tattha yoniso manasikārabahulīkāro, ayamāhāro anuppannassa vā samādhisambojjhaṅgassa uppādāya uppannassa vā samādhi sambojjhaṅgassa bhīyyobhāvāya vepullāya bhāvanāya pāripūriyā saṃvattati. Tathā: ---atthi bhikkhave upekkhā sambojjhaṅgaṭṭhāniyādhammā, tattha yeniso manasikārabahulīkāro, ayamāhāro anuppannassa vā upekkhāsambojjhaṅgassa uppādāya uppannassa vā upekkhāsambojjhaṅgassa bhiyyobhāvāya vepullāya bhāvanāya pāripūriyā saṃvattatī ti."

단계에서 편안함의 깨달음의 구성요소를 드세게 만들고 닦고 성취하게 한다.

마찬가지로 비구가 사마타의 표상과 산란함이 없는 표상[462]의 상태에서 근원적으로 마음을 다잡는 것을 많이 하면, 시작하는 요소의 단계에서 아직 일어나지 않은 삼매의 깨달음의 구성요소를 일어나도록 하고, 벗어나는 요소의 단계에서 이미 일어난 삼매의 깨달음의 구성요소를 늘리고, 분발하는 요소의 단계에서 삼매의 깨달음의 구성요소를 드세게 만들고 닦고 성취하게 한다.

마찬가지로 비구가 평온의 깨달음의 구성요소를 확립시키는 법들에서 근원적으로 마음을 다잡는 것을 많이 하면, 시작하는 요소의 단계에서 아직 일어나지 않은 평온의 깨달음의 구성요소를 일어나도록 하고, 벗어나는 요소의 단계에서 이미 일어난 평온의 깨달음의 구성요소를 늘리고, 분발하는 요소의 단계에서 평온의 깨달음의 구성요소를 드세게 만들고 닦고 성취하게 한다.

비구가 편안함의 깨달음의 구성요소, 삼매의 깨달음의 구성요소, 평온의 깨달음의 구성요소의 상태에 있기 위해서는 다음과 같이 각각 일곱 가지 법, 11가지 법, 다섯 가지의 법이 조건으로 있어야만 한다고 한다.[463] 그러면 이 법들을 차례대로 살펴보자.

---

462 산란함(byagga)은 가지가지 대상으로 인하여 배회하므로 흩어짐(vikkhepa)의 뜻을 지닌다. 산란함이 없음(abyagga)이란 하나됨(一境性; ekaggatā)의 상태와 같은 것이다.

463 『청정도론』 1, 앞의 책, pp.359~360.; Vis, op.cit., p.133. "Apica: – satta dhammā passaddhisambojjhaṅgassa uppādāya saṃvattanti: paṇītabhejanase-

비구가 편안함의 깨달음의 구성요소(輕安覺支)의 상태에 있기 위해서(the arising of the tranquillity enlightenment factor)는 그에게 일곱 가지 법, 즉 ①좋은 음식을 수용함(using superior food), ②안락한 기후에 삶(living in agood climate), ③편안한 자세를 취함(maintaining a pleasant posture), ④적절한 노력(keeping to the middle), ⑤포악한 사람을 멀리함(avoidance of violent persons), ⑥몸이 편안한 사람을 친근함(cultivation of persons tranquil in body), ⑦이것을 확신함(resoluteness upon that tranquillity)이 조건으로 갖춰져 있어야만 한다.

비구가 삼매의 깨달음의 구성요소(定覺支)의 상태에 있기 위해서(the arising of the concentration enlightenment factor)는 그에게 ①토대를 깨끗이 함(making the basis clean), ②표상에 대한 능숙함(skill in the sign), ③기능(五根)들을 고르게 조절함(balancing the faculties),

---

vanatā, utusukhasevanatā, iriyā pathasukhasevanatā, majjhattapayogatā, sāraddhapuggalaparivajnatā, passaddhakāyapuggalasevanatā, tadadhimuttatāti. Ekādasa dhammā Samādisambojjhaṅgassa uppādāya saṃvattanti: catthuvisadatā, nimittakusalatā, indriyasamattapaṭipādanatā, samaye cittassa niggahaṇatā, samayo cittassa paggahaṇatā, nirassādassa cittassa saddhāsaṃvegavasena sampahaṃsanatā, smā pavattassa ajjhupekkhaṇatā, asamāhitapuggalaparivajjanatā, samāhitapuggalasevanatā, jhānavimokkhapaccavekkhaṇatā, tadadhimuttatāti. Pañca dhammā upekkāsambojjhaṅgassa uppādāya saṃvattanti: sattamajjhattatā. Saṅkhāramajjhattatā, sattasaṅkhāra kelāyanapuggalaparivajjanatā, sattasaṅkhāramajjhattapuggalasevanatā, tadadhimuttatāti."; Bhadantācariya Buddhaghosa, *The Path of Purification Visuddhi Magga*, Translated by Bhikkhu Ñānamolli, Singapore; Buddhist Meditation Center, 1956. op.cit., p.139.

④적당한 때에 마음을 절제함(restraing the mind on occasion), ⑤적당한 때에 마음을 분발함(exerting the mind on occasion), ⑥수행에 활기가 없는 자의 마음을 신심과 두려움으로 격려함(encouraging the listless mind by means of faith ans a sesse of urgency), ⑦수행 시 바르게 일어난 마음에 대해 평온하게 지켜 봄(looking on with equanimity at what is occurring rightly), ⑧삼매에 들지 않은 사람을 멀리함(avoidance of unconcentrated persons), ⑨삼매에 든 사람을 섬김(cultivation of concentrated persons), ⑩선禪과 해탈解脫을 반조返照함(reviewing of the jhanas and liberations), ⑪이것을 확신함(resoluteness upon that tranquillity)이 조건으로 있어야만 한다.

비구가 평온의 깨달음의 구성요소(捨覺支)의 상태에 있기 위해서(the arisingof the equanimity enlightenment factor)는 ①중생(여기서는 마음에 드는 長者와 출가 수행자를 말한다)에 대해 중립적인 태도(maintenance of neutrality towards living beings),[464] ②상카라(行)들에 대해 중립적인 태도(maintenance of neutrality towards formations), ③중생과 상카라들을 애지중지하는 사람을 멀리함(avoidance of persons who show favouritism towards beings and formations), ④중생과 상카라들에 대해 중립을 지키는 사람을 친근함(cultivation of persons who maintain neutrality towards beings and formations), ⑤이것을 확신함(resoluteness upon that equanimity)이 조건으로 있어야만 한다.

---

464 Vism, op.cit., p.51. "Sattamajjhattatā.ti sattesu piyaṭṭhāniyesupi gahaṭṭhapabbajitesu majjhattākāro ajjhupekkhanā."

vi. 마음을 격려해야 할 때 마음을 격려함[465]

비구가 수행 시에 통찰지의 활동이 둔하거나 고요함의 상태에서 오는 행복(the bliss of peace)을 얻지 못하여 마음이 풀려 있을 때(listless), 여덟 가지 두려움을 가져올 원인(the eight grounds for a sense of urgency)을 반조하여 자극을 주어야 한다. 즉 여덟 가지 두려움을 가져오는 원인이란 태어남(birth), 늙음(ageing), 병듦(sickness), 죽음(death)의 네 가지와 악처惡處의 괴로움 등 다섯 가지에, 과거의 윤회에 뿌리박은 괴로움(the suffering in the past rooted in the round of 〔rebirths〕), 미래의 윤회에 뿌리박은 괴로움(the suffering in the future rooted in the round of 〔rebirths〕), 현재의 음식을 구함에 뿌리박은 괴로움(the suffering in the present rooted in the search for nutriment) 등 두 가지를 말한다. 그런 다음에 불·법·승 삼보의 덕을 계속해서

---

465 『청정도론』 1, 앞의 책, p.360.; Vis, op.cit., p.135. "Kathaṃ yasmiṃ samaye cittaṃ sampahaṃsi tabbaṃ tasmiṃ samayo cittaṃ sampahaṃseti? Yadāssa paññāpayoga mandatāya vā upasamasukhānadhigamena vā nirassādaṃ cittaṃ hoti tadā naṃ aṭṭhasaṃvegavatthupaccavekkhaṇena saṃvejeti. Aṭṭhasaṃ vegavatthūnī nāma: jāti jarā vyādhi maraṇāni cattāri, apāyadukkhaṃpañcamaṃ, atīte vaṭṭamūlakaṃ dukkhaṃ, anāgate vaṭṭamūlakaṃ dukkhaṃ, paccuppanne āhārapariyeṭṭhimūlakaṃ dukkhanti. Buddhadhammasaṃgha guṇānussaraṇena cassa pasādaṃjaneti. Evaṃ yasmiṃ samaye cittaṃ sampahaṃsitabbaṃ tasmiṃ samaye cittaṃ saṃpahaṃseti."; Bhadantācariya Buddhaghosa, *The Path of Purification Visuddhi Magga*, Translated by Bhikkhu Ñāṇamolli, Singapore; Buddhist Meditation Center, 1956. op.cit. p.139. 'How does he encourage the mind on an occasion when it should be encouraged?'

생각함으로써 깨끗한 믿음을 일으킨다. 이것이 마음을 격려해야 할 때 마음을 격려함이다.

이와 같이 비구가 통찰지의 활동이 둔하거나 고요함의 상태에서 오는 행복을 얻지 못하여 마음이 풀려 있을 때 자극을 주고, 불·법·승 삼보의 덕을 계속해서 생각함으로써 깨끗한 믿음을 일으키게 하는 것은 스승의 몫이다.

vii. 마음을 평온하게 해야 할 때 마음을 평온하게 함[466]

비구가 이와 같은 평온의 과정을 따라(follows the road of serenity) 수행할 때 마음이 게으르지 않고(unidle), 들뜨지 않고(unagitated), 맥이 풀리지 않고(not listless), 대상에 고르게 일어나며(occurs evenly on the object), 사마타의 과정에 들어 있으면 분발하거나 절제하거나 격려하는 데 관심을 갖지 않게 된다. 이것은 마부馬夫에게 잘 길들여져 고르게 나아갈 때의 말(馬)과 같다. 이것이 평온하게 해야 할 때 마음을

466 같은 책; loc.cit., "Kathaṃ yasmiṃ samaye cittaṃ ajjhupekkhitabbaṃ tasmiṃ samaye cittaṃ ajjhupekkhatī. yadāssa evaṃ paṭipajjato alīnaṃ anuddhataṃ anirasasādaṃ ārammaṇasamappavattaṃ samathavīthipaṭipannaṃ cittaṃ hoti. Tadāssa paggahaniggahasampahaṃsanesu na vyāpāraṃ āpajjati sārathi viya samappavattesu assesu, evaṃ yasmiṃ samaye cittaṃ ajjhapekkhi tabaṃbaṃ tasmiṃ samaye cittaṃ ajjhupekkhati."; Bhadantācariya Buddhaghosa, *The Path of Purification Visuddhi Magga*, Translated by Bhikkhu Ñānamolli, Singapore; Buddhist Meditation Center, 1956. ibid., p.140. 'How does he look on at the mind with equanimity on an occasion when it should be looked on at with equanimty?'

평온하게 함이다.

viii. 삼매에 들지 않은 사람을 멀리함[467]

비구가 일찍이 출리出離의 도 닦음에 나아가지 않았고, 여러 가지 일에 구속되어 있으며(busy with many affairs), 흐트러진 마음을 가진 사람들(whose hearts are distracted)을 멀리함을 말한다. 비구가 삼매를 닦기 위해 이러한 부류의 사람을 멀리 한다는 것은 너무 당연한 일이라고 할 것이다.

ix. 삼매에 든 사람을 섬김[468]

비구가 일찍이 출리의 도 닦음에 나아갔고, 삼매를 얻은 사람들을 수시로 친근함을 말한다. 이것 또한 비구가 삼매에 들지 않은 사람을 멀리함과 마찬가지로 당연한 일이라고 할 것이다.

---

467 같은 책; loc.cit., "Asamāhita puggala parivajjanatā nāma: nekkhammapaṭipadaṃ anārūḷhapubbānaṃ nekakicca pasutānaṃ vikkhittahadayānaṃ puggalānaṃ ārakā pariccāgo."; Bhadantācariya Buddhaghosa, *The Path of Purification Visuddhi Magga*, Translated by Bhikkhu Ñānamolli, Singapore; Buddhist Meditation Center, 1956. loc.cit., '*Avoidance of unconcentrated persons.*'

468 위의 책, p.361.; Vis, loc.cit., "Samāhitapuggalasevanatā nāma: nekkhammapaṭipadaṃ paṭipannānaṃ samādhi lābhīnaṃ puggalānaṃ kālena kālaṃ upasaṅkamanaṃ."; Bhadantācariya Buddhaghosa, *The Path of Purification Visuddhi Magga*, Translated by Bhikkhu Ñānamolli, Singapore; Buddhist Meditation Center, 1956. loc.cit., '*Cultivation of concentrated person*'

Ⅹ. 삼매를 확신함[469]

비구가 삼매를 확신함이다. 삼매를 존중하고, 삼매를 향하고, 삼매로 기울고, 삼매에 기댄다는 뜻이다. 일반적으로 삼매에 의해 위빠사나를 닦고 깨달음을 향해 나아가므로 비구가 삼매를 확신해야 하는 것이다.

이상 열 가지는 스승 비구가 제자 비구가 본삼매의 상태에 이르지 못했을 경우에 제자 비구의 곁에서 항상 열 가지 본삼매에 드는 방법을 제자 비구에게 설명하고 제자 비구로 하여금 본삼매에 들도록 이끄는 방법이다. 그러므로 본삼매에 드는 열 가지 방법은 수행목표이지만, 교육과정의 측면에서 보면 하나하나가 교육목표라고 말할 수 있다. 스승 비구는 제자 비구가 이상과 같은 열 가지 교육목표가 수행과정에서 제대로 실천되도록 교육하고, 또한 열 가지 교육목표를 완수했는지 수행지도 과정을 통해 점검해야 할 것이다.

본삼매에 비구가 드는 것은 수행의 측면에서나 교육의 측면에서나 모두 매우 중요하다. 비구가 본삼매에 들지 못했을 경우에는 삼매에 들었다고 할 수 없고, 뿐만 아니라 초선부터 4선에 이르는 삼매수행도 할 수 없기 때문이다.

---

469 같은 책; Vis, loc.cit., "Tadadhimuttatā nāma: samādhiadimuttatā samādigaru samādininna samādipoṇa samādhi pabbhāratāti attho."; Bhadantācariya Buddhaghosa, *The Path of Purification Visuddhi Magga*, Translated by Bhikkhu Ñānamolli, Singapore; Buddhist Meditation Center, 1956. loc.cit., '*Resoluteness upon that is the state of being resolute upon concentration.*'

다. 초선初禪 이전의 본삼매

이와 같은 조건과 환경의 구족으로 비구는 이제 표상에 의한 수행을 통해 본삼매에 도달하게 된다. 『청정도론』에 의하면, 비구는 본삼매가 성취되는 순간에 잠재의식을 끊고서 땅의 까시나를 대상으로 마음이 다섯 가지 감각기관(五門)이나 마노의 문(意門)으로 향하는 의문전향 意門轉向(āvajana)이 그의 의식세계에서 일어나게 된다. 그 다음 순간에 땅의 까시나를 대상으로 네 번이나 다섯 번의 일련의 인식과정인 속행速行(javana)이 일어난다. 네 번이나 다섯 번의 속행의 과정에서 마지막 단계는 색계色界의 것이 되고, 나머지는 욕계欲界의 것이 된다. 이때의 상태는 마음이 강한 일으킨 생각(尋), 지속적인 고찰(伺), 희열(喜), 행복, 마음의 하나됨(心一境性)의 상태에 있게 된다는 것이다.[470]

그런데 아직까지 이 상태는 선정을 시작해서 얻은 최초의 상태이고, 본삼매를 위한 예비단계이므로 준비의 마음이라고 말한다. 마을 등의

---

470 위의 책, pp.364~365; 본삼매 이전에 전개되는 의문전향에 관한 자세한 내용은 水野弘元, 『パ-リ佛教を 中心とした 佛教の心識論』, op.cit., pp.923~924 참조 바람. 본삼매 이전에 전개되는 의문전향으로부터의 과정을 달리 표현하면, 五門作用에 의해 최초로 파악된 所緣의 相은 遍作相(parikamma-nimitta)이라고도 불리어지며, 五門에 의해 완전히 파악된 소연의 상은 取相(uggaha-nimitta)이라고 불리기도 한다. 비구가 이 취상을 의문작용에 의해 몇 번이고 관찰을 계속하게 되면 생멸변화가 없는 純粹相이 된다. 이것은 似相(paṭibhāga-nimitta)라고 불리어진다. 그리고 이제 意門에 似相이 나타나서 2心刹那의 有分의 동요가 있고, 그 다음에 1심찰나의 意門의 引轉心이 생기게 되며, 그리고 3심찰나 또는 4심찰나의 欲界善心이 速行作用으로 일어난다. 그 다음에 제4 또는 제5찰나에 色界初禪心이 1심찰나 속행하고, 마지막으로 유분有分으로 떨어지게 된다.

가까운 지역을 마을 근처, 도시 근처라고 부르듯이, 이 상태는 본삼매에 가깝기 때문에 혹은 그 근처에서 일어나기 때문에 근접삼매[471]라고 한다. 또한 3 또는 4찰나의 욕계속행심이므로 근행정近行定이라고 불리어지기도 한다. 유부有部에서는 이 근행정을 미지정未至定(anāgamya-samādhi) 또는 근분정近分定(sāmantaka-samādhi)라고 부르기도 한다.[472] 또한 이전의 준비의 마음들을 수순隨順하고, 그 다음 단계인 본삼매를 수순하기 때문에 수순의 마음이라고도 한다.[473] 근접삼매 또는 근행정은 욕계에서 일어나는 삼매이므로 욕계정欲界定이라고도 한다.

근접삼매에서 본삼매에 들어가기까지에서 가장 마지막 단계는 속행速行이다. 이것은 제한된 의미인 욕계의 종성種姓(gotta, gotra, 고뜨라)을 초월하고 위대한 의미의 색계色界의 종성을 일으키므로 고뜨라부(gotrabhu; 種姓)라고 한다.[474] 욕계종성으로부터 색계종성으로 들어가는 과정은 초선의 인식과정으로 초선에서 논하고 있다.

본삼매에 드는 과정은 네 번째 또는 세 번째 단계로 설명된다. 이 과정은 자제적으로 이루어진다.

첫 번째가 준비의 단계이고, 두 번째가 근접의 단계이고, 세 번째가 수순의 단계이고, 네 번째가 고뜨라부의 단계이다. 혹은 첫 번째가

---

471 파아옥 또야 사야도 스님은 저서인 *Working of Kamma*에서 근접삼매는 禪定에 아주 가깝고, 본삼매는 禪定이라고 한다.

472 水野弘元, 『パーリ佛教を 中心とした 佛教の心識論』, ibid., p.924.

473 『청정도론』 1, 앞의 책, p.365.

474 위의 책, p.365.

근접의 단계이고, 두 번째가 수순의 단계이고, 세 번째가 고뜨라부의 단계이다. 이러한 과정 가운데 네 번째나 다섯 번째 속행에서 본삼매에 들게 된다. 그것은 사람에 따라 초월지가 빠르고 둔함의 차이가 있기 때문이다. 그 후 속행은 사라지고 잠재의식(bhavaṅga)이 일어난다.[475] 이 또한 초선의 인식과정에서 논하고 있다.

본삼매는 하나의 마음순간(心刹那)에만 존재하는 것이다. 그 이후에는 잠재의식으로 들어간다. 그 다음 단계는 잠재의식을 끊고 선禪을 반조하기 위해 전향轉向이 일어나고, 선을 반조하게 된다.[476]

라. 네 가지 선(四禪)의 수행과정과 그 교육적 의의(인간형성)

초선으로부터 4선에 이르는 수행과정에는 선정수행을 어떻게 닦아나가야 할 것인가에 관한 내용만이 전개되고, 스승 비구와 제자 비구 사이에 이루어지는 교육에 관한 내용은 어느 곳에서도 나타나지 않는다. 그러나 그렇다고 이와 같은 수행을 하는 데 있어서 스승 비구의 제자 비구에 대한 지도와 교육이 이루어지지 않았다고 말할 수는 없다. 그것은 선수행의 과정은 철저하게 체험 위주의 특성을 띠고 있으므로 하나에서부터 열 가지 모두 스승 비구의 제자 비구에 대한 지도와 교육에 힘입어 초선으로부터 4선에 이르는 수행이 이루어졌다고 보는 것이다,

---

475 같은 책.

476 위의 책, p.366; 水野弘元,『パーリ佛教を 中心とした 佛教の心識論』, op.cit., p.925. 구체적으로 표현하면, 7刹那 또는 8刹那에서 다시 유분, 즉 잠재의식으로 들어간다.

- 초선(初禪; Pathamaṃ jhānaṃ)의 인간형성

앞의 내용 가운데 본삼매에 이르기까지 내용을 보면 초선에 이르기까지 거쳐야 할 과정이 많았다. 이것은 무엇을 의미하는 것일까? 『청정도론』의 수행과정이 '차제법'이 확실함을 의미하는 것이다. 이것은 달리 해석하면 전단계의 수행경험이 바탕이 됨으로써 현재의 수행이 이루어지는 수행구조라고 말할 수 있다. 그리고 미래의 수행도 현재의 수행경험이 바탕이 되어 이루어지는 수행구조라고 말할 수 있다.

여기서 우리는 존 듀이의 경험에 관한 주장에 의해 수행과정을 살펴볼 필요가 있다. 존 듀이는 경험을 인간이 환경과 상호작용하는 가운데에서 지식을 획득하고 활용하는 것이라고 보면서, 이러한 경험은 상호작용의 원리와 계속성의 원리 등 두 가지 원리에 의해 설명하는 것이 가능하다고[477] 주장한다. 이와 같은 존 듀이의 경험에 관한 주장은 우리의 논의에서 그 의의가 있다고 할 수 있는데, 그것은 다음과 같이 추론할 수 있기 때문이다. 즉 제자 비구는 스승 비구로부터 근접삼매와 본삼매에 대해 교육을 받은 후 삼매수행을 위한 적정한 환경이 마련된 상태에서 비로소 직접 근접삼매의 수행과 본삼매의 수행을 거쳐 초선의 수행에 이르게 되는데, 이 과정에서 전단계 수행인 근접삼매의 수행이 이루어진 바탕 위에 본삼매의 수행이 이루어지고, 계속해서 본삼매 수행이 이루어진 바탕 위에 초선의 수행이 이루어지는 수행경험의 상호작용과 계속성이 있게 된다. 그런데 이와 같은 수행경험의 상호작용과 계속성은 근접삼매와 본삼매, 그리고 초선에

477 노진호, 「존듀이의 교육이론: 반성적 사고와 교육」, (서울: 문음사, 2002), p.51.

만 한정하는 것이 아니라 초선에 이어 4선에 이르기까지 전개된다. 그리고 위빠사나 수행과정에서도 수행경험의 상호작용과 계속성이 전개되는 것은 말할 필요도 없다.

그러면 이와 같이 차제적인 특성을 띠고 있는 『청정도론』의 초선의 수행과정부터 살펴보자.

『청정도론』은 비구가 본삼매에 들었을 때 비로소 감각적 욕망들을 완전히 떨쳐버리고 해로운 법(不善法)들을 떨쳐버린 뒤 일으킨 생각(尋; applied thought)과 지속적인 고찰(伺; sustained thought)이 있으며, 떨쳐버렸음에서 생긴 희열(喜; pīti)과 행복(樂; sukha)[478]이 있는 초선에 들어 머문다고 설명한다.[479]

마찬가지로 동론同論에 의하면 초선은 감각적 욕망들이 조금이라도 있을 때 절대로 일어나지 않으며, 그것은 마치 어둠이 있을 때는 등불이 없는 것처럼, 감각적 욕망들을 완전히 버릴 때만 이 선禪을 얻게 된다는 것이다. 마찬가지로 해로운 법(不善法)들을 완전히 떨쳐버리지 않고서 초선에 들어 머물 수 없다고 설명한다.[480]

『청정도론』은 『*Pm*』을 인용하여, '떨쳐버리고(viviccā)'라는 말은 다섯 가지 떨쳐 버림(viveka), 즉 ①반대되는 것으로 대체하여 떨쳐버림(tadaṅga-viveka), ②억압으로 떨쳐버림(vikkhambhana-viveka), ③근절로 떨쳐버림(samuccheda-viveka), ④경안輕安으로 떨쳐버림

---

478 'sukha vedanā'는 '樂受', 즉 '즐거운 느낌'이다. 그러나 禪의 구성요소에 나타나는 'sukha'는 행복의 의미이다.

479 『청정도론』 1, 앞의 책, p.367.

480 위의 책, p.368.

(paṭipassaddhiviveka), ⑤벗어남으로 떨쳐버림(nissaraṇaviveka) 등이라고 설명한다.[481]

그러나 여기서는 몸으로 떨쳐버림, 마음으로 떨쳐버림, 다섯 가지 무더기(五蘊)의 떨쳐버림 등 두 가지 떨쳐버림의 의미로 봐야 한다. 즉 『*Pm*』에 따르면, 마음으로 떨쳐버림(cittaviveka), 몸으로 떨쳐버림(kāyaviveka), 다섯 가지 무더기의 떨쳐버림(upadhiviveka) 등이다. 마음으로 떨쳐버림은 해로운 법(不善法)과 함께하지 않는 것이고, 몸으로 떨쳐버림은 감각적 욕망을 충족시킬 대상과 함께하지 않는 것이고, 오온의 떨쳐버림은 닙빠나를 의미한다.[482]

감각적 욕망들은 여섯 가지 감각기관이 마음에 들어 하는 형상, 즉 색色들이다. 『청정도론』은 『위방가』를 인용하여, "열의熱意인 감각적 욕망, 탐욕인 감각적 욕망, 열의와 탐욕인 감각적 욕망, 생각(saṅkappa)인 감각적 욕망, 탐욕인 감각적 욕망, 생각과 탐욕인 감각적 욕망, 이들을 일러 감각적 욕망이라고 한다."[483]라고 감각적 욕망을 설명하면서, 감각적 욕망들을 완전히 떨쳐버린다는 것은 몸으로 떨쳐버리는 것을 말한다고 설명하고 있다.

『위방가』에서는 해로운 법(不善法)들은 욕탐이라고 하면서, 장애들(nīvaraṇā; 五蓋)을 설명하고 있다. 왜냐하면 장애들은 선禪의 구성요소들과 나음과 같이 반대가 되기 때문이다. 『뻬따까; *petakopadesa*,

---

481 위의 책, p.369.

482 같은 책, 『*Pm*』 70.

483 위의 책, p.370.; Vis, op.cit., p.140. "vibhaṅge ca chando kāmo - rāgo kāmo - chandarāgo kāmo - saṅkappo kāmo - rāgo kāmo - saṅkapparāgo kāmo:."

藏釋論』는 "삼매는 욕탐과 양립하지 못하고, 희열은 악의와, 일으킨 생각은 해태·혼침과, 행복은 들뜸·후회와, 지속적인 고찰은 의심과 양립할 수 없다."[484]라고 설명하고 있다.

『아비담마타상가하(*Abhidhammatta Saṅgaha*)』에 의하면, 장애는 원어原語가 니와라나(nīvaraṇa)이다. 이 말은 nis(밖으로)+√vṛ(to cover)에서 파생한 중성명사로 원래 '덮어버림'이란 의미가 되나 장애의 의미를 살려 '개蓋'로 한역되었다. 경에서는 애욕, 악의, 해태와 혼침, 들뜸과 후회, 의심 등 다섯 가지만 언급되고 있으며, 이것을 '다섯 가지 장애(五蓋; pañca-nīvaraṇa)라고 부른다. 지금은 이 말로 정형화되어 있다. 아비담마에서는 여기에 무명無明이 추가된다.[485]

이처럼 장애의 의미를 지니는 해로운 법(不善法)을 완전히 떨쳐버린다는 것[해로운 법들로부터 떠난다는 것; vivicca akusalehi dhammehī]은 오염원이 되는 감각적 욕망들과 모든 해로운 법들을 마음으로 완전히 떨쳐버린 상태를 말한다.[486]

비구가 초선을 닦을 때 신체에 의한 감각적 욕망들과 모든 해로운 법들을 몸과 마음으로 완전히 떨쳐버렸을 때 비로소 차제적으로 일으

---

484 위의 책, p.371.; Vis, ibid., p.141. "Nīvaranāni hi jhānaṅgapaccanīkāni, tesaṃ jhānaṅgāneva paṭipakkhāni viddhaṃsa kāni vighātakānīti vuttaṃ hoti, tathāhi. *samādhi kāmacgñandassa paṭipakkho, pīti vyāpādassa, vitakko thīnamiddhassa, sukhaṃ uddhacca kukkuccassa, vicāro vicikicchāyā* ti - peṭake vuttaṃ."

485 『아비담마 길라잡이』(하), 앞의 책, pp.596~597.

486 『청정도론』 1, 앞의 책, p.370.; Vis, op.cit., p.141. "Ayaṃ tāva vivicc' eva kāmehi vivicca akusalehi dhammehī ti ettha atthappakāsanā"

킨 생각(尋)과 지속적인 고찰(伺)이 있게 된다.[487] 그 의미와 특성에 대해 『청정도론』은 다음과 같이 설명한다.[488]

일으킨 생각(尋)은 생각함(vitakkana)이다. 이 말의 의미는 친다(ūhana)이고, 마음을 대상으로 향하여 기울이는 특징을 갖는다. 마음을 대상으로 인도하는 형태로 나타난다. 이것은 지속적인 고찰보다 거칠고, 지속적인 고찰에 앞서며, 마치 종을 치는 것처럼 처음으로 마음이 대상을 향하여 돌진하는 특성을 갖는다.

지속적인 고찰(伺)은 지속함(vicaraṇa)이다. 이 말은 계속해서 따라 움직인다(anusañcaraṇa)는 의미이다. 이것은 대상을 계속해서 문지르는 특성을 지니며, 함께 생긴 법들을 대상에 묶는 역할을 한다. 마음이 대상에 계속해서 일어남으로 나타난다. 이것은 미세하다는 뜻과 고찰하는 고유성질로 마치 종의 울림처럼 계속해서 일어나는 특성을 갖는다.

『아비담마타상가하』에 의하면, 'vitakka'는 'vi(분리해서)'+'√tark(to think)'의 남성명사이다. 이 '√tark(to think)'에서 파생된 동사

---

487 Vis, loc.cit., "Ettāvatā ca paṭhamassa jhānassa pahānangaṃ dassetvā, dāni sampayogangaṃ savitakkaṃ savicāran ti ādi vuttaṃ."

488 위의 책, p.373.; Vis, op.cit , p.142. "tattha vitakkanaṃ vitakko, ūhananti vuttaṃ hoti, jvāyaṃ ārammaṇe cittasaṃsa abhiniropanalakkhaṇo, āhananapariyahananaraso. Tathā hi tena yogāvacaro ārammaṇaṃ vitakkāhataṃ vitakkapariyāhataṃ karotīti vuccati. Ārammaṇe cittassa ānayanapaccupaṭṭhāno. Vicaraṇaṃ vicāro, anusadvaraṇanti vuttaṃ hoti, svāyaṃ ārammaṇānu maccanalakkhaṇo, tattha sahajātānu yojanaraso, cittassa anuppa bandhanapaccupaṭṭhāno."

'takketi'는 계교計較하고 사량분별思量分別하는 의미이다. 그러므로 '위딱까'는 마음속에서 이리저리 사량분별하고 논리적으로 따지는 의미를 가리킨다. 그리고 'vicaraṇa'는 'vi(분리해서)'+'√car(to move)'의 남성명사로서 초기경전에서는 거의 'vitakka'라는 말과 함께 합성되어 나타난다. 이 말의 의미는 지속적으로 고찰하고 추론하는 것이다. 그러므로 어떤 것에 대해 사량분별하는 마음을 일으키는 '위딱까(vitakka)'와 그것을 지속적으로 고찰하고 추론하는 '위짜라(vicaraṇa)'는 마음의 중요한 기능에 속한다고 할 수 있다.[489]

그리고 '위딱까'는 마음을 대상으로 향하게 하고, '위짜라'는 마음이 계속해서 그 대상에 작용하게 한다는 의미가 있다. 이러한 기능을 보여주는 여러 가지 비유가 있다. '위딱까'는 새가 날기 위해 날개를 펴는 것과 같고, '위짜라'는 편 날개로 창공을 나는 것과 같다고 한다. 또한 '위딱까'는 벌이 꽃을 향해 날아드는 것과 같고, '위짜라'는 꽃 위에서 윙윙대는 것과 같다고 한다. 또한 '위딱까'는 녹슨 금속그릇을 들고 있는 손과 같고, '위짜라'는 그것을 닦는 손과 같다고 한다.[490]

『청정도론』은 초선에서 이처럼 마치 나무가 꽃과 열매와 함께하듯이 일으킨 생각과 지속적인 고찰 등과 함께 일어난다고 설명한다. 마찬가지로 초선은 떨쳐버린 희열과 행복이 있는 상태에서 일어나는데, 여기서 '떨쳐버림'은 떨침(vivitti)의 과거인 떨쳐버렸음(viveka)이고, 그 의미는 '장애가 없어졌다'이다. 혹은 떨쳐졌음(vivitta)이 떨쳐버

489 대림·각묵 공동번역 및 주해, 『아비담마 길라잡이』(상)(초기불전연구원, 2002), pp.206~207.

490 위의 책, p.154.

렸음이고, '장애가 떨쳐진 선禪과 함께한 법의 더미'라는 의미가 된다고 설명한다.[491]

그 다음 '희열과 행복이 있고'에서 유쾌하게 하는 것(pīṇayati)이 희열이고, 충분히 유쾌함을 특징으로 한다는 것이다. 몸과 마음을 유쾌하게 하는 것으로 이러한 희열은 작은 희열, 순간적인 희열, 되풀이해서 일어나는 희열, 용약하는 희열, 충만한 희열 등 다섯 가지라고 한다.[492]

『아비담마타상가하』에 의하면, 희열은 원어가 'pīti'로 √prī(to please)에서 파생된 여성명사이다. '환희, 희열, 황홀' 등 큰 기쁨이나 만족을 뜻하는 말이다. 초기경전에서는 선禪의 요소로 많이 나타난다. 그런데 이 말은 법 등을 체험하는 데에서 나타나는 내면의 기쁨을 가리킨다.[493]

『청정도론』은 행복(sukha)에 대해 행복해 함(sukhana)이고, 또한 육체적이고 정신적인 괴로움을 몽땅(suṭṭhu) 먹어버리고(khādati), 뿌리째 뽑아버리기(khaṇati) 때문에 행복이라고 한다고 설명한다.

---

491 『청정도론』 1, 앞의 책, p.375.; Vis, op.cit., p.143. "Vivekajnti ettha – vivitti viveko, nīvaraṇavigamoti attho, vivittoti vā viveko, nīvaraṇavivitto jhāna-sampayuttadhamma rāsīti attho, tasmā vivekā – tasmiṃ vā viveke jātanti vivekajaṃ."

492 같은 책; loc.cit., "Pītisukhanti-pīṇayatīti pītu sā sampiyāyanalakkhaṇā, kāya-citta pīṇanarasā, pharaṇarasā vā. Odagya paccupaṭṭhānā, sā panesā khuddikā pīti khaṇikā pīti okkantikā pīti ubbegā pīti pharaṇā pītiti pañcavidhā hoti."

493 『아비담마 길라잡이』(상), 앞의 책, p.210.

이것은 수행하는 비구를 기쁘게 함이 특징이고, 그가 함께 한 법들을 증장시키는 역할도 한다.[494]

『아비담마타상가하』에 의하면[495] 이 행복은 즐거운 정신적인 느낌(somanassa)을 의미한다. 이것은 몸의 알음알이에서 생기는 즐거운 몸의 느낌으로서의 'sukha'가 아니라, 감각적 욕망에서 초연한 상태에서 생긴다. 『니까야』[496]에서 이것은 '세간을 벗어난 행복(nirāmisa-sukha)'으로 설명된다.

희열은 상카라의 무더기인 행온行蘊에 포함되고, 행복은 느낌의 무더기인 수온受蘊에 포함된다고 하면서, 『청정도론』은 오온五蘊 가운데 서로 다른 곳에 포함되어 있다고 설명한다. 그리고 희열은 사막에서 목말라 기진맥진한 사람이 숲속의 물을 보거나 들을 때와 같고, 행복은 숲속의 그늘에 들어가 물을 마실 때와 같다고 설명한다.[497]

떨쳐버렸음에서 생긴 희열과 행복은 선禪의 것이거나 선에 있는 것, 즉 이 선에 속한 것이다. 그것이 바로 초선인 것이다. 비구는 이 초선의 상태에 머물게 되는데, 『청정도론』은 비구가 이 상태를 구족하여 머문다고 표현한다. '구족하여'는 '도착하여, 증득하여'라는

---

494 『청정도론』 1, 앞의 책, p.378.; Vis, op.cit., p.145. "itaraṃ pana sukhanaṃ sukhaṃ, suṭṭhu vā khādati khaṇti ca kāyacittābādhanti sukhaṃ."

495 『아비담마 길라잡이』(상), 앞의 책, p.154.

496 MN 102/ii.235, SN36/iv.219.

497 『청정도론』 1, 앞의 책, p.378.; Vis, op.cit., p.145. "Saṅkhārakkhandhasaṅgahitā pīti, vedanākkhandhasaṅgahitaṃ sukhaṃ, kantārakhinnassa vanantodakadassana savaṇesu viya pīti, vanacchāyappavesanaudakaparibhogesu viya sukhaṃ."

의미이거나, '성취하여 생기게 하여'라는 의미이다. 『위방가』에서 '구족하여'란 초선을 얻음, 획득함, 도달함, 다다름, 닿음, 깨달음, 성취함이라고 설명하고 있다. '머문다'는 비구가 초선에 어울리는 자세로 머문다는 의미로서, 『위방가』에서는 이것을 자세를 취한다, 나아간다, 보호한다, 부양한다, 유지한다, 움직인다, 머문다라고 설명한다.[498]

비구가 도달한 초선은 네 가지 선(四禪) 가운데 첫 번째로 일어났기 때문에 처음(初)이고, 대상을 정려靜慮(upanijjhāna)하고, 반대되는 것을 태우기(jhāpana) 때문에 선禪(jhāna)이라고 『청정도론』은 설명한다.[499]

『아비담마타상가하』에 관한 대림·각묵의 주해에서는 빠알리어 'jhāna'가 화재를 뜻하며, 이 말은 '√kṣai(to burn)'에서 파생하였다고 하면서, 선정과 반대되는 것, 즉 감각적 욕망, 악의, 해태와 혼침, 들뜸과 후회, 의심 등 다섯 가지 장애(五蓋; nīvaraṇa)를 태워버리기 때문에 선禪이라고 정의한다고 설명한다. 또한 이것은 땅의 까시나의 표상에서 얻은 선이므로 땅의 까시나라고도 부른다. 그러므로 이것을 '땅의 까시나를 가진 초선을 얻는다.'라고 말하기도 한다.[500]

---

498 위의 책, p.379.; loc.cit., "Paṭhamaṃ jhānanti idaṃ pareto āvibhavissati, upasampajjāti upagannvā, pāpuṇitvāti vuttaṃ hoti, upasampādayitvā vā, nipphādetvāti vuttaṃ hoti vibhaṅge pana upasampajjāti paṭhamassa jhānassa lābho paṭilābho patti sampatti passanā sacchikiriyā upasampadā tī vuttaṃ,"

499 위의 책, p.387.; Vis, ibid., pp.149~150. "paṭhamaṃ uppannantipi paṭhamaṃ, ārammaṇopa nijjhānato paccanīkajjhāpanato."

500 『아비담마 길라잡이』(상), 앞의 책, p.146.; ibid., p.150. "Evaṃ adhigate

초선에 관한 설명이 이와 같다면, 이제부터는 초선의 상태를 인식과정에 의해 살펴보기로 한다. 의문意門에 사상似相이 나타나면 2심찰나心刹那의 유분有分의 동요가 있고, 이어서 1찰나의 의문意門 인전심引轉心이 생生하며, 이어서 3찰나 또는 4찰나의 욕계선심欲界善心이 속행작용速行作用으로서 일어나고, 제4 또는 제5찰나에 색계초선심色界初善心이 1찰나 속행하며, 그 후에 유분으로 떨어지게 된다. 여기서 최초의 3찰나 또는 4찰나의 욕계선심을 근행정近行定, 즉 근접삼매라고 부르고, 마지막의 색계초선심에 의한 안지정속행安止定速行을 안지정安止定, 즉 본삼매라고 부른다. 여기서 근지정은 욕계정欲界定이고, 안지정은 색계정色界定이다.[501]

근행정이 3찰나 또는 4찰나의 욕계속행이 일어나는 까닭은 수행비구가 빠르게 입정의 상태에 들어갈 경우에는 3찰나의 욕계속행이

---

pana etasmiṃ tena yoginā vāḷavedhinā viya. Sūdena viyaca ākārā pariggahetabbā. Yathāhi sukusalo dhanuggaho vāḷavedhāya kammaṃ kuru māno yasmiṃ vāre vāḷaṃ vijjhati, tasmiṃ vāre akkantapadānañca dhanudaṇḍassa ca jiyāya ca sarassa ca ākāraṃ parigganheyya evaṃ me ṭhitena evaṃ dhanudaṇḍaṃ evaṃ jiyaṃ evaṃ saraṃ gahetvā vāḷo viddhoti.…Evaṃ hi so naṭṭhe vā tasmiṃ te ākāre sampādetvā puna uppādetuṃ appa guṇaṃ vā paguṇikaronto punappunaṃ appetuṃ sakkhissati, yathāca kusalo sūdo bhattāraṃ parivisanto yaṃ yaṃ ruciyā bhuñjati taṃ taṃ sallakkhetvā tatā paṭṭhāya tādisaja yeva upanāmento lābhassa bhāgi hoti, evamayampi adhigatakkhaṇe bhojanādayo ākāro gahetvā te sampādento punappunaṃ appaṇāya lābhī hoti. Tasmā nena vāḷavedhinā viya sūdena viya ca ākārā pariggahetabbā."

501 水野弘元,『パ-リ佛教を 中心とした 佛教の心識論』, op.cit., p.924.

일어나고, 반면에 느리게 입정에 들어가는 경우에는 4찰나의 욕계속행이 일어나기 때문이다.[502]

3찰나 또는 4찰나의 욕계속행과정은 4찰나의 경우에는 첫 번째가 편작遍作이고, 두 번째가 근행近行이고, 세 번째가 수순隨順이고, 네 번째가 종성種姓이 된다. 3찰나의 경우는 첫 번째가 근행이고, 두 번째가 수순이고, 네 번째가 종성이 된다.[503]

초선에 들어온 비구는 욕계선심에 의한 의문작용에 의해 초선의 다섯 가지 요소인 심尋·사伺·희喜·락樂·심일경성心一境性의 상태를 관찰할 필요가 있다. 이러한 훈련과정을 통해서 비구는 초선정에 들어갈 때 의문전향(意門轉向)이 자유롭게 일어날 수 있게 된다.[504]

초선에 들어간 비구가 계속해서 2선, 3선, 4선, 그밖에 5선, 공무변처, 식무변처, 무소유처, 비상비비상처에 들어가기를 원한다면 앞에서 살펴본 인식과정을 똑같이 거쳐야 한다. 이 과정에서 근행정은 욕계심에서 행해지지만 안지정은 색계, 무색계심에 의해서 행해짐을 말해두고자 한다.[505]

초선에 들어간 비구는 이와 같은 인식과정을 거친다. 그런데 비구가 초선수행에서 그 상태를 파악하는 것은 매우 중요하다. 우리가 어떤 목적지를 제대로 찾아가기 위해서 그 길을 파악하는 일과 길을 찾아가는 방법 등에 관해 반드시 알아야 하듯이, 초선수행에서도 마찬가지

502 loc.cit.

503 水野弘元, 『パーリ佛教を 中心とした 佛教の心識論』, ibid., p.924.

504 ibid., p.925.

505 ibid., p.927.

이다.

『청정도론』은 이것을 다음과 같이 설명한다.[506] 비구는 이와 같은 초선을 얻을 때 머리카락을 맞추는 궁수나 솜씨 있는 요리사처럼 이것을 얻은 상태를 파악해야 한다는 것이다. 왜냐하면 머리카락을 맞춘 궁수가 활을 쏠 때 발을 둔 위치와 활과 활시위와 화살을 잡은 상태를 파악하고 있어야만 다음부터 실패를 하지 않고 머리카락을 맞힐 수 있고, 또한 솜씨 있는 요리사가 주인에게 음식을 올릴 때 주인이 선택하여 먹는 음식을 주시한 뒤 그 후 그런 종류의 음식을 올려 상을 받게 되는 것처럼, 비구도 선수행을 하다가 수행했던 길이 어느 길인지 잃어버렸을 때에 그 상태를 성취하면서 일으킬 수 있고, 익숙하지 않은 선禪에 차차 익숙해지면서 계속해서 그 상태를 유지할 수 있기 때문이다.

『청정도론』은 『상윳따 니까야』를 다음과 같이 인용하면서 비구가 표상을 파악해야 한다고 설명한다.

현명하고 슬기롭고 능숙한 비구는 몸에서 몸을 관찰하면서 머문다. … 느낌에서 느낌을 … 마음에서 마음을 … 법에서 법을 관찰하면서 머문다. 세상에 대한 욕심과 싫어하는 마음을 버리면서 근면하게 분명히 알아차리고 마음챙기는 자가 되어 머문다. 그가 법에서 법을 관찰하면서 머무를 때 마음은 삼매에 들고 오염원들은 사라진다. 그는 그 표상을 배운다.[507]

---

506 『청정도론』 1, 앞의 책, pp.387~388.

507 SN v.151~152.

비구가 표상을 파악하여 그 상태를 성취할 때 본삼매에 들게 된다. 그러나 그는 그 상태에 오래 머묾을 성취하지 못한다고 한다. 왜냐하면 비구가 감각적 욕망의 위험을 반조함 등에 의해 감각적 욕망을 완전히 억압하지 않고, 몸의 편안함으로 몸의 흥분을 미리 완전히 가라앉히지 않고, 정진을 시작하는 요소를 마음에 다잡음 등〔정진의 깨달음의 구성요소(精進覺支)의 표상과 광명상 등을 포함한다〕으로 해태와 혼침을 미리 완전히 제거하지 않고, 사마타의 표상을 마음 다잡음 등으로 들뜸과 후회를 미리 완전히 뿌리 뽑지 않고, 삼매를 방해하는 다른 법들을 미리 정화하지 않고 선禪을 증득하게 되어, 곧바로 그 상태에서 나오게 되기 때문이다. 이것은 불결한 벌통에 들어간 벌과 청결하지 않은 정원에 들어간 왕이 곧바로 나오는 것과 같다고[508] 비유된다. 심리적으로 인간형성이 불완전하고 미성숙한 상태임을 나타내고 있다.

그렇다면 비구가 본삼매의 상태에 오랫동안 머물기 위해서 어떻게 해야 할까? 『청정도론』은 깨끗한 벌통에 들어간 벌과 매우 청결한 정원에 들어간 왕처럼 비구가 삼매를 방해하는 법들을 미리 깨끗이 한 뒤 선을 증득해야 한다는 것이다. 그리고는 마음 닦는 수행을

---

508 『청정도론』 1, 앞의 책, pp.389~390.; Vis, op.cit., pp.151~152. "yo hi bhikkhu kāmādinavapacca vekkhaṇādīhi kāmacchandaṃ na suṭṭhu vikkhambhetvā kāyapassaddhivasena kāyaduṭṭhullaṃ na suppaṭippassaddhaṃ katva ārambhadhātumanasikārādiva sena thinamiddhaṃ na suṭṭhu paṭivinodetvā samathanimittamanasikārādiva sena uddhaccakukkuccaṃ na susamūhataṃ katvā aññepi samādipari patthe dhammc na suṭṭhu visodhetvā tdhānaṃ samāpajjati, so aviso dhitaṃ āsayaṃ paviṭṭhabhamaro viya asuddhaṃ uyyānaṃ paviṭṭherājā viya ca khippameva nikkhamati."

완전히 하기 위해서 비구는 이미 얻은 닮은 표상을 확장해야 한다는 것이다.[509]

표상을 확장하는 방법은 옹기와 떡과 밥과 덩굴과 천 조각을 확장하듯이 해서는 안 되며, 농부가 농사지을 땅을 쟁기로 한정한 뒤에 그 범위 내에서 땅을 갈고, 표식을 주시한 뒤에 경계선을 긋는 것처럼, 비구가 이미 얻은 표상을 차례대로 손가락 한 마디, 두 마디, 세 마디, 네 마디 정도로 마음으로 한정한 뒤에 한정한 만큼 확장해야 한다. 그러므로 비구가 한정하지 않은 채 확장해서는 안 된다. 그는 그 다음 단계로 한 뼘, 두 뼘, 툇마루, 주변의 공간, 절의 한계, 마을, 읍, 지방, 왕국, 바다로 한계를 차례대로 한정하여 확장한다. 그런 다음에 전 우주로 한정하며, 혹은 그보다 더 한정한 뒤에 확장하는 것이다.[510]

그렇지 않고 비구가 한정하지 않은 채 계속적으로 확장을 하게 되면, 선禪의 구성요소들이 거칠고 힘없이 나타나고, 다음 단계의 선에 이르고자 하지만 초선을 잃게 되고, 또한 2선도 얻을 수 없게 된다. 『앙굿따라 니까야』는 이와 같은 상태와 관련하여, 산악의 소가 어리석고, 우둔하고, 들판을 모르고, 바위가 울퉁불퉁 돌출한 산을 걷는 데 서투른 것과 같다고 설한 것처럼, 비구 또한 마찬가지로 초선에 머무는 데 서툴러서 표상을 반복하지 않고, 닦지 않으며, 많이 공부 짓지 않고, 바르게 확립하지 않으면 초선에 머무를 수 없고, 2선에 들어 머물 수도 없다는 것이다.[511] 비구가 표상을 반복한다는

---

509 위의 책, pp.390~391.

510 위의 책, p.391.

것은 앞에서 잠깐 살펴보았듯이, 욕계선심欲界善心에서 초선에 들어가는 훈련을 해야 한다고 말한 것과 같다.

비구는 앞에서 예로 든 열의인 감각적 욕망, 탐욕인 감각적 욕망, 열의와 탐욕인 감각적 욕망, 생각(saṅkappa)인 감각적 욕망, 탐욕인 감각적 욕망, 생각과 탐욕인 감각적 욕망 등을 완전히 떨쳐버리고, 해로운 법(不善法)들을 떨쳐버린 뒤, 3찰나, 4찰나의 근행정近行定을 거쳐 4찰나, 5찰나의 색계초심色界初心이 일어나서 비로소 일으킨 생각(尋)과 지속적인 고찰(伺), 희열과 행복 등의 상태인 초선에 들어가게 된다. 이러한 과정은 비구가 입정入定에 의해 들어가 있는 초선의 심리적 모습을 표현하고 있는 것이다. 이것이 초선이 나타내고 있는 인간형성이다. 즉 초선의 상태에 머물러 있는 인간의 모습이다. 그러나 아직 갈 길은 멀다. 아직 다섯 가지 장애(五蓋)와 가깝고 또한 일으킨 생각(尋)과 지속적인 고찰(伺)이 거칠기 때문이다. 단지 첫 관문에 도달했을 뿐이다.

- 2선(二禪; Dutiyaṃ jhānaṃ)의 인간형성

『청정도론』은 비구가 초선의 경지에서 다섯 가지 형태의 자유자재(vasī), 즉 ① 전향轉向의 자유자재, ② 입정入定의 자유자재, ③ 머묾의 자유자재, ④ 출정出定의 자유자재, ⑤ 반조返照의 자유자재[512] 등을 얻는다고 설명한다. 그러나 다섯 가지 형태의 자유자재를 얻었지만, 초선에서 출정하여 얻은 상태가 아직 다섯 가지 장애(五蓋)와 가깝고

511 위의 책, pp.392~393.

512 위의 책, pp.393~394.

또한 일으킨 생각(尋; applied thought)과 지속적인 고찰(伺; sustained thought)이 거칠기 때문에 구성요소가 약하다고 설명한다. 그래서 비구는 제2선에 들어가기 위해서 고요한 마음의 상태에서 마음을 다잡은 다음에 초선에 대한 집착을 종식시켜야 한다. 그리고 이처럼 마음을 챙기고 알아차리면서 선의 구성요소들을 반조할 때 일으킨 생각(尋)과 지속적인 고찰(伺)이 거칠게 나타나고, 희열과 행복과 마음의 하나됨이 고요하게 나타나면, 그는 이와 같은 거친 구성요소를 버리고 고요한 구성요소를 얻기 위해 표상에 대해 초선에서처럼 '빠따위(땅), 빠따위' 하면서 계속 마음에 다잡는다. 그렇게 해서 '막 제2선이 일어나려는' 순간에, 그는 잠재의식을 끊고 그 땅의 까시나를 대상으로 의문전향(意門轉向; 마노의 門을 통한 轉向)이 일어나게 된다. 그 다음에 그 대상에 대해 네 번이나 다섯 번의 속행速行이 일어난다. 그들 가운데 마지막 하나가 색계의 속행이고, 제2선에 속한다. 나머지는 이미 그 종류를 설했고 욕계의 것이다.[513] 제2선의 과정에서도 초선에서 살펴본 오문의식과정과 인식과정이 동일하게 일어난다.

이렇게 함으로써 비구가 경험하는 제2선의 상태에 대해 『청정도론』은 다음과 같이 설명한다.[514]

이때에 비구는 일으킨 생각(尋)과 지속적인 고찰(伺)을 가라앉혔기 때문에 자기 내면의 것이고, 확신이 있으며, 마음의 단일한 상태(오로지 하나에만 몰입해 있는 상태)이고, 일으킨 생각과 지속적인 고찰

513 위의 책, pp.396~397.

514 위의 책, pp.397~402.

이 없으며, 삼매에서 생긴 희열과 행복이 있는 제2선에 들어 머문다. 제2선에 들어선 순간 비구는 일으킨 생각(尋)과 지속적인 고찰(伺)을 가라앉혔기 때문에, 즉 극복하였기 때문에 더 이상 이 둘이 나타나지 않는다. 그렇게 해서 마음으로 확신을 가지고, 마음은 최고로 단일한 상태가 된다. 초선은 잔물결로 인해 일렁이는 파도처럼 일으킨 생각(尋)과 지속적인 고찰(伺)의 방해로 확신에 차 있지 않아서 삼매 또한 분명하지 않다. 그러므로 삼매가 단일한 상태가 아니다. 그러나 제2선은 일으킨 생각과 지속적인 고찰의 방해가 없기 때문에 믿음은 강하고, 삼매 또한 분명하다. 또한 제2선에는 일으킨 생각(尋)과 지속적인 고찰(伺)이 없다. 이러한 상태를 『위방가』에서는 "이와 같이 이 일으킨 생각(尋)과 지속적인 고찰(伺)이 고요해지고, 적정해지고, 가라앉고, 없어지고, 완전히 없어지고, 소멸해버리고, 완전히 소멸해버리고, 말라버리고, 완전히 말라버리고, 완전히 끝나버렸다. 그러므로 '일으킨 생각(尋)과 지속적인 고찰(伺)은 없다."라고 한다.

이제 비구는 일으킨 생각(尋)과 지속적인 고찰(伺)이라고 하는 두 가지 구성요소들을 버리고, 희열과 행복과 마음의 하나됨이라고 하는 두 가지 구성요소들을 가지게 되는 것이다. 초선에서 있었던 일으킨 생각(尋)과 지속적인 고찰(伺)의 거친 구성요소가 2선에서 없어졌다는 것은 이것들이 없어지고 삼매에서 비롯되는 희열과 행복의 상태가 있게 되어 수행의 정도가 점차적으로 깊어지는 단계에 들어가고 있음을 의미한다. 이와 같은 2선의 상태는 교육적으로는 인간형성과 관련하여 초선에서 2선의 경지에 들어갔을 때 일으킨 생각(尋)과 지속적인 고찰(伺)의 거친 구성요소가 심리적으로 말끔히 없어지고 희열과 행복의 상태가 되었음을 의미한다. 2선의 심리상태에 대해서는 호수로 비유한 다음과 같은 설명에 의해 파악하는 것이 가능하다.

> 비구들이여, 마치 밑바닥에서 솟아나는 물로 채워지는 호수가 있는데, 그 호수의 동쪽에서 흘러들어오는 물도 없고, 서쪽에서 흘러들어 오는 물도 없고, 북쪽에서 흘러들어 오는 물도 없고, 남쪽에서 흘러들어 오는 물도 없으며, 또 하늘에서 때때로 소나기마저도 내리지 않는다면 그 호수의 밑바닥에서 차가운 물줄기가 솟아올라 그 호수를 차가운 물로 흠뻑 적시고 충만케 하고 가득 채우고 속속들이 스며들게 할 것이다. 온 호수의 어느 곳도 이 차가운 물이 스며들지 않는 곳이 없을 것이다. 비구들이여, 이와 같이 비구는 삼매에서 생긴 희열과 행복감으로 이 몸을 흠뻑 적시고 충만케 하고 가득 채우고 속속들이 스며들게 한다. 온몸 구석구석 삼매에서 생긴 희열과 행복이 스며들지 않은 데가 없다.[515]

다시 말해 심리적으로 거친 상태가 말끔히 없어져 희열과 행복의 상태에 머물러 있다는 것은 이와 같은 인격에 머물러 있음을 의미한다고 할 수 있다.

---

515 대림스님 옮김, 『들숨 날숨에 마음 챙기는 공부』(초기불전연구원, 2015), p.139.

– 3선(三禪; Tatiyaṃ jhānaṃ)의 인간형성

비구가 2선에서 출정出定한 뒤 마음을 챙기고 알아차리면서 선의 구성요소들을 반조할 때 희열이 거칠게 나타나고 행복과 마음의 하나됨이 고요하게 나타나면, 거친 구성요소를 버리고 고요한 구성요소를 얻기 위하여 2선 때와 마찬가지로 그 표상에 대해 '빠따위(땅), 빠따위' 하면서 계속 마음을 다잡는다. 그렇게 해서 '막 3선이 일어나려는' 순간에, 그는 잠재의식을 끊고 그 땅의 까시나를 대상으로 의문전향이 일어나게 된다. 그 다음에 그 대상에 대해 네 번이나 다섯 번의 속행이 일어난다. 그들 가운데 마지막 하나가 색계의 속행이고, 3선에 속한다. 나머지는 이미 그 종류를 설했고 욕계의 것이 된다.[516] 3선의 과정에서도 초선에서 살펴본 오문의식과정과 인식과정이 동일하게 일어난다.

비구는 희열이 빛바랬기(사라졌기) 때문에 평온하게 머문다. 마음챙기고 알아차리며(正念正知) 몸으로 행복을 경험한다. 이 선禪 때문에 '평온하게 마음 챙기며 행복에 머문다.'라고 성자들이 설한 3선에 들어 머문다. 여기서 '희열이 빛바랬기 때문에'는 희열에 대해 염오厭惡하기 때문에, 더욱이 가라앉기 때문에라는 뜻이다. 그러므로 희열에 대해 염오하는 비구는 일어나는(upapatti)대로 보기(ikkhati) 때문에 평온平溫(upekkhā)하게 머물게 되는 것이다. 이때 비구는 맑고 넉넉하고 굳건한 평온을 갖추게 되었으므로 평온하다고 하는 것이다.[517] 그리고 '마음챙기고 알아차리며'는 비구가 기억하기 때문에 마음챙기

---

516 『청정도론』 1, 앞의 책, pp.402~403.

517 위의 책, pp.403~404.

는 자가 되는 것이고, 알아차리기 때문에 알아차리는 자가 되는 것이다. 그러면 왜 비구가 기억하고, 알아차리는 자가 되어야 하는가 하면, 그것은 3선의 행복도 희열에서 분리되어 있을 때 마음챙김과 알아차림으로 수호하지 않는다면 다시 희열에 다가가 희열과 함께하기 때문이다.[518]

2선으로부터 3선이 되었을 때 비구는 희열이 사라지고 평온하게 마음 챙기며 행복에 머문다. 이것 또한 점차적으로 전 단계인 2선보다 비구의 수행의 정도가 깊어졌음을 의미하며, 교육적으로 인간형성과 관련해서는 비구가 평온한 심리상태에 있음을 의미한다.

3선의 심리상태에 대해서는 호수에 잠겨 있는 연꽃으로 비유한 다음과 같은 설명에 의해 파악하는 것이 가능하다.

> 비구들이여, 마치 청련이나 홍련이나 백련이 피어 있는 호수에 어떤 청련이나 홍련이나 백련들이 물속에서 생성하고 자라 물 밖으로 나오지 않고 물속에 잠긴 채 무성하게 어우러져 있는데 차가운 물이 그 꽃들을 꼭대기에서 뿌리까지 흠뻑 적시고 충만케 하고 가득 채우고 속속들이 스며든다면 그 청련이나 홍련이나 백련의 어떤 부분도 물이 스며들지 않은 곳이 없을 것이다. 비구들이여, 바로 이와 같이 비구는 희열이 사라진 이 행복으로 이 몸을 흠뻑 적시고 충만케 하고 가득 채우고 속속들이 스며들게 한다. 온몸 구석구석 희열이 사라진 행복이 스며들지 않은 데가 없다. 그가 이와 같이 방일하지 않고 열심히, 스스로 독려하며 머물면

518 위의 책, pp.408~409.

마침내 저 세속에 얽힌 기억과 생각들이 사라진다. 그런 것들이 사라지기 때문에 마음은 안으로 확립되고 고요해지고 하나에 고정되어 삼매에 든다.[519]

이와 같은 연꽃의 비유에 드러나듯이, 비구는 3선에서 평온한 심리 상태에 머물러 있는 인격을 완성했음을 가리킨다.

- 4선(四禪; Catutthaṃ jhānaṃ)의 인간형성

비구가 3선에서 출정한 뒤 마음챙김으로 알아차림으로써 선의 구성요소들을 반조할 때 희열이라는 적과 가깝고, 또한 행복이 거칠기 때문에 구성요소가 힘이 없다는 결점을 본다. 그러나 그는 평온(upekkhā)한 느낌과 마음의 하나됨(心一境性)이 고요하게 나타나면 그러한 거친 요소를 버리고 고요한 구성요소를 얻기 위하여 바로 그 표상에 대해 '빠따위(땅), 빠따위' 하면서 계속해서 마음에 다잡는다. 그렇게 해서 '막 4선이 일어나려는' 순간에, 그는 잠재의식을 끊고 그 땅의 까시나를 대상으로 의문전향이 일어나게 된다. 그 다음에 그 대상에 대해 네 번이나 다섯 번의 속행이 일어난다. 그들 가운데 마지막 하나가 색계의 속행이고, 4선에 속한다. 나머지는 이미 그 종류를 설했고 욕계의 것이 된다.[520] 4선도 초선에서와 마찬가지로 오문인식과정과 의문인식과정이 일어난다.

4선에서는 선의 다섯 가지 구성요소들 가운데 네 가지는 소멸하고,

---

519 대림스님 옮김, 『들숨 날숨에 마음 챙기는 공부』, 앞의 책, pp.140~141.

520 위의 책, pp.411~412.

마지막으로 평온만이 남는다. 평온은 괴롭지도 즐겁지도 않은 상태를 말한다. 초선과 2선, 3선 등 낮은 단계에서도 평온은 있지만, 이들의 단계에서는 낮에 떠오른 초승달의 빛처럼 마음챙김의 상태도 청정하지 않다. 그러나 4선의 단계에서는 초승달의 비유처럼 평온의 초승달은 매우 청정하다. 그러므로 마음챙김의 상태 또한 청정하고 깨끗하다고 한다.[521] 4선의 심리상태에 대해서는 다음과 같은 설명에 의해 파악하는 것이 가능하다.

> 비구들이여, 마치 사람이 온몸〔의〕 머리까지 하얀 천을 쓰고 앉아 있다면 그의 몸 어느 부분도 하얀 천으로 덮이지 않은 곳이 없을 것이다. 비구들이여, 이와 같이 비구는 이 몸을 지극히 청정하고 지극히 깨끗한 마음으로 속속들이 스며들게 하고 앉아 있다. 온몸 구석구석 지극히 청정하고 지극히 깨끗한 마음으로 스며들지 않은 데가 없다. 그가 이와 같이 방일하지 않고 열심히, 스스로 독려하며 머물면 마침내 저 세속에 얽힌 기억과 생각들이 사라진다. 그런 것들이 사라지기 때문에 마음은 안으로 확립되고 고요해지고 하나에 고정되어 삼매에 든다.[522]

이것은 심리적인 상태가 매우 청정하고 깨끗하므로 인간형성, 즉 매우 청정하고 깨끗한 인간됨의 상태로 성숙했음을 의미한다.

4선에서 비구는 평온한 상태에 있되, 그 상태가 매우 청정하다는

---

521 위의 책, pp.417~418.

522 대림스님 옮김, 『들숨 날숨에 마음 챙기는 공부』, 앞의 책, pp.141~142.

것이다. 그러므로 비구가 이르고자 하는 선의 상태 가운데 제일 최상의 경지가 되는 것이다. 이 경지는 사마타 수행의 점진적 전개과정에 있어서 제일 깊은 선정의 상태를 말한다.

그러나 사마타 수행의 결과 4선에 이른 것만으로는 닙빠나에 이를 수는 없다. 출가 비구가 계속적으로 사념처 수행에 의한 통찰지로 온蘊·처處·계界 등과 사성제四聖諦에 대한 관찰이 제대로 이루어질 때 상카라와 갈애를 소멸하고 닙빠나에 이르게 되는 것이다.

(2) 사마타 수행의 인간형성과 교육과정 이론으로서의 성격

'사마타' 수행은 초선부터 4선에 이르기까지 단계를 밟아 차례대로 이루어지는 것이다. 기본적으로 대부분의 비구들은 사마타 수행을 하기에 앞서서 계戒로서 감각기관을 다스림으로써 '사마타' 수행을 하기 위한 토대를 마련한다. 그리고 들숨날숨의 호흡을 통해 미세한 호흡으로 마음의 고요함을 유지한 채 안정을 이루어야 한다. 그러나 이것은 사람의 근기에 따라 다르기 때문에 누구나 반드시 이러한 과정을 밟아야만 하는 것이라고 볼 수만은 없다. 대부분 출가 비구들은 처음에 계를 지키는 수행을 한 다음에 비로소 '사마타' 수행을 하게 되지만, 비구들 가운데 근기가 뛰어나 바로 들숨날숨의 호흡을 시작하고, 계속해서 '사마타' 수행을 시작하는 사람도 있고, 바로 위빠사나 수행을 시작하는 사람도 있기 때문이다.

어찌됐든, '사마타' 수행은 땅의 까시나 등 열 가지 까시나 수행에 의해 4선에 이르러 '마음이 산란하지 않고 하나로 통일되는' 상태가 되도록 하는 데 우선 일차적인 목적을 둔다. 왜냐하면 이러한 상태에 도달하지 않고서는 앞으로 전개되는 어떠한 수행도 할 수 없기 때문이다.

40가지 명상주제의 선택과 까시나 수행 등의 삼매수행을 비롯하여 근접삼매와 본삼매, 그리고 초선으로부터 4선에 이르기까지의 수행과정은 비록 복잡하고 치밀하지만 위빠사나의 수행에 들어가기에 앞서 삼매의 견고하고 집중된 상태와 평온에 이르는 방법 등을 논하고 있다는 점에서 시사하는 바가 크다고 할 것이다.

이러한 삼매수행의 상태를 '일체의 선입관이나 전제로부터 벗어나 통일된 집중의 정신상태'라고[523] 하는 주장이 있는데, 이와 같이 통일된 집중의 정신상태를 바탕으로 비구는 청정하고 깨끗한 평온의 상태인 4선에 이르러 탐구나 지식의 형태가 아닌 지혜의 교육, 즉 통찰지에 의해 인간형성의 최상의 상태인 닙빠나로 나아가게 된다.

이와 같이 감각적 욕망이 완전히 소멸된 초선으로부터 4선의 청정하고 깨끗한 평온한 상태에 머문 인간은 정규 학교교육에서 목적으로 삼는 지식획득을 통한 바람직한 인간의 모습과는 전혀 다른 불교만의 드물고 특색 있는 인간의 모습을 나타내고 있다고 할 수 있다.

유사 이래로 인류는 교육을 통해 선대의 지식과 문화 등을 후대에 전달함으로써 지금과 같은 문명을 이룩하였다. 가르치는 자인 스승은 배우는 자인 학생에게 '무엇'을 전하였는데, 이 과정에서 배우는 자인 학생은 스승의 곁에 있으면서 '무엇인가인 지식(교육내용)'을 배워나갔다.[524] 즉 스승과 제자 사이에 '무엇'에 해당하는 지식과 문화 등을

523 박선영, 「현대교육의 고민과 불교의 역할」, 『종교교육학연구』 1(1995), p.13.

524 서명석, 「선禪의 가르침과 배움으로 바라본 근대교육의 반성적 성찰」, 『교육인

가르치고(敎授), 이와 같은 '무엇인가'에 해당하는 지식과 문화 등을 배우는(學習) '교수–학습'의 과정에서 인류는 지금까지 문명을 이룩해온 것이다. 이것을 봐도 교육의 힘이 지대함을 알 수 있다.

그러나 생각해봐야 할 것이 있다. 교육을 통해 인류는 지금과 같은 문명을 이룩하였지만, 다시 말해서 교육은 인류에게 미래의 방향을 제시하고 인도하였지만, 스승이 '무엇'인가를 학생에게 가르치고 학생이 스승으로부터 '무엇인가'를 배우는 '교수–학습'의 과정에서 교육이 교육의 기능을 제대로 발휘하지 못한 문제가 있게 되었다. 즉 스승이 '무엇인가'를 공부시키고, 제자인 학생이 '무엇인가'를 공부한다는 것에 교육적으로 어떤 가치가 있는가의 물음에 대해 답을 제대로 하지 못할 때 본질적인 교육활동을 하고 있는가 하는 존재의 가치가 없는 문제가 발생하였다는 점이다.[525]

이것은 교육이란 무엇인가를 묻는 본질적인 질문으로서, 이에 대해 제대로 답변하지 못할 때 문제가 발생한 것을 의미한다.

공부工夫의 사전적辭典的 의미는 "학문이나 기술을 배우고 익힘"[526]이다. 이 말은 불교의 참선수행에 진력盡力한다는 용어에서 비롯되었다고도 한다. 즉 '做工夫'[527]가 그것이다. 서구에서는 사상적·문화적 배경이 동양과 다르기 때문에 공부의 의미와 부합하는 것을 찾아보기 힘들고 공부에 합당한 용어를 찾기도 힘들지만, 동양 3국에서는 서양과

류학연구』 4(1), (2001), 앞의 글, p.86.

525 서명석, 위의 글, p.87.

526 국립국어원 표준국어대사전; http://stdweb2.korean.go.kr

527 다음백과사전; http://100.daum.net/encyclopedia

는 전혀 다른 특색 있는 공부의 유형이 있다. 여가나 틈으로서의 공부, 자신이 힘들여 무언가를 닦으려는 공부(마음으로 포장된 내면세계, 그 내면을 떠받치는 몸의 수련), 지식과 기술의 연마로서의 공부, 공사장에서 노동에 참여하는 인부가 하는 일로서의 공부 등 네 가지가 그것이다.[528]

지식과 기술을 연마하는 공부는 학교에서 이러한 성격의 '공부'에 치중하여 이것에 내몰려 있는 상황에 처해 있으며, 이것도 모자라서 학생들은 학원에 가서 배움에 또 열중한다. 그리고 두 번째인 '자신이 힘들여 무언가를 닦으려는 공부'는 우리나라에서 추방되었다.[529] 필자가 보기에 이 유형의 공부는 '수신修身'의 공부에 해당한다. 많은 장점이 있음에도 불구하고 이 공부 유형은 교육에서 제외되었다.

그런데 이 공부 유형이 비록 교육에서 추방되었으나, 동양 3국에서 공부라고 보는 의미 가운데 두 번째인 '자신이 힘들여 무언가를 닦으려는 공부'는 마음속으로 파고 들어가서 자아自我를 성찰하거나 성찰시키는 것, 즉 '가르치는 자－스승'은 '배우는 자－학생'을 새로운 '각성覺醒(Enlightenment)'의 세계로 이끌고, '배우는 자－학생'은 '가르치는 자－스승'의 안내에 의해 내면적 성숙을 할 수 있는 새로운 체험으로 계속해서 도약하는 것[530]을 가리킨다는 점에서 주목할 필요가 있다. 이 공부 유형의 대표적인 것을 우리는 사마타 수행이라고 말할 수 있는데(위빠사나 수행도 이에 해당한다), 사마타의 수행과정에서 근접

---

528 서명석, 위의 글, pp.87~88.

529 서명석, 위의 글, p.88.

530 같은 글.

삼매로부터 본삼매로, 본삼매로부터 초선으로, 초선으로부터 제2선으로, 제2선으로부터 제3선으로, 제3선으로부터 제4선으로 제자 비구는 새로운 체험을 하며 인간형성을 하게 되는 것이다.

그런데 다른 한편으로 스승 비구와 제자 비구의 교육적 관계를 상구上求와 하화下化의 관계로 볼 수 있다. 즉 위로 향하는 길로서의 학습(learning)의 의미를 지니는 상구上求(ascending education)와 아래로 향하는 길로서의 교수(teaching)의 의미를 지니는 하화下化(descending education)가 상호작용하는 교육적 관계의 구조[531]로 볼 수 있다. 이것을 쉽게 풀어 설명한다면 후진인 제자 비구가 낮은 품위인 근접삼매로부터 한 단계씩 수행품위를 높여감으로써 가장 높은 품위인 4선에 이르도록 선진인 스승 비구가 독려하고 촉진시키는 교육활동을 가리킨다.

사마타 수행이 리얼리티로서의 의미의 구조와 상구·하화의 교육적 관계의 구조라고 한다면, 또 다른 한편으로는 사마타를 닦는 선禪을 '살아 있는 교육(living pedagogy)'으로[532] 볼 수 있는데, 이와 같은 견해는 나름대로 그 의의가 있다. 즉 선을 교육과정(Curriculum)으로 보는 견해이다. 교육과정은 대체로 교육목표에 따라 계획하고, 실천하고, 평가하는 시스템, 즉 '계획으로서의 교육과정(Curriculum-as-plan)'으로서 학교교육 현장에서 교육이 이루어지고 있는데, 선禪은 이와는 달리 '살아 있는 교육과정(Curriculum-as-lived)'이라는 것이며,

---

531 노희관·이용남 엮음, 『교육학의 새로운 파라다임』(교육과학사, 2003), p.156.

532 MIKA YOSHIMOTO, 「*Curriculum as Zen*」; *Five Moments Inspired* by Aoki, Carleton University, p.78.

그런 점에서 '살아 있는 교육(living pedagogy)'이라는 것이다. 그것을 살펴보면, 첫 번째가 '무기無記(muki)'이다.[533] 대답 없는 공간(a space without answer)은 '살아 있는 교육과정'으로서 무기가 되는데, 이때 '무無(mu)'는 아무것도 없음(nothingness)이고, 반면에 '기記(ki)'는 기록함이 없다는 의미가 된다는 것이다.

붓다는 자연, 하늘, 지옥, 우주의 존재와 인간이 (겪는) '고苦'(일본 학자는 이처럼 표현하고 있지만, 여기서 무기란 이 세상의 시작과 종말은 있는가? 인간의 사후에 영혼이 있는가? 없는가? 등에 관해 제자가 붓다에 한 질문에 대해 붓다가 대답하지 않고 침묵으로 일관함을 가리킨다) 등 형이상학적 문제에 대한 제자의 질문에 대해 아무런 대답도 하지 않고 침묵하였는데, 정답을 외부에서 찾기보다는 차라리 '공空'에서 답을 찾으면서 그 자체에 머물러 있는 것이 '무기無記'라는 것이다.[534]

이와 같은 무기가 살아 있는 교육과정의 이론이 될 수 있는 까닭은 무엇일까? 전통적인 교육과정(Traditional Educational Curricula)이 교사의 질문(question)과 대답(answer)에 강조점을 두는 데 반하여 불교는 대답보다 질문이 더 가치가 있고,(그 경우는 선禪에서 더욱 더 그런 성향을 띠고 있는데) 이와 같은 선의 경우를 따라 교사(스승 비구)는 학생들(제자 비구)의 질문과 학생들의 목소리에 강조점을 두는 것을 배워야만 한다고 주장[535]하고 있기 때문이다.

---

533 MIKA YOSHIMOTO, 「*Curriculum as Zen*」; *Five Moments Inspired* by Aoki, Carleton University, ibid., pp.78~79.

534 MIKA YOSHIMOTO, ibid., p.78.

535 MIKA YOSHIMOTO, ibid., p.79.

그러면 선수행에 해당하는 『청정도론』의 심청정心清淨의 수행단계, 즉 근접삼매로부터 4선에 이르는 수행과정은 '무기無記'의 측면에서 어떻게 해석할 수 있을까? 제자 비구는 스승 비구로부터 어떻게 사마타를 닦아나갈 것인가에 대해 배웠지만 의문 나는 점이 있으면 제자 비구는 스승 비구에게 끊임없이 질문했을 것이다. 즉 일으킨 생각과 지속적인 고찰·희·락·평온은 무엇인지에 대해. 그리고 '이와 같은 상태를 마음속에서 경험하고 있는데 이 경우 이것은 무엇이며 나는 지금 잘 수행하고 있는 것인지?' 등등에 대해서 제자 비구는 스승 비구에게 질문을 하고 스승 비구는 이와 같은 질문내용에 대해 대답을 했을 것이다.

두 번째는 '유무有無(yū/mu)'이다. '유무'의 개념은 선철학(禪哲學; Zen Philosophy)의 결정적인 것과 같은 것으로서, 선수행자가 '생각함이 없이 생각하도록(to think without thinking)' 노력하면서 명상수행을 하는 데 관여한다. 이것은 어떤 대상에 주의를 집중하는 '의식적인, 이항二項의 방법'에 불과한 '생각하거나 생각하지 않는 것(thinking or not thinking)'과는 다르다.[536]

'생각함이 없이 생각하는 것'의 개념은 '가르침 없이 가르치는 방법(the teaching without teaching method)'의 개념으로 응용하는 것이 가능하다.

'가르침 없이 가르치는 방법'은 '가르침에 의해 가르치는 방법(Teaching by Teaching method)'과 비교할 때 그 우수성이 드러난다.

---

536 MIKA YOSHIMOTO, 「*Curriculum as Zen*」; *Five Moments Inspired* by Aoki, Carleton University, ibid., p.80.

'가르침에 의해 가르치는 방법'은 한 일본 학자의 다음 인용에 드러난다. "학생이 무엇을 할 것이고 어떻게 그것을 할 것인가에 대해 자세하게 (교사로부터) 듣는다면 학생이 다른 학습방법을 테스트하고 그 자신의 방법으로 하는 탐구를 통해 발견하는 기회를 갖는 것이 불가능하다. … 그런 의미에서 학생은 자신이 왜 그것을 하고 있으며, 무엇을 하고 있는지 알지 못한다. 그의 이해는 전적으로 직접적인 것이 아니고, 개인적 경험에 기반을 둔 것이 아니며, 전적으로 진실된 것이 아니다."[537]

'가르침에 의해 가르치는 방법'은 가능한 한 가장 효율적인 방법으로 과업이 달성되도록 목적을 두는 것, 즉 과업에 기반을 둔 것(task-oriented)을 가리키는 것이고, 오직 과업을 달성하는 것만을 하는 사람을 (이 방법으로) 훈련한다.[538]

이와는 대조적으로 '가르침 없이 가르치는 방법'은 그 목적이 단순히 지식의 획득에 있는 것이 아니라 배움을 깊게 하는 것, 사람 그 자체에 근원을 둔다.[539]

심청정心淸淨의 수행단계, 즉 근접삼매로부터 4선에 이르는 수행과정에서 일으킨 생각(尋)과 지속적인 고찰(伺)·희락(喜樂)·행복(幸)은 '유有'에 해당한다고 할 수 있다. 반면에 '평온平穩'은 '무無'에 해당한

---

537 MIKA YOSHIMOTO, ibid., p.81. Hori, G. V. S.(1994). Teaching and learning in the Rinzai Zen monastery. *Journal of Japanese Studies*, 20(1), 5-35에서 재인용함.

538 MIKA YOSHIMOTO, loc.cit.

539 MIKA YOSHIMOTO, loc.cit.

다고 할 수 있다. 그리고 근접삼매로부터 4선에 이르는 수행과정은 스승 비구의 '가르침 없이 가르치는 방법(the teaching without teaching netyhod)'에 의해 제자 비구가 배움을 획득하고 수행하는 과정이다. 그리고 그 다음 세 번째는 '무상無象'이다. 선禪은 형상이 없다는 점에서 (그곳은) 우리의 편견을 버림으로써 시작하는 제3의 공간과 같다. 그러므로 대상에 대한 편견의 이미지가 없이 사물들을 보는 것이 '무상'이다. 이 '무상'은 마음을 비우는 것으로서 불교에서는 중요하게 여기는 것이다.[540]

두 번째에서 '유무有無'를 논했는데, 이러한 '유무'의 상대적인 것을 불교에서는 지양하고 '중도中道'를 '지향'하고 있는데, '무상無象'이 '중도'의 특성을 나타내고 있다고 할 수 있다.

'무상'은 불교에서 뿐만 아니라 교육적으로도 교육과정 이론으로서 중요한 의미를 갖는다. 그것은 젊은 스님의 선수행에 나타난다.[541] 젊은 스님은 선수행을 위해 텍스트와 질문을 받는다. 그러나 선수행의 목적은 질문 그 자체를 기억하거나 그것에 대답하는 과업에 있지 않다. 그러므로 과업을 어떻게 할 것인가에 대해 가르치는 것은 사람을 영적으로 훈련시키는 목적을 성취하기 위한 수단이 되는 것이다.[542]

심청정의 수행단계, 즉 근접삼매로부터 4선에 이르는 수행과정은 이와 같은 '무상'을 수행의 선 과정에서 심리적으로 유지하는 데 중점을 두고 있다고 할 수 있다. 왜냐하면 '무상'을 수행과정에서 유지하지

540 MIKA YOSHIMOTO, ibid., p.81.

541 MIKA YOSHIMOTO, ibid., pp.82~83.

542 MIKA YOSHIMOTO, ibid., p.83.

못할 때 사마타 수행이 잘 이루어지지 않을 수 있을 개연성이 크기 때문이다.

그 다음 네 번째는 '초심初心'이다. 유명한 스즈키 박사는 "우리가 무엇을 성취하겠다는 생각과 자아에 대한 생각을 갖지 않을 때 우리는 진실한 초심자가 된다. 그때 우리는 진실로 무엇인가를 배울 수 있다."[543]는 견해를 피력하고 있는데, 이 경우 우리가 무엇인가를 성취하겠다고 하거나 자신을 내세우는 것이 아닌 상태, 즉 초심은 난닌(Nan-in)이라고 하는 일본인 스님이 '넘치는 찻잔의 비유'를 통해 선禪의 마음에서의 '공(空; emptiness)'으로 표현한 것에 의해 이해하는 것이 가능하다.

난닌이라고 하는 일본인 스님은 대학의 강의시간에 학생들에게 "컵처럼 여러분은 여러분 자신의 의견들로 가득 차 있다. 만약 여러분이 자신의 컵을 처음에 비우지 않는다면 내가 어떻게 여러분에게 선禪을 보여줄 수 있겠는가?"[544]라고 말하고 있는데, 이와 같은 컵의 비유는 선입견에 의해 영향을 받지 않은 마음학습이 중요함을 보여주고 있다.

이 '초심'은 심청정의 수행단계, 즉 근접삼매로부터 4선에 이르는 수행과정 가운데 초선의 상태에 해당한다고 할 수 있다. 그것은 초선에 이르러 이전의 감각적 욕망에 의해 영향을 받는 상태에서 비로소 벗어날 수 있기 때문이다. 이제까지 감각적 욕망에 의존하여 전도된 중생의 모습으로 살아왔으나 이와 같이 감각적 욕망에 의존한 삶에서 벗어나 상태가 '초심'에 해당하는 것이다.

---

543 MIKA YOSHIMOTO, loc.cit.

544 MIKA YOSHIMOTO, ibid., p.84.

이상에서 필자는 선수행이 살아 있는 교육으로서 살아 있는 교육과정이 된다는 일본 학자의 주장을 접하고 이 주장에 전적으로 동의한다. 왜냐하면 앞에서 살펴본 『청정도론』의 심청정心淸淨의 수행단계는 근접삼매와 본삼매, 그리고 초선으로부터 4선에 이르기까지의 수행과정이 비록 복잡하지만, 이 수행과정에서 우리는 교사(스승 비구) 주도가 아니라 학생(제자 비구)이 주체가 되어 끊임없이 질문을 던져 창의적으로 학습하는 '의미의 구조'로서의 '살아 있는 교육과정(Curriculum as lived)'으로서의 면모를 엿볼 수 있기 때문이다. 그렇기는 하지만 약간의 혼란스러움은 있다. 이 주장은 선수행을 '무기無記'와 '유무有無', '무상無象', '초심初心'의 개념으로서 매우 간단히 정리하여 설명하고 있기 때문이다. 그러나 이 주장은 선을 교육과정(Curriculum as Zen), 그것도 살아 있는 교육과정(Living Curriculum)의 이론으로서 시론적으로 제시했다는 점에서 큰 의의가 있다고 하겠다.

3) 위빠사나 수행의 전개

(1) 들숨날숨의 수행, 사념처 수행, 통찰지 수행의 차제

『청성도론』에 의하면, 들숨날숨으로 수행하는 방법에는 4개조로 수행하는 방법이 네 가지가 있다. 첫 번째, 4개조로 수행하는 방법은 길게 들이쉬면서 하는 방법, 짧게 들이쉬면서 하는 방법, 온몸을 경험하면서 들이쉬고 내쉬며 하는 방법, 몸의 작용을 편안히 하면서 들이쉬고 내쉬며 공부 짓는 방법이 있다. 두 번째, 대상을 경험하면서 희열을 경험하고, 미혹하지 않음으로 희열을 경험하며, 행복을 경험하고, 마음의 작용을 편안히 하는 방법 등이 있다. 세 번째, 네 가지 선禪들로 마음을 경험하며, 삼매와 위빠사나의 두 가지 방법으로 마음을 기쁘게 하고, 초선 등으로 마음을 집중하며, 네 가지 선을 통해 마음을 해탈케 하는 방법 등이 있다. 네 번째, 무상無常을 관찰하고, 탐욕이 빛바램을 관찰하며, 소멸을 관찰하고, 버리거나 들어감으로써 놓아버림을 관찰하는 방법 등이 있다.[545]

이상에서 살펴본 것처럼, 들숨날숨으로 수행하는 방법에는 16가지가 있다. 그리고 사마타와 위빠사나의 수행은 들숨날숨 수행을 통해서 같이 이루어진다.

비구가 해탈에 이르기 위해서는 들숨날숨부터 닦을 필요가 있다. 즉 들숨날숨에 대한 마음챙김(入出息念)을 닦아 자주 익힌 수행자는 네 가지 마음챙김을 완성한다. 네 가지 마음챙김(四念處)을 닦아 자주 익힌 수행자는 일곱 가지 깨달음의 요소(七覺支)를 완성한다. 일곱 가지 깨달음의 요소를 닦아 자주 익힌 수행자는 지혜에 의한 해탈을 이루게 된다.[546]

그러면 『입출식경入出息經』에 의해 들숨날숨의 호흡과정을 살펴보자. 비구는 숲속이나 나무 아래나 빈방에 가서 가부좌를 하고 앉되 상체를 곧바로 세우고 전면에 마음챙김을 확고히 하며 앉는다. 그리고 그는 마음을 챙겨서 숨을 들이쉬고 마음을 챙겨서 숨을 내쉰다.[547]

지식을 배워 지식을 하나하나 머릿속에 쌓아나가는 것이 아니라

---

545 붓다고사스님 지음·대림스님 옮김, 『청정도론』 2(초기불전연구원, 2009), pp.93~127.

546 냐나탈로카 엮음·김재성 옮김, 앞의 책, pp.180~181.

547 위의 책, p.181.

마음을 닦는 불교는 이처럼 고요한 숲속이나 나무 아래, 또는 빈방에서 자세를 바르게, 즉 상체를 곧바로 세우고 마음을 챙겨서 숨을 들이쉬고 숨을 내쉬는 수행으로부터 시작한다.

『청정도론』은 형상과 소리 등 대상을 먹을 것과 마실 것에 비유하며, 이것들을 먹고 마시고 자란 못된 마음을 단련시키기 위해서는 형상과 소리 등 대상으로부터 격리시켜 숲속이나 빈방으로 가서 들숨과 날숨의 기둥에 마음챙김의 밧줄로 묶어야 한다고 설명하고 있다.[548]

그리고 『청정도론』은 들숨과 날숨의 호흡으로 마음챙김을 숲속이나 빈방 등 고요한 곳에서 할 때 이전에 친숙했던 형상이나 소리 등 대상을 찾을 수 없고, 붙들어 맨 마음챙김의 밧줄을 끊고 도망갈 수 없게 되어 근접삼매와 본삼매를 닦게 된다고 설명하고 있다.[549]

그러므로 이와 같이 숲속이나 나무 아래, 빈방 등 고요한 장소와 앉는 자세로부터 다음과 같이 열여섯 가지 토대로 호흡하는 과정〔들숨날숨의 마음챙김의 과정〕 등을 보더라도 가르치는 내용(교육내용)이나 방법(교육방법) 등이 불교만의 특색을 가질 수밖에 없다고 말할 수 있는 것이다.

> 비구는 길게 들이 쉴 때, '길게 들이쉰다'고 분명히〔꿰뚫어〕 알고, 길게 내쉴 때, '길게 내쉰다'고 〔꿰뚫어〕 안다. 짧게 들이 쉴 때, '짧게 들이쉰다'고 분명히〔꿰뚫어〕 알고, 짧게 내쉴 때, '짧게 내쉰다'고 〔꿰뚫어〕 안다. '온몸(호흡의 전 과정)을 느껴 알면서〔경험하면서〕

---

548 『청정도론』 2, 앞의 책, p.89.

549 같은 책.

들이쉬리라'고 수행하며〔공부 짓고; sikkhati〕 '온몸을 느껴 알면서〔경험하면서〕 내쉬리라'며 수행한다〔공부 짓는다〕. (호흡이라는) '몸의 작용(kāya-saṅkhāra; 身行)을 가라앉히며〔편안히 하면서〕 들이쉬리라'며 수행하며〔공부 짓고〕, '몸의 작용을 가라앉히며〔편안히 하면서〕 내쉬리라'며 수행을 한다〔공부 짓는다〕. (수행에 의해 생겨난) '기쁨(喜)을 느껴 알면서〔경험하면서〕 들이쉬리라'고 수행하며〔공부 짓고〕, '기쁨을 느껴 알면서〔경험하면서〕 내쉬리라'며 수행한다〔공부 짓는다〕. '행복(樂)을 느껴 알면서〔경험하면서〕 들이쉬리라'고 수행하며〔공부 짓고〕, '행복을 느껴 알면서〔경험하면서〕 내쉬리라'며 수행한다〔공부 짓는다〕. (기쁨이나 행복이라는) '마음의 작용을 느껴 알면서 들이쉬리라'고 수행하며〔공부 짓고〕, '마음의 작용(心行; citta-saṅkhāra)을 느껴 알면서〔경험하면서〕 내쉬리라'며 수행한다〔공부 짓는다〕. (느낌이라는) '마음의 작용을 가라앉히며 〔편안히 하면서〕 들이쉬리라'며 수행하며〔공부 짓고〕, '마음의 작용을 가라앉히며〔편안히 하면서〕 내쉬리라'며 수행한다〔공부 짓는다〕. '마음 상태를 느껴 알면서〔경험하면서〕 들이쉬리라'고 수행하며〔공부 짓고〕, '마음상태를 느껴 알면서〔경험하면서〕 내쉬리라'며 수행한다〔공부 짓는다〕. '마음을 기쁘게 하면서 들이쉬리라'고 수행하며〔공부 짓고〕, '마음을 기쁘게 하면서 내쉬리라'며 수행한다〔공부 짓는다〕. '마음을 집중하면서 들이쉬리라'고 수행하며〔공부 짓고〕, '마음을 집중하면서 내쉬리라'며 수행한다〔공부 짓는다〕. '마음을 해탈시키면서 들이쉬리라'며 수행하며〔공부 짓고〕, '마음을 해탈시키면서 내쉬리라'며 수행한다〔공부 짓는다〕. '무상을 거듭 관찰하면서 들이쉬리라'고 수행하며〔공부 짓고〕, '무상을 거듭 관찰하면서 내쉬리라'며 수행한다〔공부 짓는다〕. '탐욕을 멀리함을 거듭 관찰하면서 들이쉬리라'고 수행하며〔공부 짓고〕, '탐욕을 멀리함을 거듭 관찰하면서 내쉬리라'며 수행한다〔공부 짓는다〕. '소멸을 거듭 관찰하면서 들이쉬리라'고 수행하며〔공부 짓고〕, '소멸을 거듭 관찰하면서 내쉬리라'며 수행한다〔공부 짓는다〕. '놓아버림을 거듭 관찰하면서 들이쉬리라'며 수행하며〔공부 짓고〕, '놓아버림을 거듭 관찰하면서 내쉬리라'며 수행한다〔공부 짓는다〕.[550]

『무애해도』는 아홉 가지 방법에 의해 길게 들이쉬고 길게 내쉬며, 짧게 들이쉬고, 짧게 내쉰다고 설하고 있으나 그 내용은 『청정도론』과 대동소이하다. 다만 들숨과 날숨을 길게 들이쉬고 길게 내쉴 때 열의(chanda)가 난다고 설명하고 있는 점이 다를 뿐이다.[551] 들숨과 날숨은 처음에는 거칠다. 거친 들숨과 날숨의 표상을 비구가 잘 취했고, 잘 마음을 다잡았으며, 잘 주시했을 때 거친 들숨과 날숨이 멸하고, 마음이 흩어지지 않으며, 미세한 들숨과 날숨이 일어난다. 미세한 들숨과 날숨의 표상을 잘 취했고, 잘 마음을 다잡았으며, 잘 주시했을 때 미세한 들숨날숨이 멸하고 마음이 흩어지지 않는다.[552]

---

550 냐나탈로카 엮음·김재성 옮김, 앞의 책, pp.181~183.; 『청정도론』 2, 위의 책, pp.83~85.; 대림스님 옮김, 『들숨 날숨에 마음 챙기는 공부』, 앞의 책, pp.66~67.

551 『청정도론』 2, 앞의 책, p.95.

552 위의 책, pp.102~103.

마음을 다잡는 방법은 여덟 가지가 있다. 헤아림, 연결, 닿음, 안주함, 주시, 환멸, 두루 청정함, 그들을 되돌아봄[553]이다.

첫째, 헤아림은 들숨날숨 시에 명상주제를 헤아림으로써 마음에 다잡는 것을 가리킨다. 비구가 헤아릴 때 다섯이 되기 전에 멈춰서도 안 되고, 열 번 이상 헤아려서도 안 된다. 그리고 그는 헤아릴 때 처음에는 곡식을 세는 사람처럼 천천히 헤아린다. 그러나 들숨날숨이 분명해질 때 비구는 천천히 들이쉬고 내쉬던 호흡을 멈추고, 목동이 밤의 삼경에 비좁은 공간에서 불편하게 지내던 소떼들이 서로 밀어제치면서 나올 때 급히 소떼들을 헤아리는 것처럼 들이쉬고 내쉬면서 빠르게 헤아린다. 그는 들숨날숨의 대상에 마음챙김이 확립될 때까지 헤아린다.

둘째, 연결이다. 연결은 이제까지 하던 헤아림을 내려놓은 뒤 마음챙김으로 끊임없이 들숨날숨을 좇아가는 것을 말한다. 호흡은 코끝과 심장, 배꼽에서 이루어진다. 내쉴 때 나가는 바람은 배꼽에서 시작하고, 내쉴 때 나가는 바람의 중간에 머무는 곳은 심장이고, 내쉴 때 나가는 바람이 마지막으로 머무는 곳은 코끝이다. 그리고 들이쉴 때 들어오는 바람은 코끝에서 시작하고, 들이쉴 때 들어오는 바람이 중간에 머무는 곳은 심장이고, 들이쉴 때 들어오는 바람이 마지막으로 머무는 곳은 배꼽이다.

셋째, 닿음은 숨이 닿는 곳에서 헤아림으로써 헤아림과 닿음으로 마음을 다잡는 것을 말한다.

---

553 위의 책, pp.104~121.

넷째, 안주는 마음챙김으로 연결하고, 그런 후에 본삼매로 안주하는 것을 말한다. 들숨과 날숨으로 마음챙김과 연결될 때 별빛, 마니주, 진주, 거친 촉감의 목화씨, 한 모금의 연기, 구름의 장막, 연꽃, 수레바퀴, 월륜, 일륜 등의 모습처럼 나타난다. 그리고 이러한 표상이 나타남으로써 장애들이 억압되고, 오염원들은 가라앉고, 마음챙김은 확립되고, 마음은 근접삼매와 본삼매에 들게 된다.

다섯째, 주시注視이다. 들숨과 날숨은 물질로 된 몸과 마음이 원인이 되어 생긴 것이라고 아는 것을 말한다.

여섯째, 환멸幻滅은 위빠사나의 지혜로 무너짐을 관찰함으로써 상카라들이 공포로 나타날 때 이러한 상카라들을 역겨워하는 것을 말한다.

일곱째, 두루 청정함은 네 가지 성스러운 도道에 이르러 아라한과를 이루는 것을 말한다.

여덟째, 예류과, 일래과, 불환과까지 각각 도, 과, 열반, 버린 오염원, 남아 있는 오염원 등 15가지 반조가 있고, 아라한과는 네 가지 반조만이 있어서 모두 19가지 반조하는 지혜를 얻게 되는 것을 말한다.

이처럼 들숨날숨의 수행으로부터 시작하여 사념처 수행, 위빠사나의 지혜인 통찰지 수행의 차제로 수행이 이루어지는 것이다.

(2) 통찰지의 토양

『청정도론』은 온蘊·처處·계界·근根·제諦·연緣 등 여섯 가지를 통찰지의 토양이라고 보고 있다. 초기불교에서 이들 여섯 가지는 기본 교설이었지만, 『청정도론』에서 이것들은 기본이 되는 토양으로 나타난다.

붓다고사가 『청정도론』을 찬술하면서 아비담마 학설을 반영하였다고 하는 데에는 이론異論이 없지만, 굳이 왜 통찰지의 토양이 온·처·계·근·제·연 등 여섯 가지라고 하면서 『청정도론』에서 논하고 있는지 궁금하다. 그런 점에서 어찌 보면 통찰지의 토양이 온·처·계·근·제·연 등 여섯 가지라고 하는 것은 『청정도론』만의 특색이라고 할 수 있다.

온·처·계·근·제·연 등의 여섯 가지 교설은 초기불교 경전에도 설해져 있고,[554] 이후 『분별론分別論』 등 아비담마 논서에도 나타나 있다. 그 예로 『해탈도론』에는 온·처·계·제·연 등 다섯 가지로 나타나고 있다.

『해탈도론』은 늙음과 죽음과 무명의 어둠 등에서 자유로워지고, 탐욕의 속박을 잘라버려 성스러운 지혜를 얻기 위해서 비구는 온·처·계·제·연의 다섯 가지에서 그 방법을 찾아야 한다고 논하고 있다.[555]

『해탈도론』에서는 온·처·계·제·연의 다섯 가지로, 『청정도론』에서는 온·처·계·근·제·연의 여섯 가지로 교설이 나타나 차이가 있지만, 둘 사이에 큰 차이가 나는 것이 아니다.

그러므로 시대적 편차를 두고 이 교설은 성립되었으며, 『청정도

---

554 蘊·處·界·根·諦·緣 등 여섯 가지 교설 가운데 蘊·處·界는 초기불교의 기본교설이기는 하지만, 蘊·處·界는 經典에 따라 處·界·蘊으로 설해지기도 하며, 이때 處·界는 선행적으로 六六法에 대한 이해가 밑바탕에 되어 있어야만 이해할 수 있는 것이다.

555 Vim & Vis, op.cit., p.95.

론』을 가르치는 스승은 여섯 가지 온·처·계·근·제·연의 교설이 반드시 알아야 할 수행의 기본이 되는 토양이므로 제자들에게 이것을 먼저 가르쳤다고 추정할 수 있다. 왜냐하면 이들 여섯 가지는 통찰지 수행을 위해 반드시 알고 있어야만 하는 대상으로 견청정見清淨 등 다섯 가지 혜품慧品의 수행체계에서 계속해서 논해지고 있기 때문이다. 그러므로 어찌 보면 이 여섯 가지 교설은 위빠사나 수행을 제대로 닦기 위해 반드시 필요한 이론적 기초에 해당한다고 볼 수 있다.

그렇다면 온·처·계·근·제·연의 여섯 가지는 일종의 선행학습인 학습내용이라고 할 수 있고, 선행학습 내용인 여섯 가지에 대한 정확한 이해와 이것들을 토대로 제대로 된 수행이 이루어질 때 점차적으로 깊어지는 통찰지에 의한 위빠사나의 수행이 이루어져 인격의 완성이 이루어지는 것이 가능하다고 하겠다.

이제 하나하나 살펴보면, 『청정도론』은 온蘊에 대해서 물질의 무더기(色蘊), 알음알이의 무더기(識薀), 느낌의 무더기(受蘊), 인식의 무더기(想蘊), 상카라(行蘊)들의 무더기 등 다섯 가지 무더기(五蘊)를 순서에 따라 판별하고 있는데, 붓다는 사람들이 다섯 가지 무더기들이 자아自我라고 집착하는 데에서 벗어나게 하고, 사람들이 이익을 얻도록 하며, 사람들이 쉽게 이해하도록 하기 위해서 색色 등 여섯 가지의 대상이 되는 물질의 무더기, 즉 색온色蘊을 제일 먼저 설하였다고 설명하고 있다. 그리고는 원하는 물질과 원하지 않는 물질을 경험하는 데에서 있게 되는 느낌의 무더기(受蘊)를 설하였고, 그 다음에 인식에 따라 업業을 형성하는 상카라들을 설하였다고 설명하고 있다. 그 다음에 붓다는 느낌들의 의지처이고 그들을 지배하는 알음알이(識薀)를

설하였다고 설명하고 있다.[556]

그런데 궁금한 점은 『청정도론』에서는 왜 알음알이의 무더기, 즉 식온識蘊이 두 번째 순서로 되어 있을까? 『청정도론』은 이에 대해 "알음알이의 무더기를 알게 되면 나머지 무더기들도 알기 쉽게 된다."[557]라고 설명하고 있다.

그렇다면 이것은 도대체 무엇을 말하고자 하는 것일까 하는 의문이 든다. 후대 유식唯識에서 말하는 '심의식心意識 삼무차별三無差別'의 내용과 거의 같다고 볼 수 있는 "알음알이(viññāṇa, 識)와 마음(citta, 心)과 마노(mano, 意)는 하나"[558]라고 보고 있는 데 주목할 필요가 있다. 왜냐하면 이 세 가지가 그 성질로는 하나이지만 종류에 따라서는 유익한 것(kusala, 善), 해로운 것(akusala, 不善), 유익한 것과 해로운 것으로 결정할 수 없는 것(abyākata, 無記)[559] 등으로 나눠지기 때문이다.

유익한 것은 욕계·색계·무색계·출세간 등의 세계로 구분된다. 여기서 욕계. 해로운 것, 유익한 것과 해로운 것은 각각 89가지의 심적 작용으로 나눠지기도 한다.[560]

불교 수행의 역사를 통해 '알음알이의 극복'은 큰 과제였다는 점에서

---

556 붓다고사스님 지음·대림스님 옮김, 『청정도론』 2(초기불전연구원, 2009), p.495.

557 『청정도론』 2, 위의 책, p.438.

558 같은 책.

559 같은 책.

560 붓다고사스님 지음·대림스님 옮김, 『청정도론』 2, 위의 책, pp.438~458.

알음알이의 무더기는 중요한 의미를 지니고 있는 것이다.

그렇다면 물질의 무더기(色蘊)부터 살펴보기로 하자. 『청정도론』은 이것을 아비담마적으로 자세하게 설명하고 있으나 여기서는 간략히 살펴보기로 한다.

무엇이든지간에 차가움 등으로 인해 변하는 특징을 가진 법은 물질의 무더기라는 것이다.[561] 이것은 두 가지로 분류할 수 있다. 근본물질과 파생된 물질이다. 근본물질은 뒤에 설명하는 계界에서도 나타나지만, 땅의 요소, 물의 요소, 불의 요소, 바람의 요소 등 네 가지이고, 파생된 물질은 24가지이다.

24종의 파생물질은 눈·귀·코·혀·몸, 형상, 소리, 냄새, 맛, 여자의 기능(女根), 남자의 기능(男根), 생명기능(命根), 심장토대, 몸의 암시(身表), 말의 암시(語表), 허공의 요소(空界), 물질의 가벼움(色輕快性), 물질의 부드러움(色柔軟性), 물질의 적합함(色適業性), 물질의 생성(色積集), 물질의 상속(色相續), 물질의 쇠퇴(色老性), 물질의 무상함(色無常性), 먹는 음식(段食) 등을 말한다.[562]

여러 가지 물질을 물질의 무더기에서 기술하고 있지만, 어떤 물질이든 차가운 성질 때문에 변하게 된다는 것을 비구는 이 물질의 무더기에 대한 개념을 스승이 가르칠 때 잘 이해하고 있어야 할 것이다. 왜냐하면 뒤에 가면 견청정에서 물질과 정신을 논하면서 물질의 무상을 논하고 있기 때문이다.

그리고 느낌의 무더기(受蘊; vedanākkhandhakathā)는 '느껴진 것

561 위의 책, pp.416~417.

562 위의 책, pp.417~418.

(vedayita)'의 특징을 지닌 것은 무엇이든지 모두 한데 묶은 것이라고 말하고 있다. 이것은 붓다가 『맛지마 니까야』에서 "도반이여, 느끼기 때문에 느낌이라 부릅니다."라고 하신 말씀을 인용하고 있다.[563]

이 느낌은 느껴진 것의 특징을 가지는 고유성질로는 한 가지이다. 그러나 종류에 따라 유익한 것(kusala, 善), 해로운 것(akusala, 不善), 유익한 것과 해로운 것으로 결정할 수 없는 것(abyākata, 無記) 등 세 가지로 구분된다는 것이다.[564]

욕계 마음은 기쁨과 평온과 자극의 분류에 따라 여덟 가지가 되고, 유익한 알음알이와 연결된 것은 유익한 느낌이고, 해로운 알음알이와 연결된 것은 해로운 느낌이며, 유익한 것과 해로운 것으로 결정할 수 없는 알음알이와 연결된 것은 결정할 수 없는 느낌이라는 것이다.[565]

이 느낌은 고유성질의 분류에 따라 육체적 즐거움(sukha, 樂), 육체적 고통(dukkha, 苦), 정신적 즐거움(somanassa), 정신적 고통(domanassa), 평온(upekkhā, 捨) 등 다섯 가지가 있다고 한다.[566]

이들을 각각 설명하면,[567] 육체적 즐거움은 원하는 감촉(phoṭṭhabba)을 경험하는 특징을 지니며, 육체적인 만족으로 나타난다.

육체적 고통은 싫어하는 감촉을 경험하는 특징을 지니며, 육체적인 고통으로 나타난다. 정신적 즐거움은 원하는 대상을 경험하는 특징을

---

563 위의 책, p.458.

564 같은 책.

565 같은 책.

566 붓다고사스님 지음·대림스님 옮김, 『청정도론』 2, 위의 책, pp.458~459.

567 위의 책, p.460.

지니며, 정신적인 만족으로 나타난다. 정신적 고통은 싫어하는 대상을 경험하는 특징을 지니며, 정신적인 고통으로 나타난다. 평온의 특징은 중립적인 느낌이다. 고요한 상태로 나타난다.

색色이라고 하는 대상에 대해 즐겁게 느끼든, 고통스럽게 느끼든, 즐겁지도 고통스럽지도 않게 느끼든, 이처럼 느껴야만 인식도 하고, 알음알이를 내기도 하는 것이다. 첫 번째 정신이 나타내는 상태가 되는 것이다.

인간이 느낄 수 있는 여러 가지 종류의 느낌을 여기서 기술하고 있다. 초기불교에 설하는 느낌의 무더기(受蘊)와 차이가 없다고 하겠다. 이러한 느낌은 여섯 가지 감각기관이 여섯 가지 대상과 접촉(六觸因緣; 작용)하면서 생기게 되는 것으로 계속해서 느낀 것을 인식(想)하고 변별(識)함으로써 형성(行)케 한다.

그 다음 인식의 무더기(saññākkhandha, 想蘊)는 인식하는 특징을 가진 것은 무엇이든지간에 모두 한데 묶어 인식의 무더기라는 것이다.[568]

『맛지마 니까야』에서는 이것을 "도반이여, 인식하기 때문에 인식이라고 부릅니다."[569]라고 말하고 있다.

인식의 무더기도 알음알이의 무더기와 마찬가지로 인식한다는 특성의 측면에서는 한 가지이지만, 그 종류에 따라서는 유익한 것, 해로운 것, 유익한 것과 해로운 것으로 결정할 수 없는 것 등 세 가지로 구분된다. 그러므로 유익한 인식, 해로운 인식, 유익한 것과 해로운

568 위의 책, p.461.; C. A. F. Rhys Davids, *op.cit.*, p.461.

569 같은 책; loc.cit., "sañjānāti sañjānātī ti kho āvuso, tasmā saññāti vuccatī."

것으로 결정할 수 없는 인식이 있게 된다.[570]

인식은 판단이나 변별작용을 하는 것을 말한다. 그러므로 비구가 어떻게 판단하고 변별하느냐에 따라 깨달음을 향해 발전된 모습으로 나아가느냐, 그렇지 않고 마음이 오염된 퇴보한 모습으로 나아가느냐를 결정한다고 할 수 있으므로 중요하다고 하겠다.

그 다음은 상카라들의 무더기(saṅkhārakkhandha, 行蘊)이다. (업)을 형성하는 특징(abhisaṅkharaṇa)을 가진 것은 무엇이든지간에 모두 한데 묶어 상카라들의 무더기라는 것이다.[571]

'업을 형성하는'의 의미는 더미를 만드는 특징을 나타내며,[572] 『상윳따 니까야』에서는 이것을 "비구들이여, 형성된 것을 계속 형성하기 때문에 상카라들이라고 부른다."[573]라고 말하고 있다.

더미는 'rāsi'로 '집적集積'의 의미를 지니며,[574] 업을 계속해서 형성하므로 더미가 만들어지는 것이라고 하겠다.

상카라는 이것이 완전히 소멸된 다음에 아라한과를 획득하므로 중요하다고 할 수 있다. 왜냐하면 상카라는 뒤에서도 논하고 있지만, '도 닦음에 대한 지知와 견見에 의한 청정'의 무너짐을 관찰하는 지혜의 단계에서 조건화된 것, 정신적인 것으로 형성된 것, 상속한 세력 등의

---

570 『청정도론』 2, 앞의 책, p.461.; C. A. F. Rhys Davids, *op.cit.*, p.461.

571 위의 책, p.462.; ibid., p.462.

572 같은 책; loc.cit., "abhisaṅkharaṇalakkhaṇaṃ nāma rāsikaraṇalakkhaṇaṃ."

573 위의 책, pp.462~463.; ibid., p.462. "saṅkhataṃ abhisankharontī ti kho bhikkhave, tasmā saṅkhārā ti vuccantī ti."

574 水野弘元, 「パーリ語辭典」, op.cit., 2005, p.271.

의미를 지니고, 조건화하는 것에 의해 실현하는 행동의 결과로 나타나고 있기 때문이다. 그러기에 상카라는 12연기법에서도 과보로 나타나고 있는 것이다.

상카라들의 의미와 역할이 이와 같다면 상카라들의 형태는 어떤 것들이 있는가? 상카라들은 특징들로 볼 때에는 한 가지이지만, 종류들로 볼 때에는 유익한 것, 해로운 것, 유익한 것과 해로운 것으로 결정할 수 없는 것 등 세 가지라는 것이다. 여기에서 유익한 알음알이와 연결된 것은 유익한 상카라들이고, 해로운 알음알이와 연결된 것은 해로운 상카라들이며, 결정할 수 없는 알음알이와 연결된 것은 결정할 수 없는 상카라들이라는 것이다.[575]

알음알이의 무더기에서도 유익한 것, 해로운 것, 유익한 것과 해로운 것으로 결정할 수 없는 것 등의 세 가지 종류로 구분하였듯이, 이와 같이 알음알이의 무더기와 연결되어 있으므로 당연히 마찬가지로 유익한 것, 해로운 것, 유익한 것과 해로운 것으로 결정할 수 없는 것 등의 세 가지 종류로 상카라들의 무더기가 구분되는 형태로 여기에 나타나고 있는 것이다.

그런데 상카라들은 욕계·색계·무색계·출세간의 네 가지로 나누어 설명되고 있다. 욕계의 유익한 마음과 연결된 것은 아비담마 논모論母에 명시되어 전승되어 오는 27가지, 논모에 명시되어 있지 않은 예와빠나까(yevāpanakā) 4가지, 정해지지 않은 것 5가지 등 36가지가 된다고 한다.[576]

575 『청정도론』 2, 앞의 책, p.464.; C. A. F. Rhys Davids, op.cit., p.462.

576 위의 책, pp.464~465.; *loc.cit.*

그 다음 처處는 눈의 감각장소(眼處), 형상의 감각장소(色處), 귀의 감각장소(耳處), 소리의 감각장소(聲處), 코의 감각장소(鼻處), 냄새의 감각장소(香處), 혀의 감각장소(舌處), 맛의 감각장소(味處), 몸의 감각장소(身處), 감촉의 감각장소(觸處), 마노의 감각장소(意處), 법의 감각장소(法處) 등 12가지 감각장소들이다.[577]

이들 12가지 감각장소를 각각 살펴보면, 형상形象을 즐긴다, 드러낸다는 의미이므로 눈이고, 안색의 변화를 겪으면서 마음속에 품은 뜻을 나타내 보이기 때문에 형상이 된다. 듣는 기능을 하므로 귀이고, 발음한다고 해서 소리가 된다. 냄새 맡는다고 해서 코이고, 냄새 맡아진다고 해서 향기이다. 생명(Jīvita)을 부른다(呼; avhayatī)고 해서 혀(jivhā)이고, 중생이 그것을 맛본다고 해서 맛이라고 한다. 혐오스럽고 번뇌에 물들기 쉬운 법들의 입구가 되므로 몸이 되고, 닿는다고 해서 감촉이 된다. 생각한다고 해서 마노가 되고, 자신의 특징을 가진다고 해서 법法이 된다고 한다.[578]

처處는 'āyatana'로 'ā+√yam'이나 'ā+√yat'에서 파생된 중성명사이다. 이 말은 다음과 같이 '노력하기 때문에', '생긴 마음과 마음부수를 펴기 때문에', '인도하기 때문에'의 세 가지 의미를 갖는다.[579]

'노력하기 때문에'는 마음과 마음부수들이 눈을 문門으로 형상形象을 대상으로 가져서 경험하는 등(나머지 귀 등 다섯 가지 감각장소도 마찬가

---

577 위의 책, p.505.

578 위의 책, pp.506~507.; C. A. F. Rhys Davids, *op.cit.*, p.481. *ĀYATANA-DHĀTU-NIDDESO.* 〔*Āyatanāni*〕

579 위의 책, p.507.

지이다) 각각의 작용을 함으로써 노력하는 것, 애쓰는 것을 의미한다.

'생긴 마음과 마음부수를 펴기 때문에'는 눈과 형상 등이 생긴 마음과 마음부수의 법들을 편다, 확장시킨다는 의미를 지닌다.

'인도하기 때문에'는 눈과 형상 등 12가지 감각장소가 긴 윤회의 고통으로 인도한다는 의미를 지닌다.

그 밖의 의미로는 "① 머무는 장소(nivāsaṭṭhāna)의 뜻으로, ② 광산鑛山(ākara)의 뜻으로, ③ 만나는 장소(samosaraṇa)의 뜻으로, ④ 출산지出産地(sañjāti-desa)의 뜻으로, ⑤ 원인(kāraṇa)의 뜻으로 장소(아야따나)를 알아야 한다. … 눈 등에는 여러 가지 마음과 마음부수들이 머문다. 그 (마음과 마음부수들)은 그 (눈 등)을 의지하여 머물기 때문에 눈 등은 그들이 머무는 장소이다. 그들은 눈 등에서 일어난다. 눈 등을 의지하며 형상들을 대상으로 하기 때문에 눈 등은 그들의 광산이다. 눈 등은 그들이 만나는 장소이다. 그곳에서 토대(vatthu)로서, 문門(dvāra)으로서 대상(ārammaṇa)으로서 만나기 때문이다. 눈 등은 그들의 출산지이다. 그들을 의지처로, 대상으로, 바로 그곳에서 생기기 때문이다. 눈 등은 그들의 원인이다. 그들이 없을 때 그 (마음과 마음부수)도 없기 때문이다."[580]라고 설명하고 있는데, 이와 같은 의미에서 눈이 곧 그 장소이므로 눈의 감각장소라고 부르며, 법이 곧 그 장소이므로 법의 감각장소라고 부르는 것으로 판별된다.

이들 12가지 감각장소는 눈 등의 특징에 의해서 판별되며, 또한 여섯 가지 알음알이(六識)의 무리가 일어나는 것은 문과 대상 등 두

---

580 위의 책, pp.507~509.

가지로 구분되기 때문이고, 그런 점에서 12가지로 분류된다는 것이다. 즉 그 양만큼 분류되는 것이다.[581]

또한 12가지 감각장소는 순서에 따라 설명하는 것이 가능하다는 것이다.[582] 즉 눈의 감각장소는 볼 수 있고 부딪치는 대상이 있으므로 첫 번째로 제자들에게 가르쳤다. 그 다음 순서로 보는 기능은 없고 부딪힘만 있는 대상을 가지는 귀의 감각장소를 가르쳤다.

붓다가 비구들에게 눈의 감각장소부터 가르치기 시작했고, 그 다음 순서로 귀의 감각장소를 가르쳤으며, 그 다음에는 코의 감각장소 등을 가르쳤다는 것은 효과적인 교육방법을 알고 실천할 만큼 뛰어난 스승이었음을 알 수 있는 것이다. 이것은 우리가 실생활에서도 경험적으로 알 수 있는 것이다. 대체적으로 먼저 눈으로 사물을 본다는 점이다. 물론 귀로 주변의 소리를 듣고 그 다음에 눈으로 볼 수도 있고, 동시적으로 눈으로 형상을 보고 귀로 소리를 듣기도 한다.

그 다음 계界는 'dhātu'로 요소로 번역할 수 있다. 그러므로 여섯 가지 감각기관인 육근六根의 요소는 눈의 요소(眼界), 형상의 요소(色界), 눈의 알음알이의 요소(眼識界), 귀의 요소(耳界), 소리의 요소(聲界), 귀의 알음알이의 요소(耳識界), 코의 요소(鼻界), 냄새의 요소(香界), 코의 알음알이의 요소(鼻識界), 혀의 요소(舌界), 맛의 요소(味界), 혀의 알음알이의 요소(舌識界), 몸의 요소(身界), 감촉의 요소(觸界), 몸의 알음알이의 요소(身識界), 마노의 요소(意界), 법의 요소(法界), 마노의 알음알이의 요소(意識界) 등이 있다.

---

581 위의 책, p.509.

582 위의 책, p.510.

계가 요소인 까닭은 원어인 'dhātu'는 'dhā'에서 파생한 명사로서 '어떤 장소에 놓여 있는 것, 밑에다 항상 놓아서 깔고 있는 것'이란 의미가 되기 때문이다.[583]

계는 '뜻에 따라', '특징 등에 따라', '순서에 따라', '그만큼만', '계산에 따라', '조건에 따라', '보아야 함에 따라' 등으로 구분하여 다음과 같이 설명할 수 있다.

'뜻에 따라(atthato)'는 나른다, 날라진다, 나르는 것, 이것을 통해서 나른다, 여기에 날라진다는 의미를 지닌다.[584]

'특징 등(lakkhaṇādīhi)에 따라'는 눈 등 여섯 가지 감각기관이 갖는 특징에 따라 의미를 지닌다.[585]

'순서(kama)에 따라'는 가르침의 순서에 의해 원인과 결과로 구분하는 것으로 눈의 요소와 형상의 요소는 원인이 되고, 눈의 알음알이의 요소는 결과가 된다. 그 밖의 다섯 가지 코 등의 요소도 이와 같이 적용된다.[586]

'그만큼만(tāvatva)'은 광명의 요소, 아름다움의 요소, 공무변처의 요소, 식무변처이 요소, 무소유처의 요소, 비상비비상처의 요소, 상수멸처의 요소, 저열함의 요소, 저열함도 수승함도 아닌 요소, 수승함의 요소 등 다수의 요소들이 있다고 한다.[587]

---

583 위의 책, p.513. 각주 323) 참조.

584 같은 책.

585 위의 책, p.515.

586 위의 책, pp.515~516.

587 위의 책, p.516.

『위방가』는 "감각적 욕망의 요소, 악의惡意의 요소, 해코지의 요소, 벗어남(出離)의 요소, 악의 없음의 요소, 해코지 않음의 요소" 등 여섯 가지 요소[588]와 "흙의 요소(地界), 물의 요소, 불의 요소, 바람의 요소, 허공의 요소, 알음알이의 요소" 등 여섯 가지 요소[589]를 들고 있다.

요소들은 이와 같이 다수로 분류되지만, 오직 여섯 가지 감각기관에 의한 18가지에 이들은 모두 다 속한다. 이에 『청정도론』은 고유성질에 따라 존재하는 모든 요소들이 18가지 요소라고 설명하고 있는 것이다.[590]

'계산에 따라(sankhato)'는 여섯 가지 감각기관의 요소를 감성感性으로 부른다. 즉 눈의 요소는 눈의 감성에 의해서이고, 나머지 귀·코·혀·몸·형상·소리·냄새·맛 등의 요소는 귀 등의 감성에 의해서 이다. 그러나 감촉의 요소(觸界)는 흙, 불, 바람 등으로 계산한다. 눈의 알음알이의 요소는 유익한 과보로 나타난 마음과 해로운 과보로 나타난 마음에 따라 두 가지 법으로 계산한다. 나머지 다섯 가지 코 등 알음알이의 요소도 마찬가지이다. 그 밖의 마노의 요소(意界)는 오문전향五門轉向과 유익한 과보로 나타난 받아들이는 마음과 해로운 과보

---

588 RHYS DAVIDS, *The Vibhaṇga*(London: The Pali Text Society, 1978), p.86. "Aparā pi cha dhātuyo: kāmadhātu, vyāpādadhātu, vihiṁsādhātu, nekkhammadhātu, avyāpādadhātu, avihiṁsādhātu."

589 *The Vibhaṇga*, ibid., p.82. "Cha dhātuyo: paṭhavīdhātu, āpodhātu, tejodhātu, vāyodhātu, ākāsadhātu, viññāṇadhātu."

590 『청정도론』 2, 앞의 책, p.519.

로 나타난 받아들이는 마음에 따라 세 가지 법으로 계산한다. 또한 법의 요소(法界)는 3가지 정신의 무더기 16가지 미세한 물질과 형성되지 않은 요소인 열반에 따라 20가지 법으로 계산한다. 또한 마노의 알음알이의 요소(意識界)는 나머지 유익한 마음, 해로운 마음, 결정할 수 없는, 즉 무기無記의 마음에 따라 76가지 법으로 계산한다.[591]

'조건에 따라(paccayā)'는 눈의 요소는 그것만으로 눈의 알음알이의 요소에게 여섯 가지 조건이 된다. 즉 상응하지 않는(vippayutta) 조건, 이미 생겨난(purejāta) 조건, 존재하는(atthi) 조건, 떠나지 않은(avigata) 조건, 의지하는(nissaya) 조건, 기능(indriya)의 조건 등이 여섯 가지 조건이다.[592]

'보아야 함에 따라(daṭṭhabbato)'는 어떻게 보아야 하는가에 따라 판별(vinicchayo)을 알아야 한다(veditabbo)는 의미이다. 그것은 모든 형성된 요소(sankhatadhātuyo)는 과거와 미래(pubbantāparanta)로부터 분리된 것(vivitta)으로, 영원함(dhuva), 깨끗함(subha), 즐거움(sukha), 자신이(attabhāva) 공한 것(suñña)으로, 조건에 의지하여(paccayāyatta) 존재하는 것으로(vuttito) 보아야 한다는 것이다.

18가지 요소가 조건에 의지하여 존재함에 대한 비유는 다음과 같다.[593] 눈의 요소(cakkhudhātu, 眼界)는 북의 표면처럼(bheritalam viya), 형상의 요소(rūpadhātu, 色界)는 막대기처럼(daṇḍo viya), 눈의 알음알이의 요소(cakkhuviññāṇadhātu, 眼識界)는 북소리처럼(saddo

591 위의 책, p.520.

592 위의 책, p.521.; C. A. F. Rhys Davids, op.cit., p.488.

593 위의 책, p.523.; ibid., p.489.

viya) 보아야 한다는 것이다.

이처럼 눈의 요소는 거울의 표면처럼(ādāsatalaṃ viya), 형상의 요소는 얼굴처럼(mukhaṃ viya), 눈의 알음알이의 요소는 얼굴의 영상처럼(mukhanimittaṃ viya) 보아야 한다는 것이다.

또는 눈의 요소는 사탕수수(atha)나 참깨(ucchutilā)처럼, 형상의 요소는 짜는 기계와 절굿공이처럼(yantacakkayaṭṭhi viya), 눈의 알음알이의 요소는 사탕수수 즙이나 참기름처럼(ucchurasatelāni viya) 보아야 한다는 것이다.

이처럼 눈의 요소는 밑에 놓이는 부시막대기처럼(adharāraṇi, 鑽木 viya), 형상의 요소는 위에서 비비는 부시막대기처럼(uttarāraṇi viya), 눈의 알음알이의 요소는 불처럼(aggi viya) 보아야 한다는 것이다.

이것은 나머지 귀의 요소 등에도 적용된다는 것이다.

이상 예로 든 것들에서 우리가 알 수 있는 것은 북은 막대기로 쳐야 소리가 나지만, 그렇지 않을 경우에는 아무런 소리도 나지 않으므로 상호 의지할 때에 그 작용을 한다는 의미를 나타내고 있는 것이다.

거울에 얼굴의 영상이 비치는 것은 얼굴이 있어야만 가능한 것이지, 얼굴 없이 거울만으로는 그 영상이 비출 수는 없는 것이다.

기름을 짜는 기계와 절굿공이만으로 참기름이나 사탕수수 즙을 만들 수는 없는 것이다. 기름을 짜는 기계와 절굿공이에 참깨와 사탕수수를 넣고 짜거나 찧을 때 참기름이나 사탕수수 즙을 얻을 수 있게 되는 것이다.

위와 아래에서 부시막대기를 비벼야만 불이 일어나는 것이지, 한쪽에서만 비벼서는 불이 일어나지 않는 것이다.

마찬가지로 눈의 요소 등 18가지 요소도 각 감각기관과 그 대상이 상호 조건으로 연결되어 그 작용이 있게 되는 것이라고 하겠다.

계界(dhātu)에 관한 설명에서 요점은 조건으로 형성된다는 점이다. 조건이 형성되지 않을 때에는 계는 만들어지지 않는다는 점이다.

이것을 보더라도 온과 처는 상호간에 조건이 되어 계를 만들고 있다는 것을 알 수 있다.

그 다음 기능(indriyasaccaniddeso, 根), 즉 근根은 22가지로 눈의 기능(眼根), 귀의 기능(耳根), 코의 기능(鼻根), 혀의 기능(舌根), 몸의 기능(身根), 여자의 기능(女根), 남자의 기능(男根), 생명기능(命根), 마노의 기능(意根), 즐거움의 기능(樂根), 괴로움의 기능(苦根), 정신적 즐거움의 기능(喜根), 정신적 고통의 기능(優根), 평온의 기능(捨根), 믿음의 기능(信根), 정진의 기능(精進根), 마음챙김의 기능(念根), 삼매의 기능(定根), 통찰지의 기능(慧根), 구경의 지혜를 가지려는 기능(未知當知根), 구경의 지혜의 기능(已知根), 구경의 지혜를 구족한 자의 기능(具知根) 등이다.[594]

이상 22가지 근 가운데, 마지막 세 가지, 즉 구경의 지혜를 가지려는 기능, 구경의 지혜의 기능, 구경의 지혜를 구족한 자의 기능만 다음과 같이 설명해 본다.[595]

첫 번째, 구경의 지혜를 가지려는 기능(anaññātaññassāmītindriya, 未知當知根)은 성聖스러운 도가 나타나기 전에는 알지 못했던 불사不死의 경지이나 네 가지 진리(四諦)의 법을 앞으로 알겠다고 다짐하고

594 위의 책, p.529.

595 위의 책, p.530.

수행하는 자에게 일어나기 때문에 다스린다는 뜻을 지닌다.

두 번째, 구경의 지혜의 기능(aññ-indriya, 已知根)은 완전히 알고, 다스린다는 의미를 지닌다.

세 번째 구경의 지혜를 구족한 자의 기능(aññātāvindriya, 具知根)은 완전히 알고 네 가지 진리의 진리를 아는 역할을 마친(알아서) 번뇌가 다한 자에게 일어나기 때문에 다스린다는 뜻을 지닌다.

근根은 지배자(Inda)의 표식(liṅga)의 의미, 지배자에 의해 설해졌다는 의미, 지배자에 의해 설해졌다(desita)는 의미, 지배자에 의해 보였다(diṭṭha)는 의미, 지배자에 의해서 준비되었다(siṭṭha)는 의미, 지배자에 의해서 경험되었다(juṭṭha)는 의미 등 여러 가지 의미를 지닌다.[596]

붓다는 이 세상에서 최상의 지배력을 가졌을 뿐만 아니라 유익한 업과 해로운 업에 대해서도 지배자이므로 지배자가 된다.

붓다는 이러한 모든 것을 있는 그대로 드러내 보이셨고 깨달으셨기 때문에 지배자가 설하셨다는 의미와, 지배자에 의해 준비되었다는 의미가 되며, 그런 의미에서 기능(indriya)이라고 하는 것이다. 또한 성인 중의 성인이신 붓다는 어떤 것은 대상(gocara)을 통해서 체험하셨고, 어떤 것은 수행을 통해서 체험(āsevanā)하셨기 때문에 지배자에 의해 경험되었다고 하는 것이고, 그런 의미에서 기능이라고 하는 것이다.

또한 근根은 권력이라고 불리는 지배력이라는 의미를 지니므로

---

596 위의 책, p.531.

기능이라고 한다. 눈의 알음알이 등이 일어날 때 눈 등은 권력을 성취한다. 눈 등이 예리하면 눈의 알음알이도 예리하고, 눈 등이 둔하면 눈의 알음알이 등도 둔하기 때문이다.[597]

근根이 지배자라고 말하는 것은 여섯 가지 근을 어떻게 사용하느냐에 따라서 인간이 발전하느냐, 퇴보하느냐의 힘이 있기 때문이다. 그러므로 인간형성의 과정이 깨달아 성자(覺者)가 되는 쪽으로 나아가는 것은 근根을 잘 다스려 수행함에 있다고 하겠다.

제諦(saccavitthārakathā)는 괴로움의 성스러운 진리(苦聖諦), 괴로움의 일어남의 성스러운 진리(集聖諦), 괴로움의 소멸의 성스러운 진리(滅聖諦), 괴로움의 소멸로 인도하는 도 닦음의 성스러운 진리(道聖諦) 등 사성제四聖諦이다.

사성제의 진리가 『청정도론』에서 차지하는 비중은 매우 크다. 왜냐하면 앞으로 전개되는 도와 도아님에 의한 지와 견에 의한 청정의 수행단계에서 계속해서 사성제의 진리로 오온의 무상·고·무아를 설명하고 있기 때문이다.

『청정도론』은 사성제에 대해서 15가지의 구분에 의해 판별한다. 그러나 여기서는 사성제에 관해 배분에 따라, 어원에 따라, 특징 등에 따라 뜻에 따라 살펴보기로 한다.[598]

---

597 위의 책, pp.531~532.

598 위의 책, pp.541~545. 그 밖의 뜻을 추적함에 따라, 모자라지도 넘치지도 않은 것에 따라, 순서. 태어남 등의 해설에 따라, 智慧의 역할에 따라, 내용의 구별에 따라, 비유, 네 가지에 의한 판별, 空함을 통한 판별, 한 가지 등에 의한 판별, 공통되는 것과 공통되지 않은 것에 의한 판별 등이 있으나 생략한다.

①배분配分에 따라 판별하면, 괴로움의 성스러운 진리(苦聖諦), 괴로움의 일어남의 성스러운 진리(集聖諦), 괴로움의 소멸의 성스러운 진리(滅聖諦), 괴로움의 소멸로 인도하는 도 닦음의 성스러운 진리(道聖諦) 등은 각각 진실이고, 거짓이 아니며, 그렇지 않은 것이 아니고, 이들 괴로움 등을 관찰하는 자는 이것을 관통해야 한다는 네 가지 뜻으로 설명된다.[599]

이러한 네 가지 뜻은 『무애해도』의 인용에서 "괴로움이(괴로움이 지니는) 압박의 뜻, 형성된 것(有爲)이라는 뜻, 불탄다는 뜻, 변한다는 뜻 – 괴로움의 이 네 가지 괴로움이라는 뜻은 진실이고, 거짓이 아니고, 그렇지 않은 것이 아니다 … 일어남은 쌓는다는 뜻, 근원이라는 뜻, 속박의 뜻, 장애의 뜻 … 소멸은 벗어남의 뜻, 멀리 여윔의 뜻, 형성되지 않음(無爲)의 뜻, 불사不死의 뜻 … 도道는 출구의 뜻, 원인의 뜻, 바르게 본다는 뜻, 탁월하다는 뜻 — 도의 이 네 가지 도라는 뜻은 진실이고, 거짓이 아니고, 그렇지 않은 것이 아니다."[600]라고 하여 압박의 뜻, 형성된 것(有爲)이라는 뜻, 불탄다는 뜻, 변한다는 뜻 등 네 가지로 비슷하게 설명되고 있다.

②어원에 따라 판별하면,[601] 첫 번째, 'dukkha(괴로움, 苦)'의 'du'는 비열하다는 의미이고, 'kha'는 비었다는 의미를 갖는다. 여러 가지 위험이 도사리는 소굴이기 때문에 비열하고, 어리석은 사람들이 상상하는 항상함, 아름다움, 행복, 자아가 없기 때문에 비었다는 의미가

599 위의 책, p.537.

600 같은 책, 재인용함.

601 위의 책, pp.537~538.

되는 것이다.

두 번째, 'samudaya(일어남, 集)'의 'sam'은 '함께 오다, 함께 모으다' 등의 의미가 되어 결합(saṁyoga)의 의미를 지닌다. '√u/ud'는 '일어나다, 위로 오르다'의 의미로 오르다(uppatti)는 의미를 지닌다. 'aya'는 원인(kāraṇa)을 뜻한다. 그러므로 다른 조건이 결합하면 '고苦'가 일어나는 원인이 되기 때문에 'dukkha samudaya(괴로움의 일어남)'가 되는 것이다.

세 번째, 'nirodha(消滅, 滅)'에서 'ni'는 없음을 의미하고, 'rodha'는 감옥을 의미한다. 그러므로 이 말은 태어날 곳이 없기 때문에 윤회의 감옥이라고 하는 괴로움이 없거나, 윤회의 감옥이라 불리는 괴로움의 압박이 없다. 이것은 'dukkha nirodha(괴로움의 消滅)'라고 불리어진다.

네 번째, 'paṭipadā(道 닦음, 道)'는 '소멸(滅, nirodha)'을 대상으로 직면해 있기 때문에 괴로움의 소멸(dukkha nirodha)로 인도한다. 괴로움의 소멸로 인도하는 길이기 때문에 'dukkha nirodha gāminī paṭipadā'라고 부르는 것이다.

③특징 등에 따라 판별하면,[602] 괴로움의 진리는 괴롭히는 특징을 지니며, 불타는 역할을 한다. 또한 윤회가 계속되는 상태로 나타난다. 일어남의 진리는 근원의 특징을 지닌다. 끊어지지 않는 역할을 한다 장애로 나타난다. 소멸의 진리는 고요함의 특징을 갖는다. 불사의 역할을 한다. (五蘊의) 표상이 없음으로 나타난다. 도道의 진리는

602 위의 책, p.539.

출구의 특징을 지닌다. 번뇌를 없애는 역할을 한다. 탈출로 나타난다.

④ 뜻에 따라 판별하면,[603] 통찰지洞察智의 눈(paññā cakkhu, 慧眼)으로 면밀히 조사하는 사람들에게 사성제의 진리는 환幻처럼 변화하는 것이 아니며, 신기루처럼 속이는 것이 아니고, 외도들이 주장하는 것처럼 고유성질을 얻지 못하는 것이 아니다. 이것은 각각 괴롭힘, 기원, 고요, 출구의 형태이며, 진실이고 변화하지 않으며, 사실로서 성스러운 지혜의 영역이 된다.

연緣(paṭiccasamuppādakathā)이란 연기緣起를 말하는 것으로, 간단히 말한다면 무명無明 등 12가지로 전개되는 법이 연기가 된다. 『청정도론』은 연기에 대해 『상윳따 니까야(S.ii.1)』에서 설하는 붓다의 말씀을 인용하여 유전문流轉門의 측면에서 다음과 같이 설명하고 있다.

> 비구들이여, 무엇이 연기인가? 비구들이여, 무명을 조건으로 상카라(行)들이 있다. 상카라들을 조건으로 알음알이가, 알음알이를 조건으로 정신·물질(名色)이, 정신·물질을 조건으로 여섯 감각장소(六入)가, 여섯 감각장소를 조건으로 감각접촉(觸)이, 감각접촉을 조건으로 느낌(受)이, 느낌을 조건으로 갈애(愛)가, 갈애를 조건으로 취착(取)이, 취착을 조건으로 존재(有)가, 존재를 조건으로 태어남(生)이, 태어남을 조건으로 늙음·죽음(老死)과 근심·탄식·육체적 고통·정신적 고통·절망이 있다. 이와 같이 전체 괴로움의 무더기(苦蘊)가 일어난다. 비구들이여, 이것을 일러 연기라 한다.[604]

---

603 위의 책, p.540.

그리고 『청정도론』은 마찬가지로 『상윳따 니까야(S.ii.26)』를 예로 들어 환멸문還滅門의 측면에서 늙음·죽음뿐만 아니라 무명에 이르기까지 연기된 법들(paṭiccasamuppannā dhammā, 緣已生法)이라고 다음과 같이 설명하고 있다.

비구들이여, 무엇이 연기緣起된 법法들인가? 비구들이여, 늙음·죽음은 무상無常한 것이고, 형성된 것이고, 연기된 것이고, 파괴되는 법이고, 무너지는 법이고, 빛바래는 법이고, 소멸하는 법이다. 비구들이여, 태어남은 … 존재는 … 취착取着은 … 갈애渴愛는 … 느낌은 … 감각접촉感覺接觸은 … 여섯 감각장소感覺場所는 … 정신·물질은 … 알음알이는 … 상카라들은 … 무명無明은 무상한 것이고, 형성된 것이고, 연기된 것이고, 파괴되는 법이고, 무너지는 법이고, 빛바래는 법이고, 소멸하는 법이다.[605]

604 『청정도론』 3, p.22에서 재인용함; ibid., p.518. "katamo ca bhikkhave paṭica samuppādo:avijjāpaccayā bhikkhave saṅkhārā, saṅkhārapaccayā viññāṇaṃ, viññāṇapaccayā nāmarūpaṃ, nāmarūpapaccayā saḷāyatanaṃ, saḷāyatana-paccayā phasso, phassapaccayā vedanā, vedanā paccayā taṇhā, taṇhāpacca-yā upādānaṃ, upādānapaccayā bhavo, bhavapaccayā jāti, jātipaccayā jarā-maraṇaṃ sokaparidevadukkhadomanassupāyāsā sambhavanti. Evametassa kevalassa dukkhandhassa samudayo hoti. Ayaṃ vuccati bhikkhave paṭiccasa-muppādo"ti."

605 위의 책, p.23. 재인용함; loc.cit., "Vuttaṃ heta bhagavatā: —"katame ca bhikkhave paṭiccasamuppannā dhammā: jarāmaraṇaṃ bhikkhave aniccaṃ saṅkhataṃ paṭiccasamuppannaṃ khayadhammaṃ vaya dhammaṃ virāga-dhammaṃ nirodhadhammaṃ, jāti bhikkhave paccayā jarāmaraṇaṃ, bhavo

『청정도론』은 연기緣起란 조건 짓는 법들(paccaya-dhammā)이고, 연기된 법들이란 (이와 같은) 조건을 따라 생긴 법들이라고 설명하고 있다.[606]

그러면서 『청정도론』은 연기와 연기된 법은 붓다의 말씀에 의해 알 수 있다고 하면서 『상윳따 니까야(SN.ii.25-26)』를 인용하여 다음과 같이 논하고 있다.

"비구들이여, 무엇이 연기인가? 비구들이여, 태어남을 조건으로 늙음·죽음이 있다. 이것은 여래들께서 (이 세상에) 출현하신 후이거나 출현하시기 이전에도 존재하는 요소(界)이며, 법의 확립된 성질이고, 법의 결정된 성질이며, 이것에 조건 됨이다. 여래는 이것을 투철하게 깨달았고 관통하였다. 투철하게 깨닫고 관통한 뒤 이것을 천명하고 가르치고 알게 하고 확립하고 드러내고 분석하고 설명하고, '태어남을 조건으로 늙음·죽음이 있다. 이것을 보라'고 말한다. 비구들이여, 존재를 조건으로 태어남이 있다. … 비구들이여, 무명無明을 조건으로 상카라들이 있다. … 이것은 여래들께서

---

paccaya upādānaṃ upādanaṃ paccayā taṇhā taṇhā paccayā vedanāga vedanā paccayā phasso paso paccayā saḷāyatanaṃ saḷayatana paccayā nārūpaṃ nāmarūpa paccayā viññāṇaṃ viññāṇa paccayā saṅkhāraṃ saṅkhāra paccāya avijjā bhikkhavo aniccā saṅkhatā paṭiccasamuppannā khaya dhammā vayadhammā virāgadhammā nirodhadhammā, ime vuccanti bhikkhave paṭiccasamuppannā dhammā"ti."

606 같은 책; loc.cit., "paṭiccasamuppādoti paccayadhammā veditabbā, paṭiccasamuppannā dhammāti tehi tehi paccayehi nibbattadhammā."

(이 세상에) 출현하신 후이거나 출현하시기 이전에도 존재하는 요소(界)이며, 법의 확립된 성질이고, 법의 결정된 성질이며, 이것에 조건 됨이다. 여래는 이것을 투철하게 깨달았고 관통하였다. 투철하게 깨닫고 관통한 뒤 이것을 천명하고 가르치고 알게 하고 확립하고 드러내고 분석하고 설명하고, '무명을 조건으로 상카라들이 있다. 이것을 보라'고 말한다. 비구들이여, 이와 같이 여기서 진실한 성질, 거짓이 아닌 성질, 그렇지 않은 것이 아닌 성질, 이것에게 조건 되는 성질, 이것을 일러 연기라 한다.[607]

이 인용의 요점은 연기가 세 가지 성질을 갖는다는 것이다. 첫째,

---

607 위의 책, pp.23~24에서 재인용함; ibid., p.519. "Kathamidaṃ jānitabbanti ce? Bhagavato vacanena, bhagavatā hi paṭiccasamuppāda paṭiccasamuppannadhamma desanāsutte "katamo ca bhikkhave paṭiccasamuppādo jātipaccayā bhikkhave jarāmaraṇaṃ uppāde vā tathāgatānaṃ anuppādevā tathāgatānaṃ ṭhitāva sā dhātu dhammaṭṭhitatā dhammaniyāmatā idappaccayatā, taṃ tathāgato abhisambujjhati abhisameti. Abhisambhujjhitvā abhisametvā ācikkhati deseti paññapeti paṭṭhapeti vivarati vibhajati uttānī karoti. Passathāti cāha, jātipaccayā bhikkhave jarā maraṇaṃ, bhavapaccayā bhikkhave jāti jāti paccayā jarāmaraṇa jarāmaraṇa paccayā sekaparidevadukkhadomanassupāyāsā sambhavanti. Avijjāpaccayā bhikkhave saṅkhārā, uppāde vā tathāgatānaṃ anuppāde vā tathāgatānaṃ ṭhitāva sā dhātu dhammaṭṭhitatā dhammaniyāmatā idappaccayatā, taṃ tathāgato abhisambujjhati abhisameti Abhisambujjhitvā abhisavetvā ācikkhati deseti paññapeti paṭṭhapeti vicarati vibhajati uttānīkaroti passathāti cāha, avijjāpaccayā bhikkhave saṅkhārā, iti ko bhikkhave yā tatra tathatā avitathatā anaññathatā dappaccayatā, ayaṃ vuccati bhikkhave paṭiccasamupādo"ti."

진실한 성질인 것은 모자라지도 넘치지도 않은 각각의 조건들에 따라 각각의 법法들이 생기기 때문이고, 둘째, 거짓이 아닌 것은 조건들이 모일 때 한순간이라도 그 (조건)으로부터 법들이 생기기 않는 것이 아니기 때문이고, 셋째, 그렇지 않은 것이 아닌 것은 다른 조건으로부터 이 법이 생기지 않기 때문이라는 것이다.

이와 같은 성질을 갖고 있기 때문에 외도外道들의 주장을 따라 원인을 무시하고 조건을 의지하여 바르게 일어나는 것이 연기라는 것, 즉 오직 일어나는 것만을 연기라고 하는 견해는 세 가지 이유에서 옳지 않다고 『청정도론』은 설명하고 있다.

첫째, 단지 일어남만을 연기라고 한 경經은 없다는 것으로 『청정도론』은 「빠데사 위하라경(*Padesavihāra Sutta*, 部分住經)」을 인용하여, 붓다는 연기를 순順·역逆의 순서로 마음에 잡도리하였으며, 단순히 일어나는 것만을 보면서 머무셨던 것이 아니라 조건의 구성을 보면서 머무셨다고 설명하고 있다. 둘째, 경전에 어긋나기 때문이다. 『청정도론』은 『깟짜나경(*Kaccāna Sutta*, 가전연경)』을 인용하여, 단견(斷見, ucchedadiṭṭhi)은 단순히 일어나는 것만을 보는 것만으로는 뿌리 뽑히지 않으며 오직 조건이 그치지 않는다는 것을 보게 될 때 뿌리 뽑히기 때문에 단견을 뿌리 뽑기 위해 순관順觀으로 연기를 밝히셨다는 것이다. 셋째, 심오한 방법이 없기 때문이다. 『청정도론』은 『상윳따 니까야(SN.ii.92)』에서 붓다가 말씀하신 "연기가 심오하고, 또한 심오하게 드러난다."고 한 내용을 인용하여, 연기는 심오하다고 설명한다. 넷째, (단지 일어남만이 연기라는 내용은) 문법에 맞지 않는다. 연기라는 말에서 연緣, 즉 paṭicca라는 단어는 주어가 같을 때 과거시제에 적용되어 그 뜻을 이루기 때문이다. 눈과 형상을 조건하여(paṭicca) 눈의 알음알이가 일어난다는 문장이 그것이다. 그러나 단지 일어남만이 연기다(uppādamattaṁ paṭiccasamuppādo)라는 문장은 'paṭicca'라는 단어가 동명사인 'uppāda'에 적용됨으로써 주어가 없기 때문에 문법에 맞지 않는다.

연기법은 차제적 수행과 차제적 교육과정에서도 간과해서는 안 될 중요한 의미가 있다. 『청정도론』의 일곱 단계별 수행과정은 연기법에 의한 순관과 역관으로 무명도 무상하고 조건에 의해 형성된 것이라고 인식함으로써 닙빠나를 향한 성자위에 도달하는 것이 가능하고, 종국에는 깨달음인 닙빠나에 도달하기 때문이다. 이것은 달리 표현하면 이와 같은 수행과정을 통한 닙빠나 — 즉 깨달음의 인간형성도 연기를 파악함으로 형성된다고 말할 수 있기 때문이다.

(3) 통찰지의 몸통

앞의 통찰지의 토양은 선행학습에 해당한다고 할 수 있다. 지금부터 살펴보는 '혜품慧品'은 '견청정見淸淨'으로부터 '도 닦음에 대한 지知와 견見에 의한 청정'에 이르기까지 많은 분량을 할애하고 있다. 왜냐하면 닙빠나에 이르는 것은 사마타의 힘에 의해서 가능한 것이 아니라 '혜慧'의 수행을 닦아 나아감에 따라 이루어지는 것이기 때문이다. 이러한 점을 보더라도 '혜품'은 매우 중요한 의미를 지닌다. 그러기에 『청정도론』에서 '혜품'은 통찰지의 몸통에 해당한다고 말하고 있는 것이다.

①견청정: 정신과 물질을 있는 그대로 보는 것

견청정(見淸淨; diṭṭhivisuddhiniddeso)으로부터 지知와 견見에 의한 청정(ñāṇadassanavisuddhiniddeso)에 이르기까지가 '혜慧'에 속한다.

이 혜는 닙빠나에 이르기 위해 무엇보다 필요한 것이므로 그 개념을 어느 정도 자세히 알아보고자 한다. 혜慧는 원어가 'paññā'이고, 명사는 'pajānana'이다. 그리고 동사는 'pajānāti'이다. 'paññā'는 지혜의 상태(state of understading)이고, 'pajānana'는 지혜로 있게 되는 행동(act of understading)이다. 그리고 'pajānāti'는 지혜롭게 행동하다(understand)라는 의미이다.[608]

우리가 주목할 필요가 있는 부분은 이 『청정도론』에서 '혜'를 '지각하는 것(sañjānana)'과 '인식하는 것(vijānana)'과는 관련이 없는 특별한 방식으로서의 'jānana'라는 점이다.[609] 이와 같은 혜의 특성을 세 사람의 비유로 설명하고 있는데[610] 이것은 설득력이 있다. 즉 신중함이

608 냐냐몰리는 저서인 『*The Path of Purification*』에서 '혜'를 'understanding'으로 영역英譯하고 있으나 아무리 생각해봐도 이 영역은 잘못한 것 같다. 왜냐하면 '혜'는 지혜의 의미를 담고 있는데 이와 같이 'understading'으로 영역한 것은 의미전달이 잘못될 수 있기 때문이다. Bhadantācariya Buddhaghosa, *The Path of Purification Visuddhi Magga*, Translated by Bhikkhu Ñānamolli, Singapore; Buddhist Meditation Center, 1956. p.480 참조.

609 Bhadantācariya Buddhaghosa, *The Path of Purification Visuddhi Magga*, Translated by Bhikkhu Ñānamolli, Singapore; Buddhist Meditation Center, 1956. loc.cit.

610 Bhadantācariya Buddhaghosa, *The Path of Purification Visuddhi Magga*, Translated by Bhikkhu Ñānamolli, Singapore; Buddhist Meditation Center, 1956. ibid., pp.480~481.

없는 아이와 마을 사람, 환전상 등 세 사람이 있는데, 이들 세 사람은 똑같이 어떤 환전상의 상점 카운터 위에 놓여 있는 동전꾸러미를 보았다. 이 가운데 신중함이라고는 없는 아이는 이 동전들이 계산과 장식을 위해 필요한 것에 불과하다고만 알고 있지, 이것들이 사람들이 사용하거나 향유를 위해 가치로운 것으로 생각하지 못한다. 그리고 마을 사람은 이 동전들이 계산과 장식을 위해 필요하며, 사람들이 사용하거나 향유를 위해 가치로운 것으로 생각하고 있다. 다만 그는 '이것은 진짜이고, 이것은 가짜이다. 그리고 이것은 가격이 절반의 가격이다.'라고 구분하지 못한다. (반면에) 환전상은 이 동전들의 모든 것에 대해 알고 있는데, 그는 동전을 봄에 의해, 동전이 부딪쳤을 때의 소리에 의해, 동전에서 나는 냄새에 의해, 동전을 (입에 대었을 때 느끼는) 맛에 의해, 동전을 손에 쥐고 있을 때 그것의 무게에 의해 이 동전의 (모든 것)에 대해 잘 알고 있다. 그리고 그는 동전이 어떤 마을 또는 도시 또는 어떤 산 위에서 또는 어떤 강둑 위에서 만들어졌는지, 또한 동전이 어떤 장인匠人에 의해 만들어졌는지 알고 있다. 여기서 지각하는 것은 동전을 보면서 푸른색의 대상물이 있다고만 파악하는 분별없는 아이와 같다. 그리고 의식하는 것은 동전이 푸른색이라고 알 뿐만 아니라 동전의 특성의 이해에까지 멀리 미치는 마을 사람과 같다. 그리고 '혜'는 동전의 색깔이 푸른색이라는 것을 파악한 후 그것의 특성의 이해까지 확장하고, 멀리 그 길의 징후까지 파악하며 보는 환전상과 같다.

이와 같은 동전의 비유에서 보듯이, '혜慧'는 사물을 단순히 알거나 인식하는 수준이 아니라 모든 것에 대해서 철저히 알거나 인식하는 특성을 지닌다고 하겠다. 비구는 이와 같은 특성이 있는 '혜'로서 견청정(見淸淨; diṭṭhivisuddhi)의 수행을 시작하는 것이다.

견청정이라고 한 것은 정신(nāma)과 물질(rūpa)을 있는 그대로 보는 것이므로 견청정이라고 한다.[611] 여기서 우리는 정신과 물질을 있는 그대로 본다는 것에 주목할 필요가 있다. 왜냐하면 우리는 위에서 예로 든 분별없는 아이나 마을 사람처럼 정신과 물질을 제대로 보지도 못하고 이해도 잘 못하기 때문이다.

이전의 계청정戒淸淨과 심청정心淸淨은 견청정의 뿌리(根)가 된다. 계청정은 별해탈율의別解脫律儀인 네 가지의 매우 청정한 계를 포함하며, 심청정은 근행(近行; 定, 近接三昧; upacārā samādhi를 뜻함)을 포함하는 여덟 가지 등지(八等至)를 가리키므로[612] 견청정의 뿌리가 되는 것이다.

견청정의 특이할 만한 점은 지금부터 논하는 데에서 나타나듯이, 정신과 물질의 이분법에 입각해 있다는 점에 있다.[613] 이것은 정신과 물질을 두 가지, 즉 이분법으로 나누되, 이 둘 사이에는 연기적緣起的인 관계에 놓여 있어서 정신 따로, 물질 따로가 아닌 것을 나타내고 있으므로 그 의미가 있다. 이러한 점은 뒤에도 논하고 있지만, 훗설과 메를로 퐁띠 등 현상학자 이전에 데카르트와 흄 등에 의해 전개해온

---

611 위의 책, p.175.; Vis, op.cit., p. 588. "tattha nāma rūpānaṃ yāthāvadassanaṃ diṭṭhivisuddhi nāma."

612 南傳大藏經 64, 「淸淨道論(3)」(東京: 大藏出版株式會社, 昭和 12년), 제18품, 見淸淨의 解釋, p.286.

613 최봉수, 「淸淨道論 연구의 발단」, 『가산학보』 Vol.3, 앞의 글, p.356.

서양철학의 이분법적 전통, 즉 합리론과 경험론의 각각 경도된 전통과 완전히 다른 것이다.

가. 사대에 의한 구분

비구는 우선 다음과 같은 방식으로 관념수행觀念修行(kammaṭṭhāna) 한 후 정신과 물질(rūpa)을 구분하는 수행에 들어간다.

> 그것(taṃ), 즉 견청정을 성취하고자 하는 사마타 행자(samatha-yānika)는 우선(tāva) 비상비비상처(nevasaññā-nāsaññāyatāna)를 제외한 나머지 색계·무색계의 선禪 가운데 어느 하나로부터 출정한 후 일으킨 생각 등(vitakkādīni) 선의 구성요소(jhānangāni)와 또는 그 선정과 결합한 접촉, 인식, 의도, 마음 등의 법들을 특성과 역할 등을 통해서 파악해야 한다(pariggahetabbā). 그런 다음에 모든 것이 대상(ārammaṇa)을 향해 기우므로 기운다는 뜻에서 정신이라고 구별해야 한다.[614]

여기에서 담마빨라는 '관련된 법들을 특징과 역할 등에 의해 파악해야 한다'는 것에 대해서 관찰에 따라 이루어지는 것, 즉 흙의 까시나

614 『청정도론』 3, 앞의 책, p.176.; Vis, op.cit., p.588. "Taṃ sampadetukāmena samathayānikena tāva īpetvā nevasaññānāsaññāyatanaṃ avasesa rūpārūpāvacarajjhānānaṃ aññatarato vuṭṭhāya citakkādīni jhānaṅgāni taṃ sampayuttā ca dhammā lakkhaṇarasādivasena pariggahetabbā; pariggahetvā sabbampetaṃ ārammaṇābhimukhaṃ namanato namanaṭṭhena nāmanti vavatthapetabbaṃ."

등 관념수행과 같이 개념의 정도에 관한 관찰에 의해, 그리고 청색(靑)의 까시나 등의 관념수행과 같이 푸른색(靑) 등 색의 정도에 관한 관찰에 의해서 되는 것이라고 말한다.[615]

(사마타 행자가) 위빠사나 수행에 의한 오온, 사대 등에 대한 관찰시 이전 사마타 수행과정에서의 선禪의 구성요소(jhānangāni)와 그와 관련된 법法들을 특징과 역할 등에 의해 파악해야 한다는 것은 사마타 수행의 상태가 본격적인 위빠사나 수행으로 넘어가기 직전의 위빠사나 수행의 낮은 단계라는 것을 나타내고 있다. 마하시 사야도는 이에 대해서 다음과 같이 설명하고 있는데 일리가 있다. "사마타 행자에게는 일반적으로 선정의 마음이 생겨날 때 함께 생겨난 정신법들이 먼저 드러난다. 따라서 그러한 정신법들을 먼저 관찰하는 경우가 많다. 물질이 먼저 드러나 그 물질을 시작으로 관찰하는 경우는 적다."[616] 그 이유는 무엇일까? 마하시 사야도는 이에 대해서 다음과 같은 세 가지 이유를 들고 있다. "정신에 대한 위빠사나 천착, 즉 처음 마음에 새김이 대부분 사마타 행자에게 생긴다."[617] 이것이 첫 번째 이유이다. 두 번째 이유는 다음과 같다. "정신을 향해, 즉 정신을 기본으로 위빠사나를 천착하는, 즉 처음 마음에 새기는 이는 선정요소를 파악한다."[618] 그 다음 세 번째 이유는 "물질법과 비물질법은 확실히 반대되기 때문에 하나로 모아서 명상할 수 없기 때문에."[619]라고 설명하고 있다.

---

615 *Pm*, op.cit., p.137.

616 『위빠사나 수행방법론』 1, 앞의 책, p.327.

617 『위빠사나 수행방법론』 1, 위의 책, p.328. 『대복주석서; *Pm*.ii.470』

618 『위빠사나 수행방법론』 1, 위의 책, p.329. 『복주서; *DAT*.ii.300』

그래서 『청정도론』은 순수 위빠사나 행자나 사마타 행자는 사대(catudhātu)를 구분하는 수행(catudhātuvavatthānabhāvanā)에서 말하는 여러 가지 요소들을 파악하는 방법 가운데 어느 한 가지 방법으로 간략하게 혹은 상세하게 네 가지 요소들을 파악한다고[620] 말하고 있는 것이다.

여러 가지 요소들을 파악하는 방법에 대해서는 『청정도론』 11장에 보면, 『대념처경』을 인용하여 간략하게 다음과 같이 설명하고 있다.

> 비구들이여, 마치 솜씨 좋은 백정白丁이나 그 도제徒弟가 소를 잡아서 각을 뜬 다음 큰길 네거리에 이(이것)를 벌려놓고 앉아 있는 것과 같다. 비구들이여, 이와 같이 비구는 이 몸을 처해진 대로, 놓인 대로 요소(界)별로 고찰한다. '이 몸에는 땅의 요소, 물의 요소, 불의 요소, 바람의 요소가 있다.'
> 백정이 소를 키울 때에도, (소를) 도살장으로 끌고 올 때에도, (소를) 끌고 온 뒤에 묶어둘 때에도, 도살할 때에도, 도살해서 죽은 것을 볼 때에도, 그것을 베어서 부분마다 나누지 않고서는 그에게 '소'라는 인식은 사라지지 않는다. 그러나 뼈로부터 살을 발라내어 앉아 있을 때 '소'라는 인식은 사라지고, '고기'라는 인식이 일어난다. 그는 '나는 소를 팔고 그들은 소를 사가지고 간다.'고

619 『위빠사나 수행방법론』 1, 위의 책, p.332. 『대복주석서; *Pm*.ii.399』

620 『청정도론』 3, 앞의 책, pp.176~177.; Vis, op.cit., p.588. "Suddhavipassanāyāniko pana ayamevavā samathayāniko catudhātu vavatthane vuttānaṃ tesaṃ tesaṃ dhātupariggahamukhānaṃ aññataramukhavasena saṅkhepato vā vitthārato vā catasso dhātuyo pariganhāti."

생각하지 않는다. 오히려 '나는 고기를 팔고, 그들은 고기를 사가지고 간다.'고 생각한다.
이와 같이 이 비구도 전에 어리석은 범부였을 때는 출가를 하였더라도 (명상주제를 들지 않았으므로) 이 몸을 처해진 대로, 놓인 대로 덩어리를 분해하여 요소별로 따로따로 반조하지 않았기 때문에 그것에 대해 중생, 사람, 인간이라는 인식이 사라지지 않았다. (그러나) 요소별로 따로따로 반조할 때 중생이라는 인식은 사라진다. 요소를 의지하여 그의 마음은 안주한다. 그래서 세존께서는 말씀하셨다. '비구들이여, 마치 솜씨 좋은 백정이나 … 요소(界)별로 고찰한다. 이 몸에는 땅의 요소, 물의 요소, 불의 요소, 바람의 요소가 있다.'[621]

소를 하나의 예로 들고 있지만, 그 무엇이든지간에 요소별로 해체하는 작업은 우리가 평소에 진실하다고 알고 있는 '존재'가 나타내고 있는 개념이 진실된 것이 아니라는 점을 알게 한다는 점에서 매우 중요하다.

우리가 이처럼 존재에 대해 진실된 것이 아닌데도 불구하고 진실된 것이라고 잘못된 이해를 하게 되는 이유는 존재 자체를 해체해서 보지 않기 때문이다.

그렇다면 존재에 대한 바른 이해를 위해서 우리는 존재에 대한 해체작업을 할 필요가 있고, 그렇게 함으로써 존재에 대한 바른 앎을 형성시키고, 결국 닙빠나를 이룬 인간으로 형성될 수 있는 것이다.

---

621 『청정도론』 2, 앞의 책, pp.236~237. (DN .ii.294)

다른 한편으로 비구는 32가지로 된 몸에 대해 혐오감을 일으키며 명상주제로 삼는다. 『대념처경』은 다음과 같이 설한다.

다시 비구들이여, 비구는 이 몸이 여러 가지 부정한 것으로 가득 차 있음을 발바닥에서부터 위로 올라가며, 그리고 머리털에서부터 내려가며 반조한다. 즉 '이 몸에는 머리털·몸털·손발톱·이·살갗·살·힘줄·뼈·골수·콩팥·염통·간·근막·지라·허파·큰창자·작은창자·위·똥·쓸개즙·가래·고름·피·땀·굳기름·눈물·(피부)의 기름기·침·콧물·관절활액·오줌 등이 있다.'라고. … 이와 같이 안으로 몸에서 몸을 관찰하면서(身隨觀) 머문다. … 그는 세상에 대해서 아무 것도 움켜쥐지 않는다. 비구들이여. 이와 같이 비구는 몸에서 몸을 관찰하면서 머문다.[622]

또한 『긴 코끼리발자국 비유경(大象迹喩經)』은 다음과 같이 설한다.

도반들이여, 무엇이 내적인 땅의 요소입니까? 안에 있고 개개인에 속하는 딱딱하고 견고하고 업에서 생긴 것은 무엇이건 이를 일러 내적인 땅의 요소라고 합니다. 예를 들면 머리털·몸털·손발톱·이·살갗·살·힘줄·뼈·골수·콩팥·염통·간·근막·지라·허파·큰창자·작은창자·위 속의 음식·똥입니다. 도반들이여, 그리고 그 외에도 안에 있고 개개인에 속하는 딱딱하고 견고하고 업에서 생긴 것은 무엇이건 이를 일러 내적인 땅의 요소라고 합니다.

622 각묵스님 옮김, 『네 가지 마음챙기는 공부』(초기불전연구원, 2003), pp.19~20.

도반들이여, 무엇이 내적인 물의 요소입니까? 안에 있고 개개인에 속하는 물과 축축한 것과 업에서 생긴 것은 무엇이건 이를 일러 내적인 물의 요소라고 합니다. 예를 들면 쓸개즙·가래·고름·피·땀·굳기름·눈물·(피부의) 기름기·침·콧물·관절활액·오줌입니다. 도반들이여, 그리고 그 외에도 안에 있고 개개인에 속하는 물과 축축한 것과 업에서 생긴 것은 무엇이건 이를 일러 내적인 물의 요소라고 합니다.
도반들이여, 무엇이 내적인 불의 요소입니까? 안에 있고 개개인에 속하는 불과 뜨거운 것과 업에서 생긴 것은 무엇이건 이를 일러 내적인 불의 요소라고 합니다. 예를 들면 그것 때문에 따뜻해지고 늙고 타버린다거나 그것 때문에 먹고 마시고 소비하고 맛본 것이 완전히 소화된다든지 하는 것입니다. 도반들이여, 그 외에도 안에 있고 개개인에게 속하는 불과 뜨거운 것과 업에서 생긴 것은 무엇이건 일러 내적인 불의 요소라고 합니다.
도반들이여, 무엇이 내적인 바람의 요소입니까? 안에 있고 개개인에 속하는 바람과 풍기와 업에서 생긴 것은 무엇이건 이를 일러 내적인 바람의 요소라고 합니다. 예를 들면 올라가는 바람, 내려가는 바람, 복부에 있는 바람, 창자에 있는 바람, 온몸에 움직이는 바람, 들숨과 날숨입니다. 도반들이여 그 외에도 안에 있고 개개인에 속하는 바람과 풍기와 업에서 생긴 것을 일러 내적인 바람의 요소라고 합니다.[623]

---

623 『清淨道論』 2, 앞의 책, pp.237~239.; Vis, op.cit., pp.348~349. 대념처경 (MN.i.187~MN .i.188)

몸의 32가지 구성요소와 그것들이 사대에 속해 있음을 이들 경에서는 설하고 있다.

『대념처경 주석서』에 의하면, 몸에 대한 관찰(身念處)은 오직 몸만을 대상으로 관찰함으로써 대상이 섞이지 않도록 확정짓는 것을 나타낸 것이라고[624] 설명한다.

『대념처경』은 비구가 몸에 대해 관찰할 때의 방법에 대해 "비구들이여, 여기 비구가 숲속에 가거나 나무 아래에 가거나 빈방에 가거나 하여 가부좌를 틀고 상체를 곧바로 세우고 전면에 마음챙김을 확립하여 앉는다. 그는 마음챙겨 숨을 들이쉬고 마음챙겨 숨을 내쉰다. 길게 들이쉬면서는 '나는 길게 들이쉰다'고 알고, 길게 내쉬면서는 '나는 길게 내쉰다'고 안다. 짧게 들이쉬면서는 '나는 짧게 들이쉰다'고 알고, 짧게 내쉬면서는 '나는 짧게 내쉰다'고 안다. '온몸을 경험하면서 들이쉬리라'며 공부 짓고, '온몸을 경험하면서 내쉬리라'며 공부 짓는다. '신행身行을 편안히 하면서 들이쉬리라'며 공부 짓고, '신행을 편안히 하면서 내쉬리라'며 공부 짓는다."[625]라고 설한다.

신행身行은 몸이 짓는 행동으로 숨을 들이쉬고 내쉴 때 편안히 하는 자세가 먼저 요청된다. 그 다음에 몸에서 몸을 관찰하는 방법이 전개된다.

『대념처경』은 몸에 대한 관찰은 마차의 구성요소를 관찰하듯이 사지와 부분들이 집합되어 이루어졌다고 보거나, 도시를 구획으로

---

624 각묵스님 옮김, 『네 가지 마음챙기는 공부』, 앞의 책, p.82. *Dīgha Nikāya Aṭṭhakathā* 가운데 대념처경 주석 3장 pp.404~741이 저본이다.

625 각묵스님 옮김, 위의 책, p.17.

나누어 관찰하듯이 머리털과 몸털 등의 집합으로 이루어져 있다고 보거나, 파초의 줄기와 잎과 껍질을 분리하듯이, 빈주먹을 펴듯이 몸이 사대와 여기에서 파생된 물질의 덩어리로 되어 있다[626]고 설하고 있다.

이처럼 초기불교 경전에서 몸에 관한 관찰을 먼저 설하고 그 다음에 정신에 해당하는 심념처心念處를 설하는 것처럼, 『청정도론』도 몸에 대한 관찰을 먼저 설명하고 정신을 그 다음에 설명하고, 그런 다음에 물질과 정신을 구분한다.

비구는 이제부터 정신은 무엇인가를 면밀히 조사하면서 '이 정신은 무엇을 의지하여 일어났는가.'라고 탐구하여, 그 결과 이것의 의지처가 심장토대임을 알게 된다. 그런 다음에 심장토대의 의지처인 근본물질과 이것에 의지하는 나머지 파생물질들을 물질이라고 파악한다. 그는 이 모든 것은 변하기 때문에 물질이라고 구분한다. 그 다음에 '기우는(namana) 특징을 가진 것은 정신이고, 변하는 특징을 가진 것은 물질이다.'라고 정신과 물질을 구분하는 것이다.[627]

머리카락의 경우에는 몸의 열 가지 원소를 통한 열 가지 물질로 되어 있는 것이 분명하다. 지地, 수水, 화火, 풍風, 형상形象, 냄새, 맛, 영양소, 생명기능, 몸의 감성 등 열 가지이다. 여기에 성性이 존재하는데, 성性의 열 가지 원소를 통한 열 가지 물질이 있다. 여기에 음식에서 생긴 영양소를 여덟 번째로 한 물질이 있고, 온도에서 생기고 마음에서 생긴 영양소가 여덟 번째인 물질이 있어 모두 24가지 물질이

626 각묵스님 옮김, 위의 책, p.82.

627 『청정도론』 3, 앞의 책, pp.176~177.

있게 된다.[628]

이처럼 네 가지 원인인 사대에서 생긴 24가지 몸의 성분에는 또한 44가지의 물질이 있다고 한다. 즉 몸의 열 가지 원소, 성性의 열 가지 원소, 그리고 온도, 마음, 음식에서 생긴 두 가지 영양소를 여덟 번 갖게 됨으로써 24가지 등 이렇게 해서 44가지가 된다고 한다.[629]

온도와 마음에서 생긴 땀, 눈물, 침, 콧물 등 네 가지 물질은 이러한 영양소를 여덟 번째로 한 물질이 두 가지로 나뉘어 각각 16가지 물질로 된다. 이렇게 해서 32가지 몸의 형태를 파악하게 된다.[630]

그리고 32가지 형태로 우리 몸을 파악하게 될 때 네 가지 불의 요소와 여섯 가지 바람의 요소 등 열 가지 형태가 분명해진다. 이와 같이 근본물질과 파생된 물질의 42가지 형태, 즉 몸의 32가지, 불의 네 가지, 공기의 여섯 가지 등으로 상세하게 될 때 다섯 가지 눈의 열 가지 원소와 심장토대의 열 가지 원소를 포함하여 60가지의 물질이 된다.[631]

---

628 위의 책, p.177.; Vis, op.cit., p.589. "athassa yāthāvasarasalakkhaṇato āvibhūtāsu dhātusu kammasamuṭṭhānamhi tāva kese catasso dhātuyo vaṇṇo gandho raso ojā jīvitaṃ kāyappasādoti evaṃ kāyadasakavasena dasa rūpāni, tattheva bhavassa atthitāya bhāvadasakavasena dasa, tattheva āhārasamuṭṭhānaṃ ojaṭṭhamakaṃ utusamuṭṭhānaṃ cittasamuṭṭhānanti aparānipi catuvīsatīti evaṃ catusamuṭṭhānesu catuvīsatikoṭṭhā sesu catucattāḷīsa catucattāḷīsarūpāni."

629 같은 책.

630 위의 책, pp.177~178.

631 위의 책, p.178.

『청정도론』은 이와 같은 모든 것들을 물질이라고 본다. 비구가 물질을 파악할 때 감각의 문門을 통하여 정신도 분명해진다. 한 쌍의 전오식前五識과 두 가지 마노(意界: mano), 그리고 68가지 마노의 알음알이(意識界) 등 81가지의 세간적인 마음들과 이것에 부수적으로 나타나는 감각접촉, 느낌, 인식, 의도, 생명기능, 마음의 안정됨(cittaṭṭhiti), 마음을 다잡음 등 일곱 가지 마음부수(心所)가 모두 분명해진다.

물질이 먼저 관찰을 통해 분석될 때 정신 또한 이와 같이 분명해진다. 그러므로 정신과 물질은 서로 작용을 하는 관계이지, 따로 분리되어 있는 관계가 아닌 것이다.

초기불교의 전통을 잇고 있는 아비담마는 이와 같이 물질에 속하는 몸에 대한 분석의 작업을 먼저 하고 있는데, 이것은 몸이 갖는 중요한 의미를 나타내고 있는 것이다. 그것은 마음챙김의 수행단계인 느낌(受), 마음(心), 법法 등의 염처念處로 계속해서 수행이 진행되기 위해서는 몸에서 진행되는 들숨과 날숨의 호흡에서 비롯하기 때문이다. 따라서 들숨, 날숨의 호흡을 진행함으로써 수행한다는 것은 몸 → 정신으로 점교적으로 수행이 전개되고 있음을 나타내고 있는 것이다.

그런데 이와 달리 몸에 대한 통제와 조절은 마음을 관찰하는 힘이 먼저 강화되었을 때 가능하다고 보는 견해[632]도 있으나, 호흡을 통해 몸에 대한 통제와 조절이 되었을 때 마음을 관찰하는 위빠사나의 지혜가 강화되는 것이라고 하겠다.

---

632 고진호, 「교사의 성찰과 위빠사나(*vipassanā*) 알아차림과의 연계성 탐색」, 『종교교육학연구』 32(2010), p.236.

들숨과 날숨의 호흡과정은 몸의 기관인 코로 단순히 호흡을 하는 의미만을 갖는 것이 아니다. 비록 비구가 코로 호흡을 하고 있을지라도 이러한 호흡과정으로 결국에는 정신이란 어떤 것인가를 파악할 수 있게 되는 것이다.

『무애해도』의 다음과 같은 내용[633]을 보면 이러한 점을 알 수 있다.

> '들숨'이란 마시는 숨으로 내쉬는 숨이 아니다. '날숨'이란 내쉬는 숨으로 마시는 숨이 아니다. 마시는 숨에 의해 확립된 것이 마음지킴이다. 내쉬는 숨에 의해 확립된 것이 '마음지킴'이다. 마신다는 그것은 (마음지킴의) '확립(近住)'이다. 내쉰다는 그것은 (마음지킴의) '확립'이다.

코로 들이쉬고 내쉼으로써 마음챙김이 확립된다는 의미는 정신과 물질의 불가불리不可分離의 관계를 말해주는 것이다. 이처럼 물질과 정신의 불가분리성은 교육에서 추구하는 인격형성과 관련하여 교육의 이상적인 목표를 우리가 경험할 수 있는 영역에서 벗어난 곳에서 찾는 것이 옳지 않다는 사실을 말해준다.

나. 십팔계(十八界: 18가지 요소)를 통해 구분함

『청정도론』은 정신과 물질을 18가지 요소(十八界)들을 통해 구분한다. 즉 비구는 몸에 눈의 요소(眼界)가 있다. … 마노의 알음알이

633 임승택, 「위빠사나 수행관 연구 - 빠띠삼비다막가의 들숨·날숨에 관한 논의를 중심으로 -」, 앞의 책, p.99 재인용.

요소(意識界)가 있다고 전향前向한다. 그는 눈이 검고 밝은 원반 모양으로 장식되어 있고, 길고 넓으며 눈구멍에 힘줄의 근육으로 묶여 있는 고깃덩어리라고 인식하는 데 반하여, 눈의 감성을 눈의 요소[634]라고 구분한다.[635]

그리고 눈에는 눈의 감성의 의지처인 사대와 그것과 함께 일어나는 형상(色), 냄새, 맛, 영양소 등 네 가지 물질, 그리고 보호하는 생명기능 등 아홉 가지의 함께 생긴 물질들과, 몸의 열 가지 원소와 성性의 열 가지 원소의 업에서 생긴 20가지 물질, 그리고 업에서 생기지 않은 물질인 두 가지 영양소를 여덟 번째로 한 24가지 물질 등 모두 53가지 물질들이 있다. 그러나 『청정도론』은 53가지 물질을 눈의 요소라고 구분하지 않는다. 이것은 나머지 귀의 요소 등에도 적용된다.[636]

다섯 가지 감성들[637]과 그 대상인 형상(色)·냄새(香)·맛(味)·감촉

---

634 『청정도론』 2, 앞의 책 14장 무더기(蘊), pp.421~422를 보면, 눈(眼根)에 대해 "눈이라고 하는 것은 검은 속눈썹으로 덮여 있고, 검고 밝은 원반에 의해 변화하는 푸른 연꽃잎을 닮은 것을 말한다. 눈의 감성은 여러 물질(rūpa)적인 현상이 혼합된 전체 눈(안구)에서 흰 동자에 의해 싸여 있고, 면전에 서 있는 사람의 형상이 비치는 곳인 검은 동자의 중간에 있다."고 설명한다.

635 『청정도론』 3, 앞의 책, p.179.; Vis, op.cit., p.589.

636 위의 책, pp.179~180.

637 『아비담마 길라잡이』(하), 앞의 책, p.531 참조. 다섯 가지 感性의 物質(rūpa)에서 감성의 물질(rūpa)은 '感性色'으로 漢譯되며, 빨리어로는 'pasāda-rūpa'이다. 'pasāda'는 pra+√sad(to sit)에서 派生된 名詞이다. 원래 의미는 '깨끗한 믿음'이다. 그러던 것이 아비담마에서는 6根이 갖는 순수한 感覺作用을 나타내는 말로 사용되고 있다. 6근 가운데 눈(眼)의 감성은 빛과 색을 등록하고 눈의

(觸) 등의 다섯은 열 가지 물질로 된 열 가지 요소가 된다. 나머지 물질들은 법의 요소이다. 눈을 의지하고 형상을 대상으로 하여 일어나는 마음은 눈(眼)의 알음알이의 요소(眼識界)라고 한다. 이와 같이 하여 한 쌍의 전5식(前五識)은 다섯 가지 알음알이의 요소가 된다. 두 가지 마노의 요소의 마음은 한 가지 마노의 요소가 된다.[638]

앞에서 살펴본 온蘊·처處·계界·근根·제諦·연緣 등 여섯 가지 가운데 계界에 관한 설명에서는 초기불교 교설에서처럼 안계眼界·색계色界·안식계眼識界, 이계耳界·성계聲界·이식계耳識界, 비계鼻界·향계香界·비식계鼻識界, 설계舌界·미계味界·설식계舌識界, 신계身界·촉계觸界·신식계身識界, 의계意界·법계法界·의식계意識界 등 십팔계十八界가 있다고만 보았지, 눈(眼) 등 다섯 가지 신체기관의 감성을 물질과 함께 논하지는 않았다. 이것은 견청정에서 초기불교에서 말하는 십팔계에 대한 이해의 바탕 위에 아비담마적으로 십팔계를 설하고 있음을 말해주는 것이다.

알음알이(六識)의 물질(rūpa)적인 토대와 門의 역할을 하고 있는 網膜 안에 있는 매우 민감한 물질(rūpa)이므로 '感性'이라고 번역한 것이다.

638 『청정도론』 3, 앞의 책, p.180.; Vis, op.cit., p.590. "ime pañcappasādā tesaṃ ca visayā rūpasaddagavdharasaphoṭṭhabbā pañcāti dasa rūpāni dasa dhātuyo honti. Avasesarūpāni dhamma dhātuyeva honti cakkhuṃ pana nissāya rūpaṃ āhabbha pavattaṃ cittaṃ cakkhuviññāṇadhātu nāmāti evaṃ dve padva-viññāṇāni pañca viññāṇadhātuyo honti; tīṇi manodhātu cittāni ekā mano dhātu;"

다. 십이처(十二處; 12가지 감각장소)를 통해 구분함[639]

『청정도론』에서는 초기불교와 마찬가지로 정신과 물질을 12가지 감각장소(十二處)를 통해서 구분하고 있으나, 다른 점은 오직 눈의 감성만을 눈의 감각장소라고 구분하고 있는 데 있다. 귀·코·혀·몸 등도 각각의 감각장소로 구분된다. 그 대상인 형상·소리·냄새·맛·촉감 등의 감각장소도 구분된다. 세간적인 일곱 가지 알음알이의 요소는 마노의 감각장소(意處)이고, 그와 관련된 감각접촉과 나머지 물질들은 법의 감각장소(法處)이다.

라. 오온(五蘊; 다섯 가지 무더기)을 통해 구분함

『청정도론』은 정신과 물질을 온蘊, 즉 무더기들을 통해서 구분한다. 그리고 『청정도론』은 앞에서 논한 사대를 비롯한 17가지 물질들은 명상하기에 적합하고, 완성된 물질이고, 유형의 물질이라고 보고 있다.[640]

이처럼 보는 이유는 17가지 물질들은 소문 등에 의해서 알아지는

---

639 위의 책, p.181.; Vis, ibid., p.591. "Cakkhudhātuyaṃ vuttanayeneva ṭhapetvā tepaṇṇāsa rūpāni cakkhuppasādamattaṃ cakkhāyatananti vavatthapeti, tattha vuttanayeneva ca sotaghāṇajivhākāyadhātuyo sotaghāṇajivhākāyāyatanānīti. Tesaṃ visayabhute pañca dhamme rūpasaddagandharasapheṭṭhebbāyatanānīti, lokiyasattaviññāṇadhātuyo manāyatananti, taṃsampayuttā phassādayo sesarūpaṃ ca dhammāyatananti evamettha aḍḍhekādasa āyatanānirūpaṃ, diyaḍḍha āyatanāni nāmanti evameko dvādasāyatanavasena nāmarūpaṃ vavatthapeti."

640 같은 책; loc.cit.

성품들이 아니라 실재하는 물질, 실재하는 정신들은 스스로 보고 경험해서 직접 취할 만한, 알 만한 법들, 즉 빠라맛타(Paramattha; 殊勝義) 법[641]이기 때문이다.

반면에 몸을 통한 암시, 말을 통한 암시, 허공의 요소, 물질의 가벼운 것, 부드러움, 적합함, 생성, 상속, 쇠퇴, 무상함 등 열 가지 물질은 명상하기에 적합하지 않고, 변하며, 완성된 물질이 아니고, 유형의 물질이 아니다.[642] 즉 빠라맛타가 아닌 것이다.

이처럼 27가지 물질은 물질의 무더기(色蘊)라고 하고, 81가지의 세간적 마음에서 일어난 느낌(受)은 느낌의 무더기(受蘊), 그것과 관련된 인식(想)은 인식의 무더기(想蘊), 상카라(行)들은 상카라의 무더기(行蘊), 알음알이는 알음알이의 무더기(識蘊)라고 한다. 그러므로 물질의 무더기를 물질이라고 하는 것이고, 네 가지 정신의 무더기를 정신이라고 하는 것이다.[643]

정신과 관련하여 사람들이 부르고 말하는 명칭과 소리는 명칭 빤냐띠(Paññatti)로, 이것은 승의勝義의 빠라맛타가 아니다. 진실한 빤냐

---

641 『위빠사나 수행방법론』 1, 앞의 책, p.251. 전해들은 소문은 옳은 것도 있고 틀린 것도 있다. 항상 옳지 않다. 그러므로 소문은 거룩하고 수승한 의미라고 할 수 없다. 소문 이외에 전설, 인용, 문헌의 권위, 생각, 방편, 특징에 따른 사유, 사견에 따른 이해 등도 마찬가지이다. 반면에 물질과 정신은 위빠사나의 지혜로 수행을 해서 직접 알 수 있다. 이들은 직접 보고 알 수 있기 때문에 직접의(pacca kkhattha, 直接義), 최승의(uttamattha, 最勝義), 수승의(paramattha, 殊勝義)라고 부른다.

642 위의 책, p.181.

643 위의 책, p.182.

띠가 아니라 생겨난 빤냣띠인 것이다.[644]

마. 네 가지 근본물질(四大; rūpa)을 통해서 간략하게 구분함

『청정도론』은 정신과 물질을 이와는 다르게 간략하게 구분하기도 한다.[645] 즉 어떤 것이든 모든 물질은 네 가지 근본물질들과 근본물질들에서 파생된 물질이라고 몸의 물질로 파악하고, 또한 마찬가지로 마노(意)의 감각장소와 법의 감각장소의 일부분을 정신이라고 파악한다. 이와 같이 이것은 정신이고, 이것은 물질이며, 이것은 정신·물질이라고 구분한다.

딱딱한 성질을 갖는 것은 지地이고, 부드러운 성질을 갖는 것은 수水이며, 뜨거운 성질을 갖는 것은 화火이고, 가벼운 성질을 갖는 것은 풍風이다. 이와 같은 성질을 갖는 지·수·화·풍은 만지거나 느낌으로써 알 수 있는 물질이다. 그리고 지·수·화·풍 네 가지에서 그치는 것이 아니라 이들로부터 물질이 파생된다. 이러한 물질들은 몸에 있는 것들이다. 『청정도론』에서 이와 같이 설명하는 물질의 성질은 이해하기 쉽다.

그러나 정신과 물질을 파악할 때 확연하게 알 수 없을 때도 있다고 표현하고 있다. 이와 같을 때에는 이것을 포기하지 말고 계속해서 명상하고 마음을 다잡아 이것을 파악하고 구분해야 한다고 설명하고 있다. 이렇게 해서 점차적으로 물질이 분명하게 드러나고 아주 선명하게 될 때 그것을 대상으로 가진 정신의 법들도 분명하게 파악되고

---

644 위의 책, p.277.

645 『청정도론』 3, 앞의 책, p.182.

구분된다는 것이다.[646] 그러므로 아비담마에서는 물질이 드러날 때 정신이 파악되고 구분되는 것이지, 정신이 먼저이고 물질이 이것을 따르는 것이 아니다. 이와 같이 정신과 물질의 선후관계를 잘 파악해야 한다.

더러운 거울의 비유와 참기름의 비유[647]를 봐도 우리는 물질이 드러날 때 정신이 파악되는 것임을 알 수 있다. 즉 더러운 거울 앞에서 우리는 얼굴을 보려고 하지만 볼 수 없다. 그러나 우리는 그렇다고 해서 거울을 던져버리지 않는다. 그럴수록 우리는 거울을 계속해서 문질러 닦아야 하고, 거울이 깨끗해졌을 때 얼굴의 모습이 분명하게 드러난다. 비슷한 예로, 참기름을 원하는 자가 깻묵을 통에 놓고 물을 뿌린 뒤 한두 번 눌러 짜서 기름이 나오지 않는다고 깻묵을 던져버리지 않는다. 그는 계속되는 작업을 해서 깻묵에 더운 물을 뿌리고 짜며 누른다. 이렇게 해서 깻묵에서 맑은 기름이 나오는 것이다.

여기에 필자가 하나 더 보태면, 우리가 산에 가서 시냇물을 정화하는 경우에도 마찬가지이다. 계곡물이 구정물인 경우에 물을 계속적으로 퍼내다보면 얼마 되지 않아서 맑고 깨끗한 물이 된다.

여기서 더러운 거울은 물질인 몸이고, 더러운 거울에 비유되는 물질인 몸으로 계속 청정하게 수행해 나아갈 때 청정해지는 정신은 깨끗이 닦여진 거울이라고 할 수 있다. 그리고 눌러 짜도 참기름이 나오지 않는 깻묵은 물질인 몸이고, 더운물을 뿌려 짰을 때 나온 맑은 참기름은 청정한 상태에 도달한 정신이라고 할 수 있다. 마찬가지

646 위의 책, pp.182~183.; Vis, op.cit., p.591.

647 위의 책, p.183.

로 맑고 깨끗하지 않은 계곡물은 물질인 몸에 비유될 수 있고, 물을 퍼내 결과로 있게 되는 맑고 깨끗한 물은 정신에 비유될 수 있다.

『청정도론』은 우리 몸을 더러운 거울과 눌러 짜도 참기름이 나오지 않은 깻묵 등에 비유하고 있지만, 그렇다고 데카르트와 같은 관념론자들처럼 몸을 천시하거나 아예 관심의 대상 밖으로 제쳐두지 않는다.

『청정도론』에 의하면 비구는 수행을 통해 자신이 원하는 명상의 결과가 나오지 않는다고 포기하지 말고 오직 물질을 대상으로 계속해서 명상하고 마음을 다잡아 파악하고 구분해야 하며, 그렇게 할 때 물질이 점차적으로 분명해지고 매듭이 풀려서 더욱 분명해지게 되어 비구를 방해하던 번뇌의 오염원들이 가라앉고, 진흙이 침전된 물처럼 그의 마음은 맑아지고, 물질을 대상으로 한 정신은 스스로 분명해진다.[648]

이와 같이 물질에 관한 파악이 확연해질 때 비구의 정신은 두 가지 양상, 즉 첫째, 감각접촉을 통해서, 둘째, 느낌을 통해서, 셋째, 알음알이를 통해서 드러나게 된다. 비구는 물질에 관한 파악이 이루어졌을 때 서서히 깊이 있게, 즉 차제적으로 정신의 두 가지 양상이 드러나게 되는 것이다.[649]

첫째, 비구 가운데 어떤 자는 '땅의 요소가 견고한 특징을 가지고 있다.'고 하는 방법으로 요소를 파악할 때 그 대상에 닿는 감각접촉이 드러난다. 그 느낌은 느낌의 무더기이고, 그 인식은 인식의 무더기이며, 그 의도는 감각접촉과 함께 상카라의 무더기로 마음은 알음알이의

648 같은 책.

649 위의 책, p.184.

무더기로 확연히 드러나게 된다. 머리카락과 들숨날숨 등의 견고한 특징에서 요소를 파악할 때 느끼는 과정도 마찬가지이다.

둘째, 비구 가운데 어떤 자는 '땅의 요소는 견고한 특징을 가진다.'라고 요소를 파악할 때 그것을 대상으로 가지고 그 맛을 경험하는 느낌이 느낌의 무더기로 확연히 드러난다. 그 인식은 인식의 무더기로 … 이와 같이 느낌을 통해서 정신의 법들이 확연히 드러난다.

셋째, 비구 가운데 어떤 자는 '땅의 요소는 견고한 특징을 가진다.'라고 요소를 파악할 때 대상을 아는 알음알이가 알음알이의 무더기로 확연히 드러난다. 그와 관련된 느낌은 느낌의 무더기로, 그와 관련된 인식은 인식의 무더기로 … 이와 같이 알음알이를 통해서 정신의 법들이 확연히 드러난다.

물질을 파악하는 것이 확연하게 분명해졌을 때 비구에게 정신의 법들은 이처럼 두 가지 양상으로 분명해진다. 그러므로 물질을 파악하는 것이 선명하게 된 사람만이 정신을 파악하는 수행을 해야 하는 것이다. 이것은 순서이고, 이러한 순서대로 수행이 전개된다. 그렇지 않고 정신을 먼저 파악한 후 물실을 파악하는 수행을 할 수 없다. 비구가 수행을 하는 과정에 한 가지나 두 가지의 물질의 법들이 분명해졌다고 해서 물질을 버리고 정신을 파악하기 시작하면 명상의 주제를 잃게 된다. 그렇지 않고 물실을 파악하는 것이 매우 선명하게 된 다음에 정신을 파악하는 수행을 할 때는 명상주제가 향상하고 강해지며 충만하게 된다.[650]

---

650 위의 책, p.186.

이미 설명한 바와 같이 지·수·화·풍이 물질인 것처럼, 다섯 가지 감각기관도 물질에 해당하고, 오온五蘊 가운데 색온도 물질에 해당한다. 더욱이 붓다는 물질인 색온부터 설하였다는 점에서 물질이 수행에서 차지하는 몫은 크다는 것을 반증한다고 할 수 있다. 그것은 물질에 대한 이해로부터 정신에 관한 이해와 수행이 가능하기 때문이다.

이와 같이 18가지 요소들(十八界), 12가지 감각장소들(十二處), 다섯 가지 무더기들(五蘊) 등 삼계의 모든 법은 정신과 물질의 두 가지로 구분된다. 이로써 비구는 정신과 물질뿐이므로 중생이나 인간이나 신이나 범천 등이 없다는 결론에 도달하는 것이다.[651]

비구가 자신이 정신과 물질로 이루어졌다는 사실을 알 수 있는 방법은 비구가 자신을 해체해서 보았을 때 가능하다.

여러 경전에서 "부품들이 모여 있을 때 수레라는 단어가 있듯이 무더기(蘊)들이 있을 때 중생이라는 일상적인 말이 있다."고 설하거나 또는 "도반이여, 목재와 덩굴과 진흙과 짚으로 공간을 에워쌀 때 집이라는 명칭이 있습니다. 그와 같이 뼈와 힘줄과 살과 피부로 공간을 에워쌀 때 몸뚱이라는 명칭이 있습니다."[652]라고 설하는 데서 나타난다.

우리가 간과해서는 안 되는 것은 우리 자신을 해체해 보았을 때 정신과 물질만이 남는다는 사실이고, 여기에 불교 특유의 존재론이 나타나 있는 것이다.

여러 가지 수많은 경전들에서 정신과 물질만을 설하고 있지, 중생을

651 위의 책, pp.186~187.

652 위의 책, pp.187~188.

설한 것도 아니고 인간을 설한 것도 아니다. 이것은 굴대와 바퀴와 차체와 수레의 채 등의 부품들이 일정한 형태로 조립이 되어 있을 때는 수레라는 인습적인 명칭이 되지만 궁극적인 뜻에서 각각의 부품들을 면밀히 조사하면, 다시 말하여 해체하면 수레라는 것은 존재하지 않는 것과 같다. 집과 주먹 등의 예도 마찬가지이다.[653]

그런데 어디 이것들만 예가 될 수 있겠는가? 이 세상에 존재하는 우리 주변의 존재들 모두가 해체하면 존재하지 않는 것이다.

이와 같이 '나' 등으로 취착取着하는 다섯 가지 오온(五取蘊)들이 있을 때 중생이나 인간이라고 하는 표현이 있을 뿐, 궁극적인 뜻에서 하나하나 '나'라는 존재를 세밀히 조사하면 '내가 있다'라든가 혹은 '나'라고 거머쥐는 토대가 되는 중생이란 것도 없다. 오직 정신과 물질만 있을 뿐이 되는 것이다.[654]

그러나 드러난 현상을 있는 그대로 보지 못하고 중생이 있다고 고집하는 사람은 이것이 멸절滅絶한다고 추정하거나 멸절하지 않는다고 추정하게 된다. 이때 멸절하지 않는다고 추정하면 상견常見에 떨어지고, 멸절한다고 추정하면 단견斷見에 떨어진다.

『청정도론』은 붓다의 말씀을 인용하면서, 눈을 가진 자만이 존재를 존재 그대로 본다고 다음과 같이 설명한다. "비구들이여, 어떻게 눈을 가진 자들만이 보는가? 비구들이여, 여기 비구가 있어 존재(bhūta: 다섯 가지 무더기인 오온을 말한다)를 존재 그대로 본다. 존재를 존재 그대로 보고 존재에 대해 역겨워하고, 탐욕을 없애고 소멸을 위해

653 위의 책, p.188.

654 위의 책, pp.188~189.

도를 닦는다. 비구들이여, 이와 같이 눈을 가진 자들만이 본다."[655]

존재를 해체해 봄으로써 존재의 본질이 본래 없는 것임을 알게 됨으로써 정신과 물질만이 있음을 보는 인간으로 형성되는 것이다.

②의심을 극복함에 의한 청정

가. 정신과 물질의 원인과 조건을 파악함

의심을 극복함에 의한 청정(kaṅkhāvitaraṇavisuddhi)은 인간, 즉 존재에 대한 해체작업을 통한 결과 드러난 정신과 물질에 대한 조건(paccaaya)을 파악하여 삼세三世에 대한 의심을 극복하여 확립된 지혜를 말한다.[656] 냐나몰리는 이 의심을 극복함에 의한 청정을 'Purification by Overcoming Doubt'라고[657] 표현한다.

미즈노 고겐(水野弘元)은 정신과 물질(名色)의 모든 법(諸法)이 어떻게 하여 일어나고 소멸하고 변화(起滅變化)하는가에 대해, 시간적 공간적으로 연기緣起하고 연멸緣滅하는 관계를 여실如實히 관찰함으로써 무인견無因見·사인견邪因見·상견常見·단견斷見 등의 잘못된 견해를 벗어나는 것이 가능하게 된다고 달리 표현하고 있다.[658]

의심이 있어서는 성자위인 수다원에 이르기 힘들고, 닙빠나를 이루기 힘든 것은 말할 나위도 없다. 삼세에 대한 16가지 의심도 마찬가지라

---

655 위의 책, p.190.

656 위의 책, p.199.

657 Bhadantācariya Buddhaghosa, *The Path of Purification Visuddhi Magga*, trans. by Bhikkhu Ñānamolli, *op.cit.*, p.693.

658 水野弘元, 『パ-リ佛教を 中心とした 佛教の心識論』, op.cit., pp.929~930.

고 할 수 있다. 16가지 의심은 다음과 같다.[659] 첫 번째, 지금 현재생이 오기 전, 그 과거생에 나는 존재했는가?라는 의심. 두 번째 지금 현재생이 오기 전, 그 과거생에 나는 존재하지 않았는가?라는 의심. 세 번째, 나는 과거에 무엇이었을까?라는 의심. 네 번째, 나는 과거에 어떠한 모습, 형체였는가?라는 의심. 다섯 번째, 나는 과거 여러 생들에서 무엇이었다가 무엇으로 계속해서 태어났을까?라고 의심하는 것. 이상 다섯 가지는 과거의 시간을 집착해서 생겨나는 의심이다.

그리고 첫 번째, 죽은 후 미래에 나는 존재할 것인가?라는 의심. 두 번째, 죽은 후 미래에 나는 존재하지 않을 것인가?라는 의심. 세 번째, 나는 미래생에 무엇이 될 것인가?라는 의심. 네 번째, 나는 미래생에 어떠한 모습, 형체일 것인가?라는 의심. 다섯 번째, 나는 미래 여러 생들에서 무엇이었다가 무엇으로 계속해서 태어날 것인가?라고 하는 의심. 이상은 미래의 시간을 집착해서 생겨나는 다섯 가지 종류의 의심이다.

그리고 첫 번째, 이 몸속에 중생·자아·나·영혼·혼백이라는 것이 있을까?라는 의심. 두 번째, 이 몸속에 중생·자아·나·영혼·혼백이라는 것이 없을까?라는 의심. 세 번째, 나는 지금 무엇일까?라는 의심. 네 번째, 나는 지금 무슨 모습일까?라는 의심. 다섯 번째, 이 나라고 하는 것은 어떤 생, 어떤 곳에서 이동하여 왔는가?라는 의심. 여섯 번째, 이 나라고 하는 것이 죽었을 때 어떤 생, 어떤 존재로 이동하여 갈 것인가?라고 하는 의심. 이상은 현재의 시간을 집착하여 생겨나는

---

659 『위빠사나 수행방법론』 2, 앞의 책, pp.146~148.

여섯 가지 종류의 의심이다.

16가지 삼세에 대한 의심은 자아나 내가 존재한다고 생각하고 집착하는 사람에게 생겨난다. 과거·현재·미래에 걸쳐 나라고 내세울 만한 것이 없으므로 이러한 16가지 의심은 제거해야 하는 것이다.

이와 같은 의심을 제거하기 위해 비구는 정신과 물질에 대한 조건(paccaaya)[660]을 다음과 같이 파악하기 시작한다. 즉 비구는 정신과 물질의 원인과 조건에 대한 탐구 시에 명의가 질병을 마주하여 그 원인을 찾듯이 하고(The bhikkhu who wants to accomplish this sets about seeking the cause and condition for that mentality-materiality; just as when a skilled physician encounters a disease he seeks its origin)[661], 또한 연민을 가진 사람이 아무것도 모른 채 뒤척이지도 못하고 반듯하게 누워만 있는 갓난아기가 길바닥에 버려져 있는 것을 보고서 '이 아기가 누구의 아이인가?'라고 아이의 부모를 생각하듯이 한다.(or just as when a compassionate man sees a tender little child lying on its back in the road he wonders who its parents are.)[662] 그런 다음에 비구는 다음과 같은 과정으로 숙고한다. 정신과 물질이 원인을 갖지 않는 것은 아니다. 만약 정신과 물질이 원인을 갖지 않는다면 모든 곳, 모든 사람, 모든 경우에 동일한 상태로 일어나게 되기 때문이다.

---

660 『아비담마 길라잡이』(하), 앞의 책, p.649. 『아비담마타상가하』에 따르면, 정신과 물질(rūpa)의 현상은 어떤 조건에서 生滅을 거듭해 가는데, 이러한 조건을 빳짜야(paccaya; 조건)라고 한다. 24가지 빳짜야가 있다고 한다.

661 Bhadantācariya Buddhaghosa, *The Path of Purification Visuddhi Magga*, trans. by Bhikkhu Ñānamolli, *op.cit.*, p.693.

662 *loc.cit.*,

그러나 정신과 물질이 원인을 갖는다고 하더라도 자재천自在天 등과 같은 원인을 갖는 것도 아니라고 생각한다.[663]

이것을 보더라도 어떤 결과는 어떤 원인에 의해 생겨남을 말한다. 이것을 『청정도론』에서는 "그것을 의지하여(paṭicca) 결과(phalam)가 오기(eti) 때문에 조건(paccaya)이라 한다. +'의지하여'라는 것은 '그것이 없이는 안 된다', '무시하지 않고'라는 뜻이다."[664]라고 설명하고 있다. 그러므로 결과에 앞선 원인은 조건이 되는 것이다. 그런데 이때 조건은 어떤 것을 의지하여 결과가 오는 것을 의미한다.

이와 관련하여 연기법의 예를 들면, 아윗자(avijjā; 無明)가 바로 빳짜야(paccaya; 조건)이기 때문에 아윗자빳짜야(avijjāpaccaya)라 하고, 형성된 것(saṅkhata)을 계속 형성한다(abhisaṅkharonti)고 해서 상카라(saṅkhārā; 行)들이라고 한다는 것이다.[665] 그러므로 정신과 물질도 어떤 것에 의지하여 결과가 초래하는 조건에 의해 형성되는 것이다. 그만큼 조건은 중요한 의미를 갖는다.

『청정도론』에 의하면 비구는 정신과 물질의 원인과 조건으로 전향前向한 후 물질로 이루어진 몸의 원인과 조건을 파악하기 시작한다. 물질로 이루어진 이 몸이 생겨나게 된 원인과 조건을 살펴볼 때 이 몸은 태어날 때 청련, 홍련, 백련, 수련 속에서 태어나지도 않았고, 보석과 진주 등 사이에서 태어난 것도 아니라고 본다. 우리 몸은

---

663 『청정도론』 3, 앞의 책, pp.199~200.

664 위의 책, p.42.

665 같은 책; Vis, op.cit., p.526. XVII. Paññābhūminiddso, Avijjāpaccayā saṅkhārā-vitthārakathā`1,

위장과 소장의 중간에서 위장막 뒤와 척추뼈 앞에 창자와 내장으로 둘러싸여 있고, 그것은 스스로 악취가 나고 혐오스럽고 더러우며, 악취가 나고 혐오스럽고 더러우며, 우리는 이처럼 극심하게 좁은 공간에서 썩은 생선과 썩은 죽과 오물 구덩이 속의 벌레처럼 태어난 존재라고 보는 것이다.[666] 이 점은 앞에서 32가지 몸에 관한 관찰에서도 살펴보았다.

몸이 오늘의 모습으로 있게 된 것은 무명과 갈애와 취착과 업, 이 네 가지에 의해서 태어나게 되었기 때문이고, 이때 음식은 도와주기 때문에 조건이 된다. 그리하여 무명, 갈애, 취착, 업, 음식 등 다섯 가지 법들이 몸의 원인과 조건이 된다. 구체적으로 말하면, 이 가운데 무명과 갈애와 취착 등 두 가지는 이 몸의 강하게 의지하는 조건이 되고, 나머지 업은 태어나게 해주는 요인이 된다.[667]

왜 무명이 몸의 원인이 된다고 설명하고 있는가 하면, 무명에 의해 업이 형성(상카라)되고, 이때 식識이 있게 되어 정신과 물질, 즉 명색名色이 존재하게 되며, 그리고는 인간의 모습을 갖추고, 즉 육입六入을 이루고, 생·로·사에 이르는 십이연기의 과정이 있게 되는데, 이러한 무명에 의해 정신과 물질이 존재하게 되기 때문이다.

정신과 물질로 구성되어 있는 몸과 인간의 모습으로 태어나 이제까지 살아온 생애들은 괴로움뿐이다. 이처럼 정신과 물질, 생애들에 대한 원함, 애착(갈애)이 괴로움의 원인이라고 바르게 알지 못하는 것은 알지 못하는 무명 때문이고, 정신과 물질, 생애들을 행복한 것,

---

666 『청정도론』 3, 앞의 책, p.200.

667 같은 책.

좋은 것, 거룩한 것으로 보고, 또한 바라고 애착하는 그것을 행복과 좋음의 원인으로 생각하는 것은 잘못 아는 무명 때문이다.[668]

이러한 무명에 갈애, 취착, 업 등의 원인이 더해져서 재생연결을 시작으로 물질이 끊임없이 생겨나는 것이다. 그리고 현생에는 먹고 마시는 음식 때문에 물질 법들이 무너지지 않고 계속 유지되고, 지속되는 것이다.[669]

나. 정신과 물질은 항상 조건에서 생김

『청정도론』에서 비구는 물질인 몸의 조건을 파악한 뒤 정신을 파악하기 시작한다. 이것은 사념처의 신념처·수념처·심념처·법념처 가운데 신념처, 즉 몸에 관한 관찰로부터 시작하는 경우와 같다. 몸에 관한 관찰로부터 시작하는 점은 앞의 견청정에서 몸부터 해체작업을 통해 관찰하고 그런 다음에 정신을 관찰했던 과정과 같다고 하겠다.

비구는 우선 눈(眼)과 형상(色)을 조건으로 눈의 알음알이(眼識)가 일어난다고 파악하는 것이다. 이처럼 눈과 형상 등 조건에 따라 정신과 물질이 일어나는 것을 보고[670] 현재에도 그렇듯이, 과거에도 조건에서 정신과 물질이 생겼으며, 미래에도 조건에서 정신과 물질이 생길 것이라고 관찰하게 된다.[671] 눈과 형상을 조건으로 하여 눈의 알음알이

---

668 『위빠사나 수행방법론』 2, 앞의 책, p.142.

669 위의 책, p.141.

670 눈의 알음알이(眼識)는 정신이고, 눈(眼)은 물질이다. 정신은 눈 등 신체기관이 색 등 대상과의 작용 속에서 형성되는 것이다.

671 『청정도론』 3, 앞의 책, p.201.

가 일어나듯이, 나머지 귀와 소리를 조건으로 하는 것을 비롯하여 몸과 법을 조건으로 하는 것에 이르기까지 귀에 관한 알음알이로부터 몸에 대한 알음알이까지 있게 되는 것이다.

초기불교를 비롯한 남방 테라바다 불교에서는 위빠사나 수행과정에서 몸에 관한 관찰을 한 다음에 마음에 관한 관찰을 한다. 그러나 중국에서 우리나라에 전래한 간화선看話禪에서는 화두를 중심으로 한 선정수행을 수행방법으로 하고 있어서 그런지 몰라도 몸에 관한 관찰보다 마음을 관찰하는 데 중심축으로 하고 있다는 인상이 짙다. 그 한 예를 들면, 서장書狀을 보면 이 일은 마음을 밝히는 일이라는 것[672]이라고 하고 있기 때문이다. 수행이 몸으로부터 시작한 후 마음으로 이루어지는 것인가, 아니면 수행 시 마음이 몸보다 우선인가에 따라 각기 교육방법이 달라진다는 점에서 교육학적으로 의미가 있고 중요하다. 왜냐하면 초기불교와 남방 테라바다 불교 전통의 경우에는 스승 비구가 제자 비구에게 물질인 몸에 관한 관찰을 한 후 마음을 관찰하도록 하거나 또는 물질인 몸의 조건을 파악한 후 정신을 파악하도록 교육을 한 반면에, 간화선 전통에서는 이와 달리 화두로서 마음을 닦도록 스승 비구가 제자 비구에게 교육했다고 볼 수 있기 때문이다. 앞으로 이와 관련한 연구가 필요하다고 할 것이다.

다. 공통적인 것과 특별한 것의 두 가지 조건

그 밖에 비구는 정신의 조건을 공통적인 것과 특별한 것의 두 가지로

672 대한불교조계종 불학연구소·전국선원수좌회, 『간화선』, 앞의 책, pp.49~50.

보며, 물질의 조건은 업 등의 네 가지로 본다. 정신의 공통적인 조건은 눈을 비롯한 여섯 가지 문(六根)과 형상 등의 여섯 가지 대상(六境)을 말하며, 정신의 특별한 조건은 마음을 다잡음을 말한다. 업과 마음과 온도와 음식 등 네 가지는 물질의 조건이다. 마음이 일어날 때 마음에서 생긴 물질에게 조건이 된다. 온도와 음식은 온도와 음식에서 생긴 물질에게 조건이 된다.[673]

정신의 작용이 일어나고 멸하는 것은 눈 등 여섯 가지 감각기관과 색 등 여섯 가지 대상 사이에 일어나는 인식에서 비롯된다. 이것은 예외가 없는 공통적인 조건이다.[674] 정신에 속하는 인식이 눈 등 여섯 가지 감각기관과 색 등 여섯 가지 대상 사이의 작용에서 비롯하기 때문에 정신의 공통적인 조건이라고 말하는 것이다. 이때 마음을 다잡을 경우에는 닙빠나를 향해 갈 수 있으므로 특별한 조건이 된다. 마음을 다잡는 것은 누구나 가능한 것이 아니기 때문이다.

라. 연기의 역관과 순관

현상을 잘못 보기 때문에 의심이 일어나는 것이다. 현상을 있는 그대로 보면 의심이 발생하지 않게 된다. 그런데 현상을 있는 그대로 보지 않기 때문에 여러 가지 문제가 발생하는 것이다. 그러므로 현상을 있는 그대로 보는 과정은 필요하고, 그 의미가 크다. 현상을 있는

673 위의 책, pp.201~202.

674 육근六根이 육경六境을 대상으로 하여 육식六識이 발생하는 육육법六六法은 초기불교의 아함경阿含經에도 여러 번 나타나는데, 여기에서는 이 작용을 정신의 공통적인 조건이라고 표현하고 있다.

그대로 보는 과정은 연기緣起의 역관逆觀과 순관順觀이다.

연기의 역관과 순관에 의해 각각 의심이 사라지게 된다. 비구는 정신과 물질의 상카라(行들; nāmarūpasaṅkhātānaṃ)가 늙음에 이르러, 그 늙은 것들이 부서지는 것을 본 뒤 역관을 통해 '이 상카라들의 늙음·죽음은 태어남이 있을 때 있게 된다. 상카라(行)들은 무명無明이 있을 때 있게 된다.'라고, 이와 같이 비구가 연기의 역관으로 정신과 물질의 조건을 정확하게 파악한다. 그때 그에게 의심이 사라진다.[675]

또한 비구는 연기의 순관으로 '이와 같이 … 무명을 조건으로 상카라(行)들이 있다.'라고 하여 정신과 물질의 조건을 파악한다. 그때 마찬가지로 그에게 의심이 사라진다.[676]

무명으로부터 노사에 이르는 십이지十二支(십이연기)는 정신과 물질로 구성되어 있는 우리 몸에서 정신과 물질이 일어나고 사라지는 현상을 나타낸 것이라고 할 수 있다. 각각의 지支는 서로 조건이 되어 일어나고 사라지는 현상을 나타낸다는 점에서 우리는 연기의 순관과 역관으로 정신과 물질의 조건을 파악하는 것이다. 그러므로 정신과 물질은 이처럼 연기적 관계에서 일어나고 사라지는 것들이라고 하겠다.

마. 업과 업의 과보

또한 비구는 업의 회전과 과보의 회전으로 정신과 물질의 조건을 파악한다.

---

675 위의 책, p.203.

676 같은 책.

『청정도론』 17장에서는 원인과 결과를 인용하여, "이전 업으로서의 존재에서 어리석음이 무명이고, 노력이 상카라들이며, 집착이 갈애이고, 접근이 취착이며, 의도가 존재이다. 이와 같이 이전의 업으로서의 존재에 있었던 이 다섯 가지 법들이 금생의 재생연결의 조건이 된다. 금생에 재생연결은 알음알이이고, 모태에 들어감은 정신과 물질이며, 감성(感性; pāsada)은 감각장소이고, 닿음은 감각접촉이며, 느껴진 것은 느낌이다."[677]라고 하고 있다. 여기에서 '이전 업으로서의 존재에서(purimakammabhavasmin)'는 '전생에 행했던 업으로서의 존재에서'라고 하는 의미를 지닌다.[678]

담마빨라는 "'이전 업으로서의 존재를' 그 때문에 전생의 업의 세력에 의해 실로 그것이 완성되었다."[679]라고 설명하고 있는데, 이때 '전생의 업의 세력'은 '이전의 업으로서의 존재'를 의미한다.

이러한 업은 12가지로 구체적인 설명은 다음과 같다.[680] 우선 금생에 받는 업, 다음 생에 받는 업, 받는 시기가 확정되지 않은 업, 효력을 상실한 업의 네 가지이다.

그리고 다른 네 가지 업은 무거운 업, 습관적인 업, 임종에 다다라서 지은 업, 이미 지은 업이다.

그 밖에 생산업, 돕는 업, 방해업, 파괴업의 네 가지가 있다. 생산(janaka)업은 유익한 것이든, 해로운 것이든 재생연결再生連結과 삶의

677 위의 책, pp.203~204.

678 위의 책, p.159.

679 *Pm, op.cit.*, p.6. "Tenāha purimakammānubhāveneva hissa sā siddhā.ti."

680 『청정도론』 3, 앞의 책, pp.204~206.

전개과정에서 물질과 정신의 과보의 무더기를 생기게 한다. 돕는(upatthambhaka) 업은 과보를 생기게 할 수 없다. 다른 업에 의해 재생연결이 있고 과보가 생길 때 즐거움과 고통이 생기면 그것을 지지하고 지속하게 된다. 방해(upapīḷaka)업은 다른 업에 의해 재생연결이 있고 과보가 생길 때 즐거움과 고통이 생기면 그것을 방해하고 막으며 지속되지 못하게 한다. 파괴(upaghātaka)업은 스스로 유익한 것이기도 하고 해로운 것이기도 하며, 힘이 약한 다른 업을 파괴하고 그 업이 과보를 낼 수 있는 기회를 빼앗아버리고 자신의 과보를 낼 기회를 만드는 것을 말한다.

비구는 이처럼 업의 회전과 과보의 회전을 통해서 조건에서 정신과 물질이 일어나는 것을 봄으로써 현재에 이렇듯이 과거에도 업의 회전과 과보의 회전을 통해서 조건에서 생겼고, 미래에도 업의 회전과 과보의 회전을 통해서 조건에서 생길 것이라고 관찰한다. 이와 같이 업과 업의 과보, 업의 회전과 과보의 회전, 업의 일어남과 과보의 일어남, 업의 상속과 과보의 상속, 행위와 행위의 과보가 계속된다.[681]

비구에게는 원인이 있을 때 '짓는 자'라고 하고, 과보가 일어날 때 '경험하는 자'라고 바른 통찰지로 바르게 보게 된다.[682]

바. 안 것의 통달지(ñātapariññā, 知遍知)

비구가 업의 회전과 과보의 회전으로 정신·물질을 파악한 뒤 삼세에 대한 의심을 버릴 때 과거·미래·현재의 모든 법을 죽음과 재생연결을

681 위의 책, p.207.

682 위의 책, p.208.

통하여 알게 된다. 이것을 안 것의 통달지(ñātapariññā, 知遍知), 즉 '*Full Understading of The Known*'라고 한다.[683]라고 한다.[684]

이처럼 비구는 꿰뚫어 안다. 모든 측면에서 정신·물질의 원인을 파악하는 그의 지혜는 깊어지고, 이제까지 갖고 있었던 16가지의 의심, 즉 "나는 정말 과거에 존재했는가, 아니면 존재하지 않았는가? 나는 과거에 무엇이었을까? 나는 과거에 어떠했을까? 나는 과거에 무엇이 되었다가 다시 무엇이 되었을까? …"라는 등의 과거·현재·미래에 대한 16가지 의심은 말끔히 제거된다. 이와 같이 여러 가지 방법으로 정신·물질의 조건을 파악함으로써 삼세에 대한 의심을 버리고 얻은 지혜를 '의심을 극복함에 의한 청정'이라고 한다. 법들의 조건에 대한 지혜(dhammaṭṭhitiñāṇa, 法住智), 있는 그대로의 지혜(yathābhūtañāṇa, 如實智), 바르게 봄(sammādassana, 正見) 등이 동의어이다.[685]

마하시 사야도는 의심을 극복한 청정이 아직 출세간법이 아니라 세간법일 뿐이며, 물러서거나 무너질 수 있다고 설명하고 있다.[686] 즉 적당하지 않은 것에 마음을 기울였거나 삿된 법을 들었다든가 해서 의심(vicikicchā)이 생겨날 수도 있고, 잘못된 견해인 사견이

---

683 위의 책, p.210. 냐나몰리는 '*Full Understading of The Known*'이라고 표현하고 있는데, 이 안 것의 통잘지는 도아 도 아님에 대한 지와 견에 의한 청정에서는 세간의 통달지 세 가지, 즉 안 것의 통달지, 조사의 통달지, 버림의 통달지 가운데 하나로서 나타난다.

684 위의 책, p.210.

685 위의 책, p.212.

686 『위빠사나 수행방법론』 2, 앞의 책, p.176.

들 수도 있다는 것이다. 그리고 그렇게 해서 의심을 극복한 청정이 물러서고 무너질 수도 있다는 것이다.

③도와 도 아님에 대한 지知와 견見에 의한 청정[687]: 물질의 무상·고·무아에 관한 파악

가. 두 가지 명상의 지혜

비구가 수행 중에 도道가 아닌 것을 도라고 잘못 알고 있고, 도인 것을 도가 아니라고 잘못 알고 있는 경우가 있다. 만약 비구가 도가 아닌 것을 도라고 잘못 알고 있고, 도인 것을 도가 아니라고 잘못 알고 있다고 한다면 이처럼 잘못된 경우는 없다. 무엇이 참이고 무엇이 거짓인지, 무엇이 옳고 무엇이 틀린지 구분을 못하는 것을 의미한다. 이때 비구가 이것은 도이고 이것은 도가 아니라고 이처럼 도와 도 아님을 알고서 확립한 지혜를 '도와 도 아님에 대한 지知와 견見에 의한 청정(maggāmagga-ñāṇadassana-visuddhiniddeso)'이라고 한다. 비구는 이 지혜를 성취하기 위해 깔라파(kalāpa)에 대한 명상, 즉 위빠사나 수행을 해야 한다. 그런데 위빠사나 수행을 시작하기 위해서는 전제조건으로 그에 앞서 '의심을 극복함에 의한 청정'에서의 의심을 극복해야 하는 것이 필요하다.

'도와 도 아님에 대한 지혜'는 조사의 통달지通達智(tīraṇa-pariññā, 審察遍知)가 생길 때 생기는데, 이것은 안 것의 통달지(ñātapariññā, 知遍知) 다음에 생긴다. 이와 같은 조사의 통달지는 깔라파에 대한 명상, 즉 위빠사나 수행에서 비롯된다.[688]

---

687 위의 책, pp.217~218.

조사의 통찰지가 안 것의 통달지가 성취된 다음에 생긴다는 것은 이것이 차제적인 순서에 의해 이루어진 것임을 나타내고 있는 것이다. 그러므로 '도와 도 아님에 대한 지와 견에 의한 청정'을 성취하고자 하는 비구는 깔라파에 대한 명상을 수행해야 한다.[689]

그런데 세간적인 통달지는 안 것의 통달지, 조사의 통달지, 버림의 통달지의 세 가지[690]이다. 『청정도론』은 세 가지 통찰지(Tisso pariññā)에 대해서 『무애해도』를 인용하여 다음과 같이 설한다.

> 초월지라는 통찰지는 알았다는 뜻에서 지혜이고, 통달지라는 통찰지는 조사하는 뜻에서 지혜이고, 버림이라는 통찰지는 제거하는 뜻에서 지혜이다.

여기서 물질은 파괴되어 변하고(ruppanalakkhaṇaṃ rūpaṃ), 느낌은 느낀 상相(vedayitalakkhaṇā vedanā)이라고 이와 같이 법法들의 개별적인 특징에 대한 관찰의 결과로서 있게 되는 통찰지가 '안 것의 통달지'이다.[691] 그리고 물질은 무상하고 느낌은 무상하다는 방법, 다시 말해서

---

688 Vism, op.cit., p.60. "*Tīraṇaṃ. kiccassa pāragamanaṃ.*" 세밀히 관찰해서 저 언덕에 가는 것이 調査의 洞察智가 된다고 말하기도 한다.

689 『청정도론』 3, 앞의 책, p.218.

690 같은 책; PTS. 『*Paṭisambhidāmagga*』, 88, pp.20~24; 임승택 옮겨 지음, 앞의 책, p.238. "Kathaṃ abhiññāpaññā ñātaṭṭhe ñāṇaṃ, pariññāpaññā tīraṇaṭṭhe ñāṇaṃ, pahānapaññā pariccāgaṭṭhe ñāṇaṃ. 조사의 통달지는 'measurement', 즉 측정의 의미를 지닌다. 그런데 임승택은 이상 『무애해도』의 번역에서 건넘(渡)의 의미로 번역하고 있다.

오온이 무상하다는 것으로 법들의 보편적인 특징을 제기한 뒤 생기는 보편적인 특징을 대상으로 가지는 위빠사나의 통찰지가 '조사의 통달지'가 된다. 그리고 이런 법들에서 영원하다는 인식 등을 버림으로써 생긴 특징을 대상으로 가지는 위빠사나의 통찰지가 '버림의 통달지'가 된다.[692]

이와 같은 세 가지 지知는 정확히 아는 지로서 진실로 고苦(dukkha)를 철저히 조사하여 알고, 도를 잘 알며, 완전한 지에 의해 아는 것이라고 한다.[693]

두 가지 통달지 가운데 조사의 통달지에서 '도와 도 아님에 대한 지혜'가 생기고, 그러기 위해서 깔라파 명상을 수행해야 하므로 이제부터 깔라파 명상에 대해 살펴보기로 한다.

나. 깔라파에 대한 명상

깔라파(kalāpa)[694] 명상은 다음과 같이 오온에 대한 40가지의 바른

691 Vis, op.cit., p.606.

692 『청정도론』 3, 앞의 책, pp.218~219.

693 Vism, op.cit., p.111. "Pariññeyyanti dukkhasaccaṃ. tīraṇapariññāya, maggapaññāya ca parijānato."

694 『아비담마 길라잡이』(하), 앞의 책, p.568. 깔라파(kalāpa)는 같은 종류의 물건들의 묶음이나 다발을 뜻하는 말이다. 이 말은 부처님의 전생 이야기인 『자타까』에 나타난다. veḷu-kalāpa는 대나무를 의미하고, kesā-kalāpa는 머리카락의 묶음을 의미한다. 이렇게 사용되던 말이 아비담마에서는 물질의 무리를 의미하는 전문술어가 된 것이다. 마음이 항상 마음부수와 함께 일어나고 함께 멸하듯이, 모든 물질도 항상 무리지어 일어나고 멸하므로 이러한 무리를 깔라파

관찰에서 시작한다. 오온은 앞에서도 정신과 물질을 해체해서 볼 때 관찰의 대상이었듯이, 깔라파 명상도 오온에 대한 관찰로부터 시작하고 있는 것이다.

> 물질(色; rūpa)은 그것이 과거의 것이든 미래의 것이든 현재의 것이든 부서진다는 뜻에서 무상하고, 두렵다는 뜻에서 괴로움(苦)이며, 고갱이(實體)가 없다는 뜻에서 무아라고 요약해서 구분하는 통찰지가 명상의 지혜다. 느낌(受)은 … 알음알이(識)는 … 눈은 … 늙음·죽음은 부서진다는 뜻에서 무상하고, 두렵다는 뜻에서 괴로움(苦)이며, 고갱이(실체)가 없다는 뜻에서 무아라고 … 물질(rūpa)은 그것이 과거의 것이든 미래의 것이든 현재의 것이든 무상하고, 형성되었고, 조건에 따라 일어났고, 부서지기 마련인 법이고, 사라지기 마련인 법이고, … 느낌은 … 알음알이는 … 눈은 … 늙음·죽음은 과거의 것이든 미래의 것이든 현재의 것이든 무상하고, 형성되었고, 조건에 따라 일어났고, 부서지기 마련인 법이고, 사라지기 마련인 법이고, 빛바래기 마련인 법이고, 소멸하기 마련인 법이라고 요약해서 구분하는 통찰지가 명상의 지혜다.[695]

이처럼 오온이 무상하고 괴로움(苦)이고 무아라고 40가지 방식으로

라고 하는 것이다. 깔라파는 최소단위를 아위닙보가(avinibbhoga)라고 부른다. 이것은 사대四大에 형상(rūpa), 냄새(gandha), 맛(rasa), 영양소(ojā) 등을 추가하여 여덟 가지로 구성된다. 그러므로 이것은 '순수한 8원소(suddhaṭṭhaka)'로 불리며, '영양소를 여덟 가지로 한 것(ojāṭṭhamaka)'이라고 불리기도 한다.

695 『청정도론』 3, 앞의 책, pp.220~221.

관찰[696]한 후, 비구는 다음과 같이 오온을 명상해야 한다.

> 낱낱의 무더기가 영원하지 않고, 처음과 끝을 가졌기 때문에 무상하다고 명상한다. 일어나고 사라짐에 의해 압박받고 고통의 기초이기 때문에 괴로움(苦)이라고 명상한다. 조건에 의지하고 병의 뿌리가 되기 때문에 병이라고 명상한다. 고통의 창과 연결되어 있고, 오염의 더러움이 넘쳐 나오며, 일어남에 의해 붓고, 늙음에 의해 여물고, 무너짐에 의해 터지기 때문에 종기라고 명상한다. … 병과 늙음과 죽음으로 무너지기 때문에 붕괴하는 것이라고 명상한다. 여러 가지 피해를 가져오기 때문에 전염병이라고 명상한다. 예측하지 않은 커다란 불이익을 가져오고 모든 재앙의 기지이기 때문에 재앙이라고 명상한다. … 모든 순간에 무너지고 굳건함이 없기 때문에 지속되지 않는 것으로 명상한다. 보호하지 못하고 안전을 주지 못하기 때문에 보호가 없는 것으로 명상한다. 피난하기에 적당하지 않고 피난처를 찾는 사람에게 피난할 수 있는 역할을 하지 않기 때문에 피난처가 없는 것으로 명상한다. … 늙음과 죽음이라는 이 두 가지로 변하는 성질을 가졌기 때문에 변하기 마련인 법이라고 명상한다. 힘이 없고 백목질처럼 쉽게 부서지기 때문에 고갱이가 없다고 명상한다. 재난의 원인이기 때문에 재난의 뿌리라고 명상한다. … 태어나고 늙고 병들고 죽는 성질을 가졌기 때문에 태어나기

696 일묵 옮김·파욱 또야 사야도 법문, 앞의 책, pp.270~271. 파욱 또야 사야도는 무상 열 가지, 괴로움 25가지, 무아 다섯 가지 등 40가지를 들어, 과거·현재·미래의 정신과 물질을 인식한다고 본다.

마련인 법이고 늙기 마련인 법이고 죽기 마련인 법이라고 명상한다. 근심, 탄식, 절망의 원인이기 때문에 근심, 탄식, 절망하기 마련인 법이라고 명상한다. 갈애와 사견과 나쁜 행위라는 오염의 대상이기 때문에 오염되기 마련인 법이라고 명상한다.[697]

오온에 대한 40가지 방식의 명상 이외에 오온의 각각의 무더기에 대해(ekekasmiṃ khandhe) 무상으로(anicca), 붕괴로(palokato), 떨림으로(calato), 무너짐으로(pabhanguto), 확실하지 않음으로(adhuvato), 변하기 마련인 법으로(vipariṇāmadhammato), 고갱이(실체)가 없음으로(asārakato), 복리가 없음으로(vibhavato), 형성된 것으로(saṅkhatato), 죽기 마련인 법으로(maraṇadhammato)라고 하는 열 가지를 통한 50가지의 무상의 관찰이 있다.

그리고 각각의 무더기에 대해 타인으로(Parato), 비었음으로(paritta),[698] 허(空虛)하므로(tucchato), 공空함으로(suññato), 자아가 없음으로(anattato)라고 하는 다섯 가지를 통한 25가지 무아의 관찰이 있다. 그리고 나머지 것들을 각각의 무더기에 대해 괴로움으로(dukkhato), 병으로(rogato) 등 25가지를 통한 125가지의 괴로움의 관찰이 있다. 이와 같이 200가지의 명상이 있다고 한다.[699]

이와 같이 비구가 명상하는 목적은 오온이 무상·고·무아인 것을 200가지로 명상하여 굳건히 하는 데 있다. 그러나 비구가 이처럼

697 『청정도론』 3, 앞의 책, pp.228~230.

698 http://dsal.uchicago.edu/, small, little, inferior의 의미도 있다.

699 『청정도론』 3, 앞의 책, p.231.; Vis, op.cit., pp.612~613.

여러 가지 명상을 했음에도 불구하고 이것을 성취하지 못했을 경우에는 다음과 같이 다시 아홉 가지 방법[700]으로 오근五根을 맑게 하는 수행을 한다. 즉 ① 계속적으로 일어난 상카라들이 부서짐을 보며, ② 그때에 신중하게, ③ 지속적으로, ④ 적절하게 수행하여 성취한다. ⑤ 삼매의 표상을 잡아 성취하고, ⑥ 마음이 처질 때는 희열, 정진, 택법의 깨달음의 구성요소가, 마음이 들뜰 때는 경안, 삼매, 평온(捨)의 깨달음의 구성요소가 적절하게 생기게 한다. ⑦ 몸과 생명에 무관심하며, ⑧ 출리出離로 극복하고(일어난 괴로움을 정진으로 극복하고), ⑨ 중간에 그만두지 않는다.

이상에서 40가지 방식이나 심지어 200가지 방식으로 또는 아홉 가지 방법으로 오온에 관해 명상하여 무상·고·무아라는 점을 관찰한다는 사실은 오온이 무상·고·무아임을 비구가 철저히 파악하는 일이 닙빠나를 이루는 데 있어서 매우 중요한 것이라는 것을 알 수 있게 하는 것이다.

다. 물질의 일곱 가지(七個條)를 통한 명상[701]; 물질을 관찰하는 일곱 가지 방법

한편 비구는 물질을 일곱 가지로 명상(rūpasattakasammasanakathā)한다. 비구는 물질에 대해 물질이 갖고 있는 '있는 그대로의 현실'을 무상·고·무아라고 보는 것이다.

---

700 위의 책, pp.231~232.

701 위의 책, pp.242~255.

첫째, 비구는 재생연결을 취하고 죽음을 버림으로써 상카라(行)에 관한 명상을 한다. 이 세상에 존재하는 모든 상카라들은 일어나고 사라짐이 있기 때문에, 변하기 때문에 잠시뿐이고, 항상함과 반대되기 때문에 무상하다는 것이다. 그리고 일어난 상카라들은 머물지만 늙음으로 고통을 받고, 늙음에 이르러서는 반드시 무너진다는 것이다. 즉 금생의 전체의 물질이 무상·고·무아임을 안팎으로 보는 것[702]을 가리킨다. 마하시 사야도는 다음과 같이 설명한다.[703] 이것은 취함과 버림으로 물질을 관찰하는 방법이다. 취함은 새로운 생의 무더기라는 짐을 받아들이기 때문에 재생연결이라고 불린다. 버림이란 지난 생의 무더기라는 짐을 버리기 때문에 죽음이다. 이와 같이 재생연결과 죽음으로 구분함으로써 현생의 물질들을 '항상하지 않다. 괴로움이다. 나가 아니다.'라고 관찰하고 보고 이해하는 것을 가리킨다.

둘째, 비구는 늙은, 즉 쇠퇴한 물질이 사라지므로 무상·고·무아라고 명상을 하는 것이다. 기간으로 나누어 생각해보는 것으로,[704] 금생을 100년으로 정하고 33년씩 3기간으로 나누거나, 10년씩 10기간으로 나누거나, 5년씩 20기간으로, 4년씩 25기간으로, 3년씩 33시간으로, 2년씩 50기간으로, 1년씩 100기간으로 나눈다. 또한 넉 달씩 300기간, 두 달씩 600기간, 반 달씩 2,400기간으로 나누기도 한다. 또한 하루를 두 기간이나 여섯 기간으로 나눈다. 이상 각각의 기간 동안 물질이 일어났다가 사라질 뿐 다음 기간으로 넘어가지 않는다는 것이다.

702 일묵 옮김·파욱 또야 사야도 법문, 앞의 책, p.271.

703 『위빠사나 수행방법론』 2, 앞의 책, p.210.

704 일묵 옮김·파욱 또야 사야도 법문, 앞의 책, p.272.

마하시 사야도는 다음과 같이 설명한다.[705] 이것은 연령성숙 사라짐을 통해 관찰하는 방법이다. 즉 연령에 따라 성장하고 성숙하는 물질의 사라짐을 연령성숙 사라짐(vayovuḍḍhutthaṅgama)이라고 하는 것이다.

셋째, 음식에서 생긴 물질은 음식을 먹어서 형성되는 몸을 말하는 것으로 이 몸은 굶주릴 때에는 마르고 생기가 없다. 반면에 포만할 때 생긴 물질, 즉 배불리 먹어서 형성된 몸은 포동포동하고, 활기차고, 연하고, 윤기 있고, 촉감이 좋다. 그러나 이들은 굶주릴 때나 포만할 때 이 몸은 언제이든지, 그곳에서 멸한다. 즉 무상·고·무아라고 비구는 명상을 하는 것이다. 마하시 사야도에 의하면[706] 이것은 음식에서 생긴 것으로 관찰하는 방법이다.

넷째, 온도에서 생긴 물질은, 더운 때 생긴 물질은 마르고, 생기 없고, 추한 반면에 차가운 온도에서 생긴 물질은 포동포동하고, 활기차고, 윤기가 있다. 그러나 더운 온도에서 생긴 물질은 차가운 시점에 이르지 않고 소멸하고, 차가운 때에 생긴 물질은 더운 시점에 이르지 않고 소멸한다. 그러므로 비구는 이것은 무상·고·무아라고 명상을 하는 것이다. 마하시 사야도에 의하면[707] 이것은 온도에서 생긴 것으로 관찰하는 방법이다.

다섯째, 업에서 생긴 물질은 감각장소에서 분명히 알 수 있다. 눈의 문門을 예로 들면, 눈의 문은 눈과 몸과 성性의 열 가지 원소로서,

---

705 『위빠사나 수행방법론』 2, 앞의 책, p.216.

706 『위빠사나 수행방법론』 2, 위의 책, p.223.

707 『위빠사나 수행방법론』 2, 위의 책, p.224.

그곳에는 30가지의 업에서 생긴 물질들이 있고, 그들을 지탱해주는 온도, 마음, 음식에서 생긴 24가지 물질들이 있는데 모두 합하여 54가지 물질들이 있다. 이것은 귀와 코와 혀의 문의 경우도 마찬가지이다. 그런데 몸의 문에는 몸과 성性의 열 가지 원소로 20가지의 물질과 온도 등에서 생긴 24가지의 물질로 모두 합하여 44가지의 물질이 있다. 그리고 마노(意)의 문에는 심장토대, 몸, 성의 열 가지 원소로 30가지의 물질과 온도 등에서 생긴 24가지 물질로 모두 합하여 54가지의 물질이 있다.

이처럼 여섯 가지 감각기관에서 생긴 물질들이 많이 있지만 눈의 문에서 생긴 물질은 귀의 문에 이르지 않고 오직 그곳에서 소멸하며, 귀의 문에서 생긴 물질은 코의 문에, 코의 문에서 생긴 물질은 혀의 문에, 혀의 문에서 생긴 물질은 몸의 문에, 몸의 문에서 생긴 물질은 마노, 즉 마음의 문에 이르지 않고 그곳에서 소멸한다. 그러므로 비구는 이들 여섯 가지 문들이 무상·고·무아라고 명상을 하는 것이다. 마하시 사야도에 의하면[708] 이것은 업에서 생긴 것으로 관찰하는 방법이다.

여섯째, 마음에서 생긴 물질은 기뻐하는 사람과 슬퍼하는 사람을 통해서 분명히 알 수 있다. 기뻐할 때 생긴 물질, 즉 얼굴은 윤기가 있고, 연하며, 활기차고, 촉감이 좋다. 반면에 슬퍼할 때 생긴 물질, 즉 얼굴은 마르고, 생기가 없고, 추하다. 기뻐할 때 생긴 물질은 슬퍼하는 시점에 이르지 않고 그곳에서 멸하고, 슬퍼할 때 생긴 물질은 기뻐하는 시점에 이르지 않고 그곳에서 멸한다. 그러므로 비구는

708 『위빠사나 수행방법론』 2, 위의 책, p.225.

이것이 무상·고·무아라고 명상을 하는 것이다. 마하시 사야도에 의하면[709] 이것은 마음에서 생긴 것으로 관찰하는 방법이다.

일곱째, 철, 동, 주석, 납, 금, 은, 진주, 보석, 녹주석, 조가비, 대리석, 산호, 홍옥, 단백석, 흙, 돌, 바위, 풀, 나무, 덩굴 등 자연적으로 생긴 물질은 겁이 이루어질 때부터 생긴 물질이다. 이들 가운데 아소까 나무의 새싹을 예로 들면, 처음에는 연분홍색이다가 2~3일이 지나면 진한 분홍색이 된다. 그리고 2~3일이 더 지나면 어두운 분홍색이 된다. … 그리고 1년이 되면 황엽이 되었다가 줄기에서 끊어져 떨어지게 된다. 연분홍색일 때 생긴 물질은 진한 분홍색이 되는 시점에 이르지 않고 멸한다. 진한 분홍색일 때 생긴 물질은 어두운 분홍색이 되는 시점에, 어두운 분홍색일 때 생긴 물질은 연한 새순의 색이 되는 시점에, … 황엽일 때 생긴 물질은 줄기에서 끊어져 떨어지는 시점에 이르지 않고서 멸한다. 그러므로 비구는 이것들이 무상·고·무아라고 명상하는 것이다. 마하시 사야도에 의하면[710] 이것은 자연물질로 관찰하는 방법이다.

이와 같이 일곱 가지 방법으로 비구는 무상·고·무아의 세 가지 특상을 제기하고 자연적으로 생긴 모든 물질을 명상하는 것이다.

라. 정신의 일곱 가지(七個條)를 통한 명상; 정신을 관찰하는 일곱 가지 방법[711]

---

709 『위빠사나 수행방법론』 2, 위의 책, p.232.

710 『위빠사나 수행방법론』 2, 위의 책, p.241.

711 Rhys Davids, C. A. F., *The Visuddhi-Magga of BuddhaGhosa*, *op.cit.*, p.617.;

우선 정신이 생기하는 작용에 대해 살펴보도록 한다.[712]

이와 같이 물질(rūpa)에 대해 안 것(sammasantena; 觸知)처럼 마찬가지로 비구는 정신(ārupa)이 생기生起하는 것을 알게 된다.

정신이 생기하는 것이란 81가지의 세간의 분별작용(ekāsīti lokiyacittuppādavaseneva)에 의한 것, 즉 정신이 생기하여 예전에 형성함으로써 축적된 업에 의한 것을 말한다. 그런데 처음에 그것은 19가지 종류의 재생연결식(rebirth-linking)으로서 생기한다. 그 과정은 연기緣起의 의석義釋에 의해서(Paṭiccasamuppādaniddese) 이해되어야 한다. 즉 재생연결에 의한 마음에 의해(Paṭisandhicittassa) 바로(anantara; 無間의) 그 마음으로부터(cittato) 이후(paṭṭhāya) 다음 생에서(bhavangavasena; life-continuum) 〔열아홉 번이나 분별작용이 일어나는 것처럼〕 수명이 다할 때(āyupariyosāne) 사후의 분별작용이 일어나게 된다. 그리고 육문六門의(chasu dvāresu) 힘에 의해(bala-vārammane) 그 소연의 대상(tadārammaṇavasena)이 생생하게 될 때 등록이 발생한다.

그런 다음에 눈의 인식작용이 명료한 눈의 시야에 식별 가능한 대상에 집중하게 되기 때문에 생성하게 된다. 그런데 식별 가능한 대상을 대하게 될 때 눈이 민감해질 경우에 눈에 나쁜 영향을 끼치게 된다. 그렇게 될 때 두 번 다음 생(bhavanga)이 일어난 후(uppajjitvā) 그치게 된다(nirujjhati). 그 다음에는 마음의 요소가 앞에서와 마찬가지로 식별 가능한 데이터를 받아들이게 된다. 이처럼 정신의 생성이

Bhadantācariya Buddhaghosa, *The Path of Purification Visuddhi Magga*, Translated by Bhikkhu Ñāṇamolli, *op.cit.*, p.719.

712 *loc.cit.*

여섯 가지 감각기관인 육문六門에서 나타난다.

정신의 작용에 대해 살펴보았다. 그러면 지금부터 정신에서 명상이 어떻게 전개되는지 살펴보자. 물질을 일곱 가지 방법으로 무상·고·무아라고 식별한 비구는 위빠사나의 마음을 대상으로 하여 정신 또한 무상·고·무아라고 다음과 같이 일곱 가지로 명상을 하게 된다.[713] 여기서도 비구는 물질에 관한 명상을 먼저 한 다음에 정신에 대한 일곱 가지 명상을 하는 것이다. 그런 점에서 차제적으로 명상이 물질 → 정신의 순서로 이루어지는 것이다.

첫째, 깔라파(kalāpa; 묶음)로 명상하는 것이다. 즉 이 머리털들이 무상하고 괴로움이며 무아라고 명상할 때 일어난 감각접촉을 기본으로 하는 다섯 가지 법들(觸·受·想·行·識)[714]이 있다. 몸털들이 … 뇌가 무상하고 괴로움이며 무아라고 명상할 때 일어난 감각접촉을 기본으로 하는 다섯 가지 법들(觸·受·想·行·識)이 있다. 이들 모두는 다른 부분에 이르지 않고, 바로 그 단계에서, 바로 그 무리에서 마치 달군 냄비에

---

713 『청정도론』 3, 앞의 책, pp.255~258. 비구가 물질을 무상·고·무아라고 식별한 다음에 정신도 무상·고·무아라고 식별하고 있는 것, 즉 물질 → 정신의 순서로 명상하고 있는 점에 주목할 필요가 있다. 이처럼 관찰 또는 명상을 통한 수행 시 물질 → 정신의 순서로 이루어지고 있는 점은 아비담마 교학의 공통적인 특성이다. 그러므로 『청정도론』에서 전개되는 수행의 특성은 물질 → 정신의 순서로 이루어지고 있다고 하겠다.

714 Bhadantācariya Buddhaghosa, *The Path of Purification Visuddhi Magga*, Translated by Bhikkhu Ñānamolli, *op.cit.*, p.728. The 'Contact Pentad(phassa-pañcamaka)' is a term used for the first five things listed in Dhs.1, that is, contact, feeling, perception, volition, consciousness which are invariably present whenever there is consciousness.

놓인 깨처럼 톡톡 소리를 내면서 무너진다. 그러므로 무상하고 괴로움이며 무아라고 명상하는 것이다.

머리털로부터 뇌에 이르기까지의 신체는 물질로서 무너질 수밖에 없다는 것을 감촉을 통해〔觸〕, 감촉을 받아들임으로써〔受〕, 감촉을 인식하고〔想〕, 감촉의 인식을 유지하고〔行〕, 감촉을 분별함〔識〕으로써, 무상하고 괴로움이며 무아라고 명상하게 되는데, 이것이 물질 → 정신의 순서로 이루어지는 명상의 과정인 것이다.

둘째, 쌍으로 명상하는 것이다. 즉 비구는 취하고 버린 물질에 대해서 무상하고 괴로움이며 무아라고 한 뒤에 그 마음도 다음의 마음도 무상하고 괴로움이며 무아라고 명상한다. 또한 각 단계에서 늙은 것이 사라지는 물질에 대해 … 음식, 온도, 업, 마음, 자연적으로 생긴 물질 등에 대해 무상하고 괴로움이며 무아라고 명상한 뒤 그 마음에 대해서도 다음의 마음도 무상하고 괴로움이며 무아라고 명상한다.

이상 두 가지 관찰방법, 즉 깔라파(묶음)로 관찰하는 방법과 쌍으로 관찰하는 방법의 차이점은 다음과 같이 설명할 수 있다.[715] 깔라파(묶음)로 관찰하는 방법은 물질을 알아차릴 때(새길 때) 생겨나는 마음, 알아차림(새김), 지혜, 삼매, 정진, 접촉, 의도, 느낌 중에서 어느 하나도 분명하게 알지 못한 채 새겨 아는 정신법들을 그냥 묶어서 모아서 관찰하는 것을 의미한다. 그런데 쌍으로 관찰하는 방법은 알아차릴 때 포함된 정신법들 중 어느 하나를 분명하게 알고 분명한

715 『위빠사나 수행방법론』 2, 앞의 책, p.242.

정신법을 기본으로 해서 관찰하는 것을 의미한다.

셋째, 순간으로(찰나로) 비구가 취하고 버린 물질에 대해서 무상하고 괴로움이며 무아라고 명상한 뒤에 그 첫 번째 마음은 두 번째 마음으로, 두 번째 마음은 세 번째 마음으로, 세 번째 마음은 네 번째 마음으로, 네 번째 마음은 다섯 번째 마음으로 계속적으로 이것이 무상하고 괴로움이며 무아라고 명상하는 것이다. 각 단계에서 늙은 것이 사라지는 물질에 대해 … 음식, 온도, 업, 마음, 자연적으로 생긴 물질 등에 대해 무상하고 괴로움이며 무아라고 명상한 뒤에 그 첫 번째 마음은 두 번째 마음으로, 두 번째 마음은 세 번째 마음으로, 세 번째 마음은 네 번째 마음으로, 네 번째 마음은 다섯 번째 마음으로 이것이 무상하고 괴로움이며 무아라고 명상한다. 마하시 사야도에 의하면[716] 이것은 찰나로 관찰하는 방법이다.

넷째, 차제次第로 취하고 버린 물질에 대해서 무상하고 괴로움이며 무아라고 명상한 뒤에 그 첫 번째 마음은 두 번째 마음으로, 두 번째 마음은 세 번째 마음으로, 세 번째 마음은 네 번째 마음으로 … 열 번째는 열한 번째로, 이와 같이 계속적으로 이것이 무상하고 괴로움이며 무아라고 명상한다. 각 단계에서 늙은 것이 사라지는 물질에 대해, 음식에서 생긴 물질에 대해, 온도에서 생긴 물질에 대해, 업에서 생긴 물질에 대해, 마음에서 생긴 물질에 대해, 자연적으로 생긴 물질 등에 대해 무상하고 괴로움이며 무아라고 명상한 뒤에 그 첫 번째 마음은 두 번째 마음으로, 두 번째 마음은 세 번째 마음으로 … 열 번째를

716 『위빠사나 수행방법론』 2, 위의 책, p.243.

열한 번째로, 이것이 무상하고 괴로움이며 무아라고 명상한다. 열 번째 마음까지 차제로 명상하면 물질의 명상주제와 정신의 명상주제에 대해 숙달하게 된다. 마하시 사야도에 의하면[717] 이것은 차제로 관찰하는 방법이다.

다섯째, 물질과 정신 이외에 중생이 있다고 보지 않는다. 마찬가지로 중생이라는 인식을 버린 것처럼 상카라들을 파악할 때 사견邪見이 일어나지 않는다. 사견이 일어나지 않음은 사견을 버린 것을 의미한다. 마하시 사야도에 의하면[718] 사견 버림으로 관찰하는 방법이다.

여섯째, 차제를 버린 마음으로 상카라들을 파악할 때 자만自慢이 일어나지 않는다. 자만이 일어나지 않을 때 자만이 제거된다. 마하시 사야도에 의하면[719] 자만 끊음으로 관찰하는 방법이다. 나는 관찰할 수 있다, 나는 관찰하는 것이 가능하다고 생각하여 집착하면 과시를 드러내는 자만을 버리지 못했기 때문에 아직 자만을 끊지 못한 것이다. 그러나 무상한 형성법들을 관찰하여 알고 보고 있다고 계속해서 알아차릴 때(새길 때)마다 생각하고 보고 이해하면 '자만을 버릴 수 있기 때문에' 자만 끊음이라고 말할 수 있다.

일곱째, 자만이 제거된 마음으로 상카라들을 파악할 때 갈애가 일어나지 않는다. 갈애가 일어나지 않을 때 집착이 종식된다. 마하시 사야도에 의하면[720] 이것은 갈망 끝냄으로 관찰하는 방법이다.

---

717 같은 책.

718 『위빠사나 수행방법론』 2, 위의 책, p.247.

719 『위빠사나 수행방법론』 2, 위의 책, p.249.

720 『위빠사나 수행방법론』 2, 위의 책, p.250.

여기서 각 단계를 종합해 설명해보면, 몸에 있는 머리털뿐만 아니라 뇌에 이르기까지 이들이 전부 무상하고 괴로움이며 무아라는 사실을 알게 되는 것은 처음에는 외부 대상과의 접촉(觸)에 의한 수受·상想·행行·식識의 다섯 가지, 즉 감촉·감수·판단·의도·분별의 작용에서 비롯한다는 것이다. 이처럼 다섯 가지 감촉·감수·판단·의도·분별 등의 작용은 신체를 떠난 곳에서 이루어지는 것이 아니라 우리 마음속에서 계속적으로 신체를 통해 이루어진다. 즉 이 다섯 가지 작용은 육근六根과 육경六境이 만난(觸) 상태에서 비롯한다. 그러나 우리는 이들 물질로서의 몸뿐만 아니라 촉·수·상·행·식의 다섯 가지의 정신도 무상하고 괴로움이며 무아라는 점을 주목해야 할 것이다. 왜냐하면 감촉·감수·판단·의도·분별의 작용을 부정하려야 부정할 수 없는 것이지만, 본질적으로 이들은 물질과 마찬가지로 영원하지 않고, 그렇기 때문에 괴로우며, 나라고 내세울 만한 것이 하나도 없기 때문이다.

그리고 비구는 물질에 대한 명상 시에 물질, 즉 온도, 음식 등이 무상하고 괴로움이며 무아라고 명상한 뒤에 마음의 경우도 계속해서 다음의 마음도 무상하고 괴로움이며 무아라고 명상한다. 마음이 무상하고 괴로움이며 무아이고 계속해서 다음의 마음도 무상하고 괴로움이며 무아라고 차제적으로 명상을 하게 되는데, 이때 열 번째 마음까지 차제적으로 명상하면 물질의 명상주제와 정신의 명상주제에 대해 숙달하게 되는 것이다. 열 번째 마음까지 명상을 하면 무상·고·무아라고 볼 수 있다는 사실은 그만큼 무상·고·무아에 대한 철저한 관찰이 이루어져야 하다는 것을 나타내 주고 있는 것이다.

그런 다음에 이러한 명상을 통해 정신과 물질만이 존재하며, 중생은 존재하지도 않는다고 보게 된다는 것은 무상·고·무아에 대한 철저한 관찰로부터 가능한 것이다.

이와 같은 상태에서 무명에 의해 영향을 받는 상카라를 파악할 때 사견은 일어나지 않으며, 사견을 버린 마음으로 상카라들을 파악할 때 자만이 일어나지 않고, 자만이 일어나지 않을 때 자만이 제거된다. 그리고 자만이 제거된 마음으로 상카라들을 파악할 때 갈애가 일어나지 않는다. 마지막으로 갈애가 일어나지 않을 때 집착이 종식된다. 이러한 과정은 차제적으로 이루어지는 것이다. 건너뛰어서 이루어지는 것은 불가능하다.[721] 왜 그럴까? 앞에서 살펴본 『맛지마 니까야』에 나타난 붓다의 말씀처럼, 붓다와 붓다의 제자들이 물질과 정신에 대해 순차적으로 수행한 전통을 『청정도론』은 그대로 잇고 있기 때문이다.

이처럼 명상 시 물질과 정신을 이원론적으로 나누고 있지 않으며 차제적으로 수행과정이 물질에 관한 관찰을 한 뒤에 정신, 즉 마음에 관한 관찰로 이루어지는 특성은 교육과 관련하여 인간형성이 이루어지는 과정에도 남다른 모습으로 나타나고 있다.

---

721 물질과 정신의 수행과정에 대해서 이상에서 살펴보았다. 여기에서도 어김없이 순차적順次的으로 물질과 정신을 관찰하는 수행과정이 나타난다. 그런데 이와 같이 순차적으로 물질과 정신을 관찰하는 수행과정이 나타나는 것을 두고 실제는 그렇지 않은데 단지 당시 아비담마 학파들의 사상이 『청정도론』에 반영된 것에 불과하다고 봐야 하는지, 아니면 붓다가 설한 경장의 말씀이 그대로 『청정도론』에 이어지고 있으므로 붓다와 붓다의 제사들이 이와 같이 순차적으로 물질과 정신에 대해 수행했다고 봐야 하는지에 대한 논의가 있을 수 있다. 그러므로 둘 가운데 어느 것이 진실인지 판단할 필요가 있다.

비구가 물질인 몸을 관찰하고 명상함으로써 무상하고 괴로움이며 무아라는 사실을 알게 된 후, 정신인 마음 또한 무상하고 괴로움이며 무아라는 사실을 알게 됨으로써 인간이 이처럼 무상하고 괴로움이며 무아의 특성을 지닌 존재라는 것, 즉 인간의 존재론적 특성이라는 점을 알게 되는 것이다.

인간이 존재론적으로 무상·고·무아라는 사실을 알게 됨으로써 비구의 의식 속에 더 이상 물질과 정신 이외에 중생이란 존재하지 않으며, 이로써 상카라를 파악할 때 사견, 자만, 갈애 등이 차제적으로 일어나지 않고, 제거되어 결국 닙빠나에 이르는 모습으로 나타나게 되는 것이다.

마. 18가지 중요한 위빠사나

물질과 정신이 형성되는 모습의 고유특성은 생겨남과 사라짐이라고 경험함으로써 무상하다고 관찰하여 아는 지혜를 무상의 거듭 관찰이라고 한다. 여섯 가지 감각의 문門에서 생멸하고 있는 오온들은 생겨나고, 머물고, 사라짐의 현상이 있기 때문에 무상한 법이라고 한다. 또한 생겨나서는 없어짐, 즉 사라짐, 무너짐이 있기 때문에 무상한 법이라고 한다. 생겨남, 성숙함, 사라짐은 무상의 특성이다. 또한 생겨나서는 없어짐, 사라짐, 무너짐은 무상의 특성이다.[722] 이것은 앞에서 오온을 관찰하면서 살펴본 내용과 비슷하다.

『위방가』 주석서에 의하면, 위빠사나를 수행하는 비구가 '생겨나서는 없어진다, 사라진다, 무너진다.'라고 알고 볼 수 있으면 관찰 대상인

722 『위빠사나 수행방법론』 2, 앞의 책, p.541.

물질에게 일어남과 사라짐의 성질이 있고, 또한 원래 그대로 머물지 않고 바뀌고 변화하는 성질이 있으며, 또한 한순간 찰나 정도만 머무는 성질이 있고, 또한 항상하는 상태를 없애버리는 성질이 있다는 것을 알고 볼 수 있게 된다고 한다.[723]

비구는 무상의 관찰을 비롯하여 괴로움의 관찰, 무아의 관찰, 염오의 관찰, 탐욕이 빛바램에 대한 관찰, 소멸에 대한 관찰, 놓아버림에 대한 관찰, 부서짐에 대한 관찰, 사라짐에 대한 관찰, 변함에 대한 관찰, 표상이 없음에 대한 관찰, 원함이 없음에 대한 관찰, 공함에 대한 관찰, 수승한 통찰지에 대한 법의 관찰, 여실지견을 닦음, 위험에 대한 관찰, 깊이 숙고함에 대한 관찰, 물러섬에 대한 관찰 등 18가지 관찰을 함으로써 각각에 대해 동요하지 않음으로써 행복이라는 인식, 자아라는 인식, 즐거움, 탐욕, 일어남, 가짐, 견고함, 축적, 항상함, 표상, 원함, 고집, 실재를 인정하는 고집, 미혹에서 생긴 고집, 애착으로 인한 고집, 깊이 숙고하지 않음, 속박으로 인한 고집 등을 버리게 된다.[724]

『무애해도』는 이처럼 18가지로 관찰하는 것을 '따라가며 보는 법(隨觀)'인 위빠사나의 힘이라고 하면서 다음과 같이 설명한다.

> 무상을 따라가며 보는 법은 위빠사나의 힘이다. 고통을 따라가며 보는 법은 위빠사나의 힘이다. 무아를 따라가며 보는 법은 위빠사나의 힘이다. 싫어하여 떠나 따라가며 보는 법은 위빠사나의 힘이다.

---

723 위의 책, p.544. (VbhMṬ.37)

724 『청정도론』 3, 앞의 책, pp.260~261.

탐냄을 떠나 따라가며 보는 법은 위빠사나의 힘이다. 소멸을 따라가며 보는 법은 위빠사나의 힘이다. 버리고 따라가며 보는 법은 위빠사나의 힘이다. 물질적 요소(色)에 대해 무상을 따라가며 보는 법은 위빠사나의 힘이다. … 내지 … 물질적 요소에 대해 버리고 따라가며 보는 법은 위빠사나의 힘이다. … 감수작용(受)에 대해 … 내지 … 지각작용(想)에 대해 … 내지 … 형성작용(상카라, 行)에 대해 … 내지 … 식별작용(識)에 대해 … 내지 … 눈에 대해 … 내지 … 늙음과 죽음에 대해 무상을 따라가며 보는 법은 위빠사나의 힘이다. … 내지 … 늙음과 죽음에 대해 버리고 따라가며 보는 법은 위빠사나의 힘이다.[725]

이와 같이 18가지로 관찰하게 되는 것은 사마타의 수행으로 되는 것이 아니다. 이것은 위빠사나의 힘으로 가능한 것이고, 이로써 비구는 지혜가 청정해져서 '일어나고 사라짐을 관찰하는 지혜(udayabbaya-ñāṇakathā)'를 얻기 위한 수행을 시작한다.

『청정도론』은 『무애해도』를 인용하여, "현재의 법들이 변하는 것을 관찰하는 통찰지가 '일어나고 사라짐을 관찰하는 지혜'이다."[726]라고 하여 '일어나고 사라짐의 관찰'에 대해 언급하고 있다.

붓다고사는 빨리 성전을 인용하여 현재의 법들이 변하는 것을 관찰하는 통찰지가 어떻게 '일어나고 사라짐을 관찰하는 지혜'인가에 대해

---

725 임승택 옮겨 지음, 『無碍解道譯註; *Translation and Annotation of paṭisambhidāmagga*』, 앞의 책, p.265.

726 『청정도론』 3, 앞의 책, p.263.

서 현재 생겨난 물질은 그것의 생기는 특징이 생生이고, 그것의 변하는 특징이 멸滅이며, 그것에 대한 관찰이 지혜이며, 또한 그것의 생겨난 느낌(受), 그것의 생겨난 인식(想), 그것의 생겨난 상카라(行), 그것의 생겨난 알음알이(識), 그것의 생겨난 눈(眼), 그것의 생겨난 존재 등도 마찬가지로 그것의 생기는 특징이 생이고, 그것의 변하는 특징이 멸이며, 그것에 대한 관찰이 지혜라고 말하고 있다.[727]

먼저 일어나고 사라지는 모습이 생멸生滅이라고 관찰하고, 그런 다음에 생겨난 느낌, 생겨난 인식, 생겨난 상카라, 생겨난 알음알이, 생겨난 눈, 생겨난 존재 등도 일어나고 사라지는 모습이 생멸이라고 관찰하게 되는데, 이처럼 관찰하는 것이 지혜라는 것이다.

그리고 마찬가지로 『무애해도』를 인용하여 "현재 생겨난 물질요소(色), 그것의 생겨나는 모습(相)은 일어남(生)이며, 그것의 달라지는 모습은 사라짐(滅)으로써 따라가며 보는 지혜(隨觀智)에 속한다. (현재) 생겨난 감수작용(受)·생겨난 지각작용(想)·생겨난 형성작용(行)·생겨난 식별작용(識)·생겨난 눈 … 내지 … 생겨난 있음(有), 그것의 생겨난 모습은 일어남이며, 달라진 모습은 사라짐으로써 일어남과 사라짐을 따라가며 보는 지혜(에 屬한다.)"[728]라고 설명한다. 빨리 성전의 인용내용과 『무애해도』의 인용 내용은 대체로 같다.

비구는 『무애해도』에서 언급하는 방법대로 생겨난 정신과 물질의 생기는 특징, 태어남, 일어남, 새로 생기는 모습을 '생生(udaya)'이라고

---

727 같은 책.

728 임승택 옮겨 지음, 『무애해도역주無碍解道譯註; *Translation and Annotation of paṭisambhidāmagga*』, 앞의 책, p.154.

관찰하고, 변하는 특징, 부서짐, 무너짐을 '멸滅(vaya)'이라고 관찰하게 된다. 또한 그는 이 정신과 물질이 일어나기 전에 일어나지 않은 정신과 물질이 있었던 것이 아니고, 이것들이 일어날 때에도 더미나 축적된 것에서 오는 것도 아니라고 관찰한다. 이것들이 멸할 때에도 다른 지방으로 가는 것도 아니고, 멸한 것이 어느 한 곳에 더미나 저장되어 머무는 것도 아니라고 비구는 관찰한다는 것이다.[729]

그런 다음에 비구는 오온이 일어나고 사라질 때 50가지 모습을 본다.

『무애해도』는 다음과 같이 설명한다.

다섯 가지 온(五蘊)의 일어남을 볼 때 몇 가지의 모습을 볼 수 있는가? 사라짐을 볼 때 몇 가지의 모습을 볼 수 있는가? 일어남과 사라짐을 볼 때 몇 가지의 모습을 볼 수 있는가? 다섯 가지 온의 일어남을 볼 때 25가지의 모습을 본다. 사라짐을 볼 때 25가지의 모습을 본다. 일어남과 사라짐을 볼 때 50가지의 모습을 본다. 다섯 가지 온의 일어남을 볼 때, 즉 물질적 요소에 의한 온(色蘊)이 일어남을 볼 때 다섯 가지의 모습을 보고, 그것의 사라짐을 볼 때 다섯 가지 모습을 본다. 일어남과 사라짐을 볼 때 열 가지 모습을 본다. 감수작용에 의한 온(受蘊)의 … 내지 … 지각작용에 의한 온(想蘊)의 … 내지 … 형성작용에 의한 온(行蘊)의 … 내지 … 식별작용에 의한 온(識蘊)의 일어남을 볼 때 다섯 가지 모습을 본다. 사라짐을 볼 때 다섯 가지 모습을 본다. 일어남과 사라짐을

729 『청정도론』 3, 앞의 책, pp.262~263.

볼 때 열 가지 모습을 본다.[730]

물질적 요소에 의한 온(色蘊)이 일어나고 사라짐을 볼 때 다섯 가지의 모습을 본다는 것에 대해 다음과 같이 『무애해도』는 설명한다.

무명이 일어나기 때문에 물질이 일어난다고 조건에 따라 일어난다는 뜻에서 물질의 무더기(色蘊)가 일어남을 본다. 갈애가 일어나기 때문에 물질이 일어난다고 조건에 따라 일어난다는 뜻에서 물질의 무더기가 일어남을 본다. 업이 일어나기 때문에 물질이 일어난다고 조건에 따라 일어난다는 뜻에서 물질의 무더기가 일어남을 본다. 음식이 일어나기 때문에 물질이 일어난다고 조건에 따라 일어난다는 뜻에서 물질의 무더기가 일어남을 본다. 생기는 특징을 보면서도 물질의 무더기가 일어남을 본다.
무명이 멸하기 때문에 물질이 멸한다고 조건에 따라 멸한다는 뜻에서 물질의 무더기가 멸함을 본다. 갈애가 멸하기 때문에 물질이 멸한다고 조건에 따라 멸한다는 뜻에서 물질의 무더기가 멸함을 본다. 업이 멸하기 때문에 물질이 멸한다고 조건에 따라 멸한다는 뜻에서 물질의 무더기가 멸함을 본다. 음식이 멸하기 때문에 물질이 멸한다고 조건에 따라 멸한다는 뜻에서 물질의 무더기가 멸함을 본다. 변하는 특징을 보면서도 물질의 무더기가 멸함을 본다.[731]

---

730 임승택 옮겨 지음, 『無碍解道譯註; *Translation and Annotation of paṭisambhidāmagga*』, 앞의 책, pp.154~115.

731 『청정도론』 3, 앞의 책, p.265.; 임승택 옮겨 지음, 『無碍解道譯註; *Translation*

앞에서 물질에 대한 분석과 관찰에도 나와 있듯이, 여기 색온의 일어나고 멸함에서도 업·음식의 일어나고 멸함을 언급하고 있다.

마찬가지로 수온受蘊·상온想蘊·행온行蘊·식온識蘊 등도 조건에 따라 일어나고 멸하게 된다고 비구는 관찰한다.[732] 이처럼 비구가 보는 것은 오온이 조건을 통해서 일어나고 사라지는 현상을 보는 것을 말한다.

이제부터 그는 오온의 일어나고 사라짐을 봄으로써 사제四諦와 연기緣起, 그리고 방법과 특징이 분명해진다.[733] 즉 사제는 조건을 통해 일어남을 보기 때문에 집제集諦가 분명해지고, 순간 일어났다가 사라짐을 봄으로써 고제苦諦가 분명해지는 것을 말한다. 또한 조건을 통해 멸하게 됨을 보기 때문에 멸제滅諦가 분명해지는 것을 말한다. 또한 일어나고 사라지는 세간의 도를 버렸기 때문에 도제道諦가 분명해지는 것을 말한다.[734]

---

and Annotation of paṭisambhidāmagga』, 위의 책, pp.155~157.

732 다른 점이 있다면, 『무애해도』에서 설명하듯이 알음알이의 무더기(識蘊)에서는 감각접촉 대신에 '정신·물질이 일어나기 때문에 정신·물질이 멸하기 때문'이라고 해야 한다.

733 『청정도론』 3, 앞의 책, pp.266~268.

734 Vism, op.cit., p.75. 담마빨라는 『청정도론』 주석서인 『*Visuddhimagga-mahāṭikā*』에서, 四諦 가운데 集諦에 대해서 "여러 가지 상태로 生하게 하는 業의 달성, 즉 크게 볼 때 여러 가지 자성들인 전체의 苦의 원인인 苦의 集이 聖諦이다."라고 하면서, 업이 달성됨으로써 전체적으로 고가 있게 되는데, 渴愛가 集諦의 수승한 원인이 된다고 말하고 있다. 『청정도론』은 四諦 가운데 집제를 조건을 통해 일어남을 보는 것이라고 설명하고 있지만, 담마빨라는 조건을 통해 일어나는 것이 갈애라고 설명하지 않고 있는 것이다. 그는 존재의 근원에 이르는

연기는 "이것이 있을 때 저것이 있다."는 순관順觀과 "이것이 멸하기 때문에 저것이 멸한다."는 역관逆觀 등 연기의 진리가 분명해지는 것을 말한다. 이처럼 조건을 통해 일어나는 것을 보기 때문에 단일화의 방법[735]이 분명해진다. 그렇게 하여 원인과 조건이 연결되어 상속相續이 끊어지지 않음을 알게 된다. 비구는 단견斷見을 이때 버린다. 그는 또한 순간을 통해 일어남을 보기 때문에 다양화의 방법이 분명해진다. 즉 항상 새로운 것이 일어남을 보기 때문에 상견常見을 버리게 된다. 그는 또한 무관심의 방법이 분명해진다. 그것은 법을 만드는 자가 없음을 깨닫기 때문에 철저하게 자아에 대한 견해를 버리게 되는 것이다. 그리고 조건을 통해 일어남을 보기 때문에 무아의 특상이 분명해진다. 순간에 일어나고 사라짐을 보기 때문에 무상의 특상이 분명해진다. 일어나고 사라짐에 의해 압박받음을 알았기 때문에 괴로움의 특상도 분명해진다. 고유성질의 특징도 분명함을 알게 된다.

앞에서 이미 통찰지의 토양 가운데 하나인 '연緣'에서 살펴보기는 했으나, 초기불교 경전인 『중아함경』에서 설하는 법이 일어나고 멸하는 논리에 의해 살펴보면, "이것이 있으면 저것이 있고, 이것이 없으면 저것이 없다. 이것이 생하면 저것이 생하고, 이것이 멸하면 저것이 멸한다. 무명을 조건으로(緣) 행이 있고, 행을 조건으로 식이 있고,

---

식이 머무르는 중생의 거처, 즉 중생들의 몸이 수용한 여러 가지의 것들을 집합하게 하고, 또한 여러 가지 업의 가깝게 의지했던 것들에, 그리고 업의 친한 상태에 접근하게 하는 것이 갈애라고 설명하고 있다.

735 '무명을 조건으로 상카라들이 있다. 상카라들을 조건으로 알음알이가 있다.'라고 相續이 끊어지지 않는 것을 말한다.

식을 조건으로 명색이 있고, 명색을 조건으로 육처六入가 있고, … 유를 조건으로 태어남이 있고, 태어남을 조건으로 늙음과 죽음이 있다. 무명이 멸한 즉 행이 멸하고, 행이 멸한 즉 식이 멸하고, 식이 멸한 즉 명색이 멸하고, 명색이 멸한 즉 육처가 멸하고, … 유가 멸한 즉 태어남이 멸하고, 태어남이 멸한 즉 늙음과 죽음이 멸한다."[736]라고 설하고 있는데, 이러한 연기법의 논리가 법이 일어나고 사라짐을 관찰하게 되는 과정을 나타내고 있다고 할 수 있는 것이다.

비구는 법의 일어나고 사라짐을 관찰한 다음에 처음으로 위빠사나의 지혜를 얻는다. 그리고 그에게 광명, 희열, 경안, 결심, 분발, 행복, 지혜, 확립, 평온, 욕구의 열 가지 경계(upakkilesa)가 일어나게 된다. 그러나 열 가지 경계는 진리를 통찰한 성스러운 제자나 그릇된 방법으로 수행하는 사람과 명상주제를 놓아버린 게으른 사람들에게는 일어나지 않는다.[737] 열 가지 경계는 출세간의 경지가 아니기 때문에 성자위聖者位에 있는 사람들에게 일어나지 않는 것이기도 하지만, 바르게 수행하지 않는 사람들에게도 일어나지 않는 것이기 때문이다.

마하시 사야도는 열 가지 경계는 위빠사나 부수번뇌(vipassanupakkilesā), 즉 위빠사나를 오염시키는 번뇌라고 하면서 주석서를 다음과 같이 인용하고 있다.

---

736 『中阿含經』 卷第二十一(T.1) pp.562c~563a. "若有此則有彼. 若無此則無彼. 若生此則生彼. 若滅此則滅彼. 緣無明行. 緣行識. 緣識名色. 緣名色六處. … 緣有生. 緣生老死. 若無明滅則行滅. 行滅則識滅. 識滅則名色滅. 名色滅則六處滅.…有滅則生滅.生滅 則老死滅."

737 『청정도론』 3, 앞의 책, p.269.

생겨나는 광명 때문에, 또한 매우 예리하고 빠른 지혜 때문에도, 좋아하고 기뻐하는 희열 때문에도 새겨 앎(알아차림이다)이라는 수행의 마음은 동요한다. 동요하여 무너진다.
몸과 마음의 편안함이라고 하는 경안 때문에, 또한 마음의 행복 때문에, 이 두 가지 때문에도 새겨 앎(알아차림이다)이라는 수행의 마음은 요동친다. 요동쳐서 무너진다.
매우 깨끗한 믿음이라고 하는 확신 때문에도, 특별히 애쓰지 않아도 균등하게 잘 노력하는 분발 때문에도, 대상에 뚫고 들어가듯 분명한 확립, 즉 새김 때문에도, 대상을 일부러 찾지 않고서도 균등하게 숙고할 수 있는 전향 평온과 함께 생겨나는 위빠사나 평온 때문에도, 위빠사나에 대한 애착과 갈망, 즉 갈애 때문에도 새겨 앎(알아차림이다)이라는 수행의 마음은 동요한다. 동요하여 무너진다.[738]

『청정도론』은 열 가지 경계를 다음과 같이 설명한다.[739] 광명光明(obhāsa)이란 위빠사나 수행으로 인해 생긴 광명이다. 광명이 일어날 때 그는 '이전에 나에게 이러한 광명이 일어난 적이 없다. 확실히 나는 도道에 이르렀고, 과果에 이르렀다.'고 생각하며 도가 아닌 것을 도라고 하고, 과가 아닌 것을 과라고 여기게 된다.

지혜智慧(ñāṇa)란 위빠사나의 지혜이다. 비구가 물질과 정신에 관해 고찰하고 조사할 때 인드라의 벼락과 같이 활기차고 예리하고, 빛나고, 아주 맑은 지혜가 일어난다고 한다.

---

738 『위빠사나 수행방법론』 2, 앞의 책, pp.281~282.

739 『청정도론』 3, 앞의 책, pp.269~278.

희열喜悅(pīti)이란 위빠사나의 마음과 함께할 때 생기는 희열이다. 작은 희열, 순간의 희열, 넘치는 희열, 격앙된 희열, 충만한 희열의 다섯 가지 희열이 온몸을 가득 채우며 일어난다.

경안輕安(passaddhi)이란 위빠사나의 경안으로, 비구가 머무는 장소에 앉아있을 때 몸과 마음에 불안함이 없고, 무거움이 없으며, 뻣뻣함이 없고, 일에 적합하지 않음이 없고, 병이 없고, 구부러짐이 없게 되며, 마음이 안정되고, 가볍고, 부드럽고, 일에 적합하고 아주 활동적이고 곧게 되는 것을 말한다.

행복幸福(sukha)이란 위빠사나와 함께한 마음부수들에 온몸에 넘쳐흐르는 아주 수승한 행복이 일어나는 것을 말한다.

결심決心(adhimokkha, 信解)이란 믿음으로, 위빠사나와 함께한 것이다. 비구에게 마음과 마음부수들이 확신에 가득하여 깊은 믿음이 일어나게 되는 것을 말한다.

분발奮發(paggaha)이란 정진精進으로, 위빠사나와 함께하여 너무 느슨하지도 너무 무리하지도 않게 열심히 분발하는 정진을 말한다.

확립確立(upaṭṭhāna)이란 마음챙김으로 위빠사나와 함께하여 잘 확립되고, 기초가 튼튼하며, 고정되고, 동요가 없는 산의 왕과 같은 마음챙김이 비구에게 일어나는 것을 말한다.

평온平穩(upekkhā)이란 위빠사나의 평온과 전향轉向의 평온이다. 비구에게 모든 상카라들에 대한 중립적인 성향을 띤 강한 위빠사나의 평온이 일어나고, 의문意門에서는 전향轉向의 평온이 일어나는 것을 말한다.

욕구欲求(nikanti)란 위빠사나에 대한 욕구로, 광명 등에 의해 위빠사나가 장엄하게 될 때 그것에 집착하여 미세하고 고요한 형태의 욕구가 일어남을 말한다.

마하시 사야도는 광명(光明: obhāsa)에 대해 위빠사나 수행자가 '정신과 물질을 구분하는 지혜'가 성숙한 때부터 경험하는 '번쩍번쩍', '반짝반짝' 하는 작은 빛들을 비롯하여 '조건 파악의 지혜'를 시작으로 경험하는 녹색·붉은색·파란색·노란색 등의 여러 빛들과 형색들, 그리고 불꽃처럼 밝아오는 빛들이 삼매에 의한 빛이라고 결정해야(알아야) 한다는 것이다.[740]

그는 또한 지혜에 대해 위빠사나 수행자는 매우 예리한 칼로 호박이나 가지 등을 썰 때 '싹싹' 하며 깨끗하게 잘라져 나가는 것처럼 모든 물질과 정신들을 계속해서 새길 때마다 이 지혜 때문에 '싹싹' 하며 분명하고 확실하게 구분하여 알아간다는 것이다. 그리고 위빠사나 수행자는 계속해서 새기면서(알아차리면서) 물질과 정신의 생겨남과 사라짐, 무상·고·무아의 여러 성품들을 숙고해서 분명히 알아간다. 이렇게 알 때도 '숙고했다'는 생각조차 하지 않아야 하고 '단지 계속해서 새기면서 저절로 알게 된다.'라고 생각해야 한다는 것이다. (그러나) 이러한 지혜를 '특별한 법이다.'라든가 '특별한 법을 얻었기 때문에 이렇게 빠르고 예리하고 분명하게 알 수 있다.'라고 생각하여 좋아하면 새김이 무너진다는 것이다.[741]

그는 또한 희열에 대해 작은 희열(kuddikā pīti), 찰나희열(khaṇikā pīti), 반복희열(okkantikā pīti), 용약희열(ubbegā pīti), 충만희열

740 『위빠사나 수행방법론』 2, 앞의 책, p.284.

741 『위빠사나 수행방법론』 2, 위의 책, p.287.

(pharaṇā pīti) 등 다섯 가지 희열[742]이 여러 문헌에 나타나 있다고 나열하면서, 생멸의 지혜가 생겼을 때부터 이러한 희열들이 순서대로 생겨나 점점 증가하고, 생멸의 지혜가 성숙되었을 때 충만희열만 생겨난다는 사실이 『대복주서』에 나타난다는 것이다. 그러면서 그는 다섯 가지 희열에 대해 '작은 희열'이란 몸속에서 '오싹'하며 소름끼치는 것, 피부나 살이 갑자기 떨리는 것, 눈물이 갑자기 흐르는 것, 가슴이나 심장이 '두근두근', '쿵쾅쿵쾅' 하며 뛰는 것, 몸속이 '서늘'하여 시원해지는 것 등의 현상이 생겨나게 하는데 한 번 정도만 생겨났다가 사라지는 기쁨, 즐거움을 가리킨다는 것이다. '찰나희열'이란 '오싹'하며 소름끼치는 것(느낌) 등이 계속해서 많이 생겨나게 하는, 마치 번갯불이 치는 것처럼 자주 거듭 생겨나는 기쁨과 즐거움을 가리킨다. '반복희열'이란 온몸을 휘감듯이 계속해서 '서늘서늘, 오싹오싹, 찌릿찌릿'하며 온몸에 퍼져 사라져 가는 희열을 가리킨다. 둑을 모두 다 뒤덮을 것처럼 강하게 부딪쳐 오는 파도가 둑에 이르러 산산조각 나듯이 온몸에 매우 강력하게 생겨났다가 사라져버리는 희열을 말한다.

그는 또한 경안에 대해 (무엇인가에) 다음과 같이 설명한다.[743] 경안은 애를 썼을 때 생겨나는 산란함과 피곤함 등이 없이 몸과 마음이 편안한 성품을 가리킨다는 것이다. 이와 같은 경안은 뜨거운 곳에서 시원한 곳으로 갑자기 이르렀을 때, 혹은 피곤한 상태에서 즉시 피곤함이 '확' 하고 풀렸을 때 매우 분명히 느낄 수 있는데, 경안이 생기면 이 경안과 함께 가벼움, 부드러움, 적합함, 능숙함, 올곧음 등도 분명히

742 『위빠사나 수행방법론』 2, 위의 책, pp.287~292.

743 『위빠사나 수행방법론』 2, 위의 책, pp.292~294.

나타난다고 한다. 즉 수행자의 몸과 마음에 경안이 생겨날 때는 무거움이 없고 매우 가볍다. 새겨 아는 것도 매우 가볍고 빠르게 생겨난다. 다른 생각을 한번 해보아도 매우 빠르다. 갈 때도 마치 다리가 없는 것처럼 매우 가볍다. 앉을 때도, 누울 때도, 굽힐 때 등에서도 마치 몸이나 팔, 다리가 없는 것처럼 매우 가벼우며, 몸이든 마음이든 거칠고 격함이 전혀 없이 부드럽다. 『대복주서』에서는 이와 같이 물질적인 몸의 편안함 등이 경안 등의 힘 때문에 생겨난 것으로 기억해야 한다고 설명하고 있다,

그는 또한 행복에 대해 다음과 같이 설명한다.[744] 관찰하는 마음과 함께 즐거움, 행복함(sukha)이 매우 크게 생겨나며, 이러한 마음의 행복 때문에 몸의 행복도 많이 생겨난다는 것이다. 어느 정도 심한 병들도 이때 사라지며, 그 밖에 생각하고 숙고하면서 행복이 많이 생겨난다.

그는 또한 확신에 대해 다음과 같이 설명한다.[745] 관찰하는 마음과 함께 매우 깨끗한 믿음(saddhā) 또는 확신(adhimokkha)도 분명하게 나타난다. 매우 강력한 이 믿음 때문에 계속해서 새길 때마다(알아차릴 때마다) 마음은 더럽혀지지 않고 매우 깨끗하다. 새기지 않고 그냥 지낼 때도 (마음은) 그대로 깨끗한 상태를 유지한다. 광명이나 지혜 등 때문에, 또한 이 위빠사나에 대한 믿음의 힘 때문에 업과 업의 결과에 대한 믿음, 삼보의 공덕에 대한 믿음도 매우 강하게 나타난다. 그리고 자기 스스로 계속해서 열심히 노력하려고 의욕이 넘치기도

744 『위빠사나 수행방법론』 2, 위의 책, pp.294~295.

745 『위빠사나 수행방법론』 2, 위의 책, p.296.

하고, 다른 이들로 하여금 수행하도록 권유하는 생각을 하기도 한다. 같이 수행하는 동료들과 지도하는 스승님들도 더욱 존경하기도 한다.

그는 또한 분발에 대해 다음과 같이 설명한다.[746] 새겨야 하는(알아차려야 하는) 물질과 정신이 계속해서 생겨날 때마다 잘 새기려고 너무 많이 애를 쓰는 것도 아니고, 그렇다고 완전히 노력하지 않는 것도 아닌, 중간으로 잘 균형 맞추어 자연스럽게 노력하는 정진이 분발이다.

그는 또한 확립에 대해 다음과 같이 설명한다.[747] 물질과 정신이 계속해서 생겨날 때마다 새기는(알아차리는) 마음속으로 저절로 계속해서 들어오듯이, 또는 새기는(알아차리는) 마음이 그 물질과 정신 쪽으로 저절로 계속해서 들어가듯이 분명하게 드러나는 새김(알아차림; sati)을 확립이라고 한다. 대상을 분명하게 드러내는 이 새김의 힘이 매우 강력하고 분명하게 생겨나기 때문에 매우 미묘한 물질과 정신의 현상들도 감추어지지 않고 분명하게 드러난다. 앞의 새김이 끝나자마자 바로 그 다음 새겨야 할 대상이 마치 준비되어 있는 듯 분명하게 드러난다.

그는 또한 평온에 대해 다음과 같이 설명한다.[748] (위빠사나 수행자가) 처음 수행을 시작하여 아직 수행의 힘이 약할 때는 관찰하는 대상이 생겨날 때마다 그것을 바르게, 곧바로 마음을 기울이도록, 관찰하도록 항상 애를 써야 한다. 또한 다른 대상에 마음을 기울이는 때도 많은데, 새겨야(알아차려야) 하는 대상 쪽으로 마음을 보내기

---

746 같은 책.

747 『위빠사나 수행방법론』 2, 위의 책, pp.296~297.

748 『위빠사나 수행방법론』 2, 위의 책, pp.297~298

위해서 격려하고 자극하고 있는 것처럼 느리고 무거운 것처럼 된다. 그러나 생멸의 지혜가 향상되었을 때에는 특별하게 애를 쓰거나 (새겨야 하는 대상을) 일부러 찾지 않고서도 여러 물질과 정신에 곧장 바르게 마음을 기울이고 그 대상 쪽으로 여세를 몰아 달려가는 것처럼 알기도 한다. 이렇게 곧장 바르게 마음을 기울여 생겨나는 전향을 전향평온(āvajjanupe-kkhā)이라고 한다. 그리고 이와 같이 전향함에 따라 특별히 애를 쓰지 않아도 물질과 정신이 생멸할 때마다 그것을 계속해서 새겨 알면서 생겨나는 위빠사나 지혜를 위빠사나 평온(vipassanupekkhā)이라고 한다. 이와 같은 두 가지 평온은 한 번씩 새길 때마다 계속해서 포함되어 나타나는데, 이 두 가지 평온이 위빠사나를 오염시키는 부수번뇌가 되는 것이다.

그는 또한 갈망에 대해 다음과 같이 설명한다.[749] 광명 등과 함께 생겨나면서 특별하게 잘 관찰하고 새길 수 있는 위빠사나에 대해 좋아하고 즐기고 마음에 들어 하는 갈애를 갈망이라고 한다. 이러한 갈망은 미묘하기도 한데, (그 까닭은) 그것을 번뇌라고 생각하지 않고 수행을 즐거워하는 것, 즉 수행희락(bhāvanārati)이라고 생각하기 때문이다. 그러므로 그렇게 즐거워하는 그것을 두고 '특별한 법이다.'라든가 또는 '특별한 법을 얻었기 때문에 수행에 대해 이렇게 즐거워한다.'라고 잘못 생각하기도 한다. 이와 같기 때문에 이 갈망은 진짜 (위빠사나)의 부수번뇌가 되는 것이다. 이러한 갈망이 생겨나는 것만으로도 위빠사나가 무너지기도 한다.

---

749 『위빠사나 수행방법론』 2, 위의 책, pp.299~302.

비구는 이러한 광명 등 열 가지 경계에 대해 "광명은 내 것이 아니고, 이것은 내가 아니며, 이것은 나의 자아가 아니다."라고 면밀히 관찰해야 한다. 마찬가지로 지혜 … 욕구 등에 대해서도 "이것은 내 것이 아니고, 이것은 내가 아니며, 이것은 나의 자아가 아니다."라고 면밀히 관찰해야 한다. 이와 같이 비구가 열 가지 경계에 대해 면밀히 관찰할 때 광명 등에 대해 흔들리지 않고 동요하지 않게 된다.[750]

마하시 사야도는 이 열 가지 경계에서 벗어난 지혜에 대해 "광명이나 지혜, 희열 등을 중시하여 깊게 생각하거나 숙고하지 않고 새겨 아는 그것만을 중시하여 끊임없이 새겨 알아가며 지내는 이에게 물질과 정신의 생멸이 더욱 깨끗하고 분명하게 드러난다. 생겨났다가 사라지고 없어져버리는 무상의 특성(aniccalakkaṇā), 생멸이 끊임없이 괴롭히는 괴로움의 특성(dukkhalakkaṇā), 바라는 대로 되지 않는 무아의 특성(anattalakkaṇā), 이 세 가지 특성도 매우 깨끗하게 드러난다. 그때 계속해서 새길 때마다 생멸을 분명하게 알고 보는 것을, 위빠사나를 더럽히는 부수번뇌로부터 벗어난 생멸의 지혜라고 부른다."[751]라고 설명하고 있다.

『청정도론』과 마하시 사야도의 위빠사나의 부수번뇌인 열 가지 경계에 대한 설명은 서로 똑같지는 않다. 그러나 두 설명은 대동소이하다. 독자들의 이해를 위해 다루었으니 도움이 되길 바란다.

비구는 이와 같이 함으로써 경계의 얽힘을 풀고 '광명 등의 법들은 도道가 아니라, 경계에서 벗어난 위빠사나의 과정에 들어있는 위빠사

750 『청정도론』 3, p.278.

751 『위빠사나 수행방법론』 2, 앞의 책, p.302.

나의 지혜가 도다.'라고 도와 도 아님을 구분하게 된다. 그러므로 비구가 도와 도 아님을 구분하여 얻은 지혜를 '도와 도 아님에 대한 지와 견에 의한 청정'이라고 말하는 것이다.

④도 닦음에 대한 지와 견에 의한 청정(paṭipadāñāṇadassanavisuddhiniddeso): 위빠사나의 지혜

가. 여덟 가지 지혜

이제 비구는 일어나고 사라짐을 관찰하는 지혜로부터 시작하여 경계에서 벗어나게 되어 무너짐을 관찰하는 지혜, 공포로 나타나는 지혜, 위험함을 관찰하는 지혜, 역겨움을 관찰하는 지혜, 해탈하고자 하는 지혜, 깊이 숙고하여 관찰하는 지혜, 상카라에 대한 평온의 지혜를 닦아 나아가야 한다.

첫 번째, 일어나고 사라짐을 관찰하는 지혜의 단계(Knowledge of Contemplation of Rise and Fall)[752]이다. 앞의 깔라파의 명상에서 고갱이가 여덟 가지 형태로 '없다, 공空하다.'고 관찰하였는데 다시 이 단계를 수행하며 관찰하는 이유는 앞의 단계인 도와 도 아님에 대한 지와 견에 의한 청정에서 열 가지 경계 때문에 오염되어 무상·고·무아의 세 가지 특상을 관찰할 수 없었기 때문이다.

무상의 특상이 분명하게 나타나지 않는 까닭은 비구가 일어나고 사라짐을 마음으로 다잡지 않고 법의 상속相續(santati)에 의해 가려졌

752 『청정도론』 3, 위의 책, pp.282~283; Bhadantācariya Buddhaghosa, *The Path of Purification Visuddhi Magga*, Translated by Bhikkhu Ñānamolli, Singapore; Buddhist Meditation Center, op.cit.; p.745.

기 때문이다. 괴로움의 특상이 나타나지 않은 까닭은 계속되는 압박이 있지만 이것을 마음으로 다잡지 않고 행동거지(iriyāpatha, 자세)에 의해 가려졌기 때문이다. 무아의 특상이 나타나지 않은 까닭은 여러 요소(界)로 분해되었음에도 불구하고 마음으로 다잡지 않고 견고함(ghana)에 가려졌기 때문이다.

그러나 비구가 일어나고 사라짐을 파악하여 상속이 분열될 때 무상의 특상이 자기 성품에 나타난다. 오온이 일어나고 사라지고 변하는 성질을 가졌기 때문에 혹은 있다가 없어지기 때문에 무상의 특상이다.

냐나몰리는 무상의 특상이 법의 상속에 의해 가려져 분명하게 나타나지 않는 것에 대해서 『*Pm*』을 인용하여 '법의 상속으로 지장을 받는 것(Continuity is disrupted)'은 끊임없이 법이 특이하게 계속되는 현상을 관찰함에 의해 나타난다고 하면서, 그 까닭으로 무상의 특상이 일어나고 사라짐(rise and fall)을 바르게 관찰하는 사람에게 분명하게 나타나는 것은 상태가 계속됨을 (관찰함을) 통해서가 아니라 오히려 철로 만들어진 다트들(darts)이 계속해서 회전되지 않음으로써 (그 모습이) 보다 분명하게 드러나게 되는 것과 같기 때문이라고 설명하고 있다.[753] 그리고 냐나몰리는 '괴로움의 특상이 나타나지 않은 까닭'에 대해서 마찬가지로 『*Pm*』을 인용하여 '행동거지가 드러날 때'라는 것은 괴로움(苦)의 은폐(the concealment of the pain)가 실제로 드러나는 행동거지에 내재하는 것을 의미한다는 것이다. 왜냐하면 괴로움이 행동거지에

---

753 Bhadantācariya Buddhaghosa, *The Path of Purification Visuddhi Magga*, Translated by Bhikkhu Ñānamolli, Singapore; Buddhist Meditation Center, ibid., p.746. Knowledge of Contemplation of Rise and Fall-II

서 일어날 때 다음 행동거지는 그 괴로움을 은폐하려고 하지만, 일단 어떻게 어떤 행동거지에서 괴로움이 다른 행동거지로 대체됨으로써 이동하는가를 정확하게 알게 된다면, 그때 괴로움의 은폐는(은폐를 하고자 해도) 괴로움에 의해 끊임없이 압박을 받아 분명하게 드러나기 때문에 노출된다는 것이다.[754]

또한 냐나몰리는 '무아의 특상이 나타나지 않은 까닭'에 대해서 대상 물질의 견고함(Compactness of object)이라고 하면서 견고함을 '덩어리로서 견고함'과 '기능으로서 견고함' 또는 '분석된 대상'의 의미로서 설명하고 있다.[755]

마하시 사야도에 의하면[756] 눈·귀·코·혀·몸 마음에서 생멸하고 있는 색色·수受·상想·행行·식識 등 물질·정신의 법들은 생겨남 - 머묾 - 사라짐이 있기 때문에 무상한 법(anicca)이다. 또한 생겨나서 없어짐, 즉 사라짐, 무너짐이 있기 때문에 무상한 법이다. 여기서 생겨남 - 성숙함 - 사라짐을 무상의 특성이다. 이와 같이 무상의 특상(특성)을 관찰하여 아는 지혜는 무상 거듭 관찰(aniccānupassanā)이라고 그는 말하고 있는 것이다.

비구가 계속되는 압박이 있어도 이것을 마음으로 다잡아 행동거지가 드러날 때 괴로움의 특상이 자기의 성품에 따라 나타난다. 끊임없이 압박받기 때문에, 이처럼 끊임없이 압박받는 형태가 괴로움의 특상이

754 Bhadantācariya Buddhaghosa, *The Path of Purification Visuddhi Magga*, Translated by Bhikkhu Ñānamolli, ibid., pp.746~747.

755 Bhadantācariya Buddhaghosa, ibid., p.747.

756 『위빠사나 수행방법론』 2, 앞의 책, p.541.

다. 마하시 사야도는[757] 물질과 정신이 지니는 고유한 특성으로 괴로움을 아는 것이라고 말한다. 즉 무너지고 변하는 물질의 특성, 대상으로 향해 기우는 정신의 특성으로도 괴로움을 안다는 것이다. 여러 가지 몸과 마음의 괴로움을 생겨나게 하여 괴롭히는 특성을 안다는 것이다.

비구가 법에 대해 여러 요소로 분해하여 견고함이 분해될 때 무아의 특상이 자기의 성품에 나타난다. 오온은 지배력을 행사할 수 없기 때문에, 이처럼 지배력을 행사할 수 없는 형태가 무아의 특상이다.

초기불교뿐만 아니라 남방 테라바다 불교, 그리고 대승불교에서도 무상·고·무아의 진리는 깨달음을 얻는 데 있어서 매우 중요하다. 그러나 대체적으로 세상 사람들 가운데 무상·고·무아의 세 가지 특상의 진리를 알려고 하는 사람도 드물고 아는 사람도 드물다. '도 닦음에 의한 지와 견에 의한 청정'의 '일어나고 사라짐을 관찰하는 지혜'의 단계에서 무상·고·무아를 앞에서 깔라파 명상에서 살펴봤는데도 불구하고 또 다시 살펴보는 것은 출가 비구임에도 불구하고 무상·고·무아를 제대로 관찰하여 아는 것이 반드시 필요하기 때문이다.

이와 같이 일어나고 사라짐의 지혜로 무상·고·무아의 세 가지가 잘 관찰되었을 때 현상을 보는 위빠사나의 지혜는 확고부동하게 되고, 청정하게 된다. 그리고 이와 같은 상태가 되었을 때 무너짐을 관찰하는 지혜를 닦게 된다.[758]

두 번째, 무너짐을 관찰하는 지혜의 단계(Knowledge of Contemplation of Dissolution)[759]에서 비구는 계속적으로 물질과 정신의 법들을

---

757 『위빠사나 수행방법론』 1, 앞의 책, p.540.

758 『청정도론』 3, 앞의 책, p.282.

두 가지 특상이라고 비교하게 되는데, 이때 지혜가 예리하게 작용하면 상카라가 빨리 나타난다. 지혜가 예리하게 진행하므로 좋은 의미의 상카라가 빠르게 나타나는 것을 말한다. 즉 이 단계에서 비구는 일어남과 머묾과 업에서 생긴 물질의 진행, 그리고 상카라의 표상을 취하지 않고 오직 부서짐, 사라짐(vaya), 무너짐(bhaṅga), 소멸에 대해서 마음챙김을 확립한다. 그가 '상카라들은 이와 같이 생겼다가 이와 같이 소멸한다.'고 관찰할 때 무너짐을 관찰하는 지혜라고 불리는 위빠사나의 지혜가 일어나는 것이다.

상카라는 조건화된 것, 정신적인 것으로 형성된 것, 상속한 세력의 의미를 지니며, 활력적이고, 원인이 있고, 의지에 의한 힘으로 일컬어질 뿐만 아니라 조건화하는 것에 의해 실현하는 행동의 결과로 일컬어지기도 한다.[760]

『*Pm*』에 따르면 여러 가지 많은 조건들이 모여 형성되어 이루어지는 성품을 '형성(Saṃkhāra)법, 형성된(Saṃkhata) 법'이라고 한다. 이때 형성된 법들은 생겨남-머묾-사라짐의 현상이 있는 법들이다. 생겨남-머묾 사라짐은 각각 내어남-성숙함-죽음으로서 이들 두 가지는 모두 형성된 법이라는 특성을 지니므로 형성된 특성이 되는 것이다.[761] 그러므로 우리는 형성된 법은 조건에 의해 있게 된 것이므로

---

759 위의 책, pp.284~291; Bhadantācariya Buddhaghosa, *The Path of Purification Visuddhi Magga*, Translated by Bhikkhu Ñānamolli, Singapore; Buddhist Meditation Center, op.cit., p.748.

760 Steven Collins, *Nirvana and Other Buddhist Felicities* (Cambridge University Press, 1998), p.138.

무상한 특성을 지닌 법이라는 것을 알 수 있다.

조건화란 상카라, 즉 Saṃkhāra의 어원인 동사 'kṛ'가 '하는 것(karma)'의 의미가 있고, 이와 함께 행위에 의해 초래한 조건화의 과정과 그로부터 초래하는 피할 수 없는 결과가 있게 됨으로써 생이 계속된다는 재생의 의미도 있다.[762] 이와 같은 의미가 있는 상카라는 조건화되지 않은 요소인 닙빠나와는 정반대의 역할을 한다는 점에서 문제가 있다. 닙빠나는 형성되지 않은 실재성품법實在性品法으로서 'Santi-lakkhaṇā(번뇌, 윤회의 고통이 사라짐)'의 의미를 지니는데[763] 상카라는 이와 반대이기 때문에 문제가 되는 것이다. 그러므로 상카라는 반드시 극복돼야 할 대상이라고 하겠다.

또한 물질을 대상으로 함으로써 마음이 생겼다가 소멸한다고 봄으로써 비구는 그 대상을 숙고하며[764] 그 마음이 무너짐[765]을 관찰한다. 즉 마음은 영원한 것이 아니라 무상한 것이고, 행복이 아니라 괴로운 것이며, 자아가 아니라 무아라고 관찰하는 것이다.

세 번째, 공포로 나타나는 지혜(Knowledge of Appearance as Terror)[766]이다. 비구는 이 단계에서 모든 상카라(行)들이 부서지고 사라지

761 『위빠사나 수행방법론』 2, 앞의 책, p.545.

762 Steven Collins, op.cit., p.138.

763 『위빠사나 수행방법론』 2, 앞의 책, p.495.

764 대상은 무엇이든지 부서지는 것이고 사라지는 것이라고 본다는 것이다.

765 물질인 대상이 부서지고 사라지는 것을 본 마음 또한 무너짐을 다른 마음으로 계속해서 관찰하는 것을 말한다.

766 『청정도론』 3, 앞의 책, p.292; Bhadantācariya Buddhaghosa, *The Path of Purification Visuddhi Magga*, Translated by Bhikkhu Ñānamolli, Singapore;

며 무너진 상태인 소멸(nirodha)을 대상으로 가진 무너짐에 대한 관찰을 반복하게 되는데, 이때 그에게 상카라들이 행복하게 살려고 하는 겁쟁이에게 사자, 호랑이, 표범, 곰. 하이에나, 유령, 도깨비, 사나운 소, 들개, 발정할 때의 사나운 코끼리, 소름끼치는 독사, 천둥번개, 묘지, 전쟁터, 시뻘겋게 타는 숯불덩어리가 나타나듯이 무시무시한 공포로 나타난다.

그러나 공포로 나타나는 지혜가 무서운 것은 아니다. 왜냐하면 과거의 상카라들이 소멸했고, 현재의 상카라들도 소멸하고, 미래의 상카라들도 소멸할 것이라고 조사(tīraṇa)할 뿐이기 때문이다.

붓다고사는 『무애해도』를 인용하여, 무상이라고 마음으로 다잡을 때 표상이 공포로 나타나며, 괴로움이라고 마음으로 다잡을 때 삶의 진행(pavatta)이 공포로 나타나고, 무아라고 마음으로 다잡을 때 표상과 진행이 공포로 나타난다고 설명한다.[767]

표상이 무조건 문제가 되는 것은 아니다. 상카라의 표상으로 나타날 때 수행의 걸림돌로 문제가 되는 것이다. 그러므로 표상은 공포로 나타나게 되는 것이다. 또한 그는 신행(pavatta)은 색계와 무색계에서의 진행이므로 공포로 나타난다고 설명한다.

넷째, 위험함을 관찰하는 지혜(Knowledge of Contemplation of Danger)[768]이다. 비구는 공포로 나타나는 지혜를 반복하여 닦아 나갈

Buddhist Meditation Center, op.cit., p.753.

767 위의 책, p.294.

768 위의 책, pp.295~296; Bhadantācariya Buddhaghosa, *The Path of Purification Visuddhi Magga*, Translated by Bhikkhu Ñānamolli, Singapore; Buddhist

때 모든 존재, 모태, 태어날 곳, 거처가 피난처가 아니고, 의지처가 아니며, 갈 곳이 아니고, 귀의처가 아니라고 꿰뚫어 알게 된다. 그렇게 하여 그에게 삼계의 존재들은 시뻘겋게 불타는 숯이 가득한 불구덩이처럼, 사대四大는 소름끼치는 독사처럼, 오온은 칼을 빼든 살인자처럼, 여섯 가지 안(內)의 감각장소(六內入)들은 인적 없는 마을처럼, 여섯 가지 밖(外)의 감각장소(六外入)들은 마을을 약탈하는 강도처럼, 일곱 가지 알음알이(識)의 거주와 아홉 가지 중생의 거처는 탐·진·치·태어남·늙음·죽음·근심·탄식·육체적 고통·정신적 고통·절망의 11가지 불로 타고 시뻘겋게 타오르고 활활 타는 것처럼, 모든 상카라(行)들은 종기처럼, 질병처럼, 화살처럼, 통증처럼, 고통처럼 만족도 영화도 없는 커다란 위험덩어리가 되어 나타난다.

붓다고사가 『무애해도』에서 공포로 나타나는 것에 대해 인용한 것은 다음과 같다.

> 일어남이 공포라고 공포로 나타남에 대한 통찰지가 위험함에 대한 지혜이다. 진행이 공포라고 … 표상이 공포라고 … 쌓음이 공포라고 … 재생연결이 공포라고 … 태어날 곳이 공포라고 … 생겨남이 공포라고 … 재생이 공포라고 … 태어남이 공포라고 … 늙음이 공포라고 … 병듦이 공포라고 … 죽음이 공포라고 … 근심이 공포라고 … 탄식이 공포라고 … 절망이 공포라고 공포로 나타남에 대한 통찰지가 위험함에 대한 지혜이다.[769]

Meditation Center, op.cit., p.755.

769 위의 책, p.296.

그는 또한 괴로움, 세속적인 것, 상카라가 공포로 나타나는 것에 대해 『무애해도』를 인용하여 다음과 같이 설명한다.

> 일어남이 괴로움이라고 공포로 나타남에 대한 통찰지가 위험함에 대한 지혜이다. 진행進行이 … 절망이 괴로움이라고 공포로 나타남에 대한 통찰지가 위험함에 대한 지혜이다. … 일어남은 세속적이라고 공포로 나타남에 대한 통찰지가 위험함에 대한 지혜이다. 진행이 … 절망이 세속적이라고 공포로 나타남에 대한 통찰지가 위험함에 대한 지혜이다. … 일어남은 상카라라고 공포로 나타남에 대한 통찰지가 위험함에 대한 지혜이다. 진행이 … 절망이 상카라라고 공포로 나타남에 대한 통찰지가 위험함에 대한 지혜이다.[770]

일어남, 진행, 표상表象, 쌓음, 재생연결, 태어날 곳, 생겨남, 재생, 태어남, 늙음, 병듦, 죽음, 근심, 탄식, 절망이 전체적으로는 공포, 부분적으로는 괴로움, 세속적인 것, 상카라로 나타남에 대한 통찰지가 위험함에 대한 지혜가 되는 것이다.

여기서 '일어남'은 'uppāda'로 '생기生起' 또는 '생生'의 의미를 지닌다.[771] 이것은 '예전의 업을 조건으로 여기에 발생(purimakammapaccayā idha uppati)'[772]이라고 해석된다. '진행進行'은 'pavatta'로 '유선流轉'의 의미가 되는데,[773] 이것은 '그렇게(예전의 업을 조건으로) 발생하여

---

770 위의 책, pp.296~298.

771 水野弘元, 『パ－リ語辭典』, op.cit., p.82.

772 *The Path of Purification Visuddhi Magga*, op.cit., p.649.

진행함(tathā uppannassa pavattati)'[774]이라고 해석된다. '표상表象'은 'nimitta'로 '상相' 또는 '현상現相'의 의미가 되며,[775] 이것은 '모든 상카라들의 표상(sabbam pi sankhāranimittaṃ)'[776]이라고 해석된다.

그러나 이와 반대로 행복의 모습으로 나타나는 것에 대해 붓다고사는 『무애해도』를 인용하여 다음과 같이 설명한다.

> 일어나지 않음이 안온安穩(khema)이라는 평화로운 경지(santi-pada)에 대한 지혜가 있다. 진행하지 않음이 … 절망 없음이 안온이라는 평화로운 경지에 대한 지혜가 있다. 일어남은 공포이고 일어나지 않음은 안온이라는 평화로운 경지에 대한 지혜가 있다. 진행이 … 절망이 공포이고 절망 없음이 안온이라는 평화로운 경지에 대한 지혜가 있다. … 일어나지 않음이 행복이라는 평화로운 경지에 대한 지혜가 있다. 진행하지 않음이 … 절망 없음이 행복이라는 평화로운 경지에 대한 지혜가 있다. … 일어남은 괴로움이고 일어나지 않음은 행복이라는 평화로운 경지에 대한 지혜가 있다. 진행이 … 절망은 괴로움이고 절망 없음이 행복이라는 평화로운 경지에 대한 지혜가 있다. … 일어나지 않음이 세속적인 것이 아니라는 평화로운 경지에 대한 지혜가 있다. 진행하지 않음이 … 절망 없음이 세속적인 것이 아니라는 평화로운 경지에 대한 지혜가 있다. 일어남

773 水野弘元, op.cit., p.217.

774 *The Path of Purification Visuddhi Magga*, op.cit., p.649.

775 水野弘元, op.cit., p.174.

776 *The Path of Purification Visuddhi Magga*, op.cit., p.649.

은 세속적이고 일어나지 않음은 세속적인 것이 아니라는 평화로운 경지에 대한 지혜가 있다. 진행이 … 절망이 세속적이고 절망 없음이 세속적인 것이 아니라는 평화로운 경지에 대한 지혜가 있다. … 일어나지 않음이 열반이라는 평화로운 경지에 대한 지혜가 있다. 진행하지 않음이 … 절망 없음이 열반이라는 평화로운 경지에 대한 지혜가 있다. … 일어남은 상카라이고 일어나지 않음은 열반이라는 평화로운 경지에 대한 지혜가 있다. 진행이 … 절망이 상카라이고 절망 없음이 열반이라는 평화로운 경지가 있다.[777]

다섯 번째, 역겨움을 관찰하는 지혜(Knowledge of Contemplation of Dispassion)[778]이다. 비구는 모든 상카라들을 위험이라고 볼 때 모든 존재, 모태, 태어날 곳, 알음알이의 거주, 중생의 거처에서 부서지는 모든 상카라들을 역겨워하고, 불만스러워하고, 즐거워하지 않는다.

여섯 번째, 해탈하기를 원하는 지혜(Knowledge of Desire of Deliverance)[779]이다. 비구는 모든 존재, 모태, 태어날 곳, 알음알이의 거주, 중생의 거처에서 부서지는 모든 상카라들 가운데 어떤 상카라에도 마음을 집착하지 않고, 묶이지 않고, 고착되지 않는다. 그래서 그는

---

777 『청정도론』 3, 앞의 책, pp.297~298.; 임승택 옮겨 지음, 『無碍解道譯註; *Translation and Annotation of paṭisambhidāmagga*』, 앞의 책, pp.164~166.

778 위의 책, p.301.; Bhadantācariya Buddhaghosa, *The Path of Purification Visuddhi Magga*, Translated by Bhikkhu Ñānamolli, Singapore; Buddhist Meditation Center, op.cit., p.758.

779 위의 책, pp.302~303.; Bhadantācariya Buddhaghosa, ibid., p.759.

그물에 걸린 물고기처럼, 독사의 입에 들어간 개구리처럼, 우리에 갇힌 숲속의 수탉처럼, 견고한 덫에 걸린 사슴처럼, 뱀 장수의 손아귀에 붙잡힌 뱀처럼, 커다란 습지대에 빠진 코끼리처럼, 금시조의 입에 들어간 용왕처럼, 월식에 들어간 달처럼, 적에게 포위된 사람처럼 모든 형성된 것에서 해탈하기를 원하고 벗어나기를 원한다.

일곱 번째, 깊이 숙고하여 관찰하는 지혜(Knowledge of Contemplation of Reflexion)[780]이다. 비구는 이제 깊이 숙고하여 관찰하는 지혜로 두 가지 특상을 제기한 뒤 상카라들을 파악한다. 즉 "상카라들은 영원하지 않고 일시적인 것이고, 일어나고 사라짐에 제한된 것이고, 붕괴하는 것이고, 떨리는 것이고, 부서지기 쉬운 것이고, 지속되지 않은 것이고, 변하는 것이고, 실체가 없는 것이고, 복리福利가 없는 것이고, 형성된 것이고, 죽기 마련인 법이기 때문에 무상이라고 본다." 또한 상카라들은 "압박받고, 견디기 어렵고, 괴로움의 토대이고, 병이고, 종기이고, 화살이고, 재난이고, … 태어나기 마련인 법이고, 늙기 마련인 법이고, 병들기 마련인 법이고, 근심하기 마련인 법이고, 탄식하기 마련인 법이고,… 이와 같은 이유로 괴로움(苦)이라고 본다. 이 상카라들은 아름답지 않고, 악취가 나고, 불쾌하고, 혐오스럽고, 장식으로 가장할 수 없고,… 이와 같은 이유로 더러움(不淨)으로 본다. 이 상카라들은 남이고, 비었고, 허하고, 공하고 … 이와 같은 이유로 무아라고 본다."

여덟 번째, 상카라에 대한 평온의 지혜(Knowledge of Equanimity about Formations)[781]이다. 비구는 두 가지 측면에서 공空을 파악한다.

---

780 위의 책, pp.303~304.; Bhadantācariya Buddhaghosa, ibid., p.760.

781 위의 책, pp.307~310.; Bhadantācariya Buddhaghosa, ibid., p.765.

즉 그는 “자아가 공하고 혹은 자아에 속하는 것이 공하다.”라고. 그 다음 비구는 네 가지 측면에서 공을 파악한다. 즉 그는 “자아와 자아의 소지품이라고 할 만한 어떤 것도 보지 않는다. 또한 자신이 어디에도 누구에게도 결코 속하지 않으며, 어느 곳에서든 누구에게서든 내 것은 결코 없다.”고. 다시 그는 여섯 가지 형태로 공을 파악한다. 즉 “눈은 자아가 공하거나, 혹은 자아에 속한 것이 공하거나, 항상함이 공하거나, 지속함이 공하거나, 영원함이 공하거나, 혹은 변하지 않기 마련인 법이 공하다. … 마노(意)는 공하다. … 형상은 공하다. … 법은 공하다. … 눈의 알음알이는 공하다. … 마노의 알음알이(意識)는 공하다. … 눈의 감각접촉은 공하다.”라고. 이와 같이 늙음·죽음까지 이 방법은 계속된다.

계속해서 비구는 여덟 가지 형태[782]로, 열 가지 형태[783]로, 12가지 형태[784]로 공을 파악한다. 그런 다음에 비구는 조사의 통달지로 40가지

---

782 위의 책, pp.308~309 참조. “항상함의 고갱이, 견고함의 고갱이, 행복의 고갱이, 자아의 고갱이, 항상함, 견고함, 영원함, 변하지 않기 마련인 법에 관한 물질(rūpa)은 고갱이가 없고, 고갱이가 아니고, 고갱이를 떠났다. 느낌은 … 인식은 … 상카라들은 … 알음알이는 … 눈은 … 항상함의 고갱이, 견고함의 고갱이, 행복의 고갱이, 자아의 고갱이, … 늙음·죽음은 고갱이가 없고, 고갱이가 아니고, 고갱이를 떠났다. …”

783 위의 책, p.309 참조. “물신(rūpa)은 비었다고, 虛하다고, 空이라고, 지이가 아니라고, 지배자를 가지지 않았다고, 원하는 대로 만들 수 없다고, 얻을 수 없다고, 지배력을 행사할 수 없다고, 타인이라고, 과거와 미래에서 분리되었다고 본다. 느낌을 … 알음알이를 비었다고 … 분리되었다고 본다.”

784 같은 책, “물질(rūpa)은 중생이 아니고, 영혼도 아니고, 사람도 아니고, 청년도 아니고, 여자도 아니고, 남자도 아니고, 자아도 아니고, 자아에 속한 것도 아니고,

형태[785]로 파악한다. 비구는 이와 같이 알고 이와 같이 보게 될 때, 상카라들에 대한 평온의 지혜가 나타난다.

이상에서 살펴본 일어나고 사라짐을 관찰하는 지혜를 비롯한 여덟 가지 위빠사나의 지혜는 번뇌에서 벗어나 해탈하기 위한 지혜(慧)의 교육과정이라고 할 수 있다.

지식은 어떤 것에 대한 앎을 이루기 위해 추리, 판단 또는 분석의 정신작용을 함으로써 이것을 축적해 나아간다. 그러나 해탈하기 위한 위빠사나의 지혜는 이러한 정신작용을 하기는 하지만 이것에 머물러 있지도 않으며, 이것을 축적하지도 않는다. 비구는 무상·고·무아의 세 가지를 통해 점차적으로 해탈을 향해 깊어져 가는 지혜를 형성해 가는 것이다. 그러므로 비구가 첫째, 일어나고 사라짐을 관찰하는 지혜를 성취한 다음에 둘째, 무너짐을 관찰하는 지혜가 성취되고, 그런 다음에 셋째, 공포로 나타나는 지혜가 성취되며, 그 다음 넷째, 다섯째, 여섯째, 일곱째, 여덟째 지혜가 완성되는 것이다. 위빠사나의 지혜의 성취는 차례에 따라 차제적으로 이루어지는 것이다. 결코

내가 아니고, 내 것도 아니고, 다른 사람의 것도 아니고, 어느 누구의 것도 아니다. 느낌은 … 알음알이는 … 어느 누구의 것도 아니다."

785 위의 책, pp.309~310 참조. "물질(rūpa)을 무상으로, 괴로움으로, 병으로, 종기로, 화살로, 재난으로, 질병으로, 타인으로, 붕괴하는 것으로, 전염병으로, 재앙으로, … 변하기 마련인 법으로, 고갱이가 없는 것으로, 재난의 뿌리인 것으로, 살인자로, 복리가 없음으로, 번뇌에 물들기 쉬운 것으로, … 일어남으로, 사라짐으로, 달콤하지 않음으로, 위험으로, 출구로 본다. 느낌을 … 알음알이를 무상이라고 … 출구로 본다."

단번에 위빠사나의 지혜가 성취되는 것이 아니다.

나. 도의 출현으로 인도하는 위빠사나(vipassanā; vuṭṭhānagāminī-vipassanā)

비구는 최상의 상태에 이르렀다고는 하나 아직 상카라를 완전히 없애지 못하였기 때문에 도道의 출현을 향해 다음과 같이 가게 된다.[786]

그는 자신의 상카라들과 타인의 오온과 무생물의 상카라들에 대해서도 무상·고·무아라고 본다. 안과 밖, 물질과 정신으로 각각 살펴본다. 상카라들을 무상이라고 명상하는 자는 무상이라고 명상해서는 도의 출현에 이르지 못한다. 그러므로 괴로움(苦), 무아無我라고 명상해야 한다.

이처럼 수행하여 비구는 무상無常이라고 천착한 뒤 무상에서 출현하게 된다. 그리고 비구가 상카라들을 괴로움(苦)이라고, 무아라고 명상할 때 도의 출현이 있으면, 이것을 무상이라고 천착한 뒤 괴로움에서, 무아에서 출현하게 된다. 그리고 비구가 상카라들을 괴로움이라고 천착한 뒤 괴로움에서, 무상에서, 무아에서 출현한다. 그리고 비구가 상카라들을 무아라고 천착한 뒤 무아에서, 무상에서, 괴로움에서 출현한다.

상카라는 계속 형성시키는 힘이 있으므로 닙빠나에 이르는 길에 장애가 된다. 그러나 이처럼 상카라를 무상·고·무아라고 여길 때 비구는 상카라의 평온의 지혜의 상태에 이르게 된다.

상카라에 대한 평온의 지혜는 비구를 초연하게 하며, 더욱이 깨달음

---

786 위의 책, pp.320~323.

의 구성요소, 도의 구성요소, 선禪의 구성요소, 도 닦음, 해탈의 차이[787]

---

787 위의 책, pp.331~335. 구성요소의 차이란, 禪의 習氣가 없이, 삼매를 닦지 않고 위빠사나를 닦는 자에게 일어난 道가 있고, 證得을 얻은 자에게 禪을 기초로 하지 않고 일어난 도가 있다. 또한 初禪을 기초로 하고 이것 외에 다른 상카라들을 명상하여 일으킨 도는 초선의 도가 된다. 이들에게는 일곱 가지 깨달음의 구성요소들(七覺支), 여덟 가지 도(八正道)의 구성요소들, 다섯 가지 선의 구성요소들이 있다. 선의 구성요소는 두 번째 선의 경우와 세 번째 선의 구성요소는 앞에서 살펴보았으므로 생략한다. 도 닦음의 차이란, 상카라들에 대한 명상을 하여 이룬 평온이 어렵게 汚染源들을 억압하여 된 것이라면 어려운 도 닦음이고, 그와 반대인 경우는 쉬운 도 닦음이다. 그리고 오염원들을 억압한 뒤 위빠사나의 목표인 도의 출현이 천천히 생기면 둔한 초월지라고 하며, 그 반대는 빠른 초월지라고 한다. 해탈의 차이란, 자기성품, 반대되는 것. 자기의 德, 對象, 오는 곳에 따라 구별된다. 먼저 자기 성품에 따르면, 만약 평온이 상카라들을 無常이라고 명상한 뒤 출현하면 표상 없는 해탈로 해탈한다. 만약 상카라들을 괴로움(苦)이라고 명상한 뒤 출현하면 원함 없는 해탈로 해탈한다. 만약 상카라들을 無我라고 명상한 뒤 출현하면 空의 해탈로 해탈한다. 반대되는 것에 따르면, 無常의 관찰을 통해 상카라들의 덩어리를 분해한 뒤 영원하다는 표상, 지속된다는 표상, 항상하다는 표상을 버리기 때문에 표상이 없게 된다. 괴로움의 관찰을 통해 행복이라는 인식을 버리고 원함과 영원함을 버리기 때문에 원함이 없게 된다. 無我의 관찰을 통해 자아, 중생, 인간이라는 인식을 버린 뒤 상카라들을 空하다고 보기 때문에 공하게 된다. 자기의 德에 따르면, 탐욕 등이 空하기 때문에 空하고, 물질의 표상이나 탐욕의 표상 등이 없기 때문에 표상이 없고, 탐욕을 원함 등이 없기 때문에 원함이 없다. 대상에 따르면, 이 도는 공하고, 표상이 없고, 원함이 없는 닙빠나를 자기의 대상으로 삼기 때문에 각각 空하고, 표상이 없고, 원함이 없게 된다. 오는 곳에 따르면, 위빠사나가 오는 곳과 道가 오는 곳의 두 가지가 있다. 道는 위빠사나가 오는 곳이고, 果는 도가 오는 곳이다. 공함의 위빠사나로 도달한 도는 공이다. 무상의 관찰을 표상 없음이라고 한다. 표상 없음의 위빠사나

를 결정한다.

다. 수순隨順하는 지혜(anulomañaṇa) 및 사성제 관찰에 의한 열반의 지향

상카라에 대한 평온의 지혜를 반복적으로 닦아 나아갈 때 비구의 확신에 찬 믿음(saddhā)[788]은 더욱 더 깊어지고, 정진精進은 더욱 더 탄력을 받게 되며, 마음챙김은 잘 확립된다. 그리고 그의 마음은 잘 안정된다. 비구는 이제부터 수순隨順하는 지혜의 상태로 향하게 된다. 그 과정은 다음과 같다.[789]

도道가 막 생기려는 순간에 평온의 상태에 있는 비구는 상카라에 대해 무상·고·무아라고 명상하고는 잠재의식에 들어간다. 그 다음 그에게 상카라들을 대상으로 삼아 이것이 무상하거나 고이거나 무아라고 하면서 의문전향意門轉向이 일어난다.

단지 작용만 하는 마음인 의문전향의 다음에는 간단間斷 없이 상속相續을 연결하면서, 같은 방법으로 상카라들을 대상으로 삼아 그에게 첫 번째 속행速行의 마음이 일어난다. 이것이 준비의 마음(parikamma)이다.

그 다음 그에게 같은 방법으로 상카라들을 대상으로 삼아 두 번째

로 도달한 도는 표상이 없다.

788 이 믿음은 ~을 향해 고무적인 특성을 갖는다. 그리고 이 믿음의 결과로서 나타나는 상태는 흔들리지 않는 확신이다. 이 믿음은 padaṭṭhānaṃ(결과로 나타나는 상태)을 나타낸다.

789 『청정도론』 3, 앞의 책, pp.337~339. 이 과정은 次第的으로 일어난다.

속행의 마음이 일어난다. 이것이 근접의 마음(upacāra)의 마음이다

그 다음 그에게 같은 방법으로 상카라들을 대상으로 삼아 세 번째 속행의 마음이 일어난다. 이것이 수순의 마음(anuloma)이 일어난다.

이 준비의 마음(pari-kamma), 근접의 마음(upacāra), 수순의 마음(anuloma)은 앞에서 살펴본 여덟 가지 지혜에 수순하고, 뒤에서 논할 37가지 깨달음의 편에 속하는 법들에 수순하기 때문에 수순하는 지혜라고 일컫는다.

『청정도론』은 상카라를 대상으로 수순하는 지혜에 의한 수행에 이어 닙빠나를 향하는 사과四果의 수행과정을 논하고 있다. 『청정도론』은 수순하는 지혜로는 닙빠나를 볼 수 없기 때문에 수다원須陀洹(預流)·사다함斯陀含(一來)·아나함阿那含(不還)·아라한阿羅漢의 사쌍팔배四雙八輩의 도道와 과果를 다루고 있는 것이다. 이 과정이 '지知와 견見에 의한 청정'이다.

⑤지知와 견見에 의한 청정(ñāṇadassanavisuddhiniddeso)

가. 고뜨라부(gotrabhū, 種姓)의 지혜

수순하는 지혜(anulomañaṇa) 다음 단계부터는 지와 견에 의한 청정의 수행과정이다. 이제부터 이 지와 견에 의한 청정의 수행과정에 대해서 살펴보면,[790] 수순하는 지혜 다음에 고뜨라부(gotrabhū, 種姓)의 지혜가 생기는데, 이 지혜는 중간에 있어서 무엇이라고 명명할 수 없다. 그렇지만 위빠사나의 흐름에 있으므로 위빠사나라고 부를 수 있다.

수순하는 지혜가 일어나고, 칠흑같이 어두운 암흑이 준비, 근접,

790 붓다고사스님 지음·대림스님 옮김, 『청정도론』 3, 위의 책, pp.345~357.

수순의 세 가지 수순하는 지혜의 힘에 의해 사라질 때, 비구의 마음은 상카라들에 들어가지 않고, 머물지 않고, 집착하지 않고, 묶이지 않는다.

이제부터 비구는 소멸인 열반을 대상으로 고뜨라부의 지혜[791]가 일어난다. 범부(puthujjana)의 종성, 범부의 이름, 범부의 경지를 초월하여 성자(ariya)의 종성, 성자의 이름, 성자의 경지에 들어가게 되는 것이다. 즉 열반에 처음 들어가고, 처음 전념하고, 처음 집중하는 것이다.

비유를 들어 설명하면, 이쪽 기슭에서 큰 개울을 건너 저쪽 기슭에 가기 원하는 사람처럼, 첫 번째 수순하는 마음인 준비의 마음(parikamma)으로 껑충 뛰어넘어 두 번째 수순의 마음인 근접의 마음(upacāra)인 저쪽 기슭에 이른다. 그리고 그는 세 번째 수순의 마음으로 열반의 가까이에 이르러 그 마음이 소멸함으로써 그 마음의 대상인 상카라들을 놓아버리고 고뜨라부의 마음으로 상카라들을 여읜 열반에 이른다. 그러나 그는 진리를 가리는 어둠을 흩어버리지 못했기 때문에 아직 완전한 열반에 이른 것은 아니다. 이후 고뜨라부의 지혜가 간단없는 상속으로 앞의 수행과정에서 부숴버리지 못하고, 쪼개버리지 못한 탐욕·성냄·어리석음 등의 무더기를 부수고 쪼개버림으로써 비로소 첫 번째 지혜인 예류도의 지혜가 생기게 된다. 이 부숴버리지 못하고 쪼개버리지 못한 탐욕·성냄·어리석음 등의 무더기는 경멸,

791 일어남을 극복하고, 밖으로 상카라들의 表象을 극복하고, 일어나지 않음에 들어가고, 진행하지 않음에 들어가고, 소멸인 열반에 들어가기 때문에 고뜨라부(gotrabhū, 種姓)의 지혜이다.

횡포, 질투, 인색, 허위, 사기 등 여섯 가지 오염원[792]으로서 이 예류도에서 끊어진다. 이 예류도의 지혜의 상태가 첫 번째 성자이다. 일탈함으로 꽉 차 있는 법인 불선법취不善法聚의 상태에 있다가 이로부터 벗어나 순수함으로 꽉 차 있는 선법취의 상태로 나아가게 된 것이 이 예류도이다.

나. 예류과(預流果, 수다원과: 預流者)

이 첫 번째 지혜는 그 결과로 근기에 따라 과果의 마음이 일어난다. 근기가 최상인 자는 두 번의 수순이 있고, 그 세 번째에 고뜨라부의 마음이 있게 된다. 그 네 번째는 도道의 마음이고, 세 번의 과의 마음이 있게 된다. 반면에 근기가 둔한 자는 세 번의 수순이 있고, 그 네 번째에 고뜨라부의 마음이 있게 된다. 그 다섯 번째는 도의 마음이고, 두 번의 과의 마음이 있게 된다.

비구는 과의 마음 끝에 잠재의식에 들어가고, 그 다음에 잠재의식을 끊고 도를 반조하기 위해 의문전향意門轉向의 마음이 일어난다. 그 다음 의문전향이 멸함으로써 순서대로 일곱 개의 속행이 일어난다. 다시 잠재의식에 들어가서 같은 방법으로 과를 반조하기 위해 전향 등의 마음이 일어난다. 이렇게 하여 비구는 도를 반조하고, 과를 반조하고, 버린 오염원들을 반조하고, 남아있는 오염원들을 반조하고, 열반을 반조하게 된다. 구체적으로 말하면, 비구는 '내가 이제까지 이 도로써 왔구나.'라고 도를 반조한다. 그 다음에 '이것이 내가 얻은

---

792 김재성, 「초기불교의 번뇌」, 『인도철학』 제29집, 2010. p.246. (3) 16가지 마음의 오염원.

이익이다.'라고 과를 반조한다. 그 다음에 '이것들이 내가 버린 오염원들이다.'라고 버린 오염원들을 반조한다. 그 다음에 '이들이 아직 남아 있는 오염원들이다.'라고 앞으로 일래도와 불환도와 아라한도로 버릴 오염원들을 반조한다. 그 다음 마지막으로 '이 법을 대상으로 삼아 내가 이 법을 꿰뚫었다.'라고 열반을 반조한다. 이 과의 상태가 두 번째 성자이다.

이와 같은 예류자처럼 일래자와 불환자도 다섯 가지 반조의 과정이 있다. 그러나 아라한은 남아 있는 오염원들을 반조할 필요가 없다. 그러므로 예류자, 일래자, 불환자, 아라한 등에게 모두 19가지 반조가 있게 된다. 예류자, 일래자, 불환자의 경우 각각 다섯 가지 반조가 있고, 아라한은 네 가지 반조가 있기 때문이다.

다. 일래과(一來果, 사다함과: 一來者)

이제 예류자인 비구는 감각적 욕망에 대한 탐욕과 악의惡意를 줄이는 다음 단계인 일래자의 경지, 일래자의 도를 얻기 위해 기능(根), 힘(力), 깨달음의 구성요소(覺支)들로서 오온을 무상·고·무아라고 관찰한다. 그 과정에서 상카라에 대한 평온의 지혜 끝에 의문전향의 마음이 일어나고, 그것을 통해 수순하는 지혜와 고뜨라부(gotrabhū, 種姓)의 지혜가 일어나고, 고뜨라부의 지혜 다음에 일래도一來道가 일어난다. 이것과 함께한 지혜가 일래도의 지혜이다. 이 지혜의 상태가 세 번째 성자이다.

이 일래도의 지혜 다음에 앞에서 살펴본 방법처럼 근기에 따라 비구에게 과의 마음이 일어난다. 이 상태는 네 번째 성자이다.

라. 불환과(不還果, 아나함과: 不還者)

일래자인 비구는 이처럼 반조한 뒤 세 번째 경지를 얻기 위해 기능(根), 힘(力), 깨달음의 구성요소(覺支)들로서 오온을 무상·고·무아라고 철저히 관찰한다. 그 과정에서 상카라에 대한 평온의 지혜 끝에 의문전향의 마음이 일어나고, 그것을 통해 수순하는 지혜와 고뜨라부의 지혜가 일어나고, 고뜨라부의 지혜 다음에 불환도不還道가 일어난다. 이 불환도에서는 악의, 분노, 원한, 방일 등의 오염원[793]이 끊어진다. 이것과 함께한 지혜가 불환도의 지혜이다. 이 지혜의 상태가 다섯 번째 성자이다.

이 불환도의 지혜 다음에 앞에서 살펴본 방법처럼 근기에 따라 비구에게 과의 마음이 일어난다. 그는 불환자不還者로서 이 상태는 여섯 번째 성자이다. 그는 정거천淨居天에 화생化生하여 그곳에서 열반에 들고 다시 이 세상에 돌아오지 않게 된다.

마. 아라한과(阿羅漢果: 阿羅漢)

불환자인 비구는 이처럼 반조한 뒤 존재와 비존재에 대한 탐욕, 자만, 들뜸, 무명을 남김없이 버리고 네 번째 경지인 아라한도를 얻기 위해 기능(根), 힘(力), 깨달음의 구성요소(覺支)들로서 오온을 무상·고·무아라고 철저히 관찰한다. 그 과정에서 상카라에 대한 평온의 지혜 끝에 의문전향의 마음이 일어나고, 그것을 통해 수순하는 지혜와 고뜨라부의 지혜가 일어나고, 고뜨라부의 지혜 다음에 아라한도阿羅漢道가 일어난다. 이 아라한도에서는 탐욕과 잘못된 욕망, 고집, 철면피,

---

793 김재성, 「초기불교의 번뇌」, 같은 글.

아만, 지나친 아만 도취 등의 오염원[794]이 끊어진다. 이것과 함께한 지혜가 아라한도의 지혜이다. 이 지혜의 상태가 일곱 번째 성자이다.

이 아라한도의 지혜 다음에 비구에게 과의 마음들이 일어난다. 이런 아라한을 여덟 번째 성자라고 부른다. 이제 그는 번뇌가 다한 위대한 자이고, 마지막 몸을 가진 자이며, 짐을 내려놓았고, 참된 이상을 실현했으며, 존재의 족쇄를 풀었고, 바른 구경의 지혜로 해탈했으며, 신을 포함한 인간에게 최고의 공양을 받을만한 자가 된다.

이제까지 살펴본 예류도, 일래도, 불환도, 아라한도 등 네 가지 도에 대한 지혜가 지와 견에 의한 청정이 되는 것이다. 이상 예류도·예류과로부터 일래도·일래과, 불환도·불환과, 아라한도·아라한과 등 여덟 가지는 보통 사쌍팔배四雙八輩로 알려져 있다.

지금까지 내용을 정리하면 다음과 같다. 수순하는 지혜에 의한 수행과정을 거친 후 고뜨라부의 지혜가 생기게 되어 범부(puthujjana)의 종성, 범부의 이름, 범부의 경지를 초월해 성자(ariya)의 종성, 성자의 이름, 성자의 경지에 들어가서[795] 도로 전향하게 되는데, 비구는 탐욕의 무더기 등을 부수고 무시이래로 계속되는 윤회의 고통의 바다를 말려버리고 모든 악처惡處의 문을 닫아버리게 되는 것이다. 이것이 예류도의 지혜이다.[796]

그리고 비구는 최소한 두 개의 수순한 마음이 있은 후에 전향이라고 하는 인식과정을 거친다. 즉 근기가 예리한 비구는 두 가지 단계의

794 김재성, 「초기불교의 번뇌」, 같은 글.

795 위의 책, p.347.

796 위의 책, p.351.

수순과정을 거쳐, 세 번째 고뜨라부에 이르고, 그 다음 네 번째 도의 마음을 경험하고, 다섯 번째로부터 일곱 번째에 이르는 과의 마음을 경험한다. 그리고 근기가 둔한 비구는 세 가지 단계의 수순과정을 거쳐, 네 번째 고뜨라부에 이르고, 그 다음 다섯 번째로 도의 마음을 경험하고, 여섯 번째와 일곱 번째로 과의 마음을 경험한다. 이와 같은 과의 마음을 가진 자는 예류자로 불리게 되는데, 신이나 인간 중에 일곱 번 태어난 뒤 괴로움을 끝내게 된다.[797]

비구는 과의 마음을 끝으로 잠재의식에 들어간다. 그리고는 잠재의식을 끊고 도를 반조하기 위해 의문전향의 마음이 일어난다. 마찬가지로 의문전향의 마음이 멸할 때에도 도를 반조하는 일곱 개의 속행이 일어난다. 그리고 다시 잠재의식에 들어가서 같은 방법으로 과 등을 반조하기 위해 전향의 마음 등이 일어난다. 그는 도를 반조하고, 과를 반조하고, 버린 오염원들을 반조하고, 남아 있는 오염원들을 반조하고, 열반을 반조한다.[798]

비구는 이제 오온으로 분류되는 형성된 것들을 무상·고·무아라고 지혜로써 면밀히 검토하고 그곳으로 마음을 향하게 하여 위빠사나의 과정에 들어간다. 이와 같이 수행함으로써 앞에서와 마찬가지로 상카라에 대한 평온의 지혜 끝에 의문전향을 통해서 수순하는 지혜와 고뜨라부를 경험하게 되고, 그 다음에 일래도가 일어난다. 이것이 일래도의 지혜이다.[799]

---

797 위의 책, pp.352~353.

798 위의 책, p.353.

799 위의 책, pp.354~355.

비구는 앞의 예류자에서 살펴본 바와 같은 과의 과정을 거친 후 일래자가 된다. 그는 한 번만 이 세상에 온 다음에 괴로움을 끝내게 된다.[800]

일래자가 된 비구는 오온으로 분류되는 형성된 것들을 무상·고·무아라고 지혜로서 면밀히 검토하고 그곳으로 마음을 향하게 하여 위빠사나의 과정에 들어간다. 이와 같이 수행함으로써 비구는 앞에서와 마찬가지로 상카라에 대한 평온의 지혜 끝에 의문전향을 통해서 수순하는 지혜와 고뜨라부를 경험한 후 불환도를 일으키게 된다. 이것이 불환도의 지혜이다.[801]

그 다음 비구는 앞의 과의 과정과 마찬가지 과정을 거친 후 불환과에 이르게 된다. 그는 정거천에 화생하여 그곳에서 열반에 들어 다시는 이 세상에 돌아오지 않는다.[802]

그리고 비구는 탐욕, 자만, 들뜸, 무명을 남김없이 버리고 형성된 것들을 무상·고·무아라고 지혜로 철저히 검토하고 그곳으로 마음을 향하게 함으로써 위빠사나의 과정에 들어간다. 그 다음 그는 앞에서와 마찬가지로 상카라에 대한 평온의 지혜 끝에 있게 되는 의문전향을 통해 수순하는 지혜와 고뜨라부의 지혜가 일어나고 고뜨라부 다음에 아라한도가 일어난다. 이것이 아라한도의 지혜이다.[803]

그 다음 앞에서와 마찬가지 과果의 마음들이 일어나 아라한과에

---

800 위의 책, p.355.

801 위의 책, pp.355~356.

802 위의 책, p.356.

803 같은 책.

이른다. 그는 번뇌가 다하고, 마지막 몸을 가졌으며, 짐을 내려놓고, 존재의 족쇄를 풀었으며, 바른 구경의 지혜로 해탈하여 신을 포함하여 인간 가운데 최고의 공양을 받을 만한 자가 된 것이다.[804]

스티븐 콜린스는 이 아라한과를 성취함으로써 있게 되는 상태를 짐을 내려놓음(putting down the burden), 탐·진·치 삼독의 뿌리를 자름 등으로 설명하고 있다.[805]

이 '지知와 견見에 의한 청정'의 수행단계에서는 닙빠나를 위해 사성제를 닦는 과정을 설명하기도 하는데, 사성제를 닦는 과정의 힘을 과시하기 위해 37조도품과 함께 사성제를 바르게 깨닫는 지혜를 논하고 있다.[806]

3장에서 필자는 초기불교의 계·정·혜의 수행체계를 살펴보는 가운데 37조도품을 혜의 수행의 완성으로 보았다. 이와 같이 37조도품은 『청정도론』에서도 혜에 속하는 '지와 견에 의한 청정'의 수행단계에서[807] 논해지고 있는 것이다.

사성제를 바르게 깨닫는 지혜는 이미 『해탈도론』에서 논하고 있는 것으로 붓다고사는 '사성제를 바르게 깨닫는 지혜'를 그대로 계승하고 있다. 단지 새로운 것은 『의석義釋』에서 다루고 있는 세 가지 지혜를 부가하여 수다원(預流)·사다함(一來)·아나함(不還)·아라한의 도道

---

804 위의 책, p.357.

805 Steven Collins, op.cit., p.93. 「*Nirvana as image*」

806 馬場紀壽, 『上座部佛教の思想形成－ブッダからブッダゴーサへ』(東京: 春秋社, 2008), p.117.

807 『청정도론』 3, 앞의 책, pp.358~364.

와 과果에 이르는 방법을 논하고 있는 것이다.[808]

이제까지는 상카라를 대상으로 관찰하는 지혜를 논하였지만 '지와 견에 의한 청정'에서 이루어지는 사성제를 바르게 깨닫는 지혜의 수행은 일체의 상카라를 버리고 닙빠나에 도달하게 되는데, 이것은 통찰지에 의한 수행의 결과로 있게 되는 것이다.

4) 위빠사나 수행의 인간형성과 교육과정 이론으로서의 성격

위빠사나 수행에서 중요한 개념은 통찰이다. 통찰은 지혜(慧)로 중부경전에서는 크고, 넓고, 포괄적이고, 깊고, 넓으며, 빠르고, 가볍고 빠르며, 밝고, 민첩하고, 날카롭다는 의미[809]로 사용된다.

통찰은 불교수행의 핵심인 위빠사나의 마음챙김(sati)에서 이루어진다. 마음챙김을 위해서는 앞에서도 잠시 언급했듯이 사마타의 본삼매의 굳건히 산란하지 않은 상태[810]가 전제로서 반드시 필요하다. 본삼매의 굳건하고 산란하지 않은 상태가 되기 위해서는 들숨날숨의 호흡 시 길게 들이쉬고, 길게 내쉬며, 짧게 들이쉬고 짧게 내쉬면서 마음의 평온함에 이르러야 가능하다.

통찰은 그것의 효능을 나타내는 의미처럼 대상을 '관통하여' 보는,

---

808 馬場紀壽, 『上座部佛教の思想形成－ブッダからブッダゴーサへ』, 앞의 책, p.117.

809 E.A. Rune Johansson, *The Dynamic Psychology of Early Buddhism*, 허우성 역, 초기불교의 역동적 심리학 (경희대학교 출판국, 2008), p.304.

810 임승택, 「위빠사나(*vipassanā*) 수행관 연구 - 빠띠삼비다막가의 들숨·날숨에 관한 논의를 중심으로 -」, 앞의 책, Ps. Vol.1. p.99. "samathasa avikkhepaṭṭho …"

즉 '꿰뚫어'보는 것을 말한다. 대상이란 사물을 말하는 것으로 구체적으로 일련의 변화과정에 놓인 사물을 지속적으로 따라가며 관찰한다는 의미[811]를 지닌다. 『무애해도』에서는 '일어남과 사라짐을 따라가며 보는 것(生滅隨觀, udayabbayānupassanā)'과 '달라짐을 따라가며 보는 것(變易隨觀, vipariṇāmānupassanā) 등[812]을 언급하고 있는데, 이것은 통찰의 예이다.

앞에서 살펴보았듯이, 비구는 일어나고 사라짐을 관찰하는 지혜부터 시작하여 무너짐을 관찰하는 지혜, 공포로 나타나는 지혜, 위험함을 관찰하는 지혜, 역겨움을 관찰하는 지혜, 해탈하고자 하는 지혜, 깊이 숙고하여 관찰하는 지혜, 상카라에 대한 평온의 지혜 의 위빠사나 지혜를 닦아 나아간다.

이처럼 위빠사나의 지혜를 닦아 나가면서 대상을 무상·고·무아로 관찰하는 통찰은 탐·진·치의 오염원이 완전히 제거되고 닙빠나를 얻는 결과를 가져오므로 매우 중요한 의미를 갖는다고 하겠다. 통찰은 위빠사나의 지혜로 자신과 더불어 대상을 꿰뚫어 최상의 성숙된 경지인 닙빠나에 다가가는 점진적 변화가 마음의 내부에서 있게 하고, 결국 닙빠나에 이르게 하기 때문이다. 『청정도론』에서 이 통찰의 지혜를 자세히 논하고 있는 것도 이와 같이 통찰지가 닙빠나에 이르기 위해서 매우 중요한 역할을 하기 때문이다.

그러나 탐·진·치의 오염원이 완전히 제거되는 것은 말처럼 쉬운 일이 아니다. 대부분의 사람들은 탐·진·치의 오염원을 제거하지 못하

---

811 임승택, 위의 책, p.136.

812 같은 책.

고 범부의 상태에 놓이게 된다.

범부들은 마음이 오염되어 윤회로부터 벗어나지 못하고 윤회를 거듭하고 있다. 그들에게는 족쇄, 오염원, 삿됨, 세간적인 법, 인색, 전도顚倒, 매듭, 가지 않아야 하는 것, 번뇌, 폭류暴流, 속박, 장애, 고수固守, 취착, 잠재성향, 더러움, 열 가지 해로운 업의 길, 해로운 마음 등이 항상 일어난다. 이것들은 '버려야 할 법들(Pahātabbā dhammā)'로 불리어진다.

이것들을 살펴보면, 족쇄[813]는 중생을 괴로움으로 결박하므로 족쇄라고 부른다. 오염원[814]은 스스로 오염되고, 또한 관련된 법들을 오염시키므로 오염원이라고 부르는 것이다. 사견, 의심, 혼침, 들뜸, 양심 없음, 수치 없음 등 열 가지가 오염원이다.

삿됨[815]은 삿되게 마음속에서 일어나기 때문에 삿됨이라고 부른다. 삿된 견해, 삿된 사유, 삿된 말, 삿된 행위, 삿된 생계, 삿된 정진, 삿된 마음챙김, 삿된 삼매의 여덟 가지가 있다. 이것은 팔정도의 반대라고 하겠다.

세간적인 법[816]은 세상이 계속 존속되고 있는 한 끊어지지 않는 여덟 가지 법을 말한다. 얻음, 잃음, 명예, 불명예, 즐거움, 괴로움, 비난, 칭찬의 여덟 가지이다.

인색[817]은 사는 곳, 가족, 얻은 것, 법, 칭찬 등 다섯 가지에 대한

813 『청정도론』 3, 앞의 책, pp.367~368.

814 위의 책, p.368.

815 같은 책.

816 위의 책, pp.368~369.

인색을 말한다.

전도[818]는 무상하고, 괴로움이고, 무아이고, 부정한 대상을 영원하고, 행복하고, 자아가 있고, 깨끗하다고 여기는 것을 말한다.

매듭[819]은 정신적인 몸과 물질적인 몸을 매듭짓는 것을 말한다. 탐욕의 몸에 대한 매듭, 악의의 몸의 매듭, 계율과 의식에 대한 집착의 몸의 매듭, 이것만이 진리라고 생각하는 독단적인 신조의 몸의 매듭을 말한다.

가지 않아야 하는 것[820]은 열의, 성냄, 어리석음, 두려움 등 때문에 하지 말아야 하는 것을 하고, 해야 하는 것을 하지 않는 것을 말한다.

번뇌[821]는 항아리의 갈라진 틈새로 쉴 새 없이 물이 흐르는 것처럼, 단속되지 않고 있는 감각의 문으로부터 흐르거나, 항상 흐른다는 의미에서, 윤회의 괴로움이 흐르는 것이고, 이것을 번뇌라고 하는 것이다.

폭류[822]는 존재의 바다로 휩쓸려가고, 건너기 어렵다는 의미에서 폭류라고 부르는 것이다.

속박[823]은 대상으로부터 분리되지 않고, 또한 괴로움으로부터 분리

---

817 위의 책, p.369.

818 같은 책.

819 같은 책.

820 같은 책.

821 위의 책, pp.369~370.

822 위의 책, p.370.

823 같은 책.

되지 않기 때문에 속박이라고 부르는 것이다.

유익한 마음을 방해하고, 덮고, 가린다는 의미를 갖는 감각적 욕망 등 다섯 가지는 장애[824]라고 부른다.

고수固守[825]는 각각의 법의 고유성질을 넘어서 다르게 사실이 아닌 고유성질에 집착함으로 일어나는 것을 말한다.

취착[826]은 감각적 욕망에 대한 취착, 사견에 대한 집착, 계율과 의식에 대한 집착, 자아의 교리에 대한 집착을 말한다.

잠재성향[827]은 고질적이라는 의미를 갖는다. 감각적 욕망의 잠재성향, 적의敵意의 잠재성향, 자만의 잠재성향, 사견의 잠재성향, 의심의 잠재성향, 무명의 잠재성향이 있다.

더러움[828]은 기름이 섞여 있는 진흙 구덩이처럼 스스로 더럽고, 또 다른 이들을 더럽게 하는 것으로, 탐욕·성냄·어리석음의 세 가지가 있다.

열 가지 해로운 업의 길[829]은 해로운 업이 되고, 또한 악처惡處로 가는 길을 말한다.

해로운 마음의 일어남[830]은 담욕에 뿌리박은 여덟 가지, 성냄에

---

824 같은 책.

825 같은 책.

826 같은 책.

827 위의 책, pp.370~371.

828 위의 책, p.371.

829 같은 책.

830 같은 책.

뿌리박은 두 가지, 어리석음에 뿌리박은 두 가지의 12가지가 있다.

이상 버려야 할 법들이란 무엇인가 살펴보았다. 이들이 있는 한 범부이므로 닙빠나를 향해 나아가기 힘들다. 닙빠나의 길에 방해가 되는 이들 법들이 마음속에 있는 한 해탈하기도 힘들다는 점에서, 이들 버려야 할 법들은 불교에서 바라는 인간형성의 모습과 거리가 멀다고 할 수 있다.

그렇다면 이들 법들을 버리기 위해 어떤 수행을 해야 하는지 다음과 같은 표를 통해 살펴보기로 한다.

버려야 할 법들	내용	대치수행對治修行
족쇄	유신견, 의심, 계율과 의식에 대한 집착, 감각적 욕망, 적의	수다원도의 지혜
	거친 감각적 욕망, 적의	사다함도의 지혜
	미세한 감각적 욕망, 적의	아나함도의 지혜
	색계에 대한 탐욕, 무색계에 대한 탐욕, 자만, 들뜸, 무명	아라한도의 지혜
오염원	사견, 의심	수다원도의 지혜
	성냄	아나함도의 지혜
	탐욕, 어리석음, 자만, 혼침, 들뜸, 양심 없음, 수치심 없음	아라한도의 지혜
삿됨	사견, 거짓말, 삿된 행위, 삿된 생계	수다원도의 지혜
	삿된 사유, 중상모략, 욕설	아나함도의 지혜
	잡담, 삿된 정진, 삿된 마음챙김, 삿된 삼매, 삿된 해탈, 삿된 지혜	아라한도의 지혜
세간적인 법	적의	아나함도의 지혜
	찬사	아라한도의 지혜

	명예와 칭찬에 대한 찬사	아라한도의 지혜
	인색	수다원도의 지혜
전도顚倒	항상 하지 않은 것을 항상하다고 하고, 무아에 대해 자아가 있다고 하는 인식과 마음과 견해의 전도, 괴로움을 행복이라고 하고, 깨끗하지 않은 것을 깨끗하다고 하는 견해의 전도	수다원도의 지혜
	깨끗하지 않은 것을 깨끗하다고 하는 인식의 전도, 마음의 전도	아나함도의 지혜
	괴로움을 행복이라고 하는 인식의 전도와 마음의 전도	아라한도의 지혜
매듭	계율과 의식에 대한 집착	수다원도의 지혜
	이것만이 진리라고 하는 독단적인 신조의 몸의 매듭	
	惡意의 매듭	아나함도의 지혜
	탐욕의 몸의 매듭	아라한도의 지혜
가지 않아야 함		수다원도의 지혜
번뇌	견해의 번뇌	수다원도의 지혜
	감각적 욕망에 대한 번뇌	아나함도의 지혜
	존재에 대한 번뇌	
	무명	아라한도의 지혜
폭류	견해의 번뇌	수다원도의 지혜
	감각적 욕망에 대한 번뇌	아나함도의 지혜
	존재에 대한 번뇌	아라한도의 지혜
	무명	
속박	견해의 번뇌	수다원도의 지혜
	감각적 욕망에 대한 번뇌	아나함도의 지혜
	존재에 대한 번뇌	아라한도의 지혜

	무명	
장애	의심의 장애	수다원도의 지혜
	감각적 욕망의 장애, 악의, 후퇴	아나함도의 지혜
	해태, 혼침, 들뜸	아라한도의 지혜
고수		수다원도의 지혜
취착	감각적 욕망에 대한 취착에 색계와 무색계에 대한 탐욕이 포함된다.	아라한도의 지혜
	사견에 대한 집착, 계율과 의식에 대한 집착, 자아의 교리에 대한 집착	수다원도의 지혜
잠재성향	사견의 잠재성향	수다원도의 지혜
	의심의 잠재성향	
	감각적 욕망에 대한 잠재성향	아나함도의 지혜
	적의의 잠재성향	
	자만의 잠재성향, 존재에 대한 탐욕의 잠재성향, 무명의 잠재성향	아라한도의 지혜
더러움	성냄의 더러움	아나함도의 지혜
	탐욕, 어리석음	아라한도의 지혜
열 가지 해로운 업의 길	살생, 도둑질, 사음, 거짓말, 사견	수다원도의 지혜
	중상모략, 욕설, 악의	아나함도의 지혜
	잡담, 탐욕	아라한도의 지혜
해로운 마음의 일어남	사견과 관련된 네 가지 마음	수다원도의 지혜
	의심과 관련된 마음	
	적의와 관련된 두 가지 마음	아나함도의 지혜
	어리석음과 관련된 마음	아라한도의 지혜

위 표에 나타난 바와 같이, 비구는 성자종성에 해당하는 수다원도, 사다함도, 아나함도, 아라한도의 각 단계에서 버려야 할 법들을 버릴 때 닙빠나에 이르게 된다.

이렇게 될 때 우리는 불교에서 바라는 인간형성이 되었다고 말할 수 있고, 이에 위빠사나가 인간형성의 교육적 기능을 한다고 주장할 수 있는 것이다. 이처럼 위빠사나의 수행과정은 사마타의 마음이 산란하지 않은 상태에서 이것을 바탕으로 통찰지로 대상을 안과 밖으로 꿰뚫어봄으로써 버려야 할 법들을 버리고 닙빠나에 이르도록 한다는 점[831]에서 인간을 형성시키는 교육적 의의가 있다고 보는 것이다.

인식론적으로 볼 때 위빠사나의 수행과정은 그 이전의 단계가 있을 때 가능한데, 필자는 이것을 통약적으로 교육인식론의 측면에서 볼 때 '구조 있는 발생'이라고 부르고자 한다. '구조 있는 발생'의 의미가 무엇인가 하면, 어느 단계에서 형성된 구조들은 그 이전에 형성된 구조와 그 관계를 논리적으로 가정한다는 개념[832]이다. 다시 말하면 구조는 선행하는 구조에 의하여 예비된 것이며, 후속되는 구조에 통합된다.[833] 물론 이 '구조 있는 발생'의 교육인식론은 피아제의 인지발달이론이고, 그런 점에서 이와 같은 인지발달이론의 측면에서 위빠사나 수행을 과연 인지발달과정이라고 볼 수 있느냐고 이의를 제기할

---

831 E.A. Rune Johansson, *The Dynamic Psychology of Early Buddhism*, 허우성 역, 앞의 책, p.309. 경전에서는 無明, 곧 어둠의 덩이가 남김없이 사라지고 그치게 되면 이것이 곧 고요한 상태, 완전한 상태, 모든 行의 止, 모든 取의 단념, 갈애의 소멸, 離欲, 滅盡, 涅槃 등이라고 말하고 있다.

832 D. W. 함린 저; 이홍우 역, 『교육인식론』 – 경험과 이해의 성장, 앞의 책, p.92. 툴민(Toulmin)이 말한 개념의 성층, 즉 특정한 개념이 다른 개념을 논리적으로 가정하는 것을 말한다.

833 D. W. 함린 저; 이홍우 역, 『교육인식론』 – 경험과 이해의 성장, 위의 책, p.93.

수 있지만, 수행을 통해 무상·고·무아의 세 가지 진리를 인식해가는 과정이 인지발달과정과 전혀 무관하지 않을 것이다. 왜냐하면 어차피 통약적으로 인지발달이론의 측면에서 불교교육학의 개념을 만들고 그 이론을 세우는 것이므로, 이와 같이 통약적인 측면에서 볼 때 위빠사나 수행과정은 지식이 아니라 깨달음에 도달하기 위해 지혜를 구조화하는 과정이라고 주장할 수 있기 때문이다.

한편 위빠사나는 살아 있는 교육과정의 이론이 된다. 그것은 왜일까? 우리가 무상·고·무아의 세 가지 진리를 깨닫기 전에는 밝지 못한 무명無明으로 인해 무엇인가를 탐하고 누군가에게 성내고 사리분별을 잘 못하고 어리석은 행동을 하는 것을 대수롭지 않게 여겼었다. 그러나 이와 같은 탐욕과 성냄과 어리석음으로 인한 행동이 무명에서 비롯된 잘못된 행동이었다는 것을 알고 우리가 알고 경험하는 것들이 무상하고, 괴로운 것이며, 나라고 내세울 것이 없다는 사실을 깨닫고 탐욕과 성냄과 어리석음에서 비롯하는 행동을 하지 않을 경우에는 사람이 달라지고, 이와 같이 탐내고 성내고 어리석은 사람들이 점차적으로 없게 될 때 이 세상은 밝은 세상이 되기 때문이다. 즉 이와 같이 불교의 진리를 모르고 있다가 알게 됨으로써 예전과는 다른 인간과 세상으로 바뀌게 된다는 점에서 불교의 무상·고·무아의 진리는 살아 있는 교육과정 이론이 되는 것이다.

독일학자는 "이제까지 그냥 산은 산이고, 나무는 나무이고, 사람은 사람이었다. 그러나 산은 더 이상 산이 아니고, 나무는 더 이상 나무가 아니며, 사람은 더 이상 사람이 아니다."[834]라고 표현하고 있는데, 이 가운데 '산은 더 이상 산이 아니고, 나무는 더 이상 나무가 아니며,

사람은 더 이상 사람이 아니다.'는 표현이 예전과는 달라진 모습이라고 말할 수 있다.

출가 비구의 경우에는 들숨날숨에 의한 마음챙김의 수행을 통해 자신의 안과 밖을 통찰지로 꿰뚫어봄으로써 제행이 무상함(諸行無常)과 괴로움(苦)이며 나라고 내세울 만한 것이 없다(無我)는 사실을 알고, 나아가 탐·진·치의 오염원들을 모두 버림으로써 종국에는 닙빠나의 깨달음에 도달하는 점에서 재가불자와 다르다. 이와 같은 출가 비구의 위빠사나의 수행과정은 무상無常한 현상이라고 표현할 수 있는 지식에 의존하는 것이 아니라 통찰지라고 하는 지혜에 의존하므로 역동적(dynamic)인 교육과정이 된다고 하겠다.

---

834 MIKA YOSHIMOTO, 「*Curriculum as Zen*」; *Five Moments Inspired* by Aoki, Carleton University, op.cit., p.85. 독일철학자 Günter Wohlfart의 재인용임.

5장 『청정도론』의 점교적 수행체계의 현대교육학적 의의

1. 교육과정 이론으로서의 불교교육

교육과정敎育課程에 대한 정의는 학자에 따라 다르다. 교육과정에 대한 정의가 학자에 따라 다르고 여러 가지로 정의를 할 수 있지만, 브루너(J. Bruner)는 교육과정을 교과에 담긴 지식 또는 지식의 구조로, 듀이(J. Dewey)는 교육과정을 교과와 아동의 조화로, 허스트(P. H. Hirst)는 교육과정을 목표와 동일한 개념으로 각각 정의하고 있다.[835]

그러나 교육과정 이론의 고전古典에 속하는 타일러(R. W. Tyler)에 의한 전통적인 교육과정 이론에서는 교육이 이루어지는 정규 학교교육의 현장에서 교사가 교육프로그램을 계획하고, 교육프로그램의 계속적인 향상을 위해 교육프로그램이 지향하고 있는 교육목직에 대한

---

835 한국교육학회·교육과정연구회 편, 『교육과정연구』(배영사, 1988), pp.8~9.

개념을 어느 정도 갖고 있는 것이 필요하다고 주장한다. 왜냐하면 교육목적은 교육의 전반적인 과정에 관해 단순히 길을 안내하는 이정표와 같은 역할을 할 뿐만 아니라, 무엇 때문에 교육을 하는가를 나타내주고 있는 중요한 의미를 갖고 있기 때문이다.[836]

그런데 이와 같은 교육목적을 달성하기 위해서 기준이 되는 것은 교육목표들이다. 교육목표들은 교육을 위한 교재를 선정하고, 교육내용은 어떤 것으로 할 것인지, 가르치는 교수절차를 개발하고, 테스트와 시험은 어떻게 준비할 것인가 등에 관한 기준을 제시하고 있기 때문이다. 그러므로 교육프로그램을 위한 모든 것들은 하위목표로서 교육의 목적을 성취하기 위한 수단이 되는 것이다.[837] 교육목적은 이처럼 교육의 현장에서 실제적으로 교육을 할 때 그 기준이 된다는 점에서 중요한 의미를 갖는다. 그렇다면 교육목적에 따른 교육목표는 어떻게 선정되는가? 교육목표는 여러 가지 교육목표가 될 만한 것들 가운데 어떤 것을 선택할 것인가와 관련하여 선택의 기준이 되고, 이때 어떤 것을 교육목표로 할 것인가를 결정할 때 가치판단을 고려한다. 이때 교육철학이 가치판단을 하기 위해 필요하다고 한다.[838] 교육철학이 이와 같이 교육목표를 결정할 때 개입하는 것은 가치판단을 할 때 그 기준이 되기 때문이다.

그런데 교육은 가치를 중요하게 여기므로 어떤 교육도 가치중립적일

---

836 Ralph W. Tyler(1969), Basic Principles of Curriculum and Instruction, Chicago and London, The University of Chicago Press, p.3.

837 loc.cit.

838 Ralph W. Tyler(1969), ibid., p.4.

수 없다고 한다. 그것은 교육이 가치중립적일 수 없다는 것은, 교육은 학생들에게 지식의 내용을 단순히 전달함으로써 목표를 달성하는 목표지향적이라는 의미를 포함할 뿐만 아니라, 교육을 할 때 여러 가지 내용 가운데 무엇을 선택하고 가르칠 것인가와 관련해 선택적選擇的이고, 의도적意圖的인 특성을 지니므로 가치판단을 포함한 행위라는 의미를 지니고 있기 때문이다. 그러므로 모든 교육행위에는 가치판단의 기준이 되고 가치의 의미를 나타내는 교육철학이 개입하여 작용할 수밖에 없다는[839] 것은 어쩔 수 없는 일이다.

이와 관련해서 우리는 이 책에서 다루고 있는 사마타와 위빠사나 수행을 위한 이념이나 사상체계 등도 불교교육의 교육행위를 위한 가치판단의 교육철학이 되기도 한다는 것을 밝히고자 한다.

그런데 교육목표를 결정하기 위해 필요한 교육철학을 적용하기 위해서는 특정한 정보와 지식이 필요하고 또한 이를 위해 꽤 많은 지적인 토대가 필요하다. 그러나 교육목표를 결정하는 데 도움이 되는 정보를 얻기 위해 과연 어떤 원천들이 사용될 수 있는가 하는 문제가 제기된다. 즉 교육철학의 수많은 사조思潮와 교육과 관련한 전문가들의 의견들 가운데에서 교육목표를 결정하기 위해 어떤 것을 사용할 것인가 하는 것이 문제가 된다.[840]

교육철학의 사조들에는 본질주의本質主義, 진보주의進步主義 등 여러 가지가 있다. 학교의 교과 전문가들과 아동심리학자들 사이에, 그리고 학교집단들 사이에 교육목표가 도출될 수 있도록 하는 기본적

---

839 한명희·고진호 공저, 『교육의 철학적 이해』(문음사, 2005), p.341.

840 Ralph W. Tyler(1969), op.cit., p.4.

인 원천源泉이 이들 교육철학의 사조 가운데 어떤 것인가에 관해 수많은 논쟁을 계속적으로 해온 사실에서 단적으로 드러난다.[841]

진보주의[842]는 아동이 어떤 종류의 흥미를 가지고 있고, 일상생활 속에서 어떤 문제와 만나며, 마음속에 어떤 목표를 가지고 있는가 등에 관해 알아내기 위해 아동을 연구하는 일이 중요하다고 강조한다. 진보주의자는 이러한 정보가 교육목표를 선정하기 위한 기초적 원천을 제공하는 것으로 여긴다.[843]

반면에 본질주의[844]는 인류가 수천 년 동안 축적해 온 거대한 지식,

---

841 loc.cit.

842 한명희·고진호 공저, 『교육의 철학적 이해』, 앞의 책, pp.65~66. 진보주의는 전통적이고 권위적인 교육환경에서 벗어나 아동의 자유와 인권을 중시하며, 교육을 과학연구의 풍토 위에 개혁하고자 하는 교육의 자유화 운동이다. 이 교육사상은 두 가지가 있다. 하나는 코메니우스(J. A. Comenius)의 실학주의 교육사상에서 18세기의 루소(J. J. Rousseau), 19세기의 페스탈로치(J. H. Pestalozzi), 프뢰벨(F. W. Fröbel), 헤르바르트(J. F. Herbart) 등에 이르기까지 신교육운동으로 이어져 내려오는 사상적 흐름이다. 다른 하나는 존 듀이(J. Dewey)의 프래그머티즘(pragmatism)의 사상적 흐름을 들 수 있다. 진보주의를 확고한 철학으로 체계화한 사람들은 피어스(C. S. Peirce)와 윌리엄 제임스(W. James), 그리고 존 듀이였다.

843 Ralph W. Tyler(1969), op.cit., p.4.

844 한명희·고진호 공저, 『교육의 철학적 이해』, 앞의 책, pp.76~79. 본질주의는 1930년대 진보주의 교육사상에 대한 도전으로 나타난 교육사상이다. 이 교육사조는 관념주의, 즉 'idealism'과 실재주의, 즉 'realism' 등 철학사상의 기초 위에 세워진 것이다. 관념론, 즉 'idealism'은 플라톤(Platon)에서 시작하여 데카르트(R. Descartes)와 버클리(G. Berkele), 그리고 칸트(I. Kant)와 헤겔(G. W. F. Hegel) 등에 이르기까지 고대 희랍에서 현대에 이르는 철학사상이다. 교육의

즉 문화유산을 중요하게 여기며, 이것을 교육목표로 이끌어 내기 위한 주요 원천으로서 강조한다. 본질주의자는 교육목표를 과거의 거대한 문화유산에서 선정된 본질적으로 기초적인 학습으로 간주한다.[845]

그 밖의 많은 사회학자들은 현대사회가 당면하고 있는 문제들을 다루고 있는데, 이들은 현대사회를 분석함으로써 교육목표를 이끌어 낼 수 있는 기초적인 정보를 수집할 수 있다고 본다. 또한 이들은 학교를 젊은이들이 현재의 생활에서 나타나는 중요한 문제점들을 효과적으로 다루도록 도와주는 기관으로 간주한다.[846]

이상에서 살펴본 바와 같이, 전통적인 교육과정 이론에서 교육목적은 교육이 실제적으로 이루어지는 교육현장에서 교육프로그램을 실천하기 위한 기준이 되며, 그 하위개념인 교육목표를 선정하기 위해서는 가치판단이 고려되는데, 교육철학이 이때 필요하게 된다. 그리고 이러한 교육철학을 적용하기 위해 특정한 정보와 지식은 보다 많은 지적인 토대를 제공한다.

그러나 교육목표의 결정과 관련하여 다소 문제가 발생한다. 본질주의와 진보주의 등 수많은 교육철학의 사조와 사회학자, 교육전문가들

목적은 절대적인 가치의 실현이고, 그러한 가치는 문화유산 속에 내재하는 것이라고 보았으며, 따라서 교육의 목적은 전통적 문화유산 가운데 가장 본질적인 것, 즉 인류의 예지를 대표하는 것을 다음 세대에 전달하는 데 있다는 입장을 견지한다. 이러한 특성은 인간의 경험은 실재세계와의 상호작용에서 이루어진다는 진보주의의 견해와 다르다.

845 Ralph W. Tyler(1969), op.cit., pp.4~5.

846 Ralph W. Tyler(1969), ibid., p5.

의 견해들 가운데에서 어떤 것을 교육목표를 결정하기 위해 사용할 것인가 하는 문제가 있게 된다.

세속적인 학교교육의 현장에서 교육목표를 선정하는 것이 이와 같다면, 반면에 불교에서의 교육목적은 학교교육에 있어서 교육목표의 결정과 관련하여 제기되는 문제와는 분명히 다르다. 왜냐하면 학문의 분류상 상위개념인 종교교육에 포함되는 불교교육은 학문적으로 종교학적 배경을 바탕에 깔고 있는 종교교육에 관한 정의와 교육목표 등을 따를 수밖에 없다. 그러기에 불교적 가치관과 세계관 등에 따라 불교만의 교육목적과 교육목표, 그리고 교육과정 등을 논하는 것이 가능하다.[847] 이러한 점이 종교교육 가운데 불교교육만이 갖는 특색이라고 할 수 있다.

이러한 특색을 지니는 불교의 교육은 출가 비구가 화상이나 아사리 등 스승 비구로부터 지도를 받아 수계 후 계를 지키고, 이어서 사마타와 위빠사나를 닦음으로써 붓다가 '열반'을 증득한 것과 동일하게 '열반'을 증득하는 데 그 목적이 있다.

그러므로 출가 비구는 수행의 목적이기도 하고 교육과정의 목적이기도 한 '열반'을 증득하기 위해 철저히 계를 지키고, 이어서 사마타와 위빠사나 수행을 통해 '교육과정'(Curriculum)을 경험한다. 즉 학습자라고 할 수 있는 출가 비구는 수행하는 과정에 있어서 교사라고 할

847 종교교육과 불교교육은 학문적 통약성에 의해 논의해야 할 필요가 있다. 학문적으로 서로 이질적인 배경을 지니고 있는 양 학문 사이에 최대한 접근 가능한 범위 내에서 지평적으로 만나 불교교육의 경우에는 관심을 갖는 주제에 관해 논의되어야 할 것이다.

수 있는 화상이나 아사리 등 스승들로부터 교설의 습득과 수행을 어떻게 할 것인가에 관한 교육을 받는다.

한편 교육을 담당하는 스승은 학습자인 출가 비구에게 '무엇을 가르칠 것인가', '그것을 왜 가르칠 것인가', '어떻게 가르칠 것인가', '가르친 것을 어떻게 평가할 것인가' 등 교육과정에서 중시하는 네 가지 문제[848]에 대해 고민하고 탐구하게 된다. 여기서 우리는 출가 비구가 스승 비구의 교육과정에 관한 고민과 탐구(지도) 아래 붓다의 교설이나 사마타와 위빠사나 등을 학습하거나 경험함으로써 깨달은 인간으로 형성해 나아가는 수행과정을 '불교교육과정佛教教育課程(Curriculum in Buddhism)'이라고 정의할 수 있다. 이와 같은 불교교육과정은 가치가 있는 살아 있는 교육학의 이론이 그 저변에 깔려 있다고 말할 수 있는데, 즉 불교사상이나 이론은 교육과정 학자인 아오끼(Aoki)의 표현을 빌리면 '살아 있는 교육학(living Pedagogy)으로서 자아의 파괴(the destruction of self)에 의해 새로운 자아가 세워지는 이론이라고 하겠다.[849]

그런네 이상 네 가지 눈제 가운데 '무엇을 가르칠 것인가'의 문제는 나머지 세 가지 문제의 범위와 특성을 규정할 만큼 중요한 의미를

848 진영은, 『교육과정 이론과 실제』(학지사, 2006), p.163. 교육과정을 말할 때 거론하는 '무엇을 가르칠 것인가'라는 지식의 본질과 선정에 관한 문제, '그것을 왜 가르칠 것인가'라는 지식의 정당화에 관한 문제, '어떻게 가르칠 것인가'와 관련된 敎授·學習상의 방법에 관한 문제, 그리고 '가르친 것을 어떻게 평가할 것인가'라는 평가의 문제 등 네 가지 문제를 말한다.

849 MIKA YOSHIMOTO, 「*Curriculum as Zen*」; *Five Moments Inspired* by Aoki, CarletonUniversity, op.cit., p.79.

갖는다.

'무엇을 가르칠 것인가'의 '무엇'은 일반 교육과정 이론에서의 '무엇'에 해당하는 지식과는 다른 의미를 지니는, 붓다가 설한 교설이나 사마타와 위빠사나의 수행방법 등을 가리키며, 그런 점에서 자연스럽게 '그것을 왜 가르치는가', '어떻게 가르칠 것인가', '가르친 것을 어떻게 평가할 것인가' 등 세 가지 문제의 범위와 특성은 불교만의 특성을 지니게 된다고 하겠다.

그러므로 앞에서 살펴본 전통적 교육과정의 이론에서 말하는 교육목적과 불교의 교육과정에서의 교육목적이 서로 본질적으로 그 성격이 다르다고 하는 것은 당연하다고 하겠다.

불교의 교육목적은 '상구보리上求菩提', '하화중생下化衆生', 즉 '깨달음'을 구하여 깨달음에 도달하는 것뿐만 아니라 많은 사람들의 이익과 행복을 위하여 중생을 교화하는 것도 포함한다. '전도선언문傳道宣言文'에서 "비구들이여, 많은 사람들의 이익과 행복을 위하여, 세간을 불쌍히 여기고, 인간과 하늘의 행복을 위하여 유행遊行하라. 하나의 길을 둘이서 함께 가지 말라."[850]라고 하는 내용은 이러한 교육목적으로서의 성격을 분명히 나타내고 있다.

그러나 정확히 말하면 불교교육의 궁극적 목적은 '바른 깨달음을 이루는 것'이다. '깨달음'이라는 말은 'anuttarasamyaksambodhi'로서, 'anuttara'와 'samyak', 그리고 'sambodhi'가 합쳐진 말인데, 올바르고 비길 데 없이 가장 높은 최고의 깨달음을 의미한다.[851] 한역경전漢譯經

---

850 김용표(2007), 「붓다의 교육원리와 수기적隨機的 교수법 - 진리와 방편의 역동적 연관성을 중심으로 -」, 앞의 글, p.3에서 재인용함.

典에서는 이 말을 '무상정등정각無上正等正覺'이라고 번역하고 있다. 이와 같은 의미를 지니는 '깨달음'은 실제적으로 불교의 모든 교육의 실천 활동에 있어서 교육목적의 지향점으로서의 역할을 한다.

불교의 교육목적과 교육목표와의 관계는 전통적인 교육과정의 이론에서 말하는 교육목적과 교육목표와의 관계와 분명히 다르다. 그것은 불교에서는 교육목표의 결정과 관련하여 교육목적인 '깨달음'으로 사람들이 도달하도록 오직 붓다가 설한 가르침만을 원천으로 삼아 사람들의 근기에 맞춰 이루어졌기 때문이다. 이것은 붓다의 교육체계에 있어서 교육목적인 '깨달음'의 진리와 교육목표이면서 실제적으로 교육내용도 되는 방법은 서로 불가분의 관계에 있으며, 또한 이와 같은 진리인 진실(勝義)과 방편은 상호 역동적 순환관계에 있다는 점을 나타내고 있는 것이다.[852]

---

851 http://dsal.uchicago.edu, 'anuttara'는 "nothing higher", without a superior, incomparable, second to none, unsurpassed, excellent, preeminent의 의미가 있고, 'sambodhi(f.)'는 'saŋ+bodhi'로서 'sambodha'와 같은데, the highest enlightenment, 즉 가장 높은 깨달음의 의미가 있으며, 'samyak'은 'Sammā2'도 되는데,(indecl.) Veda어에서는 'samyac(=samyak)'으로서, thoroughly, properly, rightly; in the right way, as it ought to be, best, perfectly, 즉 옳고, 철저하며, 완전한 등의 의미가 있다

852 김용표(2007), 「붓다의 교육원리와 수기적隨機的 교수법 - 진리와 방편의 역동적 연관성을 중심으로 -」, 앞의 글, p.23. 붓다가 설하는 가르침은 교육내용이 될 뿐만 아니라 반드시 도달해야 하는 교육목표가 된다. 이것은 진실이라고 하는 깨달음에 도달하기 위해 방법, 즉 교육내용(교육목표)을 이해하고 실천해야 하는 계속적인 과정임을 나타내주고 있는 것이다.

2. 차제적 점교성의 교육원리

칠청정의 수행과정은 교육과정으로서 그 목적은 '닙빠나'에 도달하는 것이다. 그러므로 이 '닙빠나'에 이르기까지의 일곱 단계의 수행과정은 각각 수행계위별로 교육목표가 된다. 칠청정의 교육목표는 첫 번째 단계인 계청정로부터 마음청정, 견청정, 의심을 극복함에 의한 청정, 도와 도 아님에 대한 지와 견에 의한 청정, 여섯 번째 도 닦음에 대한 지와 견에 의한 청정, 그리고 일곱 번째인 지와 견에 의한 청정에 이르기까지 각각의 수행단계가 이에 해당한다고 말할 수 있다. 그런데 칠청정의 첫 번째 단계인 계청정로부터 마음청정, 견청정, 의심을 극복함에 의한 청정, 도와 도 아님에 대한 지와 견에 의한 청정, 여섯 번째 도 닦음에 대한 지와 견에 의한 청정까지는 범부의 단계라고 할 수 있다. 그러나 일곱 번째인 지와 견에 의한 청정은 성자의 종성種姓인 수다원과에서 사다함과, 아나함과의 수행위를 거쳐서 궁극의 수행위인 아라한과에 이르는 성자의 단계이다.

이처럼 일곱 단계로 분류되는 청정의 수행단계가 범부종성凡夫種姓의 단계와 성자종성聖者種姓의 단계로 나뉜다는 것은 인간형성의 모습도 범부와 종성으로 구분된다는 의미이다.

사마타를 닦는 비구는 차례로 위빠사나를 닦음으로써 범부의 단계에서 성자의 단계인 수다원도에 이르게 된다. 비구는 대체로 이처럼 사마타-위빠사나의 순서대로 수행한다.

붓다도 자신의 가르침이나 수행체계는 단계별로, 그리고 점진적으로 이루어진다고 설하고 있으므로 비구가 계단을 갑자기 건너뛰어

상층으로 올라가듯이 가르침이나 수행의 단계를 건너뛰는 것은 불가능하다.

그러므로 이와 같이 가르침이나 수행단계를 갑자기 건너뛸 수 없다는 점에서 가르치는 자와 배우는 자는 쉬운 내용으로부터 어려운 내용으로, 또는 낮은 단계로부터 높은 단계로 차례차례 단계를 밟아서 교수教授하고 학습하게 된다.

그러나 사람의 능력은 천차만별이므로 가르침이나 수행단계를 건너뛰는 경우가 발생한다. 앞에서도 살펴보았듯이, 사마타와 위빠사나 수행 시 각각 높고 낮은 단계의 사마타, 위빠사나의 수행을 논하고 있기 때문이다.

그러므로 『청정도론』의 일곱 단계의 수행체계는 순차적인 차례에 따라 수행하는 과정뿐만 아니라 차례와 상관없이 수행하는 과정도 나타내고 있다고 볼 수 있으므로 둘 다 포함하는 점교적 수행과정이라고 볼 수 있으며, 이처럼 초기불교의 특성으로 나타나는 점교적 교육원리가 수행의 전개과정에서 범부로부터 성자로 인간이 형성되는 측면이 있으므로 점교적인 교육과성의 교육원리가 된다고 하겠다. 뿐만 아니라 계청정, 마음청정, 견청정, 의심을 극복함에 의한 청정, 도와 도 아님에 대한 지와 견에 의한 청정, 여섯 번째 도 닦음에 대한 지와 견에 의한 청정 등에 이르기까지가 비록 범부의 수행단계라고 하지만, 계를 지킴으로써 도덕적으로 성숙한 인간이 되고, 그것을 바탕으로 사마타 수행에 의해 흔들리지 않고 굳건한 마음을 유지하며, 이어서 위빠사나의 통찰지로 존재의 본질뿐만 아니라 상카라까지도 무상·고·무아임을 깨달아 성자의 단계인 지와 견에 의한 청정에 이르러 닙빠나를 지향함으로써 닙빠나를 완성하게 되므로 현대교육에서 이제까지 결코 볼 수 없었던 교육적 의의가 있다고 할 수 있다.

이러한 점에서 다음 절에서는 칠청정의 수행체계가 갖는 현대교육학적 의의를 살펴보도록 하겠다.

3. 점교적 수행체계의 체험적 교육과정

1) 점교적 수행체계의 의식의 지향성과 교육적 의의

이제까지 불교에서 현상학現象學을 다룬 경우는 유식학唯識學과 현상학을 상호 비교, 연구하는 경향[853]이 대부분이다. 그러므로 아비담마와 현상학을 상호 비교, 연구한 경우는 지금부터 예로 드는 Chandra B. Varma 외에는 거의 찾아볼 수 없다. 그러나 Chandra B. Varma마저도 시론적試論的으로 아비담마의 인식과정과 현상학을 상호 비교하여 다루고 있는 데 그치고 있다.

필자는 아비담마의 인식과정에 의식의 지향과정이 있다고 보고, Chandra B. Varma의 인식과정에 관한 견해를 토대로 아비담마의

853 배의용, 「유식학의 유가행과 현상학적 방법 - 언어적 관점에서의 비교 - 」, 『한국불교학』 23(1997), pp.279~299; 배의용·이만, 「불교 유식학과 후설 현상학의 심식이론에 관한 비교연구」, 『한국불교학』 2(1999), pp.127~166; 최인숙, 「현상학과 유식학에서 자기의식의 의미」, 『철학과 현상학 연구』 32(2007), pp.5~34; 한자경, 「유식 사상에 있어서 식의 지향성」, 『철학과 현상학 연구』 6(1992), pp.339~360; 한자경, 「후설 현상학의 선험적 주관성과 불교 유식철학의 아뢰야식의 비교 - 선험적 주관성의 구성작용과 아뢰야식의 전변작용을 중심으로 - 」, 『철학과 현상학 연구』 9(1996), pp.187~209.

인식과정이 나타나 있는 『청정도론』의 사마타와 위빠사나 수행체계가 닙빠나를 지향하는 과정에서 어떤 교육적 의의를 나타내고 있는가 살펴보고자 한다. 그러기에 앞서 우선 초기불교의 인식과정은 어떤 특성을 갖는가 살펴보고자 한다.

초기불교에서 말하는 의식의 지향성이란 여섯 가지 감각기관(六根)이 여섯 가지 대상(六境)과의 접촉(觸)에서 의식(識)이 발생하게 되는데, 그것을 마음(意)이 종합한다고 밝히고 있다. 구체적으로 눈은 색을, 귀는 소리를, 코는 냄새를, 혀는 맛을, 몸은 감촉을 마음은 법을 각각 대상으로 하여 의식이 발생하는데, 눈과 색이 접촉하여, 귀와 소리가 접촉하여, 코가 냄새와 접촉하여, 혀가 맛과 접촉하여, 몸이 감촉에 의해, 감수작용(受), 사량思量(想, 思) 등이 있게 되고, 여섯 번째 마음(意)이 이제까지 접촉된 것들을 종합하는 것이다.

이렇게 각 신체기관별로 대상과 접촉작용을 통해 인식과정이 일어나게 되는데, 이것을 초기불교의 의식의 지향성이라고 부를 수 있는 것이다.

그리고 초기불교에서는 의식의 흐름만을 구체적으로 묘사하고 있는 것이 아니라 의식이 이루어지는 과정에서 문제가 되는 상황이 무엇인가를 사성제四聖諦의 고苦·집集·멸滅·도道를 통해 밝히고 그 해결방법을 제시하고 있는데, 이 또한 비구가 밟아야 할 지향성의 과정이라고 할 수 있다.

끊임없이 눈은 색을, 귀는 소리를, 코는 냄새를, 혀는 맛을, 몸은 감촉을 마음은 법을 대상으로 접촉작용을 함으로써 각각 느끼고, 생각하며, 식별하는 작용을 하고 있는데 이와 같이 작용하는 것 자체에 문제가 있는 것은 아니다. 문제가 되는 것은 의식 속에 집착에 의한 다섯 가지 장애인 번뇌, 즉 오개五蓋나 열 가지 선하지 않은 법(不善法) 등을 지향함으로써 그 영향에 의해 탐·진·치가 사라지지 않고 고통을 겪으며 윤회에서 벗어나지 못하고 유전하는 데 있다고 보는 것이다. 이와 같이 중생으로서 윤회에서 벗어나지 못하고 있는 것을 우리는 '유전문流轉門'이라고 표현한다.

불교는 이러한 문제점을 문제라고만 보고 있는 것이 아니라 그 해결책으로 팔정도八正道를 제시하고, 이와 같은 팔정도의 길을 노정路程하면 깨달음에 도달할 수 있다고 말하고 있다. 이것을 우리는 '환멸문還滅門'이라고 표현하고 있는데, 이에 불교만의 특색이 있다.

지향성은 '시간'과 밀접한 관련을 가지고 있는데, 메를로 퐁티는 '시간'을 기능성 지향성이라는 말로 표현하면서 다음과 같이[854] 도식화하여 말하고 있다.

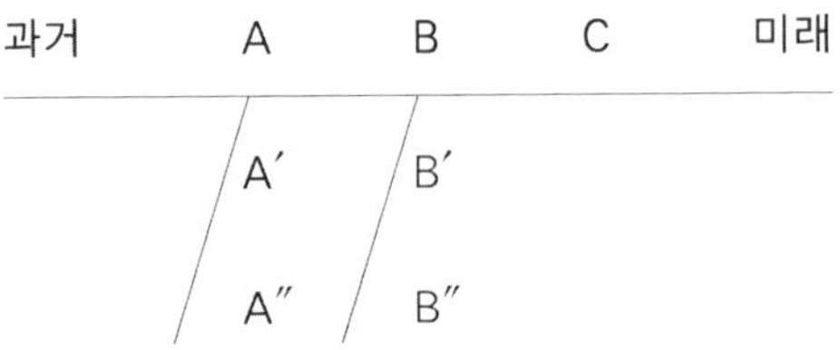

그는 물속에 있는 조약돌을 예로 들며 조약돌은 조약돌 위로 미끄러지는 다량의 물을 통해서 본다고 하면서 A는 A′를 통하여 보여진 것이고, 그 다음에 A″를 통하여 보여진 모두의 총체라는 것이다.

---

854 류의근 옮김, 『지각의 현상학』(문학과 지성사, 2013), p.623.

이것은 B의 경우에도 마찬가지라는 것이다. 후설은 이와 같은 A와 A′, A″, B와 B′, B″의 관계를 대상의 정립적 의식, 또는 지적 기억에서 대상을 바로 관념으로 바꾸는 '작용적 지향성', 그리고 하이데거가 초월이라고 부르는 '기능적 지향성'이라고 표현하고 있다.[855]

메를로 퐁티가 표현하고 있는 시간적으로 과거에서 미래에 이르는 과정은 불교의 '시간관'에 의하면 '시간의 인과적 지향성'이라고 표현할 수 있다. 메를로 퐁티가 말하는 A와 A′, A″, B와 B′, B″의 관계, 즉 대상의 정립적 의식은 불교적으로 해석하면 '십이연기법十二緣起法'에서 생로병사가 있게 되는 원인을 거꾸로 추적해 나아가서 그 원인이 무명無明에서 비롯하였다는 것을 밝힌 '역관연기逆觀緣起'를 가리킨다고 할 수 있는데, 무명이 멸하면 행이 멸하고, 행이 멸하면 식이 멸하고, 식이 멸하면 명색이 멸하고, 명색이 멸하면 육입이 멸하고, … 취가 멸하면 유가 멸하고, 유가 멸하면 생이 멸하고, 생이 멸하면 노사우비고뇌가 멸하는 '환멸문'에 해당된다고 하겠다. 반면에 A에서 B를 거쳐 C에 이르는 과정은 이러한 무명으로부터 행·식·명색·육입 … 유·생·노사우비고뇌에 이르는 '순관연기順觀緣起'로서 '유전문'에 해당된다고 하겠다.

메를로 퐁티의 시간관과 불교의 연기법의 시간관은 서로 같거나 비슷한 점이라고는 전혀 찾아볼 수 없지만, 메를로 퐁티가 언급하는 시간관에 비추어 불교의 연기법이 나타내는 '역관연기'와 '순관연기'로서 시간의 인과를 나타내고 있는 지향성의 과정을 표현해 볼 수는

855 류의근 옮김, 위의 책, pp.624~625.

있는 것이다.

이상 초기불교의 인식과정에서 특이한 것은 다섯 가지 감각기관인 눈·귀·코·혀·몸으로부터 의식이 발생한다고 보고 있다는 점이다. 마음이 의식작용(意識)을 하는 것은 이해할 수 있으나 눈으로 색깔을 보고, 귀로 소리를 들으며, 코로 냄새를 맡으며, 혀로 맛을 보고, 몸으로 감촉을 하는 것을 각각 안식眼識·이식耳識·비식鼻識·설식舌識·신식身識 등으로 표현하고 있기 때문이다.

이처럼 다섯 가지 신체기관의 식별작용을 안식·이식·비식·설식·신식 등으로 표현하는 사상이나 이론은 훗설이나 메를로 퐁티의 현상학이나 그 밖의 서양의 어느 철학에서도 그 유례를 찾아보기 힘들다.

식별작용을 어떻게 하느냐에 따라 수행 비구가 깨달음의 길로 갈 수도 있고 그렇지 못할 수도 있기 때문에 이 인식작용은 중요하다고 보는 것이다.

초기불교의 인식과정이 이와 같다면, 『청정도론』의 인식과정은 어떤가. 『청정도론』은 일곱 가지 수행단계에 걸쳐 논하고 있으나 그 핵심은 사마타 수행인 마음청정(心淸淨) — 정定과 위빠사나 수행인 견청정부터 지와 견에 의한 청정에 이르기까지의 혜慧 등의 지관수행止觀修行으로 압축된다고 할 수 있다.

이러한 지관수행, 즉 다섯 가지 번뇌(五蓋)를 없앤 후 마음을 하나로 모아서 흔들리지 않은 상태에서 물질인 오온의 현상을 수관隨觀함으로써 닙빠나에 이르기까지의 과정은 매우 깊은 인식과정에 의해 이루어진다. 즉 『청정도론』에서는 아비담마 사상의 특성에 맞게 사마타와 위빠사나의 수행과정에서 다섯 가지 감각기관에 의해 이루어지는 의식작용을 오문인식작용五門認識作用으로, 의문意門에서 이루어지는 의식작용을 의문인식작용意門認識作用으로 표현하고 있다. Chandra B. Varma에 의해 이 의식작용을 살펴보면, 그는 이 의식과정(Citta-Vīthi)이 어떤 가정 없이 있는 그대로의 현상에 대한 기록(tadālambaṇa)의 과정이라는 측면에서 현상학과 비슷하다고 주장한다.[856]

여섯 가지 감각기관과 그 대상과의 상호작용을 보면, 대상인 색色·성聲·향香·미味·촉觸은 감각기관인 눈(眼)·귀(耳)·코(鼻)·혀(舌)·몸(身) 등의 문門에 부딪칠 때 다섯 가지 문(五門)의 정신과정이 일어난다. 이것은 오문과정五門過程(Pañca-Dvāra-Vīthi)이라고 불리어진다.[857]

대상인 물질의 문인 눈·귀·코·혀·몸 등에 부딪히면 그와 동시에 마음(mano)의 문(意)에도 부딪히게 된다. 이렇게 될 때 오문五門과 의문意門의 과정이 같이 일어나는 것이다. 예를 들면 눈(眼)이 색色을 볼 때 색은 눈의 문에만 부딪히는 것이 아니라 마음의 문에도 부딪히는 것이다. 안문과정眼門過程과 의문과정意門過程이 동시에 일어나는 것이다.[858] 이것은 나머지 귀·코·혀·몸 등 네 가지도 마찬가지이다.

다섯 가지 감각기관에 의한 의식작용은 다섯 가지 대상을 상대로

---

856 Chandra B. Varma, *Buddhist Phenomenology* (Delhi: Eastern Book Linkers, 1993), p.91.

857 일묵스님, 앞의 책, p.38.

858 일묵스님, 같은 책.

하여 전개된다. 이 과정은 처음에는 부드럽거나 방해받지 않는 의식의 흐름의 특성을 띠는 잠재의식의 상태(Bhavaṅga; subliminal state)[859]에 있다가 이후 대상에 반응하는 단계인 '알림(Āvajjana)'의 상태에 이르게 된다. 이 의식상태는 전통적으로 전쟁터에서 위험신호의 소리를 듣자마자 반응하는 군인의 경계태세 행위에 비교된다. 이와 같은 행위는 다섯 가지 감각기관들 가운데 하나의 범주에 대상이 들어가기 때문에 발생하는 것이다. 이것은 '다섯 가지 감각기관 가운데 하나에 알리는 것(Pañca-Dvārāvajjana)'이라고 불리어진다.[860]

그리고 눈을 통해서 보거나 관찰하고(Dassana), 귀를 통해서 들으며(Savana), 코를 통해서 냄새 맡고(Chāyana), 혀를 통해서 맛보며(Sāyana), 몸을 통해서 접촉하는(Phusana) 기능이 있다. 그런 다음에 다섯 가지 감각기관의 각각에 의해 대상을 받아들이는 행위(Sampaṭicchana)가 있다.[861]

그 다음 단계로 인지과정에서 받아들인 대상에 대해서 과거 데이터와 새로운 데이터를 비교하고 이들을 분석함으로써 조사(Santīraṇa)하는 행위가 있다. 과거 데이터는 훗설에 의하면 '실재세계(fact-world)'로 불리어지며, 이처럼 비교하고 분석하는 행위는 과거의 것들과 비교할 때는 '파지把持(retention)'이고, 미래의 것들과 비교할 때는 '예지(protention)'가 된다고 Chandra B. Varma[862]는 말하고 있다.

---

859 Chandra B. Varma, op.cit., p.93. 이 의식을 마음이 잠을 자고 있는 상태라고 표현하기도 한다. 이 의식意識은 아직 대상을 인식하지 않은 상태이다.

860 ibid., p.94.

861 ibid., pp.94~96.

그리고 계속해서 조사, 등록, 속행 등의 과정을 거치게 되며, 마지막으로 의문에 의한 의식작용이 있게 되는 것이다. 이와 같은 오문五門과 의문意門의 인식과정은 조사, 등록, 속행의 과정을 거치면서 초선으로부터 4선에 이르기까지의 사마타의 수행과정에서 이루어진다. 그리고 이러한 과정은 앞에서도 살펴보았지만, 성자종성의 단계인 사향사과의 수행과정에서 전개되는 인식과정에서도 마찬가지로 진행된다.

그런데 『청정도론』에서는 의식작용의 전개가 세밀해지고 명확해지는 것을 통찰지로 가능하다고 설명한다. 의식작용을 동전을 보는 것에 비유하는데, 즉 분별없는 어린아이가 동전을 보는 것은 인식(산냐)이다. 시골 농부가 동전이 푸른색인 것을 알고 그 특징을 아는 것은 알음알이(윈냐나)이다. 금은 세공인이 동전을 보기만 해도 알 뿐만 아니라 동전이 부딪히는 소리를 듣거나 그 냄새를 맡거나 혀를 동전에 대 보거나 손으로 동전의 무게를 어림잡아 보아도 동전에 대해 꿰뚫어 아는 것은 통찰지(빤냐)이다.[863] 앞 장에서 환전상이 동전의 소리와 맛으로 동전에 대해 모든 것을 안다고 한 비유에서도 통찰지가 어떤 특성을 띠는지 드러난다.

비구는 이와 같은 세 가지 의식작용 가운데 통찰지가 일어날 때 의식의 전변轉變이 일어난다. 왜냐하면 통찰지는 '꿰뚫어 아는 것'이기 때문이다.

통찰지로 통찰하는 것은 다음과 같다.

---

862 ibid., pp.96~97.

863 『청정도론』 2, 앞의 책, p.404.

통찰한다는 것은 모든 것을 완전히 안다는 것을 의미한다. 그것은 눈·귀·코·혀·몸·마노(mamo, 마음) 등 여섯 가지를 각각 완전히 알아야 하고, 또한 눈·귀·코·혀·몸·마노 등 여섯 가지가 색·소리·냄새·맛·촉감·법 등을 대상으로 할 때 눈·귀·코·혀·몸·마노 등 여섯 가지의 알음알이가 각각 생기는 것을 완전히 알아야 하며, … 조건으로 각각 즐겁거나 괴롭거나 즐겁지도 괴롭지도 않은 느낌(受)이 일어남을 완전히 알아야 하는 것 등이다. 그리고 물질(色)과 느낌(受)과 생각하는 것(想)과 형성하는 것(行)과 알음알이(識) 등 오온五蘊을 완전히 알아야 하고, 눈·귀·코·혀·몸·마노 등 여섯 가지 문(六門)을 각각 완전히 알아야 하며, 색·소리·냄새·맛·촉감·법 등 여섯 가지 대상을 각각 완전히 알아야 하고, 눈의 알음알이(眼識)·귀의 알음알이(耳識)·코의 알음알이(鼻識)·혀의 알음알이(舌識)·몸의 알음알이(身識)·마노의 알음알이(意識) 등 여섯 가지 알음알이(六識)를 … 코의 감각접촉에서 생긴 느낌(鼻觸因緣生受)·혀의 감각접촉에서 생긴 느낌(舌觸因緣生受)·몸의 감각접촉에서 생긴 느낌(身觸因緣生受)·마노의 감각접촉에서 생긴 느낌(意觸因緣生受)을 각각 완전히 알아야 하며, 색·소리·냄새·맛·촉감·법 등 여섯 가지의 각각의 인식을 완전히 알아야 하고, 색·소리·냄새·맛·촉감·법 등 여섯 가지의 각각의 의도를 완전히 알아야 하며, … 눈·귀·코·혀·몸·마노 등 여섯 가지(六內入處)와 색·소리·냄새·맛·촉감·법 등 여섯 가지(六外入處), 즉 모두 12가지 감각장소(十二處)를 완전히 알아야 하며, 눈·귀·코·혀·몸·마노 등 여섯 가지의 요소(六根), 색·소리·냄새·맛·촉감·법 등 여섯 가지의 요소(六境), … 욕계 존재·색계 존재·무색계 존재·인식을 가진 존재·인식이 없는 존재·인식이 있는 것도 없는 것도 아닌 존재·하나의 무더기를 가진 존재·네 무더기를 가진 존재·다섯 무더기를 가진 존재 등 아홉 가지 존재를 완전히 알아야 하며, 초선·제2선·제3선·제4선 등 네 가지 선을 완전히 알아야 하고, 자애(慈)·연민(悲)·기쁨(喜)·평온(捨)의 네 가지 무량(四無量心)을 알아야 하며, … 애·취·유·생·로·사 등 12가지 연기의 구성요소를 완전히 알아야 하는 것 등을 말한다.[864]

통찰지는 이처럼 모든 것을 완전히 아는 것이다. 비구는 꿰뚫어 모든 것을 완전히 알 때 점차적으로 범부의 종성(凡夫種姓)에서 벗어나 성자의 종성(聖者種姓)에 해당하는 일곱 번째 수행단계인 '지와 견에 의한 청정'에 들어가 닙빠나를 지향하는 것이 가능하게 된다.

범부종성은 의식의 흐름이 '인격의 상태가 낮은 단계'를 나타내고 있는데, 첫 번째 계청정으로부터 여섯 번째 '도 닦음에 대한 지와 견에 의한 청정'까지가 범부종성에 해당한다. 반면에 성자종성은 『청정도론』 수행단계의 마지막 단계에 해당하는 일곱 번째 '지와 견에 의한 청정'을 말하는데, 수다원, 사다함, 아나함, 아라한의 사쌍팔배를 가리킨다.

범부와 성자로 구분되는 단계별 수행과정에서 나타나는 의식의 흐름은 인격의 상태가 낮은 단계로부터 점차적으로 높은 단계로 지향해 가는 모습을 보여주고 있다. 우리는 이러한 의식의 흐름에서 낮은

---

864 『청정도론』 2, 위의 책, pp.223~224.

인격의 범부로부터 높은 인격의 성자를 지향하는 인간형성의 면모를 살펴볼 수 있다. 그러므로 우리는 일곱 단계의 수행과정에 나타나는 의식흐름의 인간형성의 모습에서 교육적 의의를 찾아내는 것이 가능하다고 말할 수 있다.

이렇게 말할 수 있는 것은 비구는 점진적으로 수행단계가 깊어지는 수행과정에서 통찰지에 의한 위빠사나 수행을 통해 오온, 사대, 십팔계를 정신과 물질로 분석하여 이들 각각이 무상·고·무아임을 깨닫고, 삼세에 대한 16가지 의심을 극복하고, 광명 등 열 가지 경계가 도가 아니라는 것을 앎으로써 도와 도 아닌 것을 정확히 파악하며, 상카라의 무상·고·무아를 깨달아 상카라와 갈애를 멸진하고 성자위聖者位, 즉 성자종성에 이르러 앞 장에서 살펴본 버려야 할 법들을 모두 버림으로써 이 세상에서 인격적으로 최상인 인간을 나타내는 닙빠나를 이루기 때문이다.

현상학적으로 볼 때 이것은 비구가 수행과정에서 닙빠나에 이르기까지 일곱 가지 수행단계에서 요구되는 것들을 주체적으로 배우고 학습한다는 점에서 '의미의 주체'라고 말할 수 있다. 교육적으로 볼 때 이러한 인간은 '의미를 주체적으로 인식하는[865] 인간'이라고 하겠다.

왜 그럴까? 사마타와 위빠사나의 수행의 경우에, 처음에는 스승이 언어를 통해 제자 비구에게 가르치므로(聞修: 스승으로부터 들음에 의해 이루어지는 학습) 언어에 의해 학습이 이루어지지만, 이후 이루어지는 학습과정은 언어를 떠나 철저히 비구의 자주적인 수행을 통해

865 한명희·고진호, 『교육의 철학적 이해』, 앞의 책, p.136.

이루어지는 체험학습(思修와 修修)의 과정이라고 말할 수 있기 때문이다.

그러므로 제자 비구는 스승 비구가 말로 가르치는 대로 그 내용을 그대로 답습해서는 아무 의미가 없다. 제자 비구가 스승 비구에게 배운 교육내용을 스스로 체득해 나아가게 될 때 의미가 있다고 말할 수 있기 때문이다.

교육과정에서 교육내용을 체험으로의 체득해 가는 과정일 때 의미가 있다는 것은 다음과 같은 주장에 의해 뒷받침될 수 있다.

교육의 과업은 수준이 다른 체험 간의 간격에 다리를 놓는 두 가지 활동으로 되어 있다. 하나는 가르치는 것이고, 다른 하나는 배우는 것이다. 가르치고 배우는 교육의 상황에서는 애초부터 선진과 후진의 존재가 전제되어 있다. 후진은 선진으로부터 무언가 배울 것이 있다는 믿음에서 배움의 활동에 들어가며, 선진은 후진에게 무엇을 가르칠 수 있다는 전제하에 가르침에 종사한다. 이렇게 교육적인 관계로서의 상호작용은 선진은 후진을 변모시키고 후진은 선진에 이해 체험되는 관계라고 볼 수 있다. 그래서 체험은 언어 이상의 것을 내포하고 있고, 그것들은 언어만으로 보충될 수 있는 것이 아니다. 말하는 자가 있다 하더라도 듣는 자에게 그것을 수용할 만한 체험이 없다면, 그것은 단지 언어적인 모방에 그칠 공산이 크다. 그렇기 때문에 배우고 가르치는 것은 단지 말을 듣고 말을 하는 대화 이상의 활동을 포함한다. 이러한 교육의 방식은 주로 언어적인 상호작용을 상정하는 철학적 접근과는 다른 면모를

가지고 있다.[866]

비구가 이처럼 닙빠나를 지향하며 자주적으로 체험하는 세계는 관념적으로 경험하는 세계가 아니다. 비구는 들숨날숨을 통해 길게 들이쉬고 길게 내쉬며, 짧게 들이쉬고 짧게 내쉬는 호흡으로 거친 호흡이 안정을 이루어 미세한 호흡을 하게 됨으로써 마음을 하나로 집중함으로써 본삼매에 이르게 된다. 그리고 그는 견청정의 단계에 이르러 사대와 오온을 물질과 정신으로 분석하게 되는데, 특히 몸의 부정不淨한 모습을 32가지로 관찰하고 해체함으로써 무상·고·무아라고 보게 된다. 그리고 그는 위빠사나의 지혜로 의심을 극복하고 도와 도 아닌 것을 구분하여 상카라가 무상·고·무아임을 알고 비로소 범부로부터 벗어나서 성자종성의 단계에 들어와 족쇄 등 버려야 할 법들을 포함해 갈애를 소멸하고, 닙빠나에 이르게 된다. 이러한 수행과정에서 비구는 온몸으로 철저한 수행체험을 하게 되는 것이다.

이상의 논의에서 볼 때, 일곱 가지 수행과정에서의 체험을 통해 비구는 모든 감각적 욕망과 갈애를 완전히 소멸하고 순수의식에 비교되는 청정한 상태, 즉 닙빠나에 이르게 되므로, 이 수행과정은 미성숙한 인간으로부터 최상의 인간으로 되어간다는 측면에서 가르칠 만한 가치가 있는 의식의 지향성으로서 의의가 있다고 할 수 있다.

그리고 『청정도론』의 칠청정의 수행체계에 나타나는 범부로부터

---

866 서명석, 「선禪의 가르침과 배움으로 바라본 근대교육의 반성적 성찰」, 『교육인류학연구』 4(1), 앞의 글, p.96. 장상호(1997), 『학문과 교육(상): 학문이란 무엇인가』(서울대학교출판부)의 글에서 재인용함.

성자로 변화하는 의식의 지향성에 있어서의 과정은 현대교육적 의의를 갖는다고 할 수 있다. 왜냐하면 현재 교육은 입시위주의 교육환경 속에 지식을 주입하는 쪽으로 몰두함으로써 전인적이고 자주적인 인간을 형성하는 교육의 역할을 제대로 하지 못하고 있지만, 『청정도론』의 칠청정의 수행체계는 김용표가 말하고 있듯이, 불교가 지니는 '자아와 세계에 대한 올바른 인식과 이해를 갖도록 하는 깨달음의 교육과 함께 이성적 주체 정신의 개발을 통해 스스로를 궁극적인 구원자로 자각하도록 하는 인격교육의 두 가지 기능'[867]을 가지고 있기 때문이다.

2) 점교적 교육과정과 학습자 중심의 교육체험

『청정도론』의 칠청정 수행체계는 본 장의 1절에서 살펴보았듯이, 근기에 따라 다르기는 하지만 대체적으로 '낮은 단계'에서 '높은 단계'로, 또는 '얕은 단계'에서 '깊은 단계'로, 즉 점교적으로 이루어졌다고 할 수 있다. 존 듀이 방식으로 이것을 설명하면, 두 가지 중요한 원리를 다음과 같이 들 수 있는데 『청정도론』의 일곱 단계의 수행과정에서 점교적으로 이루어지는 교육원리에 시사점을 준다고 할 수 있다. 존 듀이에 의하면[868] 첫째, 앞으로 일어나는 모든 새로운 것은 과거의 경험과 연결되어야만 이해하는 것이 가능하고, 따라서 이에 대한 학습이 가능하다는 것이다. 둘째, 교육내용이 학습자의 경험이 성장함에 따라 점진적으로 풍부하고 조직적으로 발전되어야 한다는 것이다.

---

867 김용표, 「불교적 인격교육의 이념과 방법」, 앞의 책, pp.50~51.

868 노진호, 「존 듀이의 교육이론: 반성적 사고와 교육」, 앞의 책, pp.123~124.

그러면 통약적通約的으로 이것을 어떻게 이해해야 할까? 제자 비구의 과거 경험인 '계청정'은 새로운 경험이 되는 '심청정'에, 과거 경험이 된 '심청정'은 새로운 경험이 되는 '견청정'에, 과거 경험이 된 '견청정'은 새로운 경험이 되는 '의심疑心을 극복함에 의한 청정'에, 과거 경험이 된 '의심疑心을 극복함에 의한 청정'은 새로운 경험이 되는 '도와 도 아님에 대한 지와 견에 의한 청정'에, 과거 경험이 된 '도와 도 아님에 대한 지와 견에 의한 청정'은 새로운 경험이 되는 '도 닦음에 대한 지知와 견見에 의한 청정'에, 과거 경험이 된 '도 닦음에 대한 지知와 견見에 의한 청정'은 새로운 경험이 되는 '지知와 견見에 의한 청정'에 상호 긴밀히 연결되어 점진적으로 경험의 성장과 함께 학습이 이루어지고, 종국에는 닙빠나에 이르게 된다. 그러므로 스승 비구는 이와 같이 점교적으로 진행이 되는 학습원리에 따라 제자 비구를 상대로 점교적으로 교육하였고, 제자 비구는 이와 같은 방법에 따라 수행하였다고 볼 수 있다.

또한 다른 시각에서 볼 수 있는 칠청정의 점교적 교육원리를 예로 들 수 있다. 인간의 발달단계를 논하고 있는 칠청정의 점교적 교육원리와 피아제의 인지발달 이론를 상호 통약적으로 관련하여 해석해 볼 수 있다. 앞에서 위빠사나의 인간형성을 다루면서 잠시 살펴보았다.

피아제는 인지발달에 대해 어린 유년기로부터 아동기에 이르기까지 네 가지 발달단계로 설명하고 있다. 그에 의하면 첫째, 출생 직후부터 2세까지의 감각운동기, 둘째, 2세부터 7세까지의 전조작기, 셋째, 7세부터 11세까지의 구체적 조작기, 넷째, 11세 이후 형식적 조작기 등 네 가지이다.[869]

피아제의 인지발달 이론과 칠청정에서 말하는 '얕은 단계로부터 깊은 단계로 점차적으로 이루어지는' 점교적 특성은 서로 전혀 다른 개념이다. 피아제의 인지발달 이론은 유년기로부터 아동기에 이르는 어린아이를 대상으로 하고 있는 반면에, 칠청정의 수행을 하는 대상은 어린아이가 아니라 그보다 나이가 든 젊은 청년 또는 성인이고, 상호간 개념도 다르기 때문이다. 그러나 이와 같이 전혀 다른 부분이 있음에도 불구하고 통약적으로 다룰 수 있는 것은 칠청정의 수행체계가 인간의 발달의 점차성을 나타내고 있다고 볼 수 있기 때문이다. 이것을 구체적으로 논의하면, 계청정의 단계에서는 눈을 비롯한 여섯 가지 감각기관의 단속에 의해 몸〔身〕과 말〔口〕과 마음〔意〕 등 세 가지 업業〔행위〕이 도덕적으로 완성을 하게 되고, 심청정의 단계에서는 계청정 수행의 완성을 바탕으로 근접삼매와 본삼매를 거쳐 최종적으로 4선의 지극히 깨끗한 마음의 평온상태에 도달하게 되며, 견청정 이하 지와 견에 의한 청정에 이르기까지는 심청정의 지극히 깨끗하고 평온한 마음의 상태에서 나아가 통찰지인 위빠사나의 지혜를 닦음으로써 무상·고·무아를 깨닫고 종국에는 족쇄 등 '버려야 할 법들'을 버리고 상카라를 멸진滅盡함으로써 닙빠나에 이르게 되는데, 이와 같은 일곱 단계의 수행과정이 몸과 마음의 점차적 발달의 특성을 띠고 있다고 하겠다.

비구가 낮거나 얕은 단계로부터 높거나 깊은 단계에 이르기까지 일곱 가지 단계별 수행과정을 거치면서 내면적으로 어떤 경험을 하고 있는가 하는 것은 현대교육과정의 재개념주의再概念主義에서 중점을

869 https://ko.wikipedia.org/wiki, 「위키백과사전」, 장 피아제의 인지발달의 단계. 2018. 8. 18. 10:40 검색.

두고 있는 '꾸레레(currere)' 이론과 비교할 때, 교육적 의의가 있다고 할 수 있다. 즉 점교적 수행체계 속에는 현대교육과정의 재개념주의 교육과정 이론에서 중점을 두고 있는 '쿠레레'의 학습자 중심의 교육체험의 측면이 강하게 나타나 있다고 봄으로써 그 교육적 의의를 밝히고자 한다. 이를 위해 먼저 재개념주의 교육과정 이론이란 무엇인지 알아보도록 한다.

재개념주의는 여정旅程의 이미지를 교육과정의 언어로 채택함으로써 교육과정을 인간형성을 위한 과정으로 보고 있으며, 또한 그러한 과정 속에 거듭 태어나는 존재(Being-in-process)로 보고 있다.[870] 이러한 재개념주의의 성향은 일곱 가지 청정의 수행과정 속에서는 깨달음을 추구해 나아가는 여정의 모습으로 나타나고 있다는 점에서 비슷하고, 그러기에 이것을 살펴보고자 하는 것이다.

이를 위해서 우선 전통적 교육과정에서 재개념주의 교육과정이 나타나기까지의 과정과, 재개념주의 교육과정의 '꾸레레' 등에 대해 살펴봄으로써 재개념주의의 '꾸레레'에 의해 점교적 수행체계의 교육적 의의를 규명하고자 한다.

전통적인 교육과정 이론은 학교교육을 위해 교육목적을 설정하고, 그것에 따른 교육계획을 세우며, 또한 계획한 대로 교육의 현장에서 교육하고, 그 결과를 평가하는 일에 중점을 두고 있다. 이러한 과정은 교육현장에서 목적을 지향하며 피드백의 과정처럼 계속적으로 순환한다. 즉 전통적인 교육과정은 '목적-교육과정-결과-교육평가'의

---

870 고진호, 「어린 나그네의 구도여정의 이미지와 "*Currere*"의 재개념화」, 『학생생활연구』, 제14집, (학생생활연구소, 2000).

기계적인 반복이라고 할 수 있다. 그러므로 우선적으로 교육목적의 달성과 그 결과가 최고의 가치로 여겨질 수밖에 없다. 타일러(Tyler)가 이 이론의 대표적인 학자이다.

이와 같이 '목적 지향적' 성향과 '결과 위주'의 교육과정 이론의 특성을 띠는 전통적인 교육과정 이론의 분위기가 팽배한 가운데, 미국에서 1970년대 이후 이와 같은 교육과정의 특색에 대해 우려를 표명하면서 교육과정 탐구를 다원화하려는 움직임이 나타나기 시작하였으며, 1980년대에는 상당한 정도로 그것에 대한 이론적 체계를 형성하였다. 1960년대 말과 70년대 초에 슈압(Schwab)과 맥도날드(Macdonald), 클리바드(Klibard), 그리고 휴브너(Huebner) 등의 학자들은 전통주의 교육과정에 대한 비판을 함과 동시에 교육과정에 대한 다양한 탐구 형식의 가능성을 주장하였다.[871]

파이너(W. F. Pinar)는 교육과정을 이처럼 다양한 관점에서 보다 철학적이고 사회적, 경제적인 맥락에서 접근하는 경향의 학자들을 '재개념주의자(reconceptualists)'라고 말하였는데, 1980년대에 이르러 재개념주의자들의 다양한 형태의 교육과정 이론의 연구가 다음과 같은 형태로 활발히 이루어지게 된다.[872] 즉 그들은 교육과정 연구를 위한 많은 대안을 제시하였는데, 다양한 분야에서 대안적 연구가 이루어졌다. 교육과정을 역사적 맥락에서 연구하는 사람들을 비롯하여 교육과정의 정치적·사회적 관련성을 분석하는 사람들, 마르크스주

871 허숙, 「교육과정의 재개념화를 위한 이론적 탐색 - 실존적 접근과 구조적 접근 -」, 『교육학연구』, 제33권, 제5호(한국교육학회, 1995), p.218.

872 같은 글.

의에서 정신분석학·현상학·해석학·미학 등, 그리고 탈현대주의 이론에 이르기까지 그 연구 분야가 다양하게 이루어졌다. 전통적인 교육의 개념에 대해 다시 생각함으로써 그 개념을 바로 세우고자 함이 재개념주의라고 할 수 있다. 그 가운데 실존주의와 정신분석학에 이론적 바탕을 두고 개인의 교육적 경험을 분석하고 그 의미를 추구한 사람은 파이너이다.

파이너는 인간의 경험을 이해하는 가장 올바른 방법으로서 그러한 경험에 나타나는 개개인의 개별적 특수성을 강조하였다. 그러므로 그는 교육과정에서 '개인'에게 관심을 갖고, 개개인이 교육의 과정 속에서 갖는 내적 경험의 탐구에 의미를 부여함으로써 교육과정 탐구의 출발점으로 삼게 되었다.[873] 즉 그는 인간 개개인을 교육과정 탐구의 대상으로 삼은 것이다. 이 점이 그의 독특한 교육과정에 관한 견해이다.

내적 경험의 탐구를 위해서 개개인은 비판적 성찰을 하였으며, 이와 같은 자기성찰의 과정을 통해 자신의 생활이나 교육경험을 되돌아보게 되었다. 그렇게 하여 파이너는 자신의 내적 의식의 세계란 무엇이며, 나아가 자신을 구속하는 문화적·사회적 제약이 무엇인지 깨닫게 되며, 결국 자신뿐만 아니라 타인까지 해방시킬 수 있다고 주장하였다. 이것이 파이너가 말하는 인간의 정신적·실존적 해방이다.[874]

파이너에 따르면 우리는 진정한 모습의 자아와 분리되어 조각나

---

873 허숙, 「교육과정의 재개념화를 위한 이론적 탐색 - 실존적 접근과 구조적 접근 -」, 위의 글, p.225.

874 같은 글.

있을 뿐만 아니라 무지로 덮여 있다고 한다. 그리고 이러한 자아의 분리와 무지는 우리가 경험하는 '생활세계(lebenswelt)의 수많은 가정(assumptions)들에 의해 형성되어 있는데, 이러한 가정들에 대해 우리가 별로 의심을 갖지 않는다는 데에서 비롯된다는 것이다.[875]

그러므로 교육과정 탐구자들은 자신의 생활세계에 대하여 깊은 성찰을 할 필요가 있다고 보았다. 그렇게 함으로써 이제까지 아무런 생각 없이 무의식적으로 당연하게 여겼던 가정들이 무엇인지 살피고, 그런 과정에서 참다운 자아의 모습을 발견해야 한다고 보았다. 이처럼 참다운 자아의 모습을 발견하기 위해 교육현상을 다시 살피게 될 때 이제까지 당연하게 여겼던 교육과정을 재개념화하는 일이 된다는 것이다.[876]

파이너는 자아성찰을 통한 교육과정 재개념화의 방법으로 세 가지 단계가 있다고 언급한다.[877]

첫째, 자신의 교육경험을 있는 그대로 표현하는 방법의 단계이고, 둘째, 그러한 경험 속에 자신의 행동과 사고를 결정하는 데 도움이 되는 가정과 논리가 무엇이었는지 살펴보는 일이며, 셋째, 다른 사람의 교육경험을 자서전적으로 분석함으로써 타인과 더불어 교육의 기본적인 구조와 과정에 대해 인식하고 공감하는 단계이다. 이와 같은 단계를

875 허숙, 「교육과정의 재개념화를 위한 이론적 탐색 - 실존적 접근과 구조적 접근 -」, 위의 글, p.228.

876 같은 글.

877 허숙, 「교육과정의 재개념화를 위한 이론적 탐색 - 실존적 접근과 구조적 접근 -」, 위의 글, pp.228~229.

거쳤을 때 우리가 진정한 교육의 모습을 알게 된다는 것이다.

이제까지 재개념주의란 역사적으로 어떤 과정을 거쳤으며, 무엇 때문에 생겨났는지 살펴보았다. 지금부터는 파이너가 주장하는 '꾸레레(Currere)'에 대해 살펴보고자 한다. 왜냐하면 앞에서 살펴본 자아성찰을 통한 교육과정의 개념이 이 '꾸레레'의 교육과정 개념 속에 집약적으로 들어 있기 때문이다.

일반적으로 우리가 알고 있는 말인 교육과정(Curriculum)은 많은 의미를 지니고 있다. 보통 사람들은 교육과정이라는 말을 학교교육에서 교육목표의 달성을 위해 밟게 되는 '공부과정(a course of study)', 특히 '공부과정'에 사용한 교육자료나 물질(rūpa) 등을 지칭하는 것으로 사용한다. 그런데 이 말을 '의도된 학습결과(intended learning outcomes)'라고 제한하여 사용하는 학자도 있다. 또한 과정(process)에 중점을 둠으로써 교육과정은 교육과 그 뜻이 같다고 보는 학자도 있다. 그 밖의 교육과정 학자들은 교육과정이 교육내용인 자료의 디자인과 계획 또는 개발, 교수전략, 그리고 교수와 평가를 거의 구별할 수 없는 것으로 보기도 한다. 휴브너와 맥도날드, 그리고 그린 같은 학자들은 교육과정이라는 말을 과대 해석한다.[878]

그러므로 라틴어 동사인 '꾸레레(currere)'에서 유래하는 말인 교육과정(Curriculum)은 이처럼 교육과정을 연구하는 학자에 따라 여러 가지로 정의된다. 그러나 우리는 '꾸레레'의 본래 의미를 살펴볼 필요가 있다. 즉 그것은 '교육에 대한 개인적 경험'을 의미한다. 그런 점에서

---

878 William Pinar, 「*Curriculum Theorizing*」(1975), p.400. 23, 『*Currere: Toward Reconceptualization*』

'Curriculum'은 외부에서 학생에게 주어지는 것인 반면에 'currere'는 학생이 그것을 접하고, 읽고, 생각하고, 느끼며 배우는 생생한 경험들인 것이다.[879] 이것은 데리다식으로 달리 표현하면 기표로서의 교육과정(Curriculum)을 해체할 때 기의로서의 '꾸레레(currere)'가 드러난다는 의미로 해석할 수 있다.

따라서 '꾸레레'의 의미로서의 교육과정 탐구는 앞서 살펴본 바 있는 전통적인 교육과정에서처럼 교육 목표를 설정하고 코스를 설계하고 결과를 평가하는 방식과 전혀 다르다. 교육자는 교육활동에 참여하는 교육과정 설계자로서 자신의 경험 속에서 기존의 교육과정을 재개념화하고 재창조하게 된다.[880]

그런 점에서 이때의 교육은 인간의 자유로운 개성을 최대한 발현시켜주는 과정이 되며, 교육에 참여하는 교사는 교리위주의 주입식 교육에 의한 왜곡된 인식의 방법으로 가르쳐서는 안 될 것이다.[881]

경험이 사람의 일생에서 차지하는 의미는 크다. 왜냐하면 우리 인생은 경험의 연속, 즉 경험 그 자체이며, 경험을 빼놓고 인생을 논한다는 것은 무의미하다고 할 수 있기 때문이다. 이 점은 교육도 마찬가지이다.

그런데 파이너가 언급하는 경험은 '개인의 진행 경험, 살아온 경험'을

---

879 허숙, 「교육과정의 재개념화를 위한 이론적 탐색 - 실존적 접근과 구조적 접근 -」, 앞의 글, p.229.

880 같은 글.

881 김용표, 『초월과 보편의 경계에서 – 종교문화와 종교교육을 논한다』(동국대학교출판부, 2008), p.29.

말한다. 특히 그에 의하면, 교육경험은 교육경험을 분석하는 반성적 과정이며, 인식의 원천으로 돌아가는 자기 지식추구의 과정인 것이다. 또한 그는 'Lebenswelt', 즉 '생활세계'라는 말을 사용하여 경험이 지니는 의미를 나타내고자 하였는데, 이때의 경험은 살아온 경험이 되고, 이것이 진정한 의미의 교육경험이다.[882]

실제 삶에서의 경험이 교육경험이므로 이러한 교육경험으로 이루어진 교육과정이 '꾸레레'이다. 교과서에 있는 교육내용이나, 칠판 등이 '꾸레레'가 되는 것이 아니다. 살아온 경험은 자아와 관련될 수밖에 없으며, 이로써 자아는 교육과정 연구를 위한 중요한 테마가 되는 것이다.[883]

'꾸레레' 이론을 주장한 재개념주의 학자인 파이너는 교육과정에서 이와 같이 '개인'에게 관심을 갖고, 개개인이 교육의 과정 속에서 갖는 내적 경험의 탐구에 의미를 부여함으로써 교육과정 탐구의 출발점으로 삼고 있다.[884]

'꾸레레'의 의미와 그것이 갖는 교육경험의 의미에 대한 이해를 토대로 이제부터는 '꾸레레'의 자아에 대한 분석에 의해 개개인의 교육경험을 설명하는 것이 가능하다.

'꾸레레'의 과정은 개개인의 삶을 이해하기 위해 많은 노력을 한다.

---

882 김억환, 「교육과정 재개념화로서 *Currere*이론의 전개(1973 - 1993) 및 비판」, 『교육과정연구』(한국교육과정학회, 1995), p.162.

883 김억환, 위의 글, pp.162~163.

884 William Pinar, *Curriculum Theorizing* (California: McCutchan Publishing Corporation, 1975).; Maxine Greene, "Curriculum and Consciousness", p.225.

그것은 학생의 경우 자서전적 상황이라고 하는 교육적 경험을 하게 되는 과정으로 나타난다. 즉 과거 상황이지만 미래의 이미지뿐만 아니라 과거와 현재의 이미지가 포함되는 불충분한 모순을 포함한다.[885]

파이너는 '꾸레레'의 자아에 대한 분석을 네 가지 단계, 즉 첫째, 회상의(regressive) 단계, 둘째, 전진의(progressive) 단계, 셋째, 분석의(analytical) 단계, 넷째, 종합의(synthetical) 단계로 설명하고 있다.[886]

첫째, 회상의(regressive) 단계는 우리의 '살아 있는', 또는 실존적 경험을 자료의 원천으로 두고, 이와 같은 자료를 이끌어내기 위해 정신분석학의 자유연상법에 따라 과거를 회상하며 그 범위를 확대하는 것을 말한다. 이렇게 하기 위해 우리는 과거로 돌아가서 그것을 과거의 모습대로 붙잡아 둔다.

둘째, 전진의(progressive) 단계는 아직 나타나지 않은 일, 즉 미래가 과거와 마찬가지로 현재와 같이 있다는 것이고, 숙고함으로써 '꾸레레'의 학생은 가능한 한 미래를 상상한다는 것이나.

셋째, 분석의(analytical) 단계에서 학생은 과거와 현재를 시험한다. 어원적으로 볼 때, 'ana'는 '완전히(up), 통틀어(throughout)'를 의미하며, 'lysis'는 '느슨하게 하는 것(loosening)'을 의미한다. 이와 같은

885 William F. Pinar, William M. Reynolds, Patrick Slattery, Peter M. Taubman, *Understanding Curriculum; An Introduction to the Study of Historical and Contemporary Curriculum Discourses* (New York: Peter Lang, 2008), p.520.

886 William F. Pinar, ibid., pp.520~521.

'꾸레레'의 분석은 현상학적으로 괄호 치기와 비슷하다. 교육을 해나가는 과정에 있어서 괄호 치기를 하는 이유는 우리가 현재에서 보다 많이 자유로워지기 위해 과거와 미래에서 거리를 두는 것이다. 파이너는 어떻게 과거에서 미래가, 미래에서 과거가, 그리고 이 두 가지 과거와 미래에서 현재가 나타나는가라고 질문하고 있다.

넷째, 종합의(synthetical) 단계는 어원적으로 볼 때, 'syn'은 '함께'를 의미하고, 'tithenai'는 우리가 생생한 현재에 다시 들어가는 것을 의미한다. 주의 깊게 자신의 목소리를 들으면서, 현재의 의미란 무엇인가 묻는 것이다.

'꾸레레'의 자아에 대한 분석이 말하고자 하는 것은 인간 내면의 자아가 경험하는 과정을 설명한 것을 말한다. 다시 말해 학생이 교육과정에서 경험하는 교육경험을 이처럼 단계별로 말한 것이라고 하겠다.

교육과정에서의 '꾸레레'가 이와 같다면, 불교에서도 '꾸레레'라고 할 만한 것을 찾아볼 수 있다. 스승 비구와 학생 비구 사이에 깨달음에 도달하기 위해 가르치고 배우는 교육과정을 우리는 '불교적 꾸레레'라고 할 수 있다. 불교적 '꾸레레'는 『화엄경』에 나타나는 선재동자의 구도행각을 어린 나그네의 구도여정의 이미지로 보고, 그 가운데에서 교육과정 언어의 질적 변용과 확장의 과정을 논하고 있는 데에[887] 이미 나타난다.

그런 점에서 볼 때, 『청정도론』의 칠청정 수행체계도 불교의 측면에서 해석할 때 불교적 '꾸레레'가 된다고 볼 수 있다. '꾸레레'가 개개인의

887 고진호, 「어린 나그네의 구도여정의 이미지와 "*Currere*"의 재개념화」, 『학생생활연구』 14(동국대학교 학생생활연구소, 2000), p.39.

자아의 경험을 말하고 있는 반면, 『청정도론』의 불교적 '꾸레레'는 여정에 비유될 수 있는 일곱 단계 수행의 길에서 제자 비구가 스승 비구의 지도로 자아가 아니라 마음을 닦음으로써 무상·고·무아를 관찰하고 궁극적으로 닙빠나를 지향하고 있기 때문이다.

『맛지마 니까야』는 이러한 무아無我에 대해서 다음과 같이 설하고 있다.

> '눈(眼)이 자아自我이다.'라고 말하는 사람이 있다면 이런 주장은 적절치 못하다. 눈에는 생겨남도 소멸함도 있음이 확인된다. (눈이 자아라고 주장한다면) 자아에는 생겨남도 소멸함도 있게 된다는 결론에 이르게 된다. 따라서 '눈이 자아이다.'라는 주장은 적절하지 못하다. 그러므로 눈은 무아無我이다. (이와 마찬가지로) 형태니 색깔(色)은 무아이며, 눈의 의식(眼識)은 무아이며, 눈의 접촉(眼觸)은 무아이며, … 마음의 접촉은 무아이며, 마음의 접촉에 의해 생긴 느낌은 무아이며, 갈망은 무아이다.[888]

무아의 개념은 비록 『맛지마 니까야』에서 설하는 내용만을 예로 들었지만, 이것은 불교의 교학적 이해뿐만 아니라 수행을 위해서 근본이 되는 개념이기 때문에 불교적 '꾸레레'의 바탕을 이루는 것이라고 할 수 있다. 그것은 비구가 오온과 사대, 그리고 십팔계가 무상·고·무아인 것을 알지 않고서는 불교적 '꾸레레'에서 지향하는 다음 단계의

888 냐나탈로카 엮음, 『붓다의 말씀』, 김재성 옮김, 앞의 책, p.101 재인용. MN Ⅲ pp.282~283. 『六六經』

수행을 하기도 힘들고 지향의 결과로 도달하는 닙빠나도 이루기 힘들기 때문이다.

이제 불교적 '꾸레레'인 일곱 단계로 분류되는 청정의 수행을 살펴보기로 한다. 그런데 그에 앞서 『청정도론』의 일곱 가지 수행체계와 교육과정의 '꾸레레'는 여정에 비유되는 길을 떠난다는 측면에서 서로 이미지가 비슷하지만, 교육이 전개되는 과정에 나타나는 언어도 다르고 그 언어에 담긴 개념도 분명히 서로 다르다는 점을 밝혀두고자 한다.

'계청정戒清淨'의 수행단계는 비구가 수행공간인 상가(saṃgha; 僧伽)에서 철저하게 감각기관을 다스려 계를 지키는 데서 출발한다. 비구가 상가라고 하는 수행공간에서 계목戒目에 의해 감각기관을 철저히 단속함은 마음청정의 선정(定) 수행, 즉 사마타 수행과 견청정見清淨의 위빠사나 수행에 앞서 반드시 이루어져야만 하는 것을 의미한다. 그러므로 계청정의 단계는 깨달음을 얻으려는 마음을 일으키는 발심發心[889]에 해당한다고 볼 수 있다. 또한 이 단계는 종교적 회심廻心의 단계라고 할 수 있다. 그것은 비구가 계戒로서 몸과 마음을 단속하는 과정을 통해 자아에 심오한 변화를 경험하게 되는 것[890]이기 때문이다.

---

889 천병영·송도선·이경자, 「『대승기신론』에 나타난 발심과 수행의 교육적 의미」, 『교육철학』 48(2010), p.200. 발심은 학습자의 내적 동기라고 할 수 있다. 내적 동기가 충만함으로써 자기 교육(self education)이 가능하므로 발심이라고 하는 것이다. 필자가 보기에 잘못된 행위를 하지 않고 몸과 입과 마음을 防護하여 다스리는 것은 학습하거나 수행하고자 내적 동기가 충분히 갖춰 있는 것이라고 할 수 있으므로 계청정의 단계가 발심에 해당한다고 보는 것이다.

890 김용표, 『불교와 종교철학』, 앞의 책, p.300.

'마음청정(心淸淨)에서는 이처럼 감각기관이 단속된 상태에서 마음을 하나로 집중하여 감각적 욕망을 없애고 예비 선정의 상태인 근접삼매를 거쳐 고요하고 안정된 본삼매에 이르게 된다. 앞에서 이미 살펴보았듯이, 마음청정은 '심일경성心一境性'의 특성을 띤 사마타로 이 상태에 이르지 않고서는 앞으로 전개되는 무상·고·무아의 세 가지 특상의 진리를 알 수 없다. 그런 점에서 사마타는 사량思量에 의해서는 절대로 도달할 수 없는 경지이고, 또한 이것이 본삼매에 이르기 위한 수행에 의해 완성되기 전에는 미래로 전진할 수 없기 때문에 본삼매에 이르기 위해 마음을 계속해서 닦을 수밖에 없다. 그리고 본삼매에 이르더라도 계속해서 초선, 2선, 3선, 4선을 닦아서 지극히 깨끗하고 평온한 4선의 경지에 이르러야 사마타가 완성되는 것이다.

'견청정'에서는 지혜에 의한 수행방법을 자세히 설명하고 있는데, 이것을 축약적으로 말하면 비구가 의식의 전변이라고 볼 수 있는 통찰지에 의해 오온, 사대, 십팔계를 정신과 물질로 분석하고, 이러한 정신과 물질도 상호 의존하여 일어나는 복합체에 불과하므로 영원한 자아가 없다고, 즉 무상, 고의 인식에 의해 무아라고 철저히 파악하는 것을 말한다.

견청정의 수행에서 비구는 오온, 사대, 십팔계에 대해 제대로 알고 있어야 하고, 그런 다음에 오온과 존재의 요소(사대), 그리고 육근六根과 대상(六境)과의 작용 속에서 있게 되는 십팔계를 무상·고·무아라고 통찰지로 철저히 통찰하는 것이다. 어느 곳에도 오온, 사대, 십팔계가 존재하지 않는다고 통찰함으로써 자아는 철저히 부정되는 것이다. 다시 말해서 이 수행단계에서 자아를 철저히 부정함을 나타낸다.

그런데 오온과 사대로 이루어진 자신의 몸과 십팔계에 관한 통찰은 앞 장에서도 살펴보았지만, 16가지 들숨날숨의 호흡과정 가운데 열세 번째부터 열여섯 번째까지의 단계에서 이루어진다.

'의심疑心을 극복함에 의한 청정'은 앞에서 살펴본 내용을 단적으로 표현하면, 과거·현재·미래의 삼세에 걸쳐 할 필요가 전혀 없는 의심을 16가지의 형태로 하는 것을 말한다. 존재에 대한 관찰을 견청정의 단계에서 이미 했지만 그럼에도 불구하고 비구는 아직도 이처럼 16가지로 의심을 하게 되는 것이다. 그렇기는 하지만 비구는 이번에 정신과 물질에 의한 조건을 분석함으로써 이러한 의심은 집착에서 비롯하였음을 파악하고, 더 이상의 의심을 하지 않게 되는 것이다. 의심을 극복함에 의한 청정 수행의 바탕 위에 비구는 오온에 관해 40가지 또는 200가지로 관찰하여 이것들이 무상·고·무아라고 철저히 통찰하게 되는데, 이처럼 오온을 무상·고·무아라고 철저히 통찰하는 까닭은 이렇게 함으로써 나아가 위빠사나의 지혜로 광명 등 열 가지 경계가 도가 아닌 것을 통찰하는 것이 가능하기 때문이다.

'도 닦음에 대한 지知와 견見에 의한 청정'에서는 일어남과 사라짐을 보는 지혜로부터 순응함의 지혜에 이르기까지 여덟 가지 위빠사나의 지혜로 조건에 의해 형성된 상카라가 무상·고·무아임을 비구는 깨닫게 된다. 그리고 비구는 상카라의 평온한 상태에 이르러 준비, 근접, 수순의 단계를 거쳐 성자종성聖者種姓의 단계로 나아간다.

무명에 의해 형성돼 존재하는 상카라는 생로병사와 윤회를 있게 한다는 점에서 닙빠나에 도달하기까지의 과정에 있어서 크나큰 장애가 된다. 비구가 이 상카라를 소멸하지 않고서는 인간이 도달할 수 있는 최상의 경지(교육학에서는 깨달음의 인간으로 형성되는 것)인 닙빠나에 도달할 수 없다. 왜냐하면 무명에 의해 영향을 받는 상카라는 계속해서 번뇌를 형성시키는 힘이 있기 때문이다. 그러므로 비구의 교육적 경험이 여정의 종착지인 닙빠나로 이어져 최상의 인간으로 되기 위해서는 상카라가 무상·고·무아라는 것을 파악하는 것이 우선적으로 필요하고, 그런 다음에 상카라의 평온한 상태에 이르러 준비, 근접, 수순의 단계를 거쳐 성자종성의 단계로 나아가 닙빠나를 지향해야 하는 것이다.

'지知와 견見에 의한 청정'에서는 이제까지의 범부종성凡夫種姓에서 벗어나 성자의 위치인 종성種姓의 지혜에 들어가 수다원도·수다원과로부터 사다함도·사다함과, 아나함도·아나함과, 아란한도·아라한과에 이르는 사쌍팔배四雙八輩의 단계를 거쳐 닙빠나로 나아가게 된다.

이제까지 불교적 '꾸레레'의 과정에서 비구가 무상·고·무아를 깨닫는 것은 매우 중요한 의미를 갖는다. 그것은 교육과정의 '꾸레레'가 자아에 중점을 두고 자아의 경험과정을 다루고 있으나 일곱 가지 수행과정은 '꾸레레'처럼 자아를 중시하는 것이 아니라 자아를 철저히 부정하고 있으므로 전체에 걸쳐 무상·고·무아의 관찰에 관한 내용이 상당한 부분을 차지하고 있고(견청정, 도 닦음에 대한 지와 견에 의한 청정, 도와 도아님에 대한 지와 견에 의한 정정의 수행단계에서 무상·고·무아에 관한 관찰을 강조하여 설명하고 있음), 이와 같은 무상·고·무아에 관한 철저한 통찰과 이에 따른 수행체험이 없이는 절대로 닙빠나를 이룰 수 없다는 점을 나타내고 있기 때문이다.

이상에서 살펴본 불교적 '꾸레레'인 일곱 단계로 분류되는 청정의 수행과정은 학습자인 비구가 비록 스승의 지도로 수행을 하지만 수행과정에서 스승은 안내자일 뿐이고, 비구 자신이 주체적으로 단계별 수행체험을 함으로써 범부의 단계로부터 성자의 단계에 들어가서 닙빠나를 지향하는 특성을 지닌다. 그러나 비구가 주체적 수행체험을 통해 닙빠나에 이르게 되는 것은 어느 정도 수행이 무르익었을 때 가능한 일이고, 그렇게 되기 위해서는 스승의 역할이 크게 작용한다. 여기에서 학습자인 비구와 스승 비구 사이의 관계를 우리는 '줄탁동시啐啄同時'라고 표현할 수 있다. 병아리가 알 안에서 밖으로 나오려고 쪼아대는 것이 '줄啐'이고, 어미닭이 밖에서 병아리가 밖으로 나오도록 알껍데기를 쪼아주는 것이 '탁啄'이다. 그러므로 '줄탁동시'란 알을 너무 일찍 쪼면 생기다 만 병아리는 죽어버리고, 너무 늦게 쪼면 알 속에서 병아리가 죽어버리기 때문에 시간적으로 절묘하게 때를 맞춰 어미닭이 알을 쪼아야 한다는 의미를 갖는다.[891] 이러한 의미의 '줄탁동시'는 스승은 제자의 능력을 잘 파악하여 능력에 맞게 가르침을 펴야 하고, 제자는 그러한 스승의 가르침에 앞서서 배울 자세와 능력을 갖추는 것을 나타낸다. 앞에서 우리는 사마타 수행과정을 살펴보면서 제자 비구에게 적합한 명상주제를 줄 때 선우(스승)의 역할이 '줄탁동시'에 비유할 수 있음을 알 수 있었다. 그러나 '줄탁동시'가 어찌 사마타 수행뿐이랴. '계청정戒淸淨'의 수행과정을 비롯하여 '견청정見淸淨' 이하 위빠사나 수행과정도 '줄탁동시'에 해당한다고 볼 수 있다.

그런 의미에서 이 수행과정은 '줄탁동시'의 특성을 띠고 수행의

891 서명석, 「선禪의 가르침과 배움으로 바라본 근대교육의 반성적 성찰」, 『교육인류학연구』, 4(1), 2001, 앞의 글, p.98.

종착지이며 구경의 목적인 닙빠나로 나아가는 차제적인 학습자 중심의 교육과정이라고 볼 수 있다.

그러면 『청정도론』의 칠청정 수행체계에는 어떤 교육적 의의가 있다고 할 수 있을까? 이 일곱 단계의 수행체계는 불교적 '꾸레레'로서 종래의 교육과정이 실증주의 교육사조의 영향으로 계량적인 교육목표와 학습결과에 의미를 두고 있기 때문에 전인적이고 자각적인 측면을 중시하지 않는 반면에, 교수학습과정에서 비구의 내면적 자각의 체험에 질적 의미를 두는 교육과정이며, 그런 점에서 이제까지 현대교육학의 교육과정에서 볼 수 없었던 '닙빠나를 지향함으로써 점교적으로 깨달은 인간이 되어가는 교육과정'이라고 할 수 있다.

그러므로 『청정도론』의 일곱 단계의 수행과정은 현대교육과정 이론 가운데 대안적 교육이론이 될 수 있는 가능성이 있다고 하겠다. 왜냐하면 현대사회는 융합의 시대로 시대의 특성으로 볼 때, 더 이상 종교는 어디까지나 종교이지 교육이론이 될 수 없다고 말할 수 있는 시대가 아니기 때문이다. 비록 종교라고 할지라도 같이 협력해서 문제가 있다면 종교의 도움을 받아 문제를 해결할 필요가 있는 융합의 시대라는 말이다.

앞의 재개념주의 교육과정 이론에 나타나듯이, 현대 학교교육은 문제점이 있다고 할 수 있다. 단적인 문제로 우리는 학교교육이 인격을 갖춘 인간형성에 관심을 두지 않고 입시위주와 계량주의의 교육적 풍토 속에서 지식과 기능을 갖춘 인재들을 사회에 배출하는 것을 들 수 있다. 물론 학교가 정규교육을 통해 사회가 필요로 하는 지식과 기술을 갖춘 인재를 배출하는 것이 문제가 된다는 것은 결코 아니다.

이것은 교육의 기능을 실천하는 것이므로 전혀 문제가 되지 않는다. 단지 우리는 가끔 학교에서 교사가 학생으로부터 욕설을 듣거나 폭행을 당하는 교권침해가 발생한 사실을 언론을 통해 알게 되는데,[892] 이와 같은 일은 그냥 넘어가서는 안 될 성질의 것이라는 말이다. 과거에는 상상할 수도 없는 일이기 때문이다. '군사부일체君師父一體'라는 말이 있는 나라에서 말이다. 이와 같은 일이 있게 된 이유가 있지만, 근본적으로 무슨 문제가 있어서 이와 같은 일이 발생했는가를 분석하고 해결해야 한다는 점이다.

그런데 만에 하나라도 이와 같은 문제를 제도교육을 통해서 해결할 수 없다면 종교계가 나서서 해결할 필요가 있다. 불교의 경우에는 불교사상에서 도움을 받아 드러난 문제를 해결함으로써 교육 본래의 목적을 성취하도록 도움을 줄 수 있다. 그 방법으로 학생의 경우에는 사마타 수행이나 위빠사나 명상을 가끔 교과 공부 이외의 시간에 하는 것을 들 수 있다.

만약 이 방법을 학교에서 선택해서 실행한다면 학생들이 잠시 입시의 스트레스에서 벗어난 편안한 마음으로 학업성취를 할 수 있을

892 문화일보, 「뉴스와 시각」, '교권추락, 이대로 방치할건가', 2018. 5. 16., 이민종, "… 교육부의 2013~2017년 기간 교권침해 건수를 보면 무려 1만 8211건에 달한다. 낯모르는 이한테 불시에 폭행, 위협을 받아도 정신적 고통을 헤아리기 어려운데 학교의 제자, 학부모라면 사정은 더 복잡해진다. …"; 세계일보, 「열린마당」, '교권보호는 학생 지도 위한 최소한의 장치', 2018. 5. 18., 황온중, "최근 한국교총의 발표에 따르면 지난해 교권침해 상담 건수는 508건으로 10년 전인 2007년과 비교해 2.5배가 증가했다. 교권침해 건수는 해마다 느는 추세로, 주로 교사에게 폭언 또는 욕설을 하거나 수업을 방해하고 …."

뿐만 아니라 자신을 되돌아보는 효과를 얻게 될 것이고, 이로써 불교가 대안적 교육이론으로 작용할 수 있다는 것이 증명될 수 있겠다.

4. 사마타와 위빠사나 수행법은 자생적 교육학 이론이다

이 책이 주로 수행과정에서 변화해가는 인간의 심리적 모습에 어떤 교육적 의의가 있는가를 규명하고자 하는 데에도 의미를 두고 있다는 점에서 이 절에서는 교육심리학이란 무엇인지 살펴보고, 그럼으로써 이와 같은 교육심리학의 이론적 측면에서 볼 때 사마타와 위빠사나 수행이 어떤 교육적 의의가 있는가를 살펴보고자 한다.

교육심리학에 대한 정의는 여러 가지가 있을 수 있으나 "교육이라는 장場에서 제기되는 문제를 심리학적인 입장과 방법에 의해서 해결하고자 하는 학문"[893]이다. 이러한 정의에서 '교육이라는 장에서 제기되는 문제'에는 학생들이 학습현장에서 수업에 집중을 하지 못하는 문제와 그 밖의 학생 개개인의 문제 등이 이에 속한다고 볼 수 있고, 또한 이러한 문제에 대해 '심리학적인 입장과 방법에 의해 해결'하고자 하는 것은 학습현장에서 학생들이 겪는 문제에 대해 학생들의 성격과 학업성취도, 심리상태 등을 심리학적인 방법에 의해 파악하여 학습 또는 학생 개개인의 문제를 효율적으로 해결하도록 하는 것이라고 할 수 있다.

교육심리학은 학문의 태동기에 어린이의 언어교육과 시청각교육의

---

893 https://ko.wikipedia.org/wiki, 「위키백과사전」, 교육심리학의 성격. 2018. 6. 22. 14:00 검색.

중요성을 강조한 코메니우스(J. A. Comenius)와 『에밀』의 저자 루소(J. J. Rousseau), 그리고 페스탈로치(J. H. Pestalozzi) 등으로부터 영향을 받았으나 교육의 여러 가지 개념들을 심리학적으로 다룬 헤르바르트(J. F. Herbart)에 이르러서야 최초의 시도가 이루어졌다.[894]

그러나 과학적으로 교육심리학의 원형을 정립한 것은 현대 심리학의 시조인 분트(W. Wundt)이다. 이와 같은 분트를 거쳐 교육심리학의 학문으로서의 체계를 세운 사람들로는 아동심리학을 교육심리학의 연구방법으로 도입한 미국의 홀(S. Hall), 교육학과 심리학의 결합을 시도한 독일의 모이만(E. Meumann), 유아에 관한 연구를 하여 유치원 교육의 기초를 세운 프뢰벨(F. Froebel) 등이 있다.[895]

교육심리학은 이후 행동주의 심리학과 인지주의 심리학의 학문적 영향을 받아 꾸준히 발전을 하게 된다. 행동주의 심리학은 20세기 초 왓슨(J. B. Watson), 손다이크(E. Thorndike), 헐(C. Hall), 톨먼(E. Tolman), 스키너 등에 의해 형성된다. 이들은 동물을 이용하여 학습과정을 연구하였고, 인간을 비롯한 동물의 학습이 환경의 자극에서 있게 되는 반응이라고 주장하였다. 즉 S-R이론이 그것인데, 이 이론은 특히 교육에 영향을 미쳤다. 그런데 문제는 이들 행동주의 심리학자들은 오직 검증 가능한 것에 집착하여 실제 심리학의 연구대상인 인간의 내적, 심적 과정에 대한 연구를 소홀히 함으로써 많은 어려움을 겪었다.

894 https://ko.wikipedia.org/wiki, 「위키백과사전」, 위의 글, 교육심리학의 발달, 2018. 6. 22. 14:21 검색

895 https://ko.wikipedia.org/wiki, 「위키백과사전」, 같은 글. 2018. 6. 22. 14:37 검색.

그 결과 인지심리학에 그 자리를 내주게 되었다.[896]

행동주의 심리학이 살펴본 것처럼 관찰, 측정, 검증 가능한 것에만 치중하는 잘못된 점이 있는 반면에, 인지주의 심리학은 노엄 촘스키 등 언어학자들과 앨런 튜링, 폰 노이만 등 컴퓨터 과학자들의 영향을 받아 있게 된 인지혁명이라는 시대적 흐름에 의해 성립하게 된다. 이들 가운데 특히 노엄 촘스키는 심리학의 연구대상은 인간의 내적 심리과정이어야 한다고 주장함으로써 행동주의 심리학을 강도 있게 비판하였다.

지금까지 교육심리학의 태동으로부터 교육에 영향을 미친 행동주의 심리학과 인지주의 심리학에 이르기까지 간략히 살펴보았다. 이와 같이 교육심리학의 학문적 노정을 살펴본 까닭은 과거를 알면 현재를 알고 미래 또한 알 수 있기 때문이다. 이것이 무슨 말인가 하면, 현재 학교교육의 현장이 교육심리학의 행동주의 심리학의 특성으로부터의 영향으로부터 완전히 탈피했다고 보기 어려운 점이 있기 때문이다. 물론 인지주의 심리학의 영향으로 인간의 내적인 면에 의미를 두고 인간을 중시하는 측면이 있기는 하지만 입시위주와 사회적 경쟁풍토, 그리고 물질과 자본을 중시하는 사회상으로 인해 인간을 도구화, 수단화하는 경향이 있기 때문이다.

그러므로 이제는 무엇인가 변화가 필요한데, 그것은 학생들이 입시위주의 풍토로 인해 치이지 않고 자유롭고 창의적으로 사고함으로써 주체적 인간이 되기 위해서는 제도적 '교육과정'에 관한 변혁이 일어나

---

896 https://ko.wikipedia.org/wiki, 「위키백과사전」, 심리학, 2018. 6. 22. 15:25 검색.

야 한다. 그 방법으로 제안하는 것은 교육과정의 이론에 관한 과감한 수정이 필요하다는 점이다. 그것은 서양 교육학 이론에 자생적 교육학 이론을 도입해야 하는 것이다. 여기서 자생적 교육학 이론이란 서양에서 유래한 교육이론이 아니라 이 땅의 유구한 역사와 전통을 기반으로 하는 사상에서 비롯하는 교육이론을 의미한다. 부연 설명하면 이 땅에서 오랜 세월 동안 역사와 함께 한 전통적 사상에 기반을 두고 있는 교육이론을 가리킨다.

그러면 이와 같은 특성에 맞는 교육이론으로는 어떤 것들이 있을까? 몇 가지만 예로 든다면 동양의 유학 또는 불교사상 등에서 비롯하는 교육이론을 예로 들 수 있겠다. 이에 대해 간략히 설명하면, 유학의 경우에는 공자·맹자 등의 사상과 주자의 성리학, 그리고 왕양명의 양명학 등의 사상이 자생적 교육이론으로 성립하는 것이 가능하다.

공자는 '인'에, 맹자는 인간의 본성은 본래적으로 착하다고 하는 '성선설'에 중점을 두었다. 한편 주자는 '격물치지'를 주장하면서 우주의 구성 원리로서 형이상학인 '이'와 형이하학인 '기'로서 보았다. 그리고 왕양명은 심학으로서 마음속에서 우주의 이치를 찾아야 한다고 보았다.

이들 유교사상은 각각의 경우에는 시대별 차이에 의해 서로 다른 사상이지만 공통적으로 인간의 마음을 수양修養하여 군자가 되는 것을 목적으로 하고 있으므로 교육이론으로 성립하는 것이다. '인', 즉 어진 인간이든, '성품'이 착한 인간이든, 사물의 이치를 궁구함으로써 우주의 원리를 아는 인간이든, 마음으로서 우주의 이치를 찾게 되는 인간이든지간에, 모두 다 가르치고 배우는 과정을 통해 이들 각각이 바라는 인간이 되기 때문이다. 그리고 교육이론의 특성도 이 땅에 뿌리박고 생긴 사상이라는 측면에서 자생적 교육이론이 되는 것이다.

필자는 본 절에서 사마타와 위빠사나의 수행이 자생적 교육이론이 된다고 주장하고자 한다. 이와 같은 필자의 주장에 이의를 제기하는 사람들이 있을 수도 있다. 수행이 어떻게 교육이론이 되느냐고. 그러면 필자는 그와 같이 이의를 제기하는 사람들에게 유교에서의 수양은 교육이론이 되는데 왜 불교에서의 수행은 교육이론이 될 수 없느냐고 묻고 싶다. 만에 하나라도 불교는 종교이므로 종교의 수행이 교육이론이 되지 못한다고 주장하는 사람이 있다면 그에게 교육의 개념과 본질에 대해 제대로 알고 있느냐고 되묻고 싶다. 그리고 그런 그에게 다음과 같이 말하고자 한다. 우리와 똑같이 인간의 몸으로 이 땅에 오신 부처님은 사마타와 위빠사나라고 하는 수행과정을 통해 최상의 인격이라고 할 수 있는 깨달음에 도달하셨고, 나아가 수많은 출가중과 재가자들에게 가르침을 펴셨기 때문에 위대한 교육자이고, 그러므로 그의 가르침의 내용은 교육이론으로 성립하는 것이 당연한 것이라고.

우리는 알게 모르게 주변에서 바라보는 편견과 잘못된 앎 때문에 엉뚱하게 제대로 평가를 받지 못하는 경우가 많다. 서양의 교육이론이 주류를 이루고 있는 현실에서 자생적 교육이론은 그런 경향이 짙다. 그러나 시대적 패러다임은 시시각각으로 변하고 있고, 교육이론도 마찬가지이다.

깨달은 인간이 되는 것을 목적으로 인간의 몸과 마음을 심층적으로 다룬 교육이론은 서양의 교육이론에는 존재하지 않는다. 그런 점에서 불교교육이론의 가치는 매우 높다. 본 절에서 말하는 사마타와 위빠사나는 수행의 단계를 점차적으로 밟아감으로써 최상의 인격의 상태인 깨달음에 도달하는 것이 가능하다는 점에서 이 땅에서 오랜 세월 동안 뿌리박고 내려오는 간화선이나 화엄사상처럼, 얼마든지 이 땅에 뿌리내릴 수 있는 자생적 교육이론이라고 하겠다.

그러면 서양교육학에는 장점이 없는가? 서양교육학은 학교교육의 현장에서 이론적 토대로서 올바른 교육의 방향을 제시하고 교육을 함으로서 지식의 전달과 함께 시대가 필요로 하는 인간을 양성하는 데 많은 역할을 하였고, 큰 도움을 주었다. 그러므로 서양 교육학이론이 훌륭한 이론이고 절대적으로 필요하다는 데 이의가 있을 수 없다. 문제는 개개인의 탐욕과 분노와 어리석음에서 비롯하는 번뇌, 그리고 이로 인해 발생하는 사회적 문제와 갈등상황 등을 근원적으로 해결할 수 있는 방법을 서양 교육학이론에서 찾아보기 힘들다는 데 있다. 그러므로 이러한 문제에 대한 해결책을 불교사상과 그 실천수행법에서 찾을 수 있으며, 그 가운데 사마타와 위빠사나에 나타나 있는 자각과 명상의 수행법이 자생적 교육학 이론으로서 그 대안이 된다고 필자는 주장하고 있는 것이다.

앞에서 우리는 계청정과 심청정과 견청정(견청정을 비롯하여 지와 견에 의한 청정까지 다섯 단계를 가리킴)의 일곱 단계의 수행과정을 살펴보았다. 이 가운데 핵심은 '심청정(사마타; 止)'과 '견청정(위빠사나; 觀)이다. 출가 수행자의 경우에는 이 '심청정'과 '견청정'을 잘 닦음으로써 깨달음에 도달할 수 있고, 일반 사람은 이 '심청정과 '견청정'에 대한 이해와 실생활에서의 약간의 실천만으로도 개개인과 사회가 안고 있는 여러 가지 문제들을 해결할 수 있다.

'심청정(사마타; 止)'과 '견청정(위빠사나; 觀)'에 대해 앞에서는 자세하게 설명하였지만, 간략히 말하면 올바른 자세로 허리를 곧게 펴고 하나에서부터 열까지 숫자를 세고, 거꾸로 열에서부터 하나까지 숫자를 세며 호흡을 함〔數息觀을 말함〕으로써 밖으로 치닫던 마음을 쉬고 고요하게 안정을 이루는 것이 '심청정(사마타)'이고, 자신의 몸과 마음을 마음챙김으로 관찰함으로써 지혜의 힘을 길러 깨달음으로 나아가는 것이 견청정(위빠사나)'이라고 말할 수 있다. 이와 같은 마음의 고요와 안정, 그리고 지혜를 가져다주는 '심청정'과 '견청정'의 방법은 학생들이 안고 있는 문제점들을 해결하는 데 큰 도움을 줄 수 있다고 확신한다. 그리고 나아가 개개인의 탐욕과 분노와 어리석음에서 비롯하는 사회적 갈등과 문제들에 대한 해결도 가능하게 된다.

사마타와 위빠사나의 명상법은 미국 등 서구에서는 마음챙김, 즉 'mindfulness'로 널리 알려져 있고, 관심 있는 사람들로부터 호평을 받고 있다. 그것은 미국에서 불교명상을 하는 사람이 1,000만 명을 넘어섰다는 데에서[897] 알 수 있다. 그러면 기독교가 주류인 미국에서 불교명상이 이토록 관심을 끄는 까닭은 무엇일까? 불교가 미국에 뿌리를 내린 지 100여 년이 되었으며, 기독교의 한계를 뛰어넘는 세계적인 사상으로 불교가 일부 지성인들 사이에서 인식되었기 때문이라고[898] 한다.

---

897 법보신문 http://www.beopbo.com. 심정섭 기자〔서평〕, '불교는 어떻게 미국 종교·문화와 융합했을까?' 2014. 11. 12. (미국과 불교의 만남, 토마스 A. 트위드 지음·한창호 옮김, 운주사)

898 법보신문 http://www.beopbo.com. 심정섭 기자〔서평〕, '불교는 어떻게 미국

기독교의 한계를 뛰어넘는 세계적 사상으로 비록 일부이기는 하나 미국 지성인들 사이에 인식되었다는 것은 불교명상이 몸과 마음이 겪는 스트레스와 갈등으로부터 벗어나게 하는 긍정적 변화를 가져오는 전변轉變의 힘이 있다는 것을 이들 지성인들이 체험했기 때문이다. '심청정〔사마타〕'과 '견청정'〔위빠사나〕에는 이와 같이 많은 이점이 있다. 그럼에도 불구하고 불교는 어디까지나 종교라고 말하는 사람이 있다면, 앞에서 예로 든 미국에서의 불교명상의 시대적 추세를 무시하는 것이고, 융합의 시대에 구태의연한 사람이라고 말할 수 있다.

그러므로 교육학계에서는 개개인의 문제뿐만 아니라 사회적 갈등과 문제의 해결에 도움을 주는 교육학이론인 사마타와 위빠사나 수행법에 바탕을 둔 자생적 교육학 이론에 대하여 관심과 노력을 기울여야 할 것이다.

종교·문화와 융합했을까?', 같은 글.

결론

이 책에서 필자는 초기불교와 남방 테라바다 불교교리 및 수행을 집약한『청정도론』등을 통하여 '불교교육론'에 대해 살펴보았다.

비록 필자가 초기불교 전공자는 아니지만, 간화선과 통불교를 불교 수행의 특징으로 하면서 대승불교가 중심인 우리나라에서 초기불교와 남방 테라바다 불교교설 및 수행체계에서의 '불교교육론'을 논한 까닭은, 불교의 교육방법과 교육과정에 다소 일관성과 동일성이 결여되어 있음을 발견하였기 때문이다.

그 예에 대해서는 앞의 서두에서 언급했듯이, 어느 곳에서는 '선禪'에 대해서 말하고 있고, 다른 어느 곳에서는 '법회'를 말하고 있으며, 또 다른 어느 곳에서는 '염불'과 '진언' 등에 대해서 말하고 있으므로, 불교에 처음 귀의하는 사람이 혼란스러울 수 있는 여지가 충분히 있다. 그래서 필자는 부처님 당시에 부처님이 설하시고 닦으신 교설 및 수행에 교육원리가 존재한다는 믿음을 가지고 초기불교 경전이나

『청정도론』 등 주석서를 조사한 결과 『청정도론』에 부처님께서 설하시고 강조한 점진적인 수행방법과 점진적인 교육방법이 있음을 발견하였고, 이로써 이와 같은 점진적인 교육방법이야말로 필자가 고민한 문제에 대한 해결방법이 된다는 확신을 가지게 되었다.

초기불교 경장의 말씀은 『청정도론』에 집약되어 나타나는데, 이 『청정도론』은 비록 붓다 입멸 후 오랜 세월이 지난 시기인 기원후 5세기경에 붓다고사가 저술한 주석서이지만, 계·정·혜의 구조와 경장經藏에 근원을 두는 측면에서 볼 때 붓다로부터 면면히 내려오는 정통성을 이어받고 있다. 그러한 점은 수행체계의 점교성과 관련해서도 예외는 아니다.

우선 수행체계의 점교성(anupubbata)과 관련하여 붓다는 이해하고 실천하기 쉬운 가르침으로부터 보다 어려운 가르침으로 점차적으로 가르침을 전개시켰다. 그러기에 『맛지마 니까야』에서는 단번에 완성된 지식을 획득할 수 없으며, 오직 점진적인 학습과 점진적인 실천과 점진적인 방법에 의해 완성된 지식은 획득되는 것이라고 말씀하고 있다.

『맛지마 니까야』에서 붓다가 설하는 말씀은 일종의 원칙으로서 차제적인 특성을 띤다. 이러한 원칙으로서의 차제적 특성을 띠는 붓다의 말씀은 『청정도론』의 칠청정 수행체계의 원초적인 형태가 나타나 있는 『*Rathavinīta Suttam*; 역마차교대경驛馬車交代經』에서 역마차의 비유로서, 첫 번째 계청정戒淸淨으로부터 일곱 번째 지知와 견見에 의한 청정에 이르기까지의 수행과정이 앞의 단계가 뒤의 단계를 떠받쳐주면서 각 단계가 차제적으로 나아가는 특성을 띠고 나타난다.

이와 같이 『청정도론』에서는 『*Rathavinīta Suttam*』에서 설하는 칠청정의 수행체계를 그대로 수용하여, 비록 초기불교의 주석서이기는 하지만 아비담마 교설을 바탕에 깔고 사상적으로 보다 자세하고 완성된 형태로 전개되는 점교성의 특성을 띠고 나타나고 있다.

붓다의 정통성을 잇고 있는 『청정도론』에서 수행이 전개된 모습이 어떠했는가 하면, 초기불교에서 설하고 있는 계·정·혜의 내용은 『청정도론』에 이르면 그 내용이 서로 비록 완전히 같지는 않지만 큰 틀에서 계·정·혜의 구조로 나타나고 있다.

그러나 초기불교 교설과 『청정도론』은 점교적 특성과 관련하여 상호간에 내용이 같은 측면도 있고, 다른 측면도 있다. 이와 같은 현상은 오랜 세월의 간격이 둘 사이에 존재하기 때문에 발생할 수밖에 없는 일이다.

초기불교의 교학적 내용과 비교하면, 초기불교에서 혜慧에 배대되어 있는 삼명三明과 육신통六神通이 『청정도론』에서는 삼명은 '계청정'에, 육신통은 '심청정'에 각각 배대되어 나타나고 있다. 이러한 점들을 봐도 『청정도론』은 붓다의 정통을 그대로 이어받은 저술서이기는 하지만 옥에 티라고 할까, 조금 어긋난 측면이 있다고 말할 수 있다.

그리고 수행방법을 보면, 다음과 같은 형태로 전개된다. 수행의 양대 축이라고 할 수 있는 사마타와 위빠사나 수행체계를 보면, 수행사의 근기와 기질에 따라 사마타를 먼저 닦은 후 위빠사나를 닦는 경우, 위빠사나를 먼저 닦고 사마타를 닦는 경우, 그리고 사마타와 위빠사나를 같이 닦는 경우로 나타난다. 본론의 4장에서 사마타를 논하면서 살펴보았듯이 들숨날숨 호흡의 16가지 단계를 보면, 첫 번째 단계로부터 열두 번째 단계까지는 사마타와 위빠사나를 같이 병행하고 있고, 열세 번째 단계로부터 열여섯 번째 단계까지는 위빠사나만의 수행형태로 전개하고 있는데, 이러한 예에서 우리는 수행이 사마타에 이은 위빠사나의 차제적 순서로 전개되지 않고 있음을 알 수 있는 것이다.

『청정도론』이 담고 있는 교학과 수행체계의 특성이 이와 같지만, 『청정도론』의 수행과정에서 인간형성이 이루어지는 모습은 일정한 체계성과 함께 일관성을 갖는다고 할 수 있다.

붓다가 출가 비구들을 비롯한 여러 제자들에게 설법을 통해 교육함으로써 법문을 들은 제자들로 하여금 수행과정을 통해 인격의 변화로 깨달은 인간이 되도록(인간형성의 기능이다) 하였듯이, 『청정도론』도 닙빠나에 이르는 인간형성의 길을 일곱 가지 길로서 제시하고 있다. 그 과정은 계戒에 의한 육근六根의 방호防護와 스승 비구의 제자 비구에 대한 명상지도, 그리고 이에 따른 제자 비구의 사마타와 위빠사나 수행의 실천의 모습으로 전개된다.

4장에서 살펴보았듯이 『청정도론』은 점교적 수행의 차제로 전개된다. 즉 '계청정'에서는 19가지로 분류되고, '계목의 단속에 관한 계'와 '감각기능(根)의 단속에 관한 계'와 '생계의 청정에 관한 계', '필수품에 관한 계' 등 네 가지 계의 청정으로 대별되는 계를 언급하고 있는데, 출가 수행비구는 이와 같은 계로서 육근, 즉 여섯 가지 감각기관을 방호하여 철저히 지켜야 한다. 그런 다음에 '마음청정(心淸淨)'의 수행단계에 들어가야 한다. '마음청정'에 의하면 대체로 비구는 스승으로부터 40가지 명상주제 가운데 자신의 근기에 맞는 명상주제를 선택하는 과정에서 예비단계로서 표상表象을 보호하도록 하며, 그러기 위해 사마타의 집중을 위한 열 가지 까시나(kasiṇa) 수행을 한다. 그리고 비구는 근접삼매와 본삼매의 수행을 거쳐 감각적 욕망을 없애고 초선에 이르며, 계속해서 2선, 3선, 4선에 이르게 된다. 이러한 사마타 수행이 갖는 의미는 위빠사나 수행을 하기 전에 장애인 오개五蓋를 없애고 마음을 하나로 집중시킴으로써 견고한 상태를 유지하는 데에서 찾을 수 있다. 이와 같이 마음이 집중되고 견고한 상태의 사마타는 그 전제로서 계를 지켜 청정한 상태의 도덕적인 뒷받침이 된 상태에서 이루어지는 것이므로 인간형성의 의미가 있다고 볼 수 있다.

그리고 위빠사나 수행은 『청정도론』에서 견청정부터 지와 견의 청정에 이르기까지 많은 장에 걸쳐서 전개되고 있는데, 이 수행과정에서 비구는 시행착오를 겪게 된다. 즉 의심을 극복하지 못하고, 또한 도와 도 아닌 것을 구분하지 못하고 헤매다가 통찰지로 오온과 사대, 십팔계(대상세계) 등 존재의 실상과 상카라 등이 무상·고·무아임을 체득하게 되는데, 이것이 바로 의식의 전변轉變이다. 『청정도론』의 '지와 견에 의한 청정'[899]에 의하면, 비구는 의식의 전환을 가져오는 위빠사나의 통찰지로서 족쇄를 비롯한 버려야 할 법들을 사쌍팔배라고 불리는 사향사과四向四果의 성자위聖者位 수행단계를 통해 버림으로써 대전환을 이루게 된다. 그러므로 우리는 무명에서 비롯한 윤회의 쳇바퀴에 있던 범부종성으로부터 성자종성으로 바뀌어 결국 닙빠나에 이르게 됨으로써 인간형성의 의미가 있다고 말하는 것이다.

달리 말하면 최상의 인간형성으로서의 의의가 있다.

---

899 『청정도론』 3, 앞의 책, pp.345~357.

이와 같은 특성을 지니는 『청정도론』의 점교적 교육원리는 인간이 도달할 수 있는 최상의 인격인 닙빠나를 지향하고 이것에 이르고자 한다는 점에서, 두 가지 측면에서 현대교육적 의의가 있다고 볼 수 있다.

첫째, 칠청정의 수행과정은 닙빠나를 지향함으로써 체험을 통해 의식의 세계에서 이루어지므로 지향성의 과정이라고 할 수 있다. 『청정도론』에 의하면 비구는 사마타와 위빠사나 수행과정에서 오문인식과정五門認識過程과 의문인식과정意門認識過程을 경험한다. 오문五門은 그 대상인 오경五境을 인식함으로써 오문인식과정이 되고, 이와 같은 인식과정에서 발생한 결과를 의문意門이 받아들여 종합함으로써 의문인식과정이 된다.

인식과정이 이와 같다면, 중요한 의미가 있는 의식작용은 그냥 사물을 보는 경우, 눈에 보이는 사물의 특징을 파악하는 경우, 그리고 그 사물을 꿰뚫어 아는 경우 등 세 가지가 있는데, 사물을 꿰뚫어 아는 통찰지의 의식작용으로 비구는 오문인식과정과 의문인식과정을 거쳐 닙빠나를 지향하게 된다.

이와 같이 닙빠나를 지향하면서 체험하는 수행과정은 오염되었던 마음이 점차적으로 청정하게 정화됨을 체험하는 과정을 세밀하게 묘사하고 있다는 점에서 훗설을 비롯한 서양의 철학사조와 서양 심리학에서도 찾아보기 힘들다.

비구의 오염된 마음의 상태가 흐트러뜨리지 않은 사마타의 상태에 이르게 되었을 경우에는, 감각적 욕망에 의해 흐트러진 모습의 인간으로부터 감각적 욕망을 떨쳐버려 흐트러뜨리지 않은 인간이 되었다는 점에서 사마타는 인간형성의 의미가 있다. 그러나 사마타는 음악 한 곡을 듣거나 영화 한 편을 볼 때에는 의미가 있지만 이것들이 끝난 후에는 이것들을 듣거나 볼 수 없는 것처럼[900] 별다른 의미가 있는 것이 아니다. 즉 아직까지 그는 성인聖人의 인격을 완성한 상태에 있는 것이 아니라 범부의 상태에 있는 것이다.

그러나 비구가 의식의 전변이 일어나는 통찰지로서 오온, 사대, 십이처, 십팔계의 존재와 무명에 영향을 받아 윤회의 원인이 되게 하는 상카라 등을 각각 무상·고·무아라고 관찰하고 무상·고·무아라고 철저하게 깨달을 때 의미심장한 변화가 나타난다. 범부에서 성자로 가깝게 다가갈 수 있으며, 나아가 도道가 출현하는 단계를 거쳐 성자의 단계인 사향사과에 이르고, 마침내 닙빠나에 이른다는 점이다. 이와 같이 닙빠나에 이르는 데 있어서 통찰지는 지향적 측면에서 절대적으로 큰 비중을 차지한다. 이 과정에서 비구는 주체적으로 스승 비구로부터 교육받았던 내용을 주체적으로 해석하고 실천 수행한다는 측면에서 교육적 의의가 있다고 할 수 있다.

둘째, '꾸레레(currere)'의 교육과정 이론에 의해 『청정도론』의 교육적 의의를 논할 수 있다. '꾸레레'의 교육과정 이론은 외부에서 학생에게 일방적으로 가르치는 데에 의미가 있는 것이 아니라, 교육활동의 과정 속에서 학생들 각 개인이 갖는 경험에 본질적인 의미를 둔다. 즉 학생이 살아온 경험은 자아와 관련되며, 이러한 자아가 중요한 의미를 지닌다.

---

900 한자경, 『불교철학의 전개』(예문서원, 2003), p.80.

'꾸레레'에서 학생이 경험하는 과정은 회상의 단계, 전진의 단계, 분석의 단계, 종합의 단계라는 네 가지 단계가 있다. 이상에서 '꾸레레'는 인간 내면의 자아가 경험하는 과정을 설명한 것이라고 할 수 있다.

그런 점에서 『청정도론』의 일곱 가지 수행체계도 '꾸레레'의 측면이 있다고 볼 수 있는데, 그것은 불교적 '꾸레레'로서 전도顚倒된 자아관自我觀에서 탈피하는 무아無我의 철저한 자각에 중점을 두고 있기 때문이다. 구체적으로 표현한다면, 비구가 사마타와 위빠사나 수행과정을 통해 자신을 정신과 물질로 해체한 후 위빠사나의 지혜로 무상·고·무아의 진리를 체득하여 닙빠나로 나아가는 과정이 불교적 '꾸레레'라고 할 수 있다.

불교적 '꾸레레'는 계량적인 교육목표와 학습의 양적인 결과에만 그 의미를 두고 있는 종래의 교육과정과 달리, 교수·학습과정에 있어서 학습자인 비구의 통찰에 의한 내면적 자각에 질적인 의미를 두며, 닙빠나를 지향하는 교육과정이라는 점에서 현대교육적 의의가 있다고 하겠다.

이제까지의 논의에 의해 『청정도론』의 칠청정 수행체계는 사마타와 위빠사나 수행의 전개과정에서 쉬운 내용으로부터 어려운 내용으로, 또는 낮은 단계로부터 높은 단계로 점차적으로 교수되고 학습됨으로써 범부로부터 성자로 비구의 인격이 변화하고, 결국 닙빠나에 도달하도록 한다는 점에서 '인간형성의 점교적 변화'를 나타내는 교육체계가 된다고 할 수 있다. 뿐만 아니라 이와 같은 특성을 지니고 있는 수행과정은 과정보다는 결과(입시위주를 말함)를 중요하게 여기고 기능적이고 지식위주인 현대교육에 이제까지 볼 수 없었고, 앞으로도 보기 힘든 자각적이고 전인적인 교육과정의 모습을 보여준다는 점에서 기존 교육계에서 관심을 기울이고 지향할 가치가 있는 교육이론(자생적 교육이론)으로서 그 의의가 있다고 할 수 있다.

끝으로 다음과 같이 제안하고자 한다. 세상은 시시각각으로 변화하고 있다(과거의 패러다임은 새로운 패러다임으로 신속하게 교체된다)는 점에서 교육계는 더 이상 서양 교육학의 이론에만 의존하지 말고 종교, 그 가운데 불교의 사상에서 배울 점이 있으면 적극적으로 수용함으로써 변혁을 이루는 데에도 노력을 기울여야 할 것이다.

불교는 종교 이전에 위대한 사상이고 위대한 이데올로기이다. 마음을 잘 닦아 붓다와 같이 깨달음을 얻어 완전한 인격을 성취하는 것을 목적으로 한다는 점에서 여타의 종교와 다른 특색이 있다. 그리고 사회적인 여러 가지 문제들을 해결할 수 있는 방법이 불교사상에는 존재한다. 즉 세상을 밝히는 등불이 되게 하는 것이 불교에 존재한다는 것이다. 그러므로 일찍이 토인비는 불교의 위대성을 언급한 적이 있다. 그리고 서양의 도인道人으로 불리고 있는 심리학자 융(C. G. Jung)은 어느 날 집 앞에 있는 느티나무 아래에서 '명상'에 잠겨 있을 때 벼락이 쳐도 몰랐다는 전설적인 이야기[901]가 전해지고 있는데,

---

901 심리학자 융(C. G. Jung)은 자주 집 앞에 있는 느티나무에서 명상을 했다고 한다. 이와 같이 융이 자주 명상을 한 것은 어린 시절부터 동양에 대한 호기심을 가지고 있었기 때문이다. 그는 어머니가 브라만, 비슈누, 시바 등에 대한 책을 읽어주는 것을 들으면서 성장하였다고 한다. 어린 시절에 대해서는 Jin Keon Moon, 『*A COMPARISON OF EPISTEMOLOGIES IN JUNGIAN PSYCHOLOGY AND YOGACARA BUDDHISM*』, California Institute of Integral Studies, San Francisco, CA, 2012. p.35. 참조 바람.

그는 요가를 수행했다고 한다. 또한 그의 원형과 무의식 사상의 저변에는 티베트불교 사상이 자리 잡고 있다는 설도 있다. 그가 티베트불교에 대해 깊이 있게 알지는 못했지만 어느 정도 이해했을 가능성도 존재한다. 어쨌든 다시 강조하지만 이러한 사실들을 교육계에서는 종교에 관한 것이라고 간과하지 말고, 불교사상에서 받아들일 것이 있으면 적극적으로 받아들이기를 바란다.

부연해서 말한다면, 세계는 이미 지구촌으로 불리고 있듯이, 각 나라가 지리적으로는 떨어져 있어도 갈수록 물질문명이 발전하고 빠른 교통수단의 발달로 인적·물적 자원이 빈번하게 서로 교류를 하고 있고, 빅 데이터와 사물 인터넷 등 정보통신으로 연결되어 있다. 그리고 이러한 시대상황에 맞추어 시시각각으로 사상·문화·기술·과학 등의 영역이 융합하고, 4차 산업혁명에 나타나듯이 패러다임의 전환(Paradigm Shift)이 급속도로 이루어지고 있다는 점에서, 교육계에서는 훌륭한 사상과 이론이 존재하는 불교에서 교육적으로 배울 것이 있으면 배우고 이것을 교육현장에서 활용하기를 바란다.

참고문헌

1. 원전류

가. 니까야(Nikāya)

Aṅguttara Nikāya, PTS

Dīgha Nikāya, PTS

Majjhima Nikāya, PTS

Saṁyutta Nikāya, PTS

나. 주석서

Dhammapāla, 『*Visuddhimagga-mahāṭikā*』(출처: http://www.tipitaka.org/cst4)

다. 한역경전

T51. 『高僧法顯傳』 一卷

T1. 『佛說長阿含經』 卷第十三

T32. 『菩提資糧論』 卷第六

T1. 『中阿含經』 第二卷, 七法品

T1. 『中阿含經』 卷第五十一, (一九四) 大品 跋陀和利經 第三

T1. 『中阿含經』 卷第十, 習相應品 何義經 第一

T1. 『中阿含例品』 箭喩經 第十

T22. 『中阿含經』 卷第五十六, 晡利多品 五下分結經

T1. 『中阿含經』 卷第二十一

T2. 『雜阿含經』 卷第十三

T2. 『雜阿含經』 卷第三十

T2. 『雜阿含經』 卷第四十一

T2. 『增壹阿含經』 卷第十, 勸請品 第十九

T29. 『阿毘達磨俱舍論』 卷第二十二

T29. 『阿毘達磨俱舍釋論』 卷第十八

T27. 『阿毘達磨大毘婆沙論』 卷第九十六, 智蘊第三中學支納息 第一之四

T28. 『阿毘曇毘婆沙論』 卷第二十三

T48. 『禪源諸詮集都序』 卷下

T32. 『解脫道論』 卷第一

T49. 『異部宗輪論』 一卷

T49. 『部執異論』 一卷

라. 일본 대장경

南傳大藏經 64, 『清淨道論(3)』, 東京: 大藏出版株式會社, 昭和 12년.

마. 번역서

① 국내

각묵 옮김, 『상윳따 니까야(*Saṁyutta Nikāya*) 5. 수행을 위주로 한 가르침』, 초기불전연구원, 2009.

대림·각묵 공동번역 및 주해, 『아비담마 길라잡이』(상, 하), 초기불전연구원, 2002.

붓다고사스님 지음·대림스님 옮김, 『청정도론』 1, 초기불전연구원, 2009.

붓다고사스님 지음·대림스님 옮김, 『청정도론』 2, 초기불전연구원, 2009.

붓다고사스님 지음·대림스님 옮김, 『청정도론』 3, 초기불전연구원, 2009.

임승택 옮겨 지음, 『無碍解道譯註; *Translation and Annotation of paṭisambhidā-magga*』, (사)가산불교문화연구원 출판부, 2001.

② 국외

Bhadantācariya Buddhaghosa, *The Path of Purification Visuddhi Magga*, Translated by Bhikkhu Ñānamolli, Singapore; Buddhist Meditation Center, 1956.

浪花宣明, 『分別論註 - *Vibhaṅgaṭṭhakathā*と *Vibhaṅgamūlaṭīkā* - 』, 京都, 平樂寺書店, 2004.

2. 국내문헌

가. 단행본

각 묵, 『초기불교 이해』, 초기불전연구원, 2011.

김보현, 『데리다입문』, 문예출판사, 2013.

김용표, 『불교와 종교철학 – 공사상으로 본 세계종교』, 동국대학교출판부, 2002.

김용표, 『초월과 보편의 경계에서 – 종교문화와 종교교육을 논한다』, 동국대학교 출판부, 2008.

김용표, 『포스트모던시대의 불교와 종교교육』, 정우서적, 2010.

김춘일, 『교육현상학의 기초』, 태학사, 1997.

노진호, 「존 듀이의 교육이론: 반성적 사고와 교육」, 문음사, 2002.

노희관·이용남 엮음, 『교육학의 새로운 파라다임』, 교육과학사, 2003.

대한불교조계종 불학연구소·전국선원수좌회, 『간화선』, 조계종출판사, 2008.

박선영, 『불교의 교육사상』, 동화출판공사, 1981.

卞榮啓, 『授業設計』, 培英社, 1988.

송도선, 『존 듀이의 경험교육론』, 문음사, 2004.

이상오, 『교육해석학』, 학지사, 2008.

이성호, 『교수방법의 탐구』, 양서원, 1999.

류의근 옮김, 『지각의 현상학』, 문학과 지성사, 2013

이홍우·이환기·김광민 편, 『마음과 교과 - 열린 교육의 이론적 쟁점 - 』, 성경재, 2000.

임승택, 「위빠사나(*vipassanā*) 수행관 연구 - 빠띠삼비다막가의 들숨·날숨에 관한 논의를 重心으로 - 」, 경서원, 2004.

정범모, 『교육과 교육학』, 배영사, 1993.

최봉수, 『원시불교연구Ⅲ 원시불교와 형이상학』, 경서원, 1991.

최봉수, 『마하박가』 1, 시공사, 1999.

한명희·고진호, 『교육의 철학적 이해』, 문음사, 2005.

한자경, 『불교철학의 전개』, 예문서원, 2003.

허영부, 『교육학의 이해』, 홍익출판사, 2005.

나. 논문

고진호, 「교사의 성찰과 위빠사나(*vipassanā*) 알아차림과의 연계성 탐색」, 『종교교육학연구』 제32권, 종교교육학회, 2010.

고진호, 「어린 나그네의 구도여정의 이미지와 "*Currere*"의 재개념화」, 『학생생활연구』 제14집, 동국대학교 학생생활연구소, 2000.

고진호, 「불교교육학 연구의 과제와 전망」, 『종교교육학연구』 22권, 한국종교교육학회, 2006.

김경래, 「붓다고사의 행적에 대한 연대기의 서술과 의도」, 『한국불교학』 63집, 한국불교학회, 2012.

김억환, 「교육과정 재개념화로서 *Currere*이론의 전개(1973~1993) 및 비판」, 『교육과정연구』, 한국교육과정학회, 1995.

김용표, 「불교계 종립학교와 종교교재 — 불교교육과 보편적 종교교육과의 순환적 교육과정 구상」, 『종교교육학연구』 22권, 한국종교교육학회, 2006.

김용표, 「불교에서 본 죽음과 종교교육」, 『종교교육학연구』 19권, 한국종교교육학회, 2004.

김용표, 「불교오계의 지구윤리적 지평과 종교교육」, 『종교교육학연구』 20권, 한국종교교육학회, 2005.

김용표, 「붓다의 교육원리와 수기적隨機的 교수법 - 진리와 방편의 역동적 연관성을 중심으로 - 」, 『종교교육학연구』 제25권, 한국종교교육학회, 2007.

김용표, 「한국의 전통 가정교육과 불교」, 『종교교육학연구』 10권, 한국종교교육학회, 2000.

김재성, 「부파불교의 선정론 - 淸淨道論과 구사론을 중심으로 - 」, 『불교학연구』 제11호, 불교학연구회, 2005.

김재성, 「초기불교의 번뇌」, 『인도철학』 제29집, 2010.

김재성, 「초기불교에 있어서의 인간이해 - 五蘊說과 十二緣起說을 중심으로 - 」, 서울대학교대학원, 1988

박선영, 「佛敎的 敎師觀의 硏究」, 『교육학연구』 13권 2호, 한국교육학회, 1975.

박선영, 「불교교육학의 학문적 성격」, 『종교교육학연구』 Vol.1, 한국종교교육학회, 1995.

박선영, 「현대교육의 고민과 불교의 역할」, 『종교교육학연구』 제1권, 한국종교교육학회, 1995.

배의용, 「유식학의 유가행과 현상학적 방법 - 언어적 관점에서의 비교 - 」, 『한국불교학』 23권, 한국불교학회, 1997.

배의용·이만, 「불교 유식학과 후설 현상학의 심식이론에 관한 비교연구」, 『한국불교학』 2권, 한국불교학회, 1999.

서명석, 「선禪의 가르침과 배움으로 바라본 근대교육의 반성적 성찰」, 『교육인류학연구』, 교육인류학회, 4(1), 2001.

임승택, 「*Paṭisambhidāmagga*(無碍解道)의 수행관 연구」, 동국대학교 박사학위논문, 2000.

임승택, 「무애해도 성립의 의의」, 『가산논집』 제4집, 2010.

정지은·강기수, 『존 듀이 성장이론에 나타난 습관의 교육적 의의』, 『교육사상연구』, 제30권 제2호, 2016.

조준호, 「初期佛教경전에 나타난 수행에 관한 용어와 개념의 검토(I) – 止·觀을 중심으로」, 『한국선학』, 한국선학회, 2002.

천병영·송도선·이경자, 「『대승기신론』에 나타난 발심과 수행의 교육적 의미」, 『교육철학』 제48집, 한국교육철학학회(구 교육철학회), 2010.

최봉수, 「원시불교 교육의 방법론적 이념으로서의 점교성漸教性에 대한 연구」, 『종교교육학연구』 Vol.1, 한국종교교육학회, 1995.

최봉수, 「清淨道論 연구의 발단」, 『가산학보』 Vol.3, 가산불교문화진흥원, 1994.

최인숙, 「현상학과 유식학에서 자기의식의 의미」, 『철학과 현상학 연구』 32권, 한국현상학회, 2007.

한자경, 「유식 사상에 있어서 식의 지향성」, 『철학과 현상학 연구』 6권, 한국현상학회, 1992.

최봉수, 「후설 현상학의 선험적 주관성과 불교 유식철학의 아뢰야식의 비교 - 선험적 주관성의 구성작용과 아뢰야식의 전변작용을 중심으로 - 」, 『철학과 현상학 연구』 9권, 한국현상학회, 1996.

허 숙, 「교육과정의 재개념화를 위한 이론적 탐색 - 실존적 접근과 구조적 접근 - 」, 『교육학연구』 33권 5호, 한국교육학회, 1995.

다. 번역서

각묵 옮김, 『네 가지 마음챙기는 공부』, 초기불전연구원, 2003.

냐나탈로카, 『붓다의 말씀』, 김재성 옮김, 고요한 소리, 2007.

대림스님 옮김, 『들숨 날숨에 마음 챙기는 공부』, 초기불전연구원, 2015.

마하시 사야도, 『위빳사나수행방법론』 1, 비구 일창 담마간다 옮김, 이솔출판, 2013.

마하시 사야도, 『위빳사나수행방법론』 2, 비구 일창 담마간다 옮김, 이솔출판, 2013.

질 들뢰즈, 김상환 옮김, 『차이와 반복』, 민음사, 2017.

파욱 또야 사야도, 『닙빠나에 이르는 길』, 일묵 옮김, 이솔, 2010.

D. W. 함린 저; 이홍우 역, 『교육인식론』-경험과 이해의 성장, 교육과학사, 2010.

E. A. Rune Johansson, *The Dynamic Psychology of Early Buddhism*, 허우성 역, 『초기불교의 역동적 심리학』, 경희대학교출판국, 2008.

Jacques Derrida, 『*De la grammatologie*』; 자크 데리다, 김성도 옮김, 『그라마톨로지』(민음사, 2018)

3. 국외문헌

가. 단행본

Rhys Davids, C. A. F., *The Visuddhi-Magga of BuddhaGhosa*, London, The Pāli Text Society. 1975.

Rhys Davids, C. A. F., *The Vibhaṇga*, London, The Pāli Text Society. 1978.

Varma, Chandra B., *Buddhist Phenomenology*, Delhi, Eastern Book Linkers. 1993.

Gowans, Christopher W., *Philosophy of the Buddha*, London and New York, Routledge. 2003.

Lopez Jr., Donald S., *Buddhist Hermeneutics*, London, The Kuroda Institute for The Study of Buddhism and Human Values Studies in East Asian Buddhism. 1988.

Dewey, John, *Democracy and Education*, New York, Dover Publications, Inc. 2004.

Dewey, John, *The Collected Works of John Dewey:* The later Works, Vol.17. Education Lectures Before Brigham Young Academy, Carbondale and Edwardsville: Southern Illinois University Press. 1901.

BAPAT, P. V., *Vimuttimagga and Visuddhimagga – A Comparative Study*, India, Poona. 1937.

Collins, Steven, *Nirvana and Other Buddhist Felicities*, Chicago, Cambridge University Press. 1998.

Pinar, William F. & Reynolds, William M. & Slattery, Patrick and Taubman, Peter M., *Understanding Curriculum; An Introduction to the Study of Historical and Contemporary Curriculum Discourses*, New York, Peter Lang. 2008.

King, Winston L., *Theravāda Meditation*, The Buddhist Transformation of Yoga, Delhi, Motilal Banarsidass Publishers. 1992.

森 祖道,『パ-リ 佛教註釋文獻の硏究』, 東京, 山喜房佛書林. 昭和 59年.

水野弘元,『パ-リ佛教を 中心とした 불교の心識論』, 東京, ピタカ. 昭和 53年.

馬場紀壽,『上座部佛教の思想形成 - ブッダからブッダゴーサへ』, 東京, 春秋社. 2008.

나. 논문

Bronkhorst, Johanes, "*Dharma and Abhidharma*", Bulletin of the School of Oriental and African Studies 48, 1985.

MIKA YOSHIMOTO, 「*Curriculum as Zen*」; Five Moments Inspired by Aoki, Carleton University, 2011.

Pinar, William, "*Curriculum Theorizing*", California, McCutchan Publishing Corporation, 1975.

KIM Jae-sung, 「清淨道論における刹那定 / *Khaṅika-samadhi in the Visuddhimagga*」, 『印度學佛教學硏究』 Vol.44, 日本, 1995.

KIM Jae-sung, 「*Mindfulness (sati) in the Visuddhimagga*」, 『印度學佛教學硏究』

Vol.45, 日本, 1997.

Jin Keon Moon, 「*A COMPARISON OF EPISTEMOLOGIES IN JUNGIAN PSYCHOLOGY AND YOGACARA BUDDHISM*」, California Institute of Integral Studies, San Francisco, CA, 2012.

古田. 彦太郎, 「*Visuddhimagga*における *samadhi*について」, 『印度學佛教學研究』 Vol.36. No.1, 日本, 1987.

4. 사전류

Rhys Davids, T. W., *The Pāli Text Society's Pāli-English Dictionary*, The PāliI Text Society, London, 1986.

水野弘元, 『パ - リ語辭典』, 東京, 春秋社. 2005.

5. 기타

중앙승가대학 역경학과, 『初期佛典』 제2호, 중앙승가대학 역경학과, 2006.

http://dsal.uchicago.edu (Visuddhimagga-mahāṭīkā 出處)

http://www.palikanon.com/english/wtb/n_r/nimitta.htm

국립국어원 표준국어대사전: http://stdweb2.korean.go.kr

다음백과사전: http://100.daum.net/encyclopedia

두산백과 두피디아: http://www.doopedia.co.kr

동국대학교 불교학과 소개: https://buddhist.dongguk.edu/

법보신문 http://www.beopbo.com. 심정섭 기자〔서평〕, '불교는 어떻게 미국 종교·문화와 융합했을까?' 2014. 11. 12.

한글대장경: http://abc.dongguk.edu/ebti/

이송곤李松坤

1961년 서울 출생.
동국대학교 사범대학 교육학과를 졸업하고, 동 대학 대학원 불교학과에서 석사 및 박사 학위를 취득하였다.
1989년 〈불교방송〉 PD로 입사하여 현재는 청주불교방송 PD로 재직하고 있다.
대한불교조계종 국제포교사, 한국불교학회 회원, 종교교육학회 회원으로 활동하고 있으며, 불교의 교육과정에 관심을 가지고, 초기불교에서 대승불교에 이르기까지, 수행을 통해 변화해가는 '인간형성'의 과정에 대해 연구하고 있다.
주요 논문으로 「불교 경전 이야기의 내러티브 학습방법과 그 교육적 의의」, 「듀이의 종교관의 측면에서 본 2015 개정교육과정과 불교 종교교육의 과제」(발표논문), 「『청정도론』의 칠청정 성립의 의의와 점진적 수행체계로서의 특성」, 「칠청정의 지와 견에 의한 청정과 유부의 견도 수도 무학도의 비교 고찰」 등이 있다.

불교교육론

초판 1쇄 인쇄 2018년 9월 17일 | 초판 1쇄 발행 2018년 9월 28일
지은이 이송곤 | 펴낸이 김시열
펴낸곳 도서출판 운주사
(02832) 서울시 성북구 동소문로 67-1 성심빌딩 3층
전화 (02) 926-8361 | 팩스 0505-115-8361
ISBN 978-89-5746-527-1 93220 값 27,000원
http://cafe.daum.net/unjubooks 〈다음카페: 도서출판 운주사〉